"十四五"职业教育国家规划教材

"十三五"职业教育国家规划教材

"十二五"职业教育国家规划教材

经全国职业教育教材审定委员会审定

修订版

国际金融实务

第 4 版

主 编 杨桂苓 田文锦

参 编 吴庆念 姚建锋 陈 宇

机械工业出版社

本书是"十四五"职业教育国家规划教材修订版。本书内容分为国际金融基础、外汇交易、国际结算三个部分，主要阐述了货币报价，国际收支平衡表的编制、申报、分析和运用，汇率风险的管理与防范，外汇管制与我国外汇管理，外汇交易的运行系统，即期外汇交易，远期外汇交易，外汇掉期与金融互换，金融期货，金融期权，汇率的预测，国际结算业务，国际信贷业务的基本知识及其操作。

本书立足实际需要，着眼于理论与实践的结合，采取以案说理的写作方法，在理念、体系、体例、内容和资料政策等方面突出"新"和"实"。

本书可作为高等职业教育国际经济与贸易、国际商务、会计、金融、财务管理、工商企业管理和电子商务等专业教材，也可作为相关从业人员的培训教材，还可作为个人投资理财知识自学的参考书。

图书在版编目（CIP）数据

国际金融实务/杨桂苓，田文锦主编．—4版．—北京：机械工业出版社，2023.12
（2024.8重印）
ISBN 978-7-111-73728-5

Ⅰ．①国…　Ⅱ．①杨…②田…　Ⅲ．①国际金融—高等职业教育
—教材　Ⅳ．①F831

中国国家版本馆CIP数据核字（2023）第159477号

机械工业出版社（北京市百万庄大街22号　邮政编码100037）
策划编辑：孔文梅　　　　　　　责任编辑：孔文梅　董宇佳
责任校对：肖　琳　张　薇　　　封面设计：鞠　杨
责任印制：单爱军
北京虎彩文化传播有限公司印刷
2024 年 8 月第 4 版第 2 次印刷
184mm×260mm · 16.25印张 · 413千字
标准书号：ISBN 978-7-111-73728-5
定价：49.00元

电话服务　　　　　　　　　　网络服务
客服电话：010-88361066　　机 工 官 网：www.cmpbook.com
　　　　　010-88379833　　机 工 官 博：weibo.com/cmp1952
　　　　　010-68326294　　金 书 网：www.golden-book.com
封底无防伪标均为盗版　　机工教育服务网：www.cmpedu.com

关于"十四五"职业教育
国家规划教材的出版说明

为贯彻落实《中共中央关于认真学习宣传贯彻党的二十大精神的决定》《习近平新时代中国特色社会主义思想进课程教材指南》《职业院校教材管理办法》等文件精神，机械工业出版社与教材编写团队一道，认真执行思政内容进教材、进课堂、进头脑要求，尊重教育规律，遵循学科特点，对教材内容进行了更新，着力落实以下要求：

1. 提升教材铸魂育人功能，培育、践行社会主义核心价值观，教育引导学生树立共产主义远大理想和中国特色社会主义共同理想，坚定"四个自信"，厚植爱国主义情怀，把爱国情、强国志、报国行自觉融入建设社会主义现代化强国、实现中华民族伟大复兴的奋斗之中。同时，弘扬中华优秀传统文化，深入开展宪法法治教育。

2. 注重科学思维方法训练和科学伦理教育，培养学生探索未知、追求真理、勇攀科学高峰的责任感和使命感；强化学生工程伦理教育，培养学生精益求精的大国工匠精神，激发学生科技报国的家国情怀和使命担当。加快构建中国特色哲学社会科学学科体系、学术体系、话语体系。帮助学生了解相关专业和行业领域的国家战略、法律法规和相关政策，引导学生深入社会实践、关注现实问题，培育学生经世济民、诚信服务、德法兼修的职业素养。

3. 教育引导学生深刻理解并自觉实践各行业的职业精神、职业规范，增强职业责任感，培养遵纪守法、爱岗敬业、无私奉献、诚实守信、公道办事、开拓创新的职业品格和行为习惯。

在此基础上，及时更新教材知识内容，体现产业发展的新技术、新工艺、新规范、新标准。加强教材数字化建设，丰富配套资源，形成可听、可视、可练、可互动的融媒体教材。

教材建设需要各方的共同努力，也欢迎相关教材使用院校的师生及时反馈意见和建议，我们将认真组织力量进行研究，在后续重印及再版时吸纳改进，不断推动高质量教材出版。

机械工业出版社

前　　言

当前世界经济国际化的进程正在加快，我国金融业已进入了实质性的高水平对外开放阶段，中外金融机构之间的竞争与较量愈加激烈。越来越多的企业也融入了国际经济的大循环中，人们持有的外汇品种和数量也日益增多。而我国国际金融业的从业人员无论在数量上还是专业素质上，都还不能完全适应我国经济发展和金融改革的需要，国际金融人才比较紧缺。因此，亟待提高现有从业人员的业务水平并培养更多具有较高业务能力的专业人员。

与此同时，我国高等职业教育方兴未艾。国际金融实务是金融专业的主干课，也是国际经济与贸易、国际商务、会计、财务管理、工商企业管理和电子商务等专业的专业课程。市场对这类教材的需求日益增加。本书的编写正是为满足这种需求，力求集理论和实践于一体，具有较强的操作性。

本书的特点可概括为四个结合、三个突破、两个突出。

四个结合：就编写的出发点而言，本书的编写从金融业务需要、客户需要和学生就业岗位需要三者的有机结合出发，抓住三者需要的结合点来论述各种问题。如在论述防范国际业务风险部分，列举了企业进出口和投融资方面的案例；书中还有个人或企业投资和投机的案例，以及银行防范风险的案例等。

就编写人员而言，专职教师与实际操作人员相结合。本书的编写聘请了中国银行全球外汇交易主管孙晓凡副处长和中国银行总行余兵处长作为顾问。他们既具有丰富的实际经验，又有一定的理论水平。主编是从事"国际金融实务"和"国际经济合作"等课程教学和科研的专职教师，有多年教学实践，一直关注金融改革。其他编写人员也是多年从事"国际结算"课程教学和科研的专职教师。

就本书的结构而言，强调介绍国际金融知识与国内金融知识相结合，既介绍国际惯例，又介绍我国做法，因为我国金融业务也是国际金融的重要组成部分，并有其特色。所以本书在论述国际金融知识、国际金融市场和各种国际业务的同时，每个模块都有专门的部分来论述我国的相关内容。这样，使读者不但了解了国际惯例和国际化的要求，而且也熟悉了国内的相关状况和特点。

就本书的写作而言，知识的全面性和重点性相结合。根据实际需要，本书涵盖了我国银行的绝大部分国际业务，同时又突出了常用的重要的国际业务作为本书论述的重点，使读者既能全面地了解金融知识，又能较好地掌握重点知识，从而提高其实践的有效性。

三个突破：突破强调知识的系统性、完整性的传统理念，转为强调技能训练或能力培养，围绕技能或能力来设计本书内容和体系；突破理论与实际两张皮的写作方法，从实例或案例入手，然后点拨问题，引发学生思考，再进行理论的扩展与升华；突破只重视理论知识学习的倾向，在论述理论与实务知识的同时，强化操作能力的培养和训练。

两个突出：突出"新"字，即新理念、新体系、新信息、新政策和新体例。

所谓新理念是指本书从国际金融投资、企业国际融资、银行经营外汇和百姓外汇理财等方面的新理念出发论述问题、组合内容和介绍国际业务产品。所谓新体系是指本书的编写立足实际需要，着眼于理论与实践的结合，使本书的体系设置和结构安排便于读者学习、掌握知识。所谓新信息是指本书介绍了国际金融的新动态、新业务。所谓新政策是指本书根据我国加入WTO后修改和补充的法规以及新出台的政策，阐明有关问题。所谓新体例是指本书编写的体例和写作风格新，力求语言生动、深入浅出、图文并茂。每个模块以案例或故事引出，设有知识目标、技能目标、素质目标，正文里插入小资料，模块后有小结、习题和实训课堂。

根据高等职业教育课程设置特点，本书内容分为国际金融基础、外汇交易、国际结算三个部分。每个部分均为相对独立的教学内容，便于学校根据专业实际选择其中的几个模块，以模块组合设课。

突出"实"字，即内容实用、材料翔实、资料可靠。

本书第1版由田文锦设计全书框架，拟定编写大纲，负责全书统稿和总纂。各章编写分工为：田文锦编写第一～十一章，田志英编写第十二章，杨茜编写第十三章。

2014年，根据"十二五"职业教育国家规划教材的编写要求，由杨桂苓组织编写团队在第1版的基础上对本书进行了全面修订。

2015年以来，由于国际金融形势发生了较大的变化，杨桂苓等人于2018年7月对本书进行了再次修订，推出本书第3版（分别于2020年和2023年评为"十三五""十四五"职业教育国家规划教材）。

2023年，根据"十四五"职业教育国家规划教材的编写要求，杨桂苓组织团队成员在第3版的基础上对本书进行再次修订，并以微课形式将"高水平对外开放""中国式现代化"等党的二十大精神贯穿全书，推出第4版。各模块分工如下：杨桂苓负责修订模块一～八、十二、十三，陈宇负责修订模块九、十，姚建锋负责修订模块十一，吴庆念负责素质目标的修订和延伸阅读材料的收集整理。全书除对汇率报价等具有高时效性要求的数据资料和每个模块的引言材料、案例分析及小资料进行完善，增加素质目标外，还做了如下修改：模块一完善了外汇类型和汇率的种类，补充了人民币加入SDR篮子货币相关的延伸阅读材料；模块二更新了我国国际收支平衡表的内容，完善了平衡表的记账单位和折算办法、国际收支申报的方法和国际收支平衡表的运用等；模块四完善了汇率制度的划分、我国的汇率制度和居民个人外汇收支监管等相关内容；模块五完善了国际外汇市场的含义和构成、中国外汇市场的发展和完善等相关内容；模块六更新了即期交叉汇率计算、交易币种相关内容；模块七更新了远期汇率及远期交叉汇率计算，优化了我国远期结售汇业务的内容；模块八优化了单元二、三的架构，完善了我国的掉期和金融互换相关内容；模块九和模块十在结构上进行了调换，便于学习者在知识逻辑上的衔接，同时模块九更新了我国金融期货新发展相关内容，模块十完善了我国金融期权相关内容；模块十一完善了政府干预对汇率的影响相关内容；模块十二完善了汇款方式、信用证的种类等相关内容；模块十三完善了亚洲开发银行贷款、我国外汇贷款相关内容，更新了相关数据。

由于编者水平有限，书中难免有不当之处，敬请读者指正。

本书配有电子课件等教师用配套教学资源，凡使用本书的教师均可登录机械工业出版社教育服务网www.cmpedu.com下载。咨询可致电：010-88379375，QQ：945379158。

编　者

二维码索引

目 录

第三部分　国际结算

第一部分 国际金融基础

模块一

货币报价

学习目标

【知识目标】

通过本模块学习了解外汇与汇率的种类；理解外汇与汇率的含义；掌握货币报价方法。

【技能目标】

能够看懂汇率牌价；能够运用汇率报价进行货币兑换和进出口报价的汇率折算。

【素质目标】

理解汇率变化引起的风险特性；了解改革开放以来我国在国际金融领域的地位变化。

引　言

你能解读表 1-1 中的外汇牌价吗？

表 1-1　中国银行外汇牌价表

2023 年 4 月 27 日　　　　　　　　　（单位：人民币 /100 外币）

货币名称	现汇买入价	现钞买入价	现汇卖出价	现钞卖出价	中行折算价
阿联酋迪亚姆	—	181.99	—	195.51	188.46
澳大利亚元	456.21	442.03	459.56	461.6	457.31
巴西里亚尔	—	131.8	—	149.65	137.54
加拿大元	506.18	490.2	509.92	512.17	507.75
瑞士法郎	774.73	750.82	780.17	783.51	776.78
丹麦克朗	102.28	99.12	103.1	103.59	102.53
欧元	763.03	739.32	768.66	771.13	764.35
英镑	861.2	834.44	867.54	871.37	863.08
港币	88.06	87.36	88.41	88.41	88.17
印尼卢比	0.046 7	0.045 3	0.047 2	0.048 9	0.046 8
印度卢比	—	7.968 7	—	8.985 9	8.485 8
日元	5.169 1	5.008 5	5.207 1	5.215 1	5.185 9

（续）

货 币 名 称	现汇买入价	现钞买入价	现汇卖出价	现钞卖出价	中行折算价
韩国元	0.514 4	0.496 4	0.518 6	0.537 6	0.517 6
澳门元	85.59	82.72	85.93	88.79	85.84
林吉特	154.84	—	156.23	—	155.31
挪威克朗	64.95	62.94	65.47	65.78	65.09
新西兰元	423.46	410.4	426.44	432.3	423.45
菲律宾比索	12.36	11.93	12.5	13.06	12.43
卢布	8.3	7.92	8.64	9.02	8.46
沙特里亚尔	—	179.49	—	189.75	184.51
瑞典克朗	66.92	64.86	67.46	67.78	67.06
新加坡元	517.1	501.15	520.74	523.33	518.37
泰国铢	20.24	19.61	20.4	21.05	20.28
土耳其里拉	35.51	33.77	35.79	41.1	35.63
新台币	—	21.79	—	23.6	22.58
美元	691.25	685.62	694.18	694.18	692.07
南非兰特	37.62	34.73	37.88	40.83	37.69

（资料来源：中国银行官方网站）

上述外汇牌价是货币报价的形式之一，国际金融业务经常与货币报价打交道。如何看懂和运用外汇牌价？如何进行货币报价呢？本模块将一一进行阐述。

单元一　初 识 外 汇

货币报价离不开外汇。所以，首先应该认识外汇。

一、外汇的含义

国际金融的货币报价有外汇兑本币的报价和外汇兑外汇的报价。这两种报价方式都离不开外汇，那么，何谓外汇？

从动态讲，外汇是指将一种货币兑换为另一种货币，以清偿国际债务的金融活动的过程，即不同国家或地区间的资金转换和支付。从静态讲，外汇是指以外币表示的、国际公认的可用于国际清偿债权债务关系的支付手段和工具。我们日常生活和本书所涉及的外汇概念主要是指静态外汇。外汇具备以下三个要素：

1. **国际性**　外汇必须是以外币计值的金融资产。一个国家或地区发行的法定货币称为本币，除本币之外的其他货币统称为外币。

2. **自由兑换性**　外汇必须是可以自由兑换成其他外币或以外币表示的金融资产。如美国、日本、英国、瑞士、加拿大和澳大利亚等国家名义上没有外汇管制，这些国家的货币可自由兑换；而越南盾、朝鲜元、缅甸元等货币不能自由兑换其他国家的货币。因此，不是所有的外币都是外汇。

3. **可偿性**　外汇可用于偿还国际债务。外汇体现了真实的债权债务关系。因此，空头支票或拒付的汇票不是外汇。

二、外汇的形态

外汇的形态主要有外币现钞、外币支付凭证、外币有价证券和其他外汇资产。

（一）外币现钞

外币现钞是指以可自由兑换货币表示的货币现钞，包括纸币、铸币。外币现钞的票面内容主要有发行机构、年版、号码、签字或盖章、图案和盲人标记。不同币种的现钞有不同的货币名称和价值单位。国际上常用的外币现钞有美元、欧元、英镑、日元、瑞士法郎、加拿大元（简称"加元"）等。

（二）外币支付凭证

外币支付凭证是指以可自由兑换货币表示的各种信用工具，主要包括以下几种：

1. 汇票（Draft）　汇票一般是债权人开出的，要求债务人见票后立即或在一定时期内付款的凭证，相当于无条件的支付命令书。

例如：某日，北京 A 公司与日本 B 进口商签订了出口水果的贸易合同，合同中规定日本 B 进口商支付进口水果的货款为 900 万日元。就该笔交易而言，国际结算的支付凭证有以日元表示的汇票、本票和支票等。假定该笔交易以信用证的方式结算。北京 A 公司通过中国银行北京分行收到日本进口商开来的信用证后发货，同时制作汇票、发票、装箱单和报检单等单据，这张汇票由北京 A 公司签署，要求日本进口商支付 900 万日元货款。这张以日元表示的汇票对我国而言就是外汇。北京 A 公司把汇票、信用证及单据交给中国银行北京分行，中国银行北京分行按当天日元对人民币的牌价买下这张 900 万日元汇票，也就是北京 A 公司将出口水果应收的 900 万日元外汇卖给了银行，换成了人民币。中国银行北京分行把汇票和全套单据再交日本某银行索取货款，日本某银行要求日本进口商付款赎单。

2. 本票（Promissory Note）　本票又称为期票，一般是债务人向债权人签发的，约定即期或在可以确定的未来时间向债权人保证到期付款的凭证。它相当于无条件支付一定金额的书面付款承诺。如上例也可以本票作为支出凭证，即由日本进口商开出本票，承诺支付 900 万日元货款。北京 A 公司接到这张本票后立即向日本发运水果，并将持有的 900 万日元本票卖给中国银行，按当天日元对人民币的牌价，获得人民币的收入。

汇票和本票是国际结算中最重要的支付凭证，也是国际上流通最为广泛的票据。

3. 支票（Cheque/Check）　支票是银行存款储户向该银行签发的，指示该银行从其存款中即期支付一定金额给某人或其指定人的书面命令。

小资料 1-1　外币旅行支票

外币旅行支票（Traveler's Check）是银行专供旅游者购物、支付劳务费用、支取现金等而发行的一种支付凭证，是境内商业银行代售的、由境外银行或专门金融机构印制、以发行机构作为最终付款人、以可自由兑换货币作为计价结算货币、有固定面额的票据。如美国运通公司发行的旅行支票面额通常为 10、20、50、100 和 500 美元。旅游者购买旅行支票时，填写购买申请书，写明姓名、住址、发行银行、金额以及各种面额的支票各需多少，并交验有关证件。购得支票后应在旅行支票上进行初签。兑现时，必须当着兑现代理人的面进行复签后支取现金。

4. 外币信用卡（Credit Card）　外币信用卡是指具有一定规模的银行等信用机构对有一定资信的客户发行的，具有消费信用、转账结算、存取现金等全部或部分功能的信用支付工具。它是目前世界上最快捷、最安全的支付方式之一。持卡人可在全球任何一家有信用卡组织标识的网站或商户购物、支付劳务费用等，还可在有关银行支取现款。使用者只要出示卡片并在有关单证上填写用款金额和签字即可。接受信用卡的特约商户仅凭信用卡编号和持卡人签过名的单证即可向发卡机构收款，而发卡机构可按其客户资信在提供的信用额度范围内定期向持卡人结算。如今世界各国消费者广泛使用信用卡。目前的主要外币信用卡有：

（1）维萨卡（Visa Card），由设在美国旧金山的 VISA 国际信用卡公司发行。

（2）万事达卡（Master Card），由设在纽约的万事达国际信用卡协会发行。

（3）运通卡（American Express Card），由美国运通公司发行。其中，运通百夫长黑金卡是世界公认的"卡片之王"。该卡定位于顶级群体，无额度上限，是美国运通（American Express）于 1999 年在英国推出的"百夫长系列签账卡"的黑金（最高）级别版本，由于其卡面主体色调为黑色，所以又被称为"黑卡"。

（4）大莱卡（Diner's Club Card），由设在美国的大莱卡国际有限公司发行。

（5）JCB 卡（JCB Card），由设在日本东京的 JCB 信用卡公司发行。

维萨卡和万事达卡是国际上流行最广的外币信用卡。

5. 外币存款凭证　外币存款凭证包括银行存款凭证、邮政储蓄存款凭证等。外币存款是指以可自由兑换货币表示的银行和邮政储蓄的各种存款。存款是通过信用方式偿付国际债权债务和实现资金国际转移的先决条件，例如国际金融市场的货币借贷、资本借贷、外汇交易以及其他信用活动，必须以存款为基础。

由于离岸金融市场的存在以及国际金融交易的需要，各种外币存款不仅转存于货币发行国（如英镑资金存放在英国），也在各国商业银行之间相互转存。例如在我国开立了美元、英镑、欧元、日元、加拿大元、澳大利亚元、瑞士法郎和新加坡元的活期和定期存款账户。

外币存款按照不同的存款对象可分为银行同业存款、国际金融机构存款、官方机构存款、企业存款和私人存款等。

（三）外币有价证券

外币有价证券是指以可自由兑换货币表示的用以表明财产所有权或债权的凭证，包括国际股票、国际债券、大额可转让存款单等。

股票是指股份有限公司签发的证明股东所持股份的一种资产凭证。国际股票是在国际股票市场上发行的有价证券。它没有期限，投资者在需要资金时，可在股票市场上出售转让以收回投资。

国际债券是一国借款人在国际证券市场上，依照法定程序向外国投资者发行，以外国货币为面值，并约定在一定期限还本付息的有价证券。国际债券一般可以分为外国债券和欧洲债券两种。外国债券是指某一国借款人在本国以外的某一国家发行，以发行国货币为面值的债券；欧洲债券是指借款人在本国境外市场发行的，不以发行市场所在国的货币为面值的国际债券。

大额可转让存款单是指可在票据市场上流通转让的定期存款凭证。这种存款单面额较大，如美元可转让存款单通常有 5 万、10 万、50 万、100 万美元等各种不同面额。

（四）其他外汇资产

其他外汇资产包括在国际货币基金组织的储备头寸和特别提款权等。

国际货币基金组织的储备头寸，是指在国际货币基金组织普通账户中会员国可自由提取使用的资产。

特别提款权（SDR），是国际货币基金组织（IMF）于 1969 年创设的，按照会员国缴纳的基金份额分配给会员国的一种使用资金的权利。它是一种记账货币单位，是一种无形货币，是 IMF 会员国的账面资产。特别提款权用于充当储备资产，清偿与 IMF 之间的债务、缴纳份额，向 IMF 捐款或贷款，但不能直接用于国际结算。SDR 的价值目前由美元、欧元、人民币、日元和英镑组成的一篮子储备货币决定。IMF 每隔 5 年对 SDR 进行一次评估。

↗ 延伸阅读

人民币在纳入特别提款权 SDR 货币篮子后的首次审查中权重上调

2016 年 9 月 30 日（华盛顿时间），国际货币基金组织（IMF）宣布纳入人民币的特别提款权（SDR）新货币篮子于 10 月 1 日正式生效，时任 IMF 总裁拉加德发表声明称，这反映了人民币在国际货币体系中的地位不断上升，有利于建立一个更强劲的国际货币金融体系。中国人民银行对人民币正式纳入 SDR 以及拉加德总裁的声明表示欢迎。新的 SDR 货币篮子包含美元、欧元、人民币、日元和英镑五种货币，权重分别为 41.73%、30.93%、10.92%、8.33% 和 8.09%。IMF 每周计算 SDR 利率，并于 10 月 7 日公布首次使用人民币代表性利率（3 个月国债收益率）计算的新 SDR 利率。

2022 年 5 月，IMF 执董会在完成五年一次的特别提款权（SDR）定值审查后一致决定，维持现有 SDR 篮子货币构成不变，并将人民币权重由 10.92% 上调至 12.28%，将美元权重由 41.73% 上调至 43.38%，同时将欧元、日元和英镑权重分别下调，人民币权重仍保持第三位。新的 SDR 货币篮子于 2022 年 8 月 1 日正式生效。此次审查是 2016 年人民币成为 SDR 篮子货币以来的首次审查。（摘编自中国人民银行官方网站，2016-10-01；中国中央人民政府网站，2022-05-15）

请思考：人民币纳入 SDR 货币篮子对于中国来说有何意义？新的货币篮子人民币权重为何上调？

三、货币的标准代码

为了能够准确而简易地表示各国货币的名称，便于开展国家间的贸易、金融业务和计算机数据通信，国际标准化组织规定了货币的标准代码。

小资料 1-2　国际标准化货币代码

随着全球经济一体化、国际贸易和国际金融的发展以及计算机的广泛应用，要求各国在货币的表示方法上具有通用性。特别是各国银行在国际结算和外汇交易中，需要准确地传递和接收有关货币信息。如果在信息交换中频繁出现的货币名称长短不一或各国沿用自己的习惯表示法，将导致国际结算和整个银行体系的运作严重混乱。所以每种货币都要有一个易于识别的和统一的表示方法。

1973 年国际标准化组织（ISO）在其他国际组织的通力合作下，制定了一项适用于贸易、商业和银行使用的货币和资金代码，即国际标准 ISO 4217 三字符货币代码。

1978 年 2 月，联合国贸发会议和欧洲经济委员会将三字符货币代码作为国际通用的货币代码或货币名称缩写向全世界推荐。国际贸易界和金融界很快接受了这套三字符的货币代码。ISO 4217 三字符货币代码具有严密的科学性和操作上的简易性。这套代码的前两个字符代表该种货币所属的国家和地区，它采用的是早已被国际社会承认和接受的 ISO 3166《国家和所属地区名称代码》，在此基础上，再加一个字符表示货币单位，如美国为 US，美国货币单位 D（Dollar 的第一个字母），两者组成美元的通用代码 USD；英国为 GB，英国货币单位 P（Pound Sterling 的第一个字母），两者组成英镑的通用代码 GBP；中国为 CN，中国货币单位 Y（Yuan），两者组成人民币的通用代码 CNY。这套代码没有采用传统的特殊字符如 $、£、￥，避免了许多计算机输出输入装置缺少这些特殊字符所造成的麻烦，从而为计算机的数据处理和通信创造了有利条件。特别是被 SWIFT 等国际性、区域性计算机通信网络和数据处理系统、货币清算系统采用后，这套货币代码更加国际化。这套货币代码不仅在计算机上使用，还在合同文本、信用证、各类授权书、代理行协议、有价证券、财务凭证、各类单据和财务报表上使用。我国的商业银行也都在使用货币的国际标准代码（见表 1-2）。

表 1-2　常用国家和地区的货币代码

国家 / 地区	货币名称	货币代码
亚洲		
中国	人民币	CNY
中国澳门	澳门元	MOP
中国香港	港币	HKD
日本	日元	JPY
马来西亚	林吉特	MYR
新加坡	新加坡元	SGD
泰国	泰铢	THP
印度尼西亚	印尼卢比	IDR
欧洲		
欧洲货币联盟	欧元	EUR
瑞士	瑞士法郎	CHF
英国	英镑	GBP
美洲		
加拿大	加拿大元	CAD
美国	美元	USD
非洲		
埃及	埃及镑	EGP
南非	兰特	ZAR
大洋洲		
澳大利亚	澳大利亚元	AUD
新西兰	新西兰元	NZD

四、外汇的类型

（一）根据外汇范围分为广义外汇和狭义外汇

广义外汇一般指各国外汇管理法规所称的外汇，包括上述外汇形态。如《中华人民共和国外汇管理条例》中所称外汇就是指广义外汇。

狭义外汇是指以外币表示的用于国际结算的支付手段，如汇票、本票、支票、银行存款凭证、邮政储蓄凭证、信用卡等。而外币现钞、外币信用凭证和特别提款权等其他外汇资产不能直接用于国际结算。

（二）根据外汇形式分为现钞和现汇

现钞是指我们通常所说的外币钞票和铸币，或以外币钞票、铸币存入银行所生成的存款。

现汇是指境外汇入外汇或携入的外汇票据转存境内商业银行的存款。它是账面上的外汇，可用于国际结算。

在现实生活和实际业务中，货币报价区分现汇和现钞有重要的意义，其中最重要的是外汇的现汇和现钞是不等值的。现钞卖出价高于现汇的卖出价（日元、美元的现钞卖出价与现汇卖出价相同），而现钞的买入价低于现汇的买入价。也就是说，银行向客户购入外汇现钞时支付给客户的本币比银行向客户购入外汇现汇时支付的本币少。例如，2023 年 4 月 26 日中国银行外汇牌价：英镑兑人民币的现汇买入价为 802.52，现钞买入价为 777.58。说明银行从客户手中每购入 100 英镑现汇时，支付给客户 861.20 元人民币；而银行从客户手中每购入 100 英镑现钞时，支付给客户 834.44 元人民币。即银行从客户那里买入英镑现钞比买入其现汇便宜。因为银行收入现钞后要等积累到一定数额，才能运转外国银行调拨使用。在此过程中有管理、运输、保险等费用的支出，还要承受一定的利息损失，银行将这些费用及损失转嫁给出卖外汇现钞的客户。

现钞与现汇在外汇管理上还有许多不同，一般对现钞的管理更严格（详见模块四"外汇管制与我国外汇管理"）。

（三）根据外汇可兑换性分为自由兑换外汇和记账外汇

自由兑换外汇是指无须货币发行国或地区有关机构批准，就可以自由兑换其他国家或地区货币的外汇，如美元、日元、英镑、欧元、加拿大元、澳大利亚元、新加坡元、瑞士法郎、新西兰元等。

记账外汇又称双边外汇、清算外汇和协定外汇，它是根据两国政府贸易清算（或支付）协定进行国际结算时，用作计价单位的货币。记账外汇可使用交易双方任何一方的货币，也可使用第三国货币或某种货币篮子。这种外汇未经有关外汇管理部门的批准不能兑换成其他货币，也不能支付给第三国，只能用于支付协定当中规定的两国间贸易货款及从属费用。

（四）根据外汇来源和用途分为贸易外汇和非贸易外汇

贸易外汇是指由商品进出口及其从属费用（主要包括与商品进出口直接关联的运费和保险金等）引起的外汇收付。

非贸易外汇则是指非贸易业务引起的外汇收付，例如侨汇、旅游、劳务合作和资本流动等方面的外汇收支。

（五）根据外汇买卖的交割日期分为即期外汇和远期外汇

即期外汇（Spot Exchange），亦称现汇，是指在外汇买卖成交后的两个营业日内办理交割手续的外汇。

远期外汇（Forward Exchange），亦称期汇，是指买卖双方按照商定的汇率和数量签订买卖合同，约定到将来某个时间（30 天、60 天等）办理交割手续的外汇。

单元二　初 识 汇 率

货币报价反映汇率变化，所以，我们还要进一步认识汇率。

一、汇率的含义

汇率（Exchange Rate）又称汇价或外汇行市。汇率是指用一种货币表示的另一种货币的价格。外汇本身是一种特殊商品，汇率就是这种特殊商品的特殊价格。例如，本模块引言中美元兑人民币的现汇买入价为 691.25。我们将 100 美元作为一种特殊商品，其含义为中国银行买入美元时，每买入 100 美元，支付对方 691.25 元人民币。

那么，表 1-1 的货币报价中标出的买入价和卖出价是什么意思？这涉及汇率的种类。

二、汇率的种类

汇率的种类繁多，可以从不同角度划分为不同的种类。

（一）根据外汇报价和交易的方向分为买入汇率、卖出汇率和中间汇率

买入汇率和卖出汇率是外汇市场中的双向报价，是基于报价方所处地位而言的。在外汇市场的交易中有报价方和询价方。提供汇率的一方为报价方，向报价方询问汇率的一方为询价方。银行是外汇交易的核心成员，因此，一般银行为报价方，买入价和卖出价通常是指银行买入或卖出基准货币的价格。基准货币即一定单位的货币，又称单位货币、基础货币、被报价货币。

1. 买入汇率（Buying Rate）　又称买入价。买入汇率是指在交易中报价一方买入外汇时所使用的汇率。它表示报价方买入一定数额的外汇需要付出多少相应的货币（外币为基准货币），或者说支付一定数额本国货币可以买入多少外汇（本币为基准货币，如英国、欧元区等）。如上例中北京 A 公司向日本出口水果，将收回的货款 900 万日元汇票卖给银行，也就是银行按当天日元兑人民币汇率买入日元，支付北京 A 公司相应的人民币。假如当天日元兑人民币现汇买入价为 6.092 4，即银行每买入 100 日元时，支付北京 A 公司 6.092 4 元人民币。也就是说，出口结汇或客户到银行以外汇兑换本币时，使用买入汇率。

2. 卖出汇率（Selling Rate）　又称卖出价。卖出汇率是指在交易中报价的一方卖出外汇时所使用的汇率。与买入汇率相反，它表示报价方卖出一定数额的基准货币需要收回多少相应的货币，即银行卖出一定数额的外汇需要收回多少本国货币（外币为基准货币）或者说银行收回一定数额的本国货币需要卖出多少外汇（本币为基准货币）。

例如，2023 年 4 月 27 日，A 银行（报价方）与 B 公司（询价方）进行英镑与美元的外汇交易。A 银行报价：GBP1=USD1.2472/1.2473，则英镑兑美元的现汇卖出价为 1.247 2，在这里英镑是基准货币，美元是外币，则表示 A 银行每卖出 1.247 2 美元，向 B 公司收取 1 英镑。

买卖双方的地位是相对的，报价方的买入价是询价方的卖出价，报价方的卖出价是询价方的买入价。1.247 2 美元是 A 银行卖出美元买入 1 英镑的价格，同时又是 B 公司卖出 1 英镑的价格。

外汇买入汇率与卖出汇率的差额称"买卖差价"（Spread），它包含了报价方所获取的交易收入和承担风险的成本、报价方经营外汇买卖业务的利润、交易对方的信用、报价方的交易

意愿等因素。报价方或银行总是低价买入，高价卖出。买入价与卖出价相差幅度一般在 1‰ ～ 5‰。买卖差价越大，报价方的利润越大，而风险成本越低。买卖差价越小，说明外汇银行的经营越有竞争性。

影响买卖差价的因素主要有三个：①交易量的大小。例如，一般外国大银行其买卖差价小于小银行。如美元与英镑由于交易量较大，交易频繁，能形成规模效益，因此，在纽约和伦敦外汇市场上这两种货币的买卖差价只有 0.5‰。②外汇市场发达程度。外汇市场发达程度较高的国家货币买卖差价较小，因此，发达国家买卖差价小于发展中国家。③货币地位。主要储备货币买卖差价小于非主要储备货币。

3. 中间汇率（Middle Rate） 又称中间价。中间价 =（买入价 + 卖出价）/2。例如，2022 年 7 月 19 日，欧元兑美元的报价为：EUD1=USD1.0091/193，则银行欧元买入价为 1.009 1；卖出价为 1.019 3，取 1.014 2 作为中间价。中间汇率不是外汇买卖业务中实际成交的价格。它常用于研究汇率的变化和国际收支方面的统计，也用于商业银行或企业进行内部核算或银行间的外汇交易。

（二）根据外汇交割时间分为即期汇率和远期汇率

1. 即期汇率（Spot Exchange Rate） 又称现汇率。即期汇率是指外汇买卖双方成交两个营业日内进行交割时的价格。它反映了现时外汇市场的汇率水平，是其他外汇交易价格的基础。在外汇市场上挂牌的汇率，如果没有特别标明是远期汇率，一般即指即期汇率。

2. 远期汇率（Forward Exchange Rate） 又称期汇率。远期汇率是指外汇买卖双方达成协议约定在未来一定时期进行外汇交割时的买卖价格。对我国而言，有外汇兑外汇的远期汇率、外汇兑人民币的远期汇率。表 1-3 所示为 2023 年 4 月 27 日中国银行英镑、美元、欧元等外汇兑人民币的远期汇价表。

表 1-3 中国银行远期汇价表（部分）

2023 年 4 月 27 日　　　　　　　　（单位：人民币 /100 外币）

期　限	英　镑		港　币		美　元		澳　元		欧　元	
	买　入	卖　出	买　入	卖　出	买　入	卖　出	买　入	卖　出	买　入	卖　出
1 周	854.79	873.99	87.74	89.65	690.26	702.12	453.25	465.50	755.85	773.20
1 个月	853.23	872.65	87.66	89.59	688.64	700.60	452.70	465.04	755.13	772.67
2 个月	851.33	870.85	87.55	89.48	686.80	698.76	452.03	464.37	754.31	771.87
3 个月	849.36	868.98	87.42	89.35	684.95	696.91	451.41	463.75	753.51	771.06
4 个月	847.32	867.01	87.28	89.22	683.14	695.10	450.76	463.10	752.52	770.15
5 个月	845.64	865.35	87.17	89.11	681.59	693.55	450.22	462.58	751.73	769.41
6 个月	843.40	863.17	87.02	88.95	679.80	691.76	449.52	461.89	750.67	768.39
7 个月	841.11	861.76	86.85	88.86	678.15	690.51	448.80	461.59	749.72	767.88
8 个月	839.44	860.16	86.73	88.75	676.84	689.20	448.26	461.04	749.15	767.35
9 个月	837.62	858.40	86.62	88.63	675.45	687.81	447.67	460.48	748.45	766.69
10 个月	835.82	856.67	86.50	88.53	674.06	686.42	447.10	459.93	747.68	765.95
11 个月	834.23	855.15	86.41	88.44	673.03	685.39	446.52	459.45	747.13	765.42
1 年	832.42	853.41	86.32	88.33	671.99	684.35	446.08	458.92	746.55	764.62

（资料来源：中国银行）

在各个国家的外汇市场上远期汇率的表示方法有两种。一种是全额报价（也称为单纯远期汇率、完全远期汇率），即直接报出实际远期汇率。例如，在苏黎世外汇市场某年某月某日，1 美元 =1.5005/1.5015 瑞士法郎，3 个月远期汇率 1 美元 =1.4726/1.4771 瑞士法郎。这种报价通常使用银行对一般商业客户的外汇报价。另一种是差价报价，即报出远期差价（Forward Margin）。远期差价是指远期汇率与即期汇率的差额，一般用点数表示，也就是以即期汇率和远期差价点数来标明远期汇率。例如，某日纽约外汇市场报价：USD/JPY 即期汇率 101.83/101.87，3 个月远期 80/90（详见模块七的远期汇率计算部分）。

一般用升水、贴水和平价反映远期汇率与即期汇率的水平。点数（详见本模块单元三中汇率变化幅度的计算）前小后大，说明远期汇率高于即期汇率，即升水（如 80/90）；点数前大后小，说明远期汇率低于即期汇率，即贴水（如 90/80）；点数前后一样，说明远期汇率等于即期汇率，即平价（如 80/80）。

（三）根据汇率制定的角度分为基础汇率和交叉汇率

基础汇率（Basic Rate）又称直接汇率、基本汇率和基准汇率。它是指本国货币对国际上某一关键货币的比率。一般将一国在国际结算中使用最多、外汇储备中比重最大、与本国国际交往最为密切、可自由兑换且被国际社会普遍接受的货币作为关键货币（如许多国家均以美元作为关键货币）。基础汇率是根据两种货币所代表的价值量直接计算出来的，成为本国货币与其他货币确定汇率的依据。

交叉汇率（Cross Rate）又称套算汇率。交叉汇率是指通过相应的基础汇率进行套算得出的汇率。例如，本模块引言（外汇牌价）中瑞士法郎兑人民币汇率，是根据美元兑人民币这一基础汇率与国际市场上美元兑瑞士法郎的汇率套算出来的；英镑兑人民币汇率是根据中国外汇市场上美元兑人民币的汇率与国际外汇市场上英镑兑美元的汇率套算而来的（详见模块六中交叉汇率的计算）。

（四）根据外汇买卖对象分为银行间汇率和商业汇率

1. 银行间汇率（Inter-bank Rate）　银行间汇率是指银行间外汇交易时使用的汇率。这种汇率随着外汇供求的影响而经常变化。

2. 商业汇率（Commercial Rate）　商业汇率是指银行与客户外汇交易时使用的汇率。

（五）根据外汇市场的交易时间分为开盘汇率和收盘汇率

1. 开盘汇率（Open Rate）　又称开盘价。开盘汇率是指在一定时段内某一外汇市场开始交易时的汇率。通常有每天的开盘价和每周的开盘价等。

2. 收盘汇率（Close Rate）　又称收盘价。收盘汇率是指在一定时段内某一外汇市场交易结束时最后的汇率。在营业日将要结束前，市场上某种货币可能有几种价格，把这几种价格加权平均后即成为收盘价格。通常有每天的收盘价和每周的收盘价等。

（六）根据汇率水平分为最高汇率和最低汇率

1. 最高汇率（High Rate）　又称最高价。它是指某一汇率在一定时间内（如 1 小时、1 天、1 周、1 月或 1 年）所达到的最高水平。

2. 最低汇率（Low Rate）　又称最低价。它是指某一汇率在一定时间内所达到的最低水平。最高价和最低价在外汇走势分析中，尤其是在技术分析中具有重要的指示意义，它们为中央银行、专业投资基金和外贸进出口商的决策提供了外汇市场的重要参数。表 1-4 所示为 2023 年 4 月 27 日某时点美元对主要货币的即期报价给出的最高价和最低价。

表 1-4　国际外汇市场行情（部分）

代码	名称	最新价	涨跌幅	涨跌额	开盘价	最高价	最低价	振幅	昨收价	买入价	卖出价
AUDUSD	澳元美元	0.662 6	0.00%	0	0.662 6	0.664 2	0.662 1	21	0.662 6	0.662 6	0.662 6
DINIW	美元指数	101.623 7	0.12%	0.125 5	101.494 5	101.658	101.409	2 490	101.498 2	101.623 7	101.623 7
EURUSD	欧元美元	1.101 6	−0.05%	−0.000 6	1.102 5	1.103 9	1.101 2	27	1.102 2	1.101 6	1.101 8
GBPUSD	英镑美元	1.248 7	−0.05%	−0.000 6	1.249 4	1.250 4	1.248 1	23	1.249 3	1.248 7	1.248 8

（资料来源：新浪财经 http://finance.sina.com.cn/forex/）

（七）根据外汇管制的程度分为官定汇率和市场汇率

1. 官定汇率（Official Rate）　又称法定汇率。它是指官方制定并公布的汇率。在外汇管制比较严格的国家按官定汇率进行外汇交易。

2. 市场汇率（Market Rate）　市场汇率是指由外汇市场供求关系决定的汇率。它一般存在于市场机制较发达的国家或地区。

一些逐步放松外汇管制的国家或地区中，可能会出现官方汇率与市场汇率并存的状况，在官方规定的一定范围内使用官方汇率，而在外汇市场上使用由供求关系决定的市场汇率。

（八）根据交易性质分为单一汇率和复汇率

1. 单一汇率（Single Rate）　单一汇率是指一国仅有一种汇率。在该国所有的国际经济交往中都使用这种汇率。

2. 复汇率（Multiple Rate）　又称多种汇率。它是指一国货币当局规定一种以上的对外汇率，不同的国际经贸活动使用不同的汇率（如果一国本币与各种外币的即期外汇交易的买卖价超过 2%，则国际货币基金组织视为实行复汇率）。

为什么引言中的外汇牌价以美元兑人民币表示，而不以人民币兑美元表示？这又涉及汇率报价问题。

单元三　汇　率　报　价

一、报价方法

（一）普遍规则

国际市场普遍采取基准货币 / 报价货币的报价方法。基准货币即一定单位的货币，例如 1 美元或 100 美元；报价货币即用来表示价格的货币，例如 GBP/USD，在此 USD（美元）是报价货币。

在外汇市场上报价时，报价方采取双向报价方式，即提供买入价和卖出价。例如，2023 年 4 月 29 日，某银行报价 GBP/USD 1.2506/1.2632。两个数字之间的斜线是区别买入价和卖出价的符号，在这里斜线左边的数字是报价方买入基准货币的价格，即买入价；斜线右边的数字是报价方卖出基准货币的价格，即卖出价（买入基准货币价格 / 卖出基准货币价格）。这里英镑是基准货币，表示这家银行买入 1 英镑时，向客户支付 1.250 6 美元，卖出 1 英镑时，向客户收取 1.260 8 美元。

一项汇率通常有 5 位或 6 位数（含小数位）。例如，EUR/USD 1.0963/1.1073 或 USD/JPY135.62/136.78。又如，银行用 1 美元兑换 18.110 9 南非兰特。

（二）直接报价法和间接报价法

就本币与外币而言，各国外汇市场上的汇率报价可分为直接和间接两种报价方法。

直接报价法（Direct Quotation）又称应付标价法、价格标价法、欧式报价。它是指以一定（1 个单位或 100 个单位）单位的外国货币为标准，折算成一定数量的本国货币的标价方式。在直接报价法下，外国货币为基准货币，本国货币为报价货币。如我国人民币外汇牌价，是以本国货币来表示一定单位的外国货币的汇率表示方法（如本模块引言中的中国银行外汇牌价）。

在直接报价法下，前面的价格是外汇买入价，后面的价格是外汇卖出价。例如，根据引言中的外汇牌价表，100 日元兑人民币 5.1691/5.2071，5.169 1 是日元（外汇）买入价，即报价方买入 100 日元时，支付询价方 5.169 1 元人民币；5.207 1 是卖出价，即报价方卖出 100 日元时，收取询价方 5.207 1 元人民币。

间接报价法（Indirect Quotation）又称应收标价法、数量标价法、美式报价。它是指以一定单位的本国货币为标准，折算出一定数量外国货币的标价方式，是以外国货币来表示一定单位的本国货币的汇率表示方法。

在间接报价法下，本国货币为基准货币，外国货币为报价货币。在间接报价法下，前面的价格是外汇卖出价，后面的价格是外汇买入价。例如，国际外汇市场 GBP/USD（1 英镑兑换美元）1.2567/1.2569，则英镑为基准货币，1.256 7 是外汇（美元）卖出价，即当报价方卖出美元、买入英镑时，卖出 1.256 7 美元，收取询价方 1 英镑；1.256 9 是外汇（美元）买入价，即报价方买入美元、卖出英镑时，买入 1.256 9 美元，支付询价方 1 英镑。

世界上大多数国家和地区采用直接报价法。但目前美元、欧元、英镑、澳大利亚元、新西兰元等采用间接报价法。

（三）美元报价法和非美元报价法

在外汇交易中如果涉及的两种货币都是外币，则很难用直接报价法或间接报价法来判断。因此，传统的直接和间接报价法已很难适应全球化的外汇交易的发展，国际外汇市场上逐步形成了以美元为基准货币进行标价的市场惯例，即划分为美元报价法和非美元报价法。

在美元报价法下，美元作为基准货币，其他货币是报价货币，美元报价法见表 1-5。

在非美元报价法下，非美元货币作为基准货币，美元是报价货币。如 EUR/USD 1.0744，即 1 欧元 =1.074 4 美元。

表 1-5　国际外汇市场行情（部分）

Apr 9		Closing mid-point	Change on day	Big/offer spread	Day's mid High	Day's mid Low	One month Rate	One month %PA	Three month Rate	Three month %PA	One year Rate	One year %PA
Europe												
CzechRep.	(Koruna)	19.822 5	−0.060 1	091-358	19.892 0	19.796 0	19.819 3	0.2	19.812 0	0.2	19.758 5	0.3
Denmark	(Danish Krone)	5.400 6	−0.011 7	999-013	5.417 7	5.397 1	5.399 4	0.3	5.398 7	0.2	5.390 6	0.2

解读汇率报价实务

（续）

Apr 9		Closing	Change	Big/offer	Day's mid		One month		Three month		One year	
		mid-point	on day	spread	High	Low	Rate	%PA	Rate	%PA	Rate	%PA
Hungary	(Forint)	221.513	0.225 1	800-451	222.080	220.300	221.921	−2.2	222.673	−2.1	226.013	−2.0
Norway	(Nor.Krone)	5.950 3	−0.027 7	482-524	5.977 2	5.941 6	5.957 7	−1.5	5.971 8	−1.4	6.035 7	−1.4
Poland	(Zloty)	3.015 9	−0.005 8	148-170	3.027 7	3.012 4	3.022 0	−2.4	3.033 3	−2.3	3.085 8	−2.3
Russia	(Rouble)	35.726 4	0.114 2	164-364	35.844 0	35.610 0	35.982 7	−8.5	36.478 9	−8.3	38.718 9	−7.7
Sweden	(Krona)	6.501 8	0.006 8	999-036	6.526 2	6.465 5	6.505 1	−0.6	6.511 4	−0.6	6.536 3	−0.5
Switzerland	(Fr)	0.880 7	−0.003 7	804-809	0.884 6	0.880 0	0.880 5	0.3	0.880 0	0.3	0.877 4	0.4
Turkey	(New Lira)	2.117 6	0.025 1	173-179	2.124 0	2.092 3	2.135 1	−9.8	2.167 0	−9.1	2.319 5	−8.7
Uk	(£)	1.674 9	−0.000 1	746-751	1.676 4	1.672 2	1.674 5	0.3	1.673 7	0.3	1.669 1	0.3
Euro	(Euro)	1.382 5	0.003 0	823-826	1.377 8	1.377 8	1.382 3	0.1	1.382 2	0.1	1.382 3	0.0
SDR	(SDR)	0.645 4	−0.000 7									0.0
Americas												
Argentina	(Peso)	8.000 5	−0.000 8	000-010	8.001 0	7.999 0	8.139 5	−20.5	8.544 5	−25.5	10.999 5	−27.3
Brazil	(Real)	2.210 0	0.011 0	095-105	2.217 8	2.193 2	2.227 0	−9.1	2.264 9	−9.7	2.435 5	−9.3
Canada	(Canadian $)	1.091 9	−0.001 1	917-920	1.094 1	1.088 8	1.092 7	−0.9	1.094 3	−0.9	1.101 5	−0.9
Mexico	(Mexican Peso)	13.055 5	0.103 6	546-564	13.077 1	13.018 2	13.086 5	−2.8	13.148 3	−2.8	13.446 0	−2.9
Peru	(New Sol)	2.795 5	0.006 0	950-960	2.796 0	2.758 0	2.806 0	−4.5	2.828 0	−4.6	2.902 3	−3.7
USA	(US $)	81.400 0										0.0

注：此表为金融时报（FT）网站公布的国际外汇市场美元为中心的报价 DOLLAR SPOT FORWARD AGAINST THE DOLLAR，仅作为学生学习对美元报价法时的理解材料。

（四）直盘报价法和交叉盘报价法

在外汇交易中如果涉及的两种货币都是外币，并且两种外币都是非美元货币，则不能仅以美元报价法和非美元报价法区分报价方法。例如，我国个人外汇实盘买卖的报价（见表1-6）中就有两种外币都是非美元货币的情况。

在外汇买卖中又可分为直盘报价法和交叉盘报价法。直盘报价法指基准货币或报价货币中有一个是美元（见表1-6）；交叉盘报价法即不论基准货币还是报价货币都是非美元货币（见表1-7）。

表1-6 国际外汇市场直盘汇率（部分）

牌价更新时间：2023-4-28 11:13

代　码	名　称	最　新　价	开　盘　价	最　高　价	最　低　价	昨　收　价	买　入　价	卖　出　价
AUDUSD	澳元美元	0.662 6	0.662 6	0.664 2	0.662 1	0.662 6	0.662 6	0.662 6
DINIW	美元指数	101.623 7	101.494 5	101.658	101.409	101.498 2	101.623 7	101.623 7
EURUSD	欧元美元	1.101 6	1.102 5	1.103 9	1.101 2	1.102 2	1.101 6	1.101 8
GBPUSD	英镑美元	1.248 7	1.249 4	1.250 4	1.248 1	1.249 3	1.248 7	1.248 8
NZDUSD	新西兰元美元	0.614 8	0.614 5	0.615 9	0.614 2	0.614 8	0.614 8	0.614 9
USDCAD	美元加元	1.360 2	1.359 1	1.360 7	1.359	1.359 1	1.360 2	1.360 4
USDCHF	美元瑞郎	0.894 2	0.893 9	0.894 7	0.893	0.893 7	0.894 2	0.894 3
USDCNY	美元人民币	6.917 2	6.917	6.918 5	6.910 6	6.920 3	6.917 2	6.918 7
USDJPY	美元日元	134.57	133.9	134.63	133.38	133.86	134.57	134.59
USDMYR	美元马币	4.457	4.459 5	4.459 5	4.453 4	4.46	4.457	4.462
USDSGD	美元新加坡元	1.335	1.334 8	1.335 3	1.333 1	1.335 2	1.335	1.335 2

（资料来源：新浪财经 http://finance.sina.com.cn/forex/）

表 1-7　国际外汇市场交叉盘汇率（部分）

时间：2023 年 4 月 29 日 16:30

代　码	名　称	最 新 价	最 高 价	最 低 价	昨 收 价	买 入 价	卖 出 价
AUDCAD	澳元加元	0.895 6	0.900 8	0.903	0.894 4	0.900 6	0.895 6
AUDCHF	澳元瑞郎	0.591 2	0.592 4	0.593 4	0.587 1	0.590 8	0.591 2
AUDCNY	澳元人民币	4.571 6	4.588 4	4.594	4.548 5	4.588 4	4.571 6
AUDEUR	澳元欧元	0.600 4	0.600 7	0.602	0.598 1	0.600 6	0.600 4
AUDGBP	澳元英镑	0.526 1	0.529 1	0.531 2	0.525	0.529 1	0.526 1
AUDJPY	澳元日元	90.19	88.72	90.21	88.43	88.71	90.19
CADAUD	加元澳元	1.115 1	1.109 4	1.116 7	1.107 2	1.109 5	1.115 1
CADCHF	加元瑞郎	0.659 6	0.657 6	0.660 8	0.653 9	0.657 6	0.659 6
CADCNY	加元人民币	5.100 2	5.093 8	5.104 9	5.059 5	5.093 8	5.100 2
CADEUR	加元欧元	0.669 7	0.666 8	0.670 3	0.665 1	0.666 9	0.669 7
CADGBP	加元英镑	0.586 9	0.588 3	0.588 7	0.585 6	0.588 4	0.586 9
CADJPY	加元日元	100.59	98.46	100.68	98.01	98.44	100.59
CHFAUD	瑞郎澳元	1.690 2	1.687 2	1.702 5	1.684 8	1.687 2	1.690 2
CHFCAD	瑞郎加元	1.514 7	1.52	1.527 8	1.513 2	1.519 8	1.514 7
CHFCNY	瑞郎人民币	7.725	7.743 4	7.766 9	7.705	7.743 4	7.725
CHFEUR	瑞郎欧元	1.014 5	1.014 2	1.018 5	1.013 7	1.014 1	1.014 5
CHFGBP	瑞郎英镑	0.889 7	0.895	0.897	0.888 9	0.894 9	0.889 7

（资料来源：新浪财经 http://finance.sina.com.cn/forex/）

总之，无论采用哪种报价方法，只要明确了汇率报价中的基准货币，那么，前面较小数字是买入基准货币的价格，后面较大数字是卖出基准货币的价格。

二、汇率上涨或下跌的含义及其计算

（一）汇率涨跌的含义

通常用汇率上涨或下跌来描述汇率变化，其上涨或下跌是针对一种货币兑另一种货币而言的，一种货币汇率上涨即该种货币升值（坚挺或走强），一种货币汇率下跌即该种货币贬值（疲软或走弱）。

货币贬值意味着一种货币只能兑换相对少的其他货币。货币升值意味着一种货币可以兑换相对多的其他货币。

贬值或升值是针对具体某种货币而言的。从本币与外币讲，在直接标价法下，本国货币量减少，表示外币贬值（即单位外币能兑换的本币减少），本币升值。反之，本国货币量增加，表示外币升值，本币贬值。例如，2005 年 3 月 23 日，100 英镑兑换人民币的买入价为 1 557.78；2023 年 3 月 27 日，100 英镑兑人民币的买入价为 861.20。这说明英镑贬值了，即单位英镑可以兑换的人民币变少了；而人民币则升值了，即需较少的人民币就可以兑换 100 英镑，或同样 1 557.78 元的人民币能兑换更多的英镑。这也意味着银行每买入 100 英镑向客户支付的人民币比原来少了。

在间接标价法下，外国货币量减少，表示本币贬值，外币升值；反之，外国货币量增加，表示本币升值，外币贬值。如在伦敦外汇市场英镑兑美元的中间价由 1 英镑 =1.608 6 美元，变为 1 英镑 =1.256 8 美元，表示英镑贬值，而美元升值了。

外汇牌价表解读

综上，如果基准货币的单位不变，报价货币的数值比原来的数值大，则表示基准货币升值，报价货币贬值；反之，基准货币的单位不变，报价货币的数值比原来的数值小，则表示基准货币贬值，报价货币升值。例如，2018 年 2 月 14 日，100 美元兑人民币卖出价为 636.29；2023 年 4 月 27 日，100 美元兑人民币卖出价为 694.18。作为基准货币的美元升值了，作为报价货币的人民币贬值了。这意味着银行卖出 100 美元，收取客户的人民币比原来多了，也就是客户买入 100 美元支付的人民币比原来多了。

（二）汇率变化幅度的表示与计算

1. 基本点（Basis Point，BP）　又称基点、点。在外汇买卖中，通常用基本点来表示买卖差价和汇率上升下降的变化幅度。汇率通常由 5 位或 6 位数组成，基本点是指汇率最后一位数的单位。最后一位数字的一个单位为一个基本点。通常一个点是 0.000 1，但也有例外，例如，日元的汇率就是以 0.01 为一个点。

> **例1-1**　EUR/USD 从 1.001 8 变为 1.008 4，称欧元兑美元上升了 66 个点。

> **例1-2**　USD/JPY 汇率由 137.42 变化为 137.40，称美元兑日元下跌了 200 个点。

> **例1-3**　100 英镑兑人民币中间价由 800.38 变化为 805.76，称英镑兑人民币中间价上升了 538 个基点。

2. 百分比　货币升值或贬值的幅度可以通过变化前后的两个汇率比较计算出来：

基准货币对报价货币的汇率变化（%）=（新汇率 / 旧汇率 −1）×100%

报价货币对基准货币的汇率变化（%）=（旧汇率 / 新汇率 −1）×100%

依上述公式计算出来的结果为负，表示该种货币贬值；计算出来的结果为正，表示为该种货币升值。

> **例1-4**　2005 年 3 月 23 日，GBP/CNY 的买入汇率为 15.577 8。
> 2022 年 7 月 18 日，GBP/CNY 的买入汇率为 8.025 2。
> 计算英镑兑人民币变化幅度为：（8.025 2/15.577 8−1）×100% = −48.48%
> 计算人民币兑英镑变化幅度为：（15.577 8/8.025 2−1）×100% = 94.11%
> 计算结果表明：英镑贬值而人民币升值了。

（三）报价方报价的惯例和报价源

1. 报价惯例　只报最后两位数。在双向报价的外汇市场中，所报的汇率分为两部分，大数（Big Figure）部分和小数（Small Figure）部分。根据市场惯例，汇率的最后两位有效数字称为小数，而最后两位有效数字之前的部分则称为大数。例如，EUR/USD 1.1016/1.1018，其中 1.10 为大数部分，16 或 18 为小数部分；又如，USD/JPY 134.57/134.59，134 为大数部分，57 或 59 为小数部分。

一般在外汇交易市场上，汇率的小数变化非常活跃，而大数相对稳定，交易双方进行外汇买卖时对市场上汇率的大数比较清楚，所以没有必要过多重复。例如，2023 年 4 月 27 日，国际外汇市场上美元兑港币（也常称"港元"）为 7.8488/7.8498，可简写为 7.8488/498；通过电话、电传等报价时，报价方省略大数不读，只报小数部分。如上述报价可只报最后三位数 488/498。一旦成交后，再确认全部的汇率。

2. 交易用语　在国际货币市场上，汇率变化迅速，因此，要求交易双方以最短的时间完成交易。交易员为方便操作及避免交易中的误解常使用一些规范的简语。

例如：在银行同业交易中，"one dollar"表示 100 万美元，交易额通常是 100 万美元的整数倍。低于 100 万美元的交易应事先说明。

标准的交易单位一般是 100 万～ 1 000 万美元。1 000 万美元以上称为"大额"，以"Good Amount"表示；100 万美元以下的称为"小额"，以"Small Amount"表示；25 万美元以下的称为"微小额"，以"Tiny Amount"表示。

又如：在银行同业交易中，只需简单地用一个词"mine（我的）"或"yours（你的）"就可以完成一笔交易。"six yours"表示"我卖给您 600 万美元"；"three mine"表示"我买入 300 万美元"。这样的用词与基准货币有关。

3. 报价源　国内银行、软件提供商和网站在提供自己的报价时，有不同的报价源。有的直接采用路透社报价进行计算，有的采用桥讯的报价进行计算，有的使用国外交易对手提供的报价进行计算，还有的采用多种价格来源渠道进行加权计算。因此，对于不同的银行，其报价可能是不同的。

各银行一般采用计算机系统向客户公布牌价。如果是电话交易还可以通过交易专线查询即时汇率。

国际外汇市场的汇率时刻都在变化，国际行情一分钟跳动的次数大于一百次，每秒钟都有三笔以上的报价。为及时准确地反映国际市场价格的变化，银行的报价也随国际市场的波动而变动，但各银行汇率变动的即时性各有不同。以个人外汇买卖报价为例，我国有的银行牌价刷新时间约为 10 秒一次，有的银行约为 6 秒一次，还有的银行当国际外汇市场汇率变化达 20 个基本点时，由银行的计算机系统自动调整对客户的报价。在各银行间隔变动时间中，各银行报价虽未变，但国际价格在变化。因此，所有的报价都存在数据传输上的时滞问题。

单元四　进出口报价

在进出口业务中，如果外国进口商要求出口商报出用外币表示的商品价格，或者既报出以本币表示的商品价格，也报出用外币表示的商品价格。对此，如何进行进口报价呢？这就需要掌握本币与外币的折算方法，正确运用汇率的买入价与卖出价，权衡进出口报价。

一、即期汇率折算

（一）进出口商品报价中本币折算外币

例 1-5　我国香港出口商对外报价某种商品每千克 100 港元，客户回电要求改报美元。那么，香港出口商应报多少美元？当日香港外汇市场外汇牌价为 USD/HKD 7.7528/533。要求商品的本币价格折为商品的外币价格。

（1）将外币 / 本币折算为本币 / 外币，也就是将一个单位的外币兑多少本币折算为一个单位的本币兑多少外币。计算方法为：用 1 除以本币的具体数字。

由于出口商使用的汇率是港币卖出价（或美元买入价），则将 USD/HKD 折为 HKD/USD 的报价为：HKD/USD=1/7.7528=0.128 98。

（2）计算商品的外币价格。计算方法为：本币 / 外币汇率乘以商品的本币价格。

美元报价 =（0.128 98×100）美元 =12.898 美元

所以，本例中，我国香港出口商应报商品每千克 12.898 美元。

（二）外币／本币的买入价和卖出价折为本币／外币的买入价和卖出价

外币／本币的买入价和卖出价折为本币／外币的买入价和卖出价，也就是已知一个单位的外币兑多少本币的买入价和卖出价，计算一个单位的本币兑多少外币的买入价和卖出价。计算方法是用 1 除，求买入价用 1 除以已知的卖出价，求卖出价用 1 除以已知的买入价。

> **例 1-6**　某日，伦敦外汇市场外汇牌价为 GBP/USD=1.3207/210，计算 USD/GBP 的买入价和卖出价。
>
> **计算方法：** 用 1 交叉相除。即求买入价时，用 1 除以已知的卖出价；求卖出价时，用 1 除以已知的买入价。
>
> 买入价：USD/GBP=1÷1.321 0=0.757 0
>
> 卖出价：USD/GBP=1÷1.320 7=0.757 2
>
> 则 USD/GBP=0.7570/0.7572

二、正确运用汇率的买入价与卖出价

一般外汇报价最少要报出买入价和卖出价两种价格，交易中若误用了这两种价格就会受到很大损失。所以在实际中要正确应用汇率的买入价与卖出价。

（一）将本币报价改用外币报价，折算时应用外汇买入价

出口商的商品原为本币报价，但客户要求改用外币报价，也就是把本币折成外币报价时，应用外汇买入价。

> **例 1-7**　以例 1-5 为例，我国香港出口商对外报价某种商品每千克 100 港元，客户回电要求改报美元。当日香港外汇市场外汇牌价为 USD/HKD=7.7528/7.7533。
>
> 将 100 港元折成美元，则用美元兑港币的买入价：（100÷7.752 8）美元 =12.898 美元。
>
> 为什么本币折外币用买入价？以此为例，我国香港出口商如果按美元报价，说明出口商收取外币，那么出口商就要把外币拿到银行换回本币，也就是出口商付给银行外币，银行买入外币，所以用买入价折算。

（二）将外币报价改用本币报价，折算时应用卖出价

出口商的商品报价原为外币，客户要求改为本币报价时，应用卖出价。

> **例 1-8**　我国香港某服装厂生产每套服装的报价为 50 美元，现外国进口商要求其改用港币报价。当日香港外汇市场外汇牌价为 USD/HKD=7.7528/7.7533。则港币报价时应使用美元兑港币的卖出价：（50×7.753 3）港元 =387.67 港元。
>
> 为什么外币折成本币用卖出价？出口商原收取外币，改为本币，则需要出口商以本币向银行买回原外币，出口商买入外币，即为银行卖出外币，所以用卖出价折算。

（三）将一种外币改为另一种外币报价，折算时将外汇市场所在国家的货币视为本币

对于本国货币不能自由兑换的国家而言，在对外贸易中经常涉及两种外币，就需要将外汇市场所在国家的货币视为本币，折算方法如下。

> **例 1-9** 我国向英国出口商品，原报价商品单价为 10 000 美元，英国进口商要求我方改用英镑报价，按下列即期汇率我方应报价多少？
>
> 假设当时伦敦外汇市场 1 英镑兑换美元的汇率为 1.6746/1.6751。
>
> 根据伦敦外汇市场 1 英镑兑换美元牌价 1.6746/1.6751，英镑视为本币，外币折本币用外币卖出价。美元报价改为英镑报价：（10 000÷1.674 6）英镑 =5 971.58 英镑。

上述买入价和卖出价折算原则，不仅适用于即期汇率，也适用于远期汇率（远期汇率的折算与进出口报价详见模块七远期外汇交易）。在实际业务中应结合具体情况，需灵活掌握这一原则。例如，出口商品的竞争能力较差，库存较多，款式陈旧而市场又较呆滞，这时报价也可按中间价折算，甚至还可给予适当折让，以便扩大商品销售。

三、进口报价的权衡

对进口商而言，如果一种商品有两种货币报价（既有本币报价也有外币报价或两种外币报价），那么选择哪种货币报价更有利呢？

一般以即期汇率表作为确定进口报价可接受水平的主要依据。

一种商品有两种货币报价时，只能折算为同一种货币或折算为第三种货币，然后比较其价格。例如我国进口的商品，一般在我国国内销售，因此可以折算为人民币进行比较。

> **例 1-10** 2022 年 7 月 19 日，国内某公司从德国进口商品，对方以欧元报价，每件商品为 100 欧元，另外以美元报价，每件为 116.85 美元。这两种货币没有可比性，只能折算为同一种货币或折算为第三种货币进行比较。
>
> （1）将两种报价折成人民币进行比较：
>
> 当日，我国中国银行外汇牌价为：EUR100=CNY680.51/685.53，USD100=CNY673.18/676.03。
>
> 欧元报价折人民币为 685.53 元。
>
> 美元报价折人民币为 789.94 元。
>
> 对两种报价折算的人民币价格进行比较，美元报价的人民币成本高于欧元报价的人民币成本。如果不考虑其他因素，我国进口商可以接受欧元报价。
>
> （2）将两种报价折成同一种货币进行比较：
>
> 当日国际外汇市场的欧元兑美元的比价：EUR/USD=1.0091/193。将欧元折算成美元，再与美元进行比较，从中选择合算的货币报价。
>
> 按此比较，每件商品 100 欧元的报价折成美元为（100×1.019 3）美元 =101.93 美元。
>
> 同理，如果不考虑其他因素，我国进口商可以接受欧元报价。

对于以上两种报价的权衡，在实际操作中，如果该企业只有人民币资金，则可选择第（1）种方法；如果该企业手中持有美元，则可选择第（2）种方法。

模块小结

（1）从外汇内涵讲外汇具备三个要素，即国际性、自由兑换性和可偿性。从外汇外延讲外汇有以下几种形态：外币现钞、外币支付凭证（汇票、本票、支票和外币信用卡等）、外币有价证券和其他外汇资产。

外汇按不同标准可分为：广义外汇和狭义外汇；现钞和现汇；自由兑换外汇和记账外汇；贸易外汇和非贸易外汇；即期外汇和远期外汇。

（2）汇率是指用一种货币表示的另一种货币的价格。汇率按不同标准可分为：买入汇率、卖出汇率和中间汇率；即期汇率和远期汇率；基础汇率和交叉汇率；银行间汇率和商业汇率；开盘汇率和收盘汇率；最高汇率和最低汇率；官定汇率和市场汇率；单一汇率和复汇率。

（3）报价方法按不同标准可分为：直接报价法、间接报价法；美元报价法、非美元报价法；直盘报价法、交叉盘报价法。货币报价中报价方采取双向报价方式，即提供买入价和卖出价。所报的汇率分成两部分，大数部分和小数部分。描述汇率变化的专业词汇是汇率上涨或下跌。一种货币汇率上涨指该货币可以兑换更多的其他货币，即该种货币升值；一种货币汇率下跌是指该货币只能兑换更少的其他货币，即该种货币贬值。

（4）在进口业务报价中，如果将一个外币兑多少本币折为一个本币兑多少外币时，用1除以本币的具体数字；如果将一个外币兑多少本币的买入价和卖出价折为一个本币兑多少外币的买入价和卖出价时，用1交叉相除。在货币折算中，将本币报价改用外币报价，折算时应用买入价；将外币报价改用本币报价，折算时应用卖出价；将一种外币改为另一种外币报价，折算时将外汇市场所在国家的货币视为本币。在进口报价权衡中，以即期汇率表作为确定进口报价可接受水平的主要依据，一种商品有两种货币报价时，可以折算为同一种货币或折算为第三种货币，然后比较其价格。

习　题

一、判断题

1. 汇率属于价格范畴。　　　　　　　　　　　　　　　　　　　　　　　（　　　）
2. 间接标价法是指以一定单位的外国货币作为标准来表示本国货币的汇率。（　　　）
3. 在直接标价法下，买入价即银行买进外币时付给客户的本币数。　　　　（　　　）
4. 银行买入客户外币现钞的价格高于银行买入客户外币现汇的价格。　　　（　　　）
5. 伦敦外汇市场上外汇牌价中前面较低的价格是买入价。　　　　　　　　（　　　）

二、不定项选择题

1. 在直接标价法下，如果一定单位的外国货币折成的本国货币数额增加，则说明（　　　）。
   - A. 外币币值上升，外汇汇率上升
   - B. 外币币值下降，外汇汇率下降
   - C. 本币币值上升，外汇汇率上升
   - D. 本币币值下降，外汇汇率下降
2. 在间接标价法下，如果一定单位的本国货币折成的外国货币数额减少，则说明（　　　）。
   - A. 外币币值下降，本币币值上升，外汇汇率下降
   - B. 外币币值上升，本币币值下降，外汇汇率上升
   - C. 本币币值下降，外币币值上升，外汇汇率下降
   - D. 本币币值上升，外币币值下降，外汇汇率上升
3. 若要将出口商品的人民币报价折算为外币报价，应选用（　　　）。
   - A. 买入价
   - B. 卖出价
   - C. 现钞买入价
   - D. 现钞卖出价

4. 在人民币对外币的汇价表中除列有现汇买入价与卖出价外，一般还公布现钞价，其（　　　　）。

    A. 现钞买入价高于银行购买外币支付凭证的价格

    B. 现钞买入价等于银行购买外币支付凭证的价格

    C. 现钞买入价低于银行购买外币支付凭证的价格

    D. 现钞卖出价与银行卖出外币支付凭证的价格相同

5. 运用汇率的买入价和卖出价报价时，应注意（　　　　）。

    A. 把本币折算成外币时，用买入价　　　B. 把本币折算成外币时，用卖出价

    C. 把外币折算成本币时，用买入价　　　D. 把外币折算成本币时，用卖出价

三、思考题

1. 将汇率划分为现钞和现汇有什么实际意义？

2. 在当前的国际贸易结算中主要使用哪些国家的货币？

实 训 课 堂

一、技能训练题

1. 银行同业间进行外汇交易时，已知某银行报价：USD/HKD 即期汇率 7.78497/502，GBP/USD 即期汇率 1.2553/57，请解释该报价含义。

2. 中国银行 2023 年 4 月 27 日的外汇牌价见表 1-8。

表 1-8　中国银行外汇牌价

日期：2023 年 4 月 27 日　　　　　（单位：人民币 /100 外币）

货币名称	现汇买入价	现钞买入价	现汇卖出价	现钞卖出价	基准价
英镑	861.20	834.44	867.54	871.37	863.08
港币	88.06	87.36	88.41	88.41	88.17
美元	691.25	685.62	694.18	694.18	692.07

根据该牌价进行交易，请回答下列问题：

（1）一位出境旅游者到中国银行兑换 3 000 元港币现钞，需要付出多少人民币现钞？

（2）一位客户欲将 1 000 英镑现钞兑换等值的人民币，该客户能兑换多少人民币？

（3）一家出口企业到中国银行以 10 000 美元即期结汇，兑换多少等值人民币？

（4）中国银行港币 / 人民币、美元 / 人民币的买卖差价分别是多少？

3. 2023 年 4 月 29 日，某银行的汇率报价如下。若询价者购美元，应使用买入价还是卖出价？若询价者要买入基准货币，应使用买入价还是卖出价？若询价者要买入报价货币，应使用买入价还是卖出价？

    USD/SGD   1.3272/1.3406

    USD/JPY   135.62/136.98

    GBP/USD   1.2506/1.2532

    AUD/USD   0.6602/0.6608

    USD/CHF   0.8899/0.8989

    USD/CAD   1.3456/1.3592

4. 2023 年 4 月 29 日，某客户希望卖出瑞士法郎，买入日元。该客户应首先卖出瑞士法郎，买入美元；再卖出美元，买入日元。有关报价见表 1-9。

（1）该客户从哪家银行卖出瑞士法郎，买入美元更合适？采用的汇率是多少？

（2）该客户从哪家银行卖出美元，买入日元更合适？采用的汇率是多少？

表 1-9　五家银行外汇牌价

	USD/CHF	USD/JPY
A 银行	0.8897/0.8957	134.13/135.23
B 银行	0.8895/0.8959	134.12/135.21
C 银行	0.8895/0.8958	134.12/135.20
D 银行	0.8898/0.8957	134.10/135.23
E 银行	0.8896/0.8956	134.11/138.24

5. 表 1-10 为甲、乙、丙三家银行 2023 年 4 月 29 日的报价，就每一汇率的报价而言，若询价者要购买美元，哪家银行的报价最好？

表 1-10　三家银行外汇牌价

	甲　银　行	乙　银　行	丙　银　行
USD/SGD	1.3259/385	1.3257/384	1.3256/3833
USD/JPY	136.13/137.23	136.10/137.19	136.15/137.26
GBP/USD	1.2488/576	1.2489/577	1.2486/572
EUR/USD	1.1015/024	1.1016/023	1.1014/025
AUD/USD	0.6668/732	0.6669/733	0.6667/734

6. 在汇率报价中，买卖差价大对客户有利还是买卖差价小对客户有利？举例说明为什么。

7. 2023 年 4 月 29 日，我国某外贸公司进口仪表，外商提出的商品单价美元报价和瑞士法郎报价分别为 200 美元和 185 瑞士法郎，即期付款。当日建设银行 USD/CHF 报价为 0.8899/989。那么，我公司接受何种报价较为有利？为什么？

8. 2023 年 7 月 20 日，我国某公司对外报出口商品每吨 10 000 元人民币，客户回电要求改报美元。那么，我公司应报多少美元？（查阅我国当日中国银行的外汇牌价。）

二、实训项目

1. 实训目的：学会查阅和看懂各种汇率报价。

2. 实训方式：网上调研、实地调查。

3. 项目内容：要求学生查阅各种汇率报价，并说明汇率报价表中数字的含义与如何运用。

4. 调查渠道：有关金融网站和银行。

5. 调研对象：

国有银行：中国银行、中国工商银行、中国建设银行、中国农业银行、交通银行。

股份制银行：招商银行、中信银行、光大银行、广发银行、浦发银行、民生银行。

外资银行：汇丰银行、花旗银行。

6. 实训指导：

第一步：调查。分组进行，每组进行相同类型银行的调查（如第一组进行国有银行的调查），每组中的每个成员分别选择一家银行进行实地调查。

第二步：除每人写出实训报告外，以组为单位，在整理、汇总和分析的基础上写出每组的实训报告。

第三步：以每组实训报告为题，每组推荐发言人在课堂进行交流。交流时以多媒体演示。

模块二

国际收支平衡表的
编制、申报、分析和运用

学习目标

【知识目标】

通过本模块学习，明确经常项目差额、贸易差额和总差额的含义；掌握国际收支平衡表和国际收支申报的基本内容；了解国际收支与我国宏观经济与金融政策的关系。

【技能目标】

能够办理国际收支申报业务；能够看懂国际收支平衡表。

【素质目标】

知晓国际收支视角下我国改革开放以来经济领域取得的伟大成就；从经常账户收支的国际比较认识我国疫情防控的制度优势。

引　言

根据 2022 年国际收支平衡表，我国经常账户、非储备性质的金融账户呈现"一顺一逆"。其中，经常账户顺差 4 019 亿美元，与国内生产总值（GDP）之比为 2.2%，继续保持在合理均衡区间。2022 年非储备性质的金融账户逆差 2 110 亿美元，2020 年和 2021 年分别为逆差 611 亿美元和逆差 303 亿美元，我国国际收支逐步形成经常账户顺差和非储备性质的金融账户逆差的自主平衡格局，储备资产变动更趋平稳。（摘自《2022 年中国国际收支报告》，国家外汇管理局网站 www.safe.gov.cn，2023-03-31）

那么，什么是国际收支？什么是国际收支平衡表？什么是经常账户？什么是非储备性质经常账户？什么是顺差与逆差？如何分析一国国际收支差额？国际收支不平衡对一国经济将产生哪些影响？国际收支与经济、企业的发展及个人切身利益有什么关系？反映国际收支的这些数字是怎样统计出来的？这正是本模块所要阐述的内容。

单元一　国际收支平衡表的编制

国际收支平衡表集中反映了一个国家或地区在一定时期内与世界其他国家或地区间各种经济交易、债权债务变化和官方储备增减等情况。国际收支平衡表反映的信息与我国的经济发展、企业的生存乃至个人切身利益息息相关，所以我们要学会看懂、分析和运用国际收支平衡表；国际收支平衡表的编制涉及有关金融机构及其管理部门的部分业务。这就需要掌握国际收支平衡表的含义、内容、编制原理和记账方法。

认识国际收支

一、国际收支和国际收支平衡表的含义

（一）什么是国际收支

国际收支（Balance of Payments，BOP）是指在一定时期内（1年或1季度），对一国居民与非居民之间所进行的全部经济交易的系统记录。对于这一概念，应从以下几个方面理解：

（1）国际收支记录的是居民与非居民之间的经济交易。那么，什么是居民和非居民？划分居民与非居民的依据不是以国籍为标准，而是以居住地，从事生产、消费等经济活动所在地作为划分的标准。因此，在所在国居住或从事经济活动1年以上的本国和外国的自然人与法人就是所在国的居民（注：居住1年以上只是作为一个指导原则，并不是一个不可变动的尺度）。

小资料 2-1 中国居民

国际收支统计申报中的"中国居民"定义是根据《国际收支和国际投资头寸手册》（第6版）"第四章经济领土、单位、机构部门和居民地位"中的原则以及我国实际情况制定的，具体指以下方面的人员：

（1）在中国境内居留1年以上的自然人，外国及我国香港、澳门、台湾地区在境内的留学生、就医人员、外国驻华使馆领馆外籍工作人员及其家属除外。

（2）中国短期出国人员（在境外居留时间不满1年）、在境外留学人员、就医人员及中国驻外使馆领馆工作人员及其家属。

（3）在中国境内依法成立的企业事业法人（含外商投资企业及外资金融机构）及境外法人的驻华机构（不含国际组织驻华机构、外国驻华使馆领馆）。

（4）中国国家机关（含中国驻外使馆领馆）、团体、部队。

除此之外属于非居民。

（2）国际收支记录的是全部的国际经济交易。全部的国际经济交易包括进出口贸易、服务贸易、易货贸易、国际信贷、国际捐赠和援助捐款等。它既包括国际有偿交易，也包括国际无偿往来。

（3）国际收支的记录是以交易为基础，而不是以收支为基础的。因此，国际收支既包括立即结清的各种到期支付的交易，也包括未到期的交易；既包括发生货币收付的国际交换活动，也包括未发生货币收付的国际交换活动，如本国侨民的汇款等。

（二）什么是国际收支平衡表

国际收支的外在表现是国际收支平衡表。国际收支平衡表（BOP Statement）是指在一定时期内（1年或1季度）的全部国际经济交易根据交易的内容与范围，按照经济分析的需要设置账户或项目，进行分类统计的一览表。

国际货币基金组织（IMF）规定其各成员国有义务定期向该组织报送本国的国际收支数据资料。IMF逐年编制各成员国的国际收支平衡表，并以年鉴形式出版。

二、国际收支平衡表的内容

为了在世界范围内进行汇总和国际比较，IMF提出了一套有关构成国际收支平衡表的项目分类的建议，称为标准组成部分。我国国际收支平衡表虽有自己的特点，但也是按照IMF的要求编制的，下面以我国国际收支平衡表（见表2-1）为例，剖析国际收支平衡表的内容。

表2-1　2022年中国国际收支平衡表（概览表）

项　目	行　次	亿元人民币	亿美元	亿SDR
1. 经常账户	1	27 177	4 019	3 017
贷方	2	266 099	39 508	29 560
借方	3	−238 922	−35 489	−26 543
1.A 货物和服务	4	38 850	5 763	4 317
贷方	5	250 235	37 158	27 799
借方	6	−211 385	−31 395	−23 482
1.A.a 货物	7	45 140	6 686	5 013
贷方	8	225 467	33 469	25 045
借方	9	−180 327	−26 782	−20 032
1.A.b 服务	10	−6 290	−923	−695
贷方	11	24 767	3 690	2 754
借方	12	−31 057	−4 613	−3 450
1.B 初次收入	13	−12 957	−1 936	−1 443
贷方	14	12 867	1 902	1 427
借方	15	−25 823	−3 839	−2 871
1.C 二次收入	16	1 284	191	143
贷方	17	2 997	447	334
借方	18	−1 713	−256	−191
2. 资本和金融账户	19	−21 164	−3 113	−2 353
2.1 资本账户	20	−20	−3	−2
贷方	21	16	2	2
借方	22	−36	−5	−4
2.2 金融账户	23	−21 143	−3 110	−2 351
资产	24	−19 005	−2 815	−2 105

（续）

项　目	行　次	亿元人民币	亿美元	亿SDR
负债	25	−2 138	−294	−246
2.2.1 非储备性质的金融账户	26	−14 294	−2 110	−1 597
2.2.1.1 直接投资	27	1 707	305	202
资产	28	−10 116	−1 497	−1 121
负债	29	11 823	1 802	1 323
2.2.1.2 证券投资	30	−18 783	−2 811	−2 104
资产	31	−11 637	−1 732	−1 298
负债	32	−7 146	−1 079	−806
2.2.1.3 金融衍生工具	33	−358	−58	−42
资产	34	210	27	22
负债	35	−567	−85	−63
2.2.1.4 其他投资	36	3 140	454	347
资产	37	9 388	1 386	1 047
负债	38	−6 248	−932	−699
2.2.2 储备资产	39	−6 850	−1 000	−754
3. 净误差与遗漏	40	−6 013	−906	−664

注：1. 根据《国际收支和国际投资头寸手册》（第6版）编制，资本和金融账户中包含储备资产。

　　2. "贷方"按正值列示，"借方"按负值列示，差额等于"贷方"加上"借方"。本表除标注"贷方"和"借方"的项目外，其他项目均指差额。

　　3. 本表计数采用四舍五入原则。

（资料来源：国家外汇管理局网站 www.safe.gov.cn）

（一）经常账户（Current Account）

经常账户分为货物、服务、初次收入和二次收入四个子账户。

1. 货物　货物是指一般商品出口或进口（可移动货物的所有权发生了变更），其中也包括加工的货物。

2. 服务　服务是指服务贸易。它是指居民与非居民相互提供的服务，其中包括运输、旅游、通信服务、建筑服务、保险服务、金融服务、计算机和信息服务、专有权（诸如商标、版权、专利制作方法、技术、设计、制造权和经销权等）的使用费和特许费、研究和开发服务、广告和市场调研服务、个人和文化及娱乐服务、其他商业服务（如经营租赁服务、法律、会计和管理咨询）等。

3. 初次收入　初次收入包括雇员报酬及投资收益。其中，雇员报酬包括现金或实物形式的工资、薪金和其他福利；投资收益包括直接投资收益（利润）、证券投资收益（股利和红利等）和其他形式的投资收益（如租金和利息等）。

4. 二次收入　二次收入是指商品、劳务或金融资产在居民与非居民之间转移后，并未得到补偿与回报。该项包括政府的转移和其他转移。

政府的转移如政府间的援助（包括现金或实物）或政府与国际组织间定期交纳的费用等。

其他转移如侨汇、礼赠、赡养费、遗产继承、其他资助性汇款等。

2020年新冠肺炎疫情全球蔓延下我国经常账户运行保持稳健

（二）资本和金融账户（Capital and Financial Account）

资本和金融账户由资本账户和金融账户两大部分组成。

1. 资本账户 资本账户包括资本转移和非生产、非金融资产交易。

（1）资本转移。如债务注销（指债权人放弃债务，而未得到任何回报）、投资捐赠。资本转移有别于经常转移，它涉及固定资产所有权的变更，不直接影响双方当事人的可支配收入和消费，不经常发生，规模较大。而经常转移涉及非固定资产所有权的变更，直接影响捐助者或受援者的可支配收入和消费，经常发生，规模较小。

（2）非生产和非金融资产的收买／放弃。资本账户主要记录收买或出售非生产的有形资产（土地和地下资产）和无形资产（专利、版权、商标、经销权等）而发生的外汇收支。需要指出的是，涉及无形资产时，经常账户的服务项下记录的是无形资产的使用所引起的外汇收支，而资本账户记录的是无形资产所有权的买卖所引起的外汇收支。

2. 金融账户 金融账户包括一经济体对外资产和负债所有权变更的所有交易。一经济体的国外资产包括持有的货币黄金、在国际货币基金组织的特别提款权及对非居民的债权。一经济体的国外负债包括对非居民的债务。金融账户包括非储备性质金融账户和储备资产两大账户。

（1）非储备性质金融账户。非储备性质金融账户反映了居民与非居民之间投资与借贷的增减变化，根据投资功能类型分为直接投资、证券投资和其他投资。

直接投资是指投资者对在国外投资的企业拥有 10% 或 10% 以上的普通股或投票权，从而对该企业的管理拥有有效发言权，如中国到海外投资建厂或外国来华投资设立外商投资企业等。

证券投资是指居民与非居民之间投资于股票、债券、短期国库券、商业票据、银行承兑汇票、可转让的大额存单以及各种衍生金融工具等。

其他投资是指直接投资和证券投资未包括的其他金融交易，如贷款（贸易贷款和其他贷款）、预付款和存款等。

（2）储备资产（Reserve Assets）。储备资产又称官方储备或国际储备，包括外汇资产、货币化的黄金、特别提款权、国际货币基金组织的储备头寸（在国际货币基金组织普通账户中会员国可自由提取使用的资产）、国际货币基金组织信贷的使用等。

储备资产是平衡国际收支的项目。当一国的经常账户与资本账户及其他金融账户 ⊖ 总和发生逆差时，该国可以官方的身份，通过该国中央银行与有关国家的中央银行联系，向国外借入资金，增加对外债务，或者通过动用本国的外汇储备，以取得国际收支平衡。

反之，当一国的经常账户与资本账户及其他金融账户总和发生顺差时，可以通过偿还国外债务或向国外贷放资金，或者通过增加外汇储备来平衡国际收支。

（三）净误差与遗漏（Net Errors and Omissions）

国际收支平衡表采用复式记账法，"经常账户"与"资本和金融账户"的变动余额相加之和在理论上应等于零，但由于统计资料来源和时点不同等原因，会使它们相加之和不为零，即形成统计残差项，其差额即以"净误差与遗漏"项目去抵补。

⊖ 从 2015 年起，国家外汇管理局按照国际货币基金组织最新国际标准《国际收支和国际投资头寸手册》（第 6 版）编制和发布国际收支平衡表，并将储备资产纳入金融账户统计，且在金融账户下增设"非储备性质的金融账户"，与原金融项目包含的内容基本一致，即除储备资产以外的其他金融账户。

三、编制国际收支平衡表的原理和记账方法

（一）编制原理和记账方法

国际收支平衡表是按照复式记账法进行记录编制的，即"有借必有贷，借贷必相等"。可以将国际收支平衡表中所有项目归纳为两类：一类为资金占用类科目即借方科目，用"-"号表示；另一类为资金来源类科目即贷方科目，用"+"号表示。

借方科目记录本国居民对非居民支付的项目，凡是外汇支出、资本输出、资产增加、负债减少都记入借方。贷方科目记录本国居民从非居民那里收入的项目，凡是外汇收入、资本输入、资产减少、负债增加都记入贷方。

例如，在 2022 年中国国际收支平衡表（见表 2-1）中，中国进口商品，记入借方，中国出口商品，记入贷方；中国到国外投资，记入借方，外国人在中国投资建厂，记入贷方；中国储备资产增加，记入借方，中国储备资产减少，记入贷方；中国偿还外国人债务，记入借方，外国人偿还中国债务，记入贷方。

"借贷必相等"是指对国际收支平衡表中的每一笔经济交易，以一定金额同时记载在借方和贷方的账目上。例如，北京某企业出口了 100 万美元的化妆品到泰国，泰国用其在中国银行的存款支付这笔款项。化妆品出口使我国在货物项下产生了 100 万美元的进账，应记入贷方。货款支付使得泰国在我国银行存款减少了，应记入资本和金融账户中其他投资的借方（见表 2-2）。

表 2-2　该笔出口交易的记账　　　　　　　（单位：万美元）

项　　目	子 项 目	贷方（+）	借方（-）	净 余 额
经常账户	货物	100		
资本和金融账户	其他投资		100	0

（二）需要说明的问题

在国际收支平衡表的实际运用中需要说明以下问题：

（1）国际收支平衡表所表示的是流量而不是存量。它是一定时期的发生额，而不是某个时点的持有额。

（2）国际惯例。为统一口径，减少重复计算，国际货币基金组织建议国际收支中的进出口都采用离岸价格（FOB）计算。

（3）记账单位和折算办法。每个国家汇总记账单位与汇总全球的数据通用的记账单位应当是统一的。折算时一般采用交易期最短时期内的平均汇率。我国编制的国际收支平衡表使用的货币单位主要是美元，所采用的折算办法是使用国家外汇管理局制定的各种货币对美元统一折算率进行折算。自 2014 年 1 月起，国家外汇管理局在美元基础上增加了以人民币为计价单位的国际收支相关统计数据，由当期以美元为计价单位的数据通过美元兑人民币汇率直接折算生成。自公布 2016 年一季度我国国际收支平衡表起，国家外汇管理局在美元和人民币的基础上公布以特别提款权（SDR）计值的国际收支平衡表，折算汇率为国际货币基金组织官方网站公布的美元兑 SDR 季度平均汇率。

（4）明确经济交易记录日期。经济交易有关的日期有签约日期、到期日期等。通常认为，交易时间的确定要遵守"权责发生制"的原则。为统一记录口径，按照国际货币基金组织规定，

登录国际收支平衡表时，应以商品、劳务和金融资产所有权变更的日期为准。实质上是以债权债务的发生日为准。所有权变更可能反映在法律上，也可能反映在实物上或涉及计价上的控制权和占有权。当所有权的变更不明显时，则根据惯例将交易双方入账的时间定为所有权变更时间。商品和金融资产的交易，当它们不再是原所有人账上的资产而成为新的所有人账上的资产时，就应加以记录。

> **小资料 2-2** 经济交易记录日期的具体运用
>
> 根据上述"权责发生制"原则和其执行惯例，对于贸易统计，出口货物所有权的变更时间通常是以出口商把作为实际资产的货物从账上取消，并在金融账目记入相应的变化为准。进口货物所有权变化的时间通常是以进口商把作为实际资产的货物在账上登记下来，并在其金融账目下记入相应的变化为准。在理想情况下，双方入账的时间应该一致，但在实际中，在不具备其他统计资料时，通常使用反映跨越国境或关税关境的货物实际运动的贸易数据作为货物实际占有和所有权变更的凭证，如果进出口的运输时间很长，货物所有权的变更时间可能与贸易统计数据记录的时间相差很大，这样会导致一国统计报表的误差和与有关贸易伙伴国家的不对称。在这种情况下，以国际收支数据为根据的世界出口与进口的汇总和比较，就会失去意义。
>
> 服务交易通常是在服务提供之时登记，这些日期通常与服务产生的日期相一致。在一些情况下，服务费用（运输费、保险费和港口费等）可能提前支付也可能推后支付，届时应在适当的账户下入账。在资本收入账户下，利息收入应连续不断地入账，以确保资本的提供与资本的成本相一致，金融产品的交易时间以债权人和债务人分别在其账上记下债权和债务的时间为准。如果无法确定具体日期，就以债权人收到付款或其他金融债权的日期为准。
>
> 如货物在报告期已发生所有权的转移，而未实现外汇收支，也要登录在国际收支平衡表中。如对预付货款，即支付货款时尚未获得货物所有权的，应在付款时，在借方记录货物债权，在贷方记录支付货款，收到货物时，再冲转货物债权。再如，对延期付款，即获得货物所有权时尚未支付货款的，应于提货时在借方记录获得货物，在贷方记录货款负债，收到货款时再冲转货款负债。又如，在编表时期内应支付利息，但是实际未支付时，应在到期日将未支付的利息作为新的负债记入贷方。再如，某种劳务已提供，但在编表时尚未获得收入，应按劳务提供日期记录，将未获得的收入作为债权记入借方。

由此可见，按国际货币基金组织规定，在国际收支平衡表中记录的各种经济交易应包括：在编表时期内完全结清的部分；在编表时期内已到货，必须结清的部分（不管实际是否结清，如利息）；在编表时期内已发生（指所有权已变更），但需跨期结清的部分（如延期付款）。

单元二　我国国际收支统计申报

国际收支平衡表中的这些数字，来源于哪里？又是如何统计的呢？这些数字是由交易主体申报，由有关机构汇总而来的。这就涉及国际收支统计申报制度。国际收支统计申报是金融等有关部门的一项重要业务。

一、国际收支统计申报的目的

国际收支统计申报是各国政府为完成国际收支统计所需数据的搜集方式。它是编制国际收支平衡表的基础。通过国际收支统计申报不仅能生成国际收支平衡表，还能生成国际投资头寸表，及相应的按部门、行业、企业属性、交易国别、交易币种、地区、银行、不同时期、结算方式等分类进行划分的补充表格，为现有的结售汇统计、出口收汇和进口付汇核销、外债统计、货币银行统计以及国民账户体系提供重要的数据。这些数据和表格，可以从宏观上反映一个国家内部经济与国外经济往来的总体状况，从而为开放经济条件下的国家进行宏观经济决策提供主要信息来源和重要依据，同时也为地方了解掌握涉外经济的现状，分析、预测发展趋势，做出正确决策提供依据。国际收支统计申报制度是国民经济核算体系的重要组成部分，也是我国宏观经济监测体系的重要组成部分，对有效监测外部潜在风险、调控宏观经济和预测经济发展发挥着重要作用。

二、国际收支统计申报的要求

（一）国际收支统计申报的管理部门及其范围

国家外汇管理局及其分支局是负责国际收支统计的管理部门。国际收支统计申报的范围为中国居民与非中国居民之间发生的一切经济交易；居民与居民之间、非居民与非居民之间所有跨境收支经济交易。交易主体按照规定向外汇局申报其以各种支付方式（包括本外币电子支付手段和现钞等）进行的对外交易和相应的收支情况。

（二）申报原则

我国自 1982 年开始正式编制国际收支平衡表，直到 1995 年，所采取的收集数据的方法均是超级汇总的办法，也就是由各行政或行业主管部门报送全辖或全系统的数据，由国家外汇管理局汇总。为适应社会主义市场经济的需要，1996 年开始实行的国际收支统计申报制度，实行了交易主体申报的原则，即交易主体是申报主体。在涉外收入申报工作中还坚持在境内经办银行（解付银行 / 结汇中转行）申报的原则。2022 年 8 月国家外汇管理局发布的《通过银行进行国际收支统计申报业务实施细则》中指出：“境内居民和境内非居民通过境内银行发生涉外收付款时，应通过经办银行进行国际收支统计申报。境内银行应督促和指导境内居民和境内非居民进行申报，履行审核及发送国际收支统计申报相关信息等职责，确保申报数据的及时性、准确性和完整性。” 解付银行是指收到款项后将收入款项贷记收款人账户的银行；结汇中转行是指从境外收到款项并将收入款项结汇后直接划转到收款人在其他银行账户的银行。

（三）申报时限

为提高我国国际收支统计信息的时效性，申报环节不断提速，申报时限不断缩短。2001年我国将国际收支涉外收入申报时限由 25 个工作日缩短为 10 个工作日，2003 年又进一步缩短至 5 个工作日。《通过银行进行国际收支统计申报业务实施细则》中规定：“发生涉外收入的申报主体，应在解付银行解付之日（T）或结汇中转行结汇之日（T）后 5 个工作日（T+5）内进行该款项的申报。”

三、国际收支统计申报的办法

我国国际收支统计制度具体采取的是间接申报与直接申报、逐笔申报与定期申报相结合的办法。

国际收支申报业务分为国际收支间接申报业务、汇兑业务统计申报业务、直接投资统计申报业务、证券投资统计申报业务和金融机构对境外资产负债及损益申报业务。

国际收支间接申报范围指通过境内银行进行的跨境资金收付，包括居民与居民、居民与非居民、非居民与非居民之间的资金收付（详见汇发〔2022〕22号"国家外汇管理局关于印发《通过银行进行国际收支统计申报业务实施细则》的通知"）。

国际收支视角下改革开放40年的发展成就

单元三　国际收支平衡表的差额分析

对外开放的国家需要保持经济的内外均衡，而一国的国际收支反映了其外部均衡。因此，国际收支平衡是一国宏观调控的主要目标之一，是一国政府制定宏观经济和金融政策的重要依据之一，是从事经济和金融工作的人士以及投资（机）者进行经济分析的重要工具之一。为掌握国际收支平衡表的运用，这里对常用的有关国际收支的几个差额进行简要的分析。

一、正确理解国际收支的平衡

国际收支的平衡与国际收支平衡表虽然都讲"平衡"，但它们有所不同，国际收支平衡表要求的"平衡"是账面上的平衡，这是会计意义上的平衡。国际收支要求的"平衡"则是着眼于这个国家经济基本的和长期的发展趋势及世界经济全球化的发展趋势，是从长期、实质和内外均衡上去考察的。

国际收支与宏观经济有着互为因果的密切关系。国民经济综合平衡的基本问题是社会总供给和社会总需求的平衡，而国际收支的状态影响着社会总供给和社会总需求的平衡。

二、经常账户差额的含义

经常账户反映一国外汇收支的情况。而每一笔外汇收支活动，都是商品供应量变动和货币投放与回笼运动的反映，进而影响一国国民经济的综合平衡。

外汇收入一方面反映着国内商品总量的相对减少，另一方面又反映了货币的投放，社会总需求相对扩大。外汇支出则相反，一方面反映了国内商品总量的增加，另一方面又反映了货币的回笼，社会总供给相对扩大。（其中，劳务进口一部分在国内用于购买商品和劳务，相当于国内居民消费支出；劳务出口一部分在国外用于购买商品和劳务，这部分不影响国内社会总供给和总需求）。此外，外汇收支还会间接作用于货币流通。这就要求外汇收入与外汇支出相对平衡。

但在实际中经常出现不平衡，即经常账户差额。经常账户差额是指贸易、服务、初次收入和二次收入的借贷净差额。即

$$经常账户差额 = 贸易差额 + 服务差额 + 初次收入差额 + 二次收入差额$$

经常账户差额是国际收支平衡表中最重要的差额。因为它能够反映一国的国际竞争能力和经济地位等情况，也是预测一国经济发展与政策变化效果的主要指标。

经常账户逆差：外汇支出 > 外汇收入。

经常账户顺差：外汇支出 < 外汇收入。

经常账户逆差表明外汇支出大于外汇收入，意味着外国对本国提供的商品和劳务大于本国对外国提供的商品和劳务，外国对本国投资收益大于本国对外国的投资收益；反之，则相反。经常账户持续的、巨额的差额会影响国民经济综合平衡。

从经常账户的规模来看，经常账户差额在国民生产总值中的比重与一个国家的对外开放程度呈正比。在出口导向型经济中，一般经常账户差额可占国民生产总值的15%以上。

考虑经常账户对国际收支平衡的影响时，有两个指标值得关注。一是经常账户所形成的积累外债额不能超过当年出口创汇总额的25%。二是经常账户的逆差状况占国内生产总值（GDP）的比例，国际公认警戒线为5%。例如，墨西哥发生金融危机时，其经常账户逆差与国内生产总值之比为7.8%，泰国发生金融危机前1年（1996年）其数值为8.2%，都远远高于5%。

三、贸易收支差额的含义

贸易收支差额也称贸易差额，是指商品进出口的差额。进口大于出口为逆差，出口大于进口则为顺差。其变化方向和数额大小，对一国国际收支总体和社会经济有着重大影响。

贸易逆差（贸易赤字），表明进口大于出口，会导致国内货币购买力和商品可供量之间的不平衡。如果超越支付能力地进口或过分地依赖进口，将可能造成黄金外汇储备枯竭，债台高筑，经济发展受制于他人，而且整个国民经济也会面临重重困难。长期的贸易逆差影响社会经济的发展，会促使失业率上升和本国收入下降。

贸易顺差，表明出口大于进口，也会导致国内货币购买力和商品可供量之间的不平衡。持续的或巨额贸易顺差有可能导致通货膨胀，而且该国资源还会由此耗竭，影响国内市场商品供应，同时易引起对方采取报复性措施。如日本、美国、欧盟之间的贸易战以及我国与美国、日本等国的贸易纠纷等。

从贸易规模来看，一国进出口贸易总额扩大，表明该国经济对外部的依赖加深。近年来，有些经济学家常采用进出口总额与其国内生产总值之比，即外贸依存度，来反映一国的对外贸易开放程度。在一般情况下，一国贸易规模越大，融入全球经济发展和参与国际竞争和国际分工的程度就越深，其应获得的比较利益越多，但同时其经济对外贸的依赖程度就越大，受外部干扰的概率也将增加。

例如，我国2003年外贸依存度约为60%，略高于2002年德国的水平（56%），远高于美国（18%）和日本（19%）。随着我国国民经济规模的扩大，外贸依存度逐渐回落。2021年我国外贸依存度约为34%，2022年约为35%。尽管与同期美国（20%左右）、日本（25%左右）的外贸依存度相比，我国目前的外贸依存度仍处于较高水平，但随着中等收入人群进一步增加，中国超大规模市场的优势将进一步凸显，我国外贸依存度还将逐步下降。

小资料 2-3　什么是国内生产总值和国民生产总值？

　　开放经济的国民收入分为两种，即国内生产总值（简称 GDP）与国民生产总值（简称 GNP）。国内生产总值是以一国领土为标准，指的是在一定时期内一国境内生产的产品与服务总值。国民生产总值则是以一国居民为标准，指的是在一定时期内（通常是 1 年）一国居民生产的产品与服务总值。

　　GDP 与 GNP 的关系：

　　GDP= 本国居民在境内生产的产品与服务的数值 + 外国居民在境内生产的产品与服务的数值

　　GNP=GDP- 外国居民在本国境内生产的产品与服务的数值 + 本国居民在境外生产的产品与服务的数值

　　例如，美国企业在中国投资所取得的收入，要计入中国的 GDP，同时也计入美国的 GNP。

四、资本和金融账户差额的含义

　　资本和金融账户差额是国际收支分析中的另一重要依据。它是该账户下直接投资、证券投资和其他投资交易（包括贸易信贷、贷款和存款）及储备资产交易的差额。它记录了世界上其他地方对本国的投资净额或贷款 / 借款净额。

　　随着经济的全球化，资本移动对一国宏观经济的作用越来越突出。资本移动对一国国内商品与货币流通的影响分为两种方式。一是当资本以借款的方式流入时，相当于货币的投放，反映了国内投资需求增加，国内商品可供量相对减少，是扩大社会总需求的因素之一；当资本以贷款的方式流出时，相当于货币的回笼，反映了国内投资需求减少，国内商品供给相对增加，构成了扩大社会总供给的因素之一。二是当资本以原材料、机器设备等实物方式流入时，不会对国内货币流通产生直接的影响，但为这些进口的机器设备提供配套资金时，会对货币流通造成间接的影响。同时国内商品供给增加，构成了扩大社会总供给的又一因素。

　　资本收支逆差，表明本国资本流出大于资本的流入。如果短期内突然产生大规模的资本收支逆差，根据经验可以判断，本国存在投机性套利或者套汇行为。资本收支长期逆差能够缓解贸易收支的长期顺差，但制约了国内的投资规模，容易恶化本国的就业状况，加剧产业的"空壳化"，削弱本国经济长期持续发展的能力。

　　资本收支长期顺差，可以扭转贸易收支的长期逆差，为长期的经济高速增长奠定物质基础，但若长期依赖资本流入支撑经济增长，由于资本流动受许多不稳定因素的影响，具有很强的流动性，一旦资本停止流入，本国正常的经济秩序就会中断并陷入混乱，随后的调整往往会使国民收入急剧下降，经济结构也必须改变，甚至带来政治动荡的严重后果。

　　在资本账户下主要有以下两个指标影响国际收支的平衡：

　　（1）偿债率，是指当年外债还本付息总额与当年经常账户外汇收入之比。该比率国际上通常以 20% 为警戒线。

　　（2）债务率，是指外债余额与当年经常账户外汇收入之比。该比率国际上通常以 100% 为警戒线。

　　资本和金融账户收支的规模反映了本国介入国际生产分工的深度。

五、综合差额的含义

经过以上对国际收支的大致分析和归并可见，对于对外开放国家而言，国际收支平衡是一国宏观调控的主要目标之一，但实际上经常出现国际收支的差额。人们所称的某国的国际收支顺差或逆差，在没有特别指明的情况下，就是指综合差额的顺差或逆差。综合差额是自主性交易贷方总额与借方总额相抵之后的余额，反映一国国际收支的真实状况，即综合差额 = 经常账户差额 + 资本账户差额 + 非储备性质金融账户差额。

各种差额之间的关系如图 2-1 所示。根据国际收支平衡表，国际收支总差额 = 经常账户差额 + 资本账户差额 + 非储备性质金融账户差额 + 储备资产变动额 + 净误差与遗漏 =0，即综合差额 + 储备资产变动额 + 净误差与遗漏 =0。

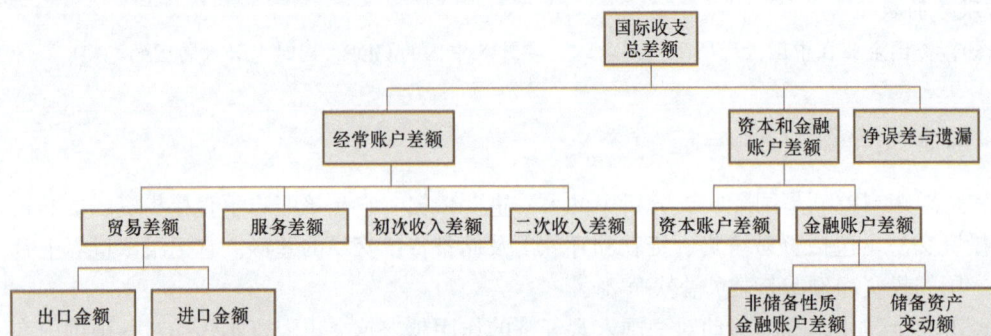

图 2-1　国际收支差额结构

综合差额衡量了一国通过动用或获取储备来弥补国际收支不平衡。因此，若综合差额小于 0，为逆差，则储备资产减少（表上数字为 "+"）；反之，综合差额大于 0，为顺差，则储备资产增加（表上数字为 "–"）。⊖ 同时综合差额影响了国民经济的综合平衡，即社会总需求与社会总供给的平衡。

国际收支持续的巨额差额（综合差额的顺差或逆差）说明国际收支失衡。国际收支失衡对一国经济会产生很多不利影响。

（一）国际收支逆差对经济的不利影响

国际收支逆差对经济的影响体现在以下几个方面，如图 2-2 所示。

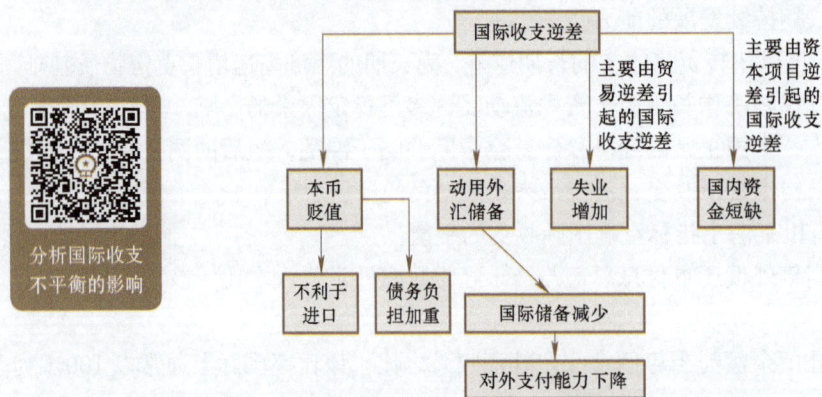

图 2-2　国际收支逆差对经济的不利影响

⊖个别年份会出现例外情况，即综合差额大于 0，为顺差，但储备资产减少的情况，详见 2019 年中国国际收支平衡表。

（1）一国长期存在严重的国际收支逆差，会形成对该国货币汇率下跌的压力。如果该国货币贬值，该国以较低的价格出口商品，其出口企业利润减少，甚至亏损，这将增加银行呆账和不良资产，同时本币贬值会加重外债负担。例如，截至 2022 年年末，我国全口径（含本外币）外债余额为 170 825 亿元人民币（等值 24 528 亿美元，不包括中国香港特别行政区、中国澳门特别行政区和中国台湾地区对外负债）。[⊖] 当人民币兑美元每贬值 1%，就会使外债增加 245.28 亿美元。

（2）国际收支出现逆差，如果动用黄金或外汇储备干预外汇市场，会使该国黄金或外汇储备减少，对外支付能力下降。此外，国家的黄金和外汇储备与国内货币供应量具有不同程度的联系，黄金和外汇储备减少会导致国内银根紧缩和利率上升，这样，对本国收入和就业都有消极影响。

（3）国际收支持续大量的逆差会导致本国收入下降和失业增加。如果国际收支持续的大量的逆差主要是由贸易逆差所引起的，则会造成本国收入下降和失业增加；如果国际收支持续的大量的逆差主要是由资本项目逆差所引起的，则也会通过加剧国内资金紧张，造成本国收入下降和失业增加，并导致利率上升，使企业生产成本提高，利润减少。

（二）国际收支顺差对经济的不利影响

那么国际收支顺差是否多多益善呢？应该承认，国际收支顺差的消极作用不像逆差那样明显，有时它还会成为政府追求的目标。但是，如果国际收支顺差过大并且长期存在，也会给一国经济带来消极影响，如图 2-3 所示。

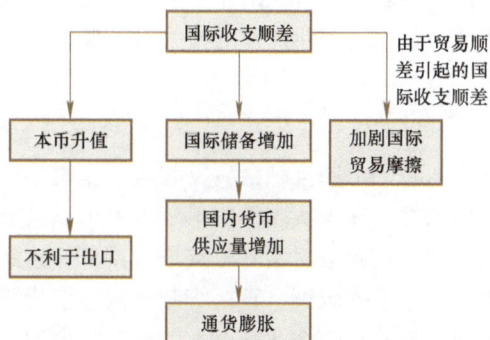

图 2-3　国际收支顺差对经济的不利影响

（1）国际收支顺差易形成本币对外升值的压力，不利于扩大出口。从长远来看，也不利于该国扩大市场和发展生产。

（2）国际收支顺差导致该国外汇储备增加；同时也引起该国货币供应量增加，加剧该国通货膨胀，增加机会成本。一国若出现国际收支盈余，超额的外汇供给将通过商业银行出售给中央银行，导致中央银行国际储备的增加。中央银行则通过增加商业银行在中央银行的存款准备金，创造新的用于购买这些外汇的货币。在此基础上，通过商业银行系统的运作，该国货币供应量增加（如图 2-4 所示）。

为简单起见，图 2-4 中假定不存在国际资本流动，因此，国际收支盈余即为经常账户盈余。图中 M0 代表基础货币，M1、M2 分别代表狭义货币供应量和广义货币供应量。

（3）若由于出口长期大于进口而产生国际收支顺差，容易引起贸易伙伴国采取报复性措施，不利于发展国际经济关系。

⊖ 数据来源：国家外汇管理局网站（www.safe.gov.n）。

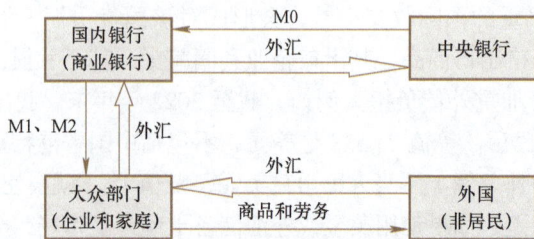

图 2-4　外汇与本国货币的流动

综上所述，任何一个特定的差额都不能单独说明所有的问题，都难以独自表现国际收支的全貌，因此，衡量一国国际收支状况必须通过对各个差额进行综合分析比较，才能得出正确的结论。

单元四　国际收支平衡表的运用

就宏观而言，国际收支平衡表是一国对外经济关系的缩影，反映了一国对外经济活动的规模、结构和特点，反映了该国在世界经济中的地位和作用。它已成为一国制定对外政策的重要依据之一。这里仅就从事与国际金融活动有关的企业和个人而言，阐述如何利用国际收支平衡表内含的丰富经济信息，从某种程度上判断并预测相关的未来。

一、分析国际收支平衡表，解读一国宏观经济政策

当一国出现国际收支不平衡时，市场机制会自发起调节作用，即国际收支市场调节机制。但是，这种机制存在明显的局限性。在现实生活中单纯依赖市场调节的机制是不存在的，都需要各国政府根据本国的国情采取不同政策对国际收支进行调节，达到宏观经济的内外均衡。这些政策包括财政政策、货币政策、汇率政策、直接管制和国际信贷等。这些政策措施会对一国经济带来一系列的影响，进而影响着每个企业和个人的利益与命运。这些政策对从事外经贸工作和与外汇打交道的人士来说是进行决策的重要依据之一。

（一）财政政策和货币政策

1. 财政政策　财政政策是指一国政府通过调整税收和政府支出来控制社会总需求和物价水平的政策措施。它是调节国际收支的重要手段。财政政策调节国际收支的政策工具主要有政府购买支出、政府转移支付和税收（见表 2-3）。政府购买是指政府对商品和劳务的购买；政府的转移支付主要是社会保险、救济及其各种补贴；税收是财政收入最主要的来源。

当一国国际收支顺差时，意味着外汇收入大于外汇支出，社会总收入水平上升，政府实行扩张性财政政策，增加开支或减少税收，加大社会总需求，有利于扭转国际收支顺差。首先，减少税收或增加政府支出会通过税收乘数或政府支出乘数成倍地提高国民收入，从而使进口相应增加。其次，需求带动的收入增长通常伴随着物价水平上升，进而刺激进口抑制出口。此外，在收入和物价上升的过程中利率有可能上升，这样会刺激资本流入。

当一国国际收支逆差时，意味着外汇支出大于收入，社会总支出水平上升，政府采用紧缩性财政政策，降低社会总需求水平，缩减开支，有利于缓解国际收支逆差。增加税收、减少政

府支出和政府转移支付，可抑制总需求扩大和物价上涨，有利于改善国际贸易收支乃至国际收支。紧缩性财政政策也可促使利率下降和刺激资本流出。

2．货币政策　货币政策是通过对货币供给量的调节，来调解社会需求的政策措施。货币政策也是调节国际收支的重要手段，它调节国际收支的政策工具主要有法定存款准备金率和公开市场（见表 2-3）。

表 2-3　利用财政政策和货币政策调节国际收支

国际收支状况	调节原则	政策性质	财政政策工具			货币政策工具	
			政府购买支出	政府转移支付	税　收	法定存款准备金率	公 开 市 场
逆差	抑制总需求	紧缩性	减少	减少	增加	提高	抛售外汇或发行证券
顺差	刺激总需求	扩张性	增加	增加	减少	降低	买进外汇或购入证券

（1）法定存款准备金率。存款准备金是指金融机构为保证客户提取存款和资金清算需要而准备的在中央银行的存款。存款准备金率是指一般银行机构在中央银行保留的存款准备金占所吸收的全部存款的比率。法定存款准备金率是指各国中央银行以法令形式规定交存中央银行的存款准备金比率，可作为调节宏观经济的手段。在国际收支逆差时，中央银行可通过提高法定存款准备金率，使银行贷款能力下降，投资规模缩小，社会总需求下降，限制了物价上升和收入增长，促进出口和减少进口，从而扭转国际收支逆差。反之则相反。但是当一国国际收支出现长期、巨额顺差时，该国中央银行为减少本币升值的压力而在外汇市场上购入外汇，出售本币，从而引起该国货币供应量大幅增加，加剧该国通货膨胀，则该国中央银行会通过提高法定存款准备金率来回收货币，抑制通货膨胀。

（2）公开市场。公开市场是指中央银行在金融市场上公开与指定交易商进行有价证券和外汇的交易，以控制货币供给和利率的政策行为。它是目前中央银行控制货币供给最重要和最常用的工具。公开市场业务的直接作用对象是基础货币。中央银行买进证券或外汇，使基础货币增加；中央银行卖出证券或外汇，相当于货币回笼，使基础货币减少。

当国际收支出现顺差时，通过商业银行将超额的外汇出售给中央银行而增加了在中央银行的存款准备金，导致了国内货币供应量的增加，此时，中央银行可以在公开市场上卖出同等价值的证券，从而减少商业银行在中央银行的相应数额的存款准备金，以抵消国际储备变动对商业银行准备金的影响。由于实行了冲销政策，国际收支失衡才不会影响国内货币供给。

小资料 2-4　中国的公开市场操作

中国公开市场操作包括人民币操作和外汇操作两部分。公开市场操作已成为中国人民银行货币政策日常操作的重要工具，对于调控货币供应量、调节商业银行流动性水平、引导货币市场利率走势发挥了积极的作用。

中国人民银行从 1998 年开始建立公开市场业务一级交易商制度，选择了一批能够承担大额债券交易的商业银行作为公开市场业务的交易对象，2022 年公开市场业务一级交易商共有 49 家机构。这些交易商可以运用国债、政策性金融债券等作为交易工具与中国人民银行开展公开市场业务。从交易品种看，中国人民银行公开市场业务中的债券交易主要包括回购交易、现券交易和发行中央银行票据。其中回购交易分为正回购和逆回购两种，正回购为中国人民银行向一级交易商卖出有价证券，并约定在未来特定日期买回有价证券的交易行为，正回购为央行从市场收回流动性的操作，正回购到期则为央行向市场投放流动性的操作；逆回购为中国人民银行向一级交易商购买有价证券，并约定在未来特定日期将有价证券卖给一级交易商的交易行为，逆回购为央行向市场上投放流动性的操作，逆回购到期则为央行从市场收回流动性的操作。现券交易分为现券买断和现券卖断两种，前者为央行直接从二级市场买入债券，一次性地投放基础货币；后者为央行直接卖出持有债券，一次性地回笼基础货币。中央银行票据即中国人民银行发行的短期债券，央行通过发行央行票据可以回笼基础货币，央行票据到期则体现为投放基础货币。

（二）汇率政策

汇率政策是一国货币当局通过调整本币汇率来调节国际收支的政策。在浮动汇率制度下，当一国国际收支逆差时，本币贬值，可以鼓励出口，减少进口；当一国国际收支顺差时，本币升值，可以减少出口，鼓励进口。

汇率的变动对整个国际收支的作用力度很大，对微观企业行为的影响也很突出。

（三）直接管制

直接管制是指用行政、计划手段管理对外经济活动，调节国际收支。直接管制包括外汇管制、财政管制和贸易管制。直接管制是一种行政手段，国际货币基金组织和世贸组织不提倡这种做法。我国在改革开放前将它作为调节国际收支的主要手段，改革开放后开始注重运用市场调节机制。从发展趋势看，我国直接管制的程度会逐渐放松，直接管制对国际收支的影响作用会逐步减弱。

（四）外汇缓冲政策

外汇缓冲政策即利用外汇储备调节外汇市场的供求关系，以缓冲国际收支不平衡对本国经济带来的冲击和影响。具体做法是：当国际收支出现逆差时可动用外汇储备进行弥补，但要防止对外支付能力的下降，因为任何国家的外汇储备都是有客观限制的；当国际收支出现顺差时，可在外汇市场上买入外汇增加外汇储备。它是一种只适宜国际收支短期不平衡的政策。

（五）国际经济合作

与上述政策相比，国际经济合作能更有效地调节国际收支的失衡。各国可通过协调经济政策，减少相互摩擦，促进贸易自由，促进生产要素自由流动，促进生产要素的最优配置，推动各国经济共同发展，从根本上改善国际收支状况。

综上所述，国际收支失衡必然会直接或间接地引起诸多经济变量的变化，而这些经济变量的变化又反过来影响国际收支的平衡。各国政府根据本国国际收支状况，通过以上各种政策进行调节，争取使国际收支达到平衡。因此，我们要充分认识利率、汇率、货币供应量等经济变量与国际收支的相关性，密切关注这些经济变量和国际收支各种差额所传递的相关信息，预测经济政策的变化及其对本行业、本企业和个人的影响，从而做出正确决策。

二、分析国际收支平衡表，适时调整贸易策略

一国国际收支的状况会直接影响该国的宏观经济、金融政策的制定和外汇管制的松紧。因

此掌握有关国家的国际收支状况及该国可能采取的政策与管制措施，能帮助我们及时采取应对策略。如果一国国际收支持续逆差，该国政府就有可能实行紧缩性的政策，或限制进口，或限制（控制）对外投资。我国金融机构和相关的对外贸易企业也要采取相应的调整对策，尽早采取措施，或调整进出口国别方向，或加大开拓出口商品市场的力度，防止出口规模的减小。而持续顺差的国家，有可能放松外贸管制，我国就可适当加大对它的出口。例如，美国是我国最大的贸易伙伴，美国的高贸易赤字是难以长久维持的。我国应密切关注，以及时应对。

一国国际收支状况会使该国政府采取相应的汇率政策，汇率水平相应发生变化，进而影响这个国家进出口商品的价格和通货膨胀的程度。我国可根据形势变化适当调整进出口商品价格。例如，一国的国际收支逆差严重，该国货币有可能贬值，其出口商品价格会降低，而用该国货币计价的进口商品价格就会急剧上涨，如果该国部分商品是从我国进口，那么我国可运用适当降价的方法来保持自己出口的优势。

三、分析国际收支平衡表，及时规避金融风险

如果某国的国际收支持续顺差，该国货币趋于升值，将给以该国货币计价的支出者带来汇率上升的损失；如果某国国际收支持续逆差，该国货币趋于贬值，将给以该国货币计价的收入者带来汇率下降的损失。同时，汇率的相应变化也会引起利率风险和市场风险等。

四、分析国际收支平衡表，增强国际化意识

一国的国际收支平衡表能够反映该国的开放程度，目前常用对外经济依存度（一国国际收支的交易总量与同期的该国国内生产总值之比）、对外贡献度（国际交易占全球国际交易的份额）和对外贸易依存度（进出口总额与其国内生产总值之比）表明一国的开放程度。我国的这些指标较高，说明我国对外开放程度较高，表明我国经济已逐渐融入国际经济和金融大市场。因此，我们要充分认识融入国际社会给我国和本企业带来的机遇和挑战，增强国际化意识。同时也要认识到我国经济受外部干扰的概率加大，企业经营和发展更容易受到国际环境影响，要及时采取积极的应对措施。

模块小结

（1）国际收支是指在一定时期内，一国居民与非居民之间所进行的全部经济交易的系统记录，其外在表现是国际收支平衡表。国际收支平衡表包括经常账户、资本和金融账户以及净误差与遗漏三部分内容。国际收支平衡表是按照复式记账法进行记录编制的。凡是本国居民对非居民支付的项目，记录在借方科目；凡是本国居民从非居民那里收入的项目，记录在贷方科目。

（2）国家外汇管理局及其分支局是负责国际收支统计申报的管理部门。我国国际收支统计申报制度实行交易主体申报和境内经办银行（解付银行/结汇中转行）申报的原则。该制度具体采取的是间接申报与直接申报、逐笔申报与定期申报相结合的办法。

（3）经常账户差额＝贸易差额＋服务差额＋初次收入差额＋二次收入差额。经常账户逆差说明外汇支出大于外汇收入；反之，则相反。贸易差额是指商品进出口的差额。贸易差额会

导致国内货币购买力和商品可供量之间的不平衡。进出口贸易总额扩大表明一国经济对外部的依赖加深，同时经济受外部干扰的概率也将增加。综合差额＝经常账户差额＋资本账户差额＋非储备性质金融账户差额。综合差额为逆差时，储备资产减少；综合差额为顺差时，储备资产增加。同时，综合差额影响一国国民经济的综合平衡。

（4）通过分析我国国际收支平衡表，解读我国宏观经济政策；适时调整贸易策略；及时规避金融风险；增强国际化意识。

习　题

一、判断题

1. 国际收支是个流量的、事后的概念。　　　　　　　　　　　　　　　　　　　　　（　　）
2. 资产减少、负债增加的项目应记入借方。　　　　　　　　　　　　　　　　　　　（　　）
3. 储备资产借方和贷方所表示的含义与经常账户和资本账户是一样的。　　　　　　　（　　）
4. 补贴和关税政策属于货币政策。　　　　　　　　　　　　　　　　　　　　　　　（　　）

二、不定项选择题

1. 在国际收支统计中，货物进出口按照（　　　　）计算价值。
   A. 到岸价格　　　　　　　　　　　　　B. 离岸价格
   C. 进口用到岸价格，出口用离岸价格　　D. 出口用到岸价格，进口用离岸价格
2. 当国际收支出现顺差时，政府应该采用的货币政策、财政政策措施是（　　　　）。
   A. 增加政府支出　　　　　　　　　　　B. 降低再贴现率
   C. 在公开市场上卖出政府债券　　　　　D. 本币贬值
3. 我国负责组织实施国际收支统计申报的部门是（　　　　）。
   A. 国家统计局　　　　　　　　　　　　B. 国家外汇管理局
   C. 国家计委　　　　　　　　　　　　　D. 外经贸部
4. 金融账户包括的子账户有（　　　　）。
   A. 非储备性质金融账户　　　　　　　　B. 直接投资
   C. 证券投资　　　　　　　　　　　　　D. 其他投资
   E. 非生产、非金融资产交易　　　　　　F. 储备资产
5. 当国际收支出现逆差时，可以采取的财政政策、货币政策措施有（　　　　）。
   A. 在公开市场上买入政府债券　　　　　B. 减少政府支出
   C. 提高法定存款准备金率应对本币贬值　D. 本币升值

三、思考题

1. 国际收支平衡表有哪些主要内容？各账户之间的关系是什么？
2. 目前我国国际收支状况如何？我国政府是通过哪些政策措施调节国际收支的？
3. 从国际收支角度讲，如何做好出口国别的选择？如何做好我国进出口商品价格的调整？如何做好我国进出口计价货币的选择？

实训课堂

一、技能训练题

1. 交易资料

A. 雪尔公司是温尼伯格市一家发展迅速的保险公司，用现金 50 万加元向美国得克萨斯仪器公司购买最新式的计算机；同时，还和得克萨斯仪器公司签订合同，由一位计算机专家帮助安装专用软件包，雪尔公司预付了这位专家提供一个月咨询服务的费用，按照合同是 1.6 万加元。

B. 惠特尼博士是伦敦经济学院的著名教授，应聘到加拿大西安大略大学工商管理学院任教。他暂时离开了自己在美国的家来到加拿大，随身携带了价值 5 000 加元的英镑。他在多伦多的加拿大帝国商业银行把钱换成了加元。

C. 坎斯塔是一家生产发动机零部件的加拿大公司，决定在墨西哥开设一个分厂来利用当地工资低廉的优势。开设新厂的总成本是 200 万加元（CAD 2 000 000），其中一半的投资用加元现金支付，其余部分由坎斯塔公司发行可赎回债券筹集。这些债券在欧洲出售，以美元计值。

D. 坎斯塔公司在墨西哥的分厂营运的第一个季度就赚到 1 万加元的利润。其中价值 2 000 加元的墨西哥比索作为红利上交设在多伦多的坎斯塔公司总部，剩余的利润留在墨西哥分厂作为再投资。

E. 加拿大红十字会寄给埃塞俄比亚政府一张从多伦多道明银行提款的支票，数额是 5 万加元（CAD 50 000），用以援助当地的饥荒。

F. 美国向中国出口 10 万美元小麦，中国以其在美国银行存款支付进口货款。

G. 中国跨国公司国外子公司汇回红利 10 万美元。

H. 美国华人为中国的希望工程捐款 10 万美元。

要求：

（1）将每一笔交易相应地记在表 2-4 和表 2-5 所列账户中的借方和贷方。

表 2-4　加拿大国际收支有关账户表

项　目	贷方（＋）	借方（－）	净余额
总　额			

表 2-5　中国国际收支有关账户表

项　目	贷方（＋）	借方（－）	净余额
总　额			

（2）说明这些交易对加拿大国际收支的影响。

2. 判断下列各项是居民还是非居民

（1）在一国从事经营的企业，如外国企业的分支机构，为该国居民吗？

（2）A国的大使馆等驻外机构外交人员、留学生和驻外国部队，系临时居住性质，属于A国居民吗？

（3）如果在某一国维持的分支机构或办事处长达一年或一年以上的时间，则该分支机构或办事处应视为其活动所在国家的居民吗？

（4）国际组织是其所在地国家的居民还是非居民？

二、实训项目

项目（一）

1. 实训目的：学会办理国际收支统计申报业务。

2. 实训方式：网上调研、实地调查。

3. 项目内容：

（1）通过对某家银行的调查，用真实案例说明银行是如何进行国际收支统计申报的。

（2）近两年，国家外汇管理局关于国际收支统计申报方面有哪些新法规？其具体内容是什么？

4. 调查渠道：国家外汇管理局网站、有关银行网站（也可对银行进行实地调查）。

5. 调研对象：办理国际收支统计申报业务的银行。

6. 实训指导：

第一步：调查。分组进行。

第二步：除每人写出实训报告外，以组为单位，在整理、汇总和分析的基础上写出每组的实训报告。

第三步：以每组实训报告为题，每组推荐发言人在课堂上进行交流。以多媒体演示。

项目（二）

1. 实训目的：学会运用国际收支平衡表的数字，解读一国经济现象。

2. 实训形式：网上调查。

3. 项目内容：

（1）分析近几年中国国际收支平衡表的贸易差额、经常账户差额和总差额各是多少？这些差额说明了什么？

（2）目前美国经常账户出现巨额逆差意味着什么？

（3）根据目前我国国际收支状况，联系企业和个人实际，谈谈我国国际收支现状给我们带来了哪些影响。

4. 调查渠道：有关金融网站及其有关刊物。

5. 实训指导：

第一步：收集资料。

第二步：除每人写出专题报告外，以组为单位，在整理、汇总和分析的基础上写出每组的专题报告。

第三步：以每组专题报告为题，每组推荐发言人在课堂上进行专题讨论。

模块三

汇率风险的管理与防范

学习目标

【知识目标】

通过本模块学习，了解汇率风险的种类和汇率风险管理程序；理解汇率风险的含义；掌握防范汇率风险的方法。

【技能目标】

能够识别汇率风险；能够运用防范汇率风险的方法。

【素质目标】

从高水平对外开放与对外经济交往角度，树立外汇风险管理的意识。

引　言

国内某企业从 A 银行贷款，金额为 1 000 万美元，期限为 10 年，利率为固定利率 4.25%，2013 年 4 月 28 日提款，2023 年 4 月 28 日到期一次性归还本金，利息每半年支付一次。企业提款后，用于采购国外生产设备，产品出售后产生的收入需要从银行兑换美元，用于支付利息和偿还本金。按 2013 年 4 月 28 日当天 USD/CNY=6.0964/6.1765 计算，1 000 万美元等值约 6 176.5 万元人民币。此后美元一路攀升，到 2023 年 4 月 28 日，USD/CNY=6.8478/6.9333，企业购买 1 000 万美元所需的人民币数额约为 6 933.3 万元人民币。除利息外，该企业仅本金一项账面就损失约 756.8 万元人民币。

为什么一笔贷款本金损失了 756.8 万元人民币？这是汇率风险在作怪。那么，什么是汇率风险？如何识别汇率风险？又如何防范汇率风险呢？这正是本模块所论述的内容。

单元一　初识汇率风险

自 1973 年初国际外汇市场实行浮动汇率制度以来，确定了汇率水平由外汇的供求来决定的机制，从此汇率不断地上下波动。国际政治经济形势、国际收支状况、通货膨胀情况、利率水平、经济政策、人们的心理预期等都会引起汇率的变化。20 世纪 70 年代后各国普遍放松外汇管制，加之金融创新产品的推出，各国外汇市场和资本市场的联动关系更加紧密。20 世纪 80 年代以来投机资本在外汇市场中所起的作用越来越突出。20 世纪 90 年代国际游资及其投机活动加剧了汇率的变化，诱发了数次金融危机，同时严重冲击各国汇率体制。进入 21 世纪，随着经济全球化的发展，影响汇率变动的因素更多、更复杂，汇率变动更加频繁，对汇率的预测更加困难，因而汇率风险管理愈加重要。

　　自 2005 年 7 月 21 日起，我国开始实行以市场供求为基础、参考一篮子货币进行调节、有管理的浮动汇率制度。当前汇率和利率形成机制的改革正在深化，同时在进出口业务方面，计价货币为非美元的交易增加，因此汇率风险管理问题在我国也愈加突出。

一、汇率风险的含义

　　首先来分析引言中的案例，为什么这笔生意造成这样的损失？因为该企业支付的不是本国货币或者出口收入（人民币）而是外汇（美元），需要用人民币购买美元，而且在签订进口合同后的未来时间支付货款。该企业自签订进口合同到付款期间美元兑人民币汇率会不断变化，其汇率的上升与下降是不确定的。该企业是进口商，当支付美元时，如果美元兑人民币汇率上升就会使该企业增加人民币的支付；如果到时美元兑人民币汇率下跌，则会使这家企业少支付人民币。这就是汇率风险。

　　因此，汇率风险是指一个经济实体或个人，在一定时期内以外币计价的资产与负债，因外汇汇率变化而引起其价值上涨或下跌的不利变化的可能性。汇率风险又称为外汇风险。

　　掌握汇率风险的含义要明确以下问题：

　　（1）风险是事物的不确定性，汇率风险也是一种不确定状态，即事物发生的可能性。

　　（2）汇率风险产生的直接原因是汇率的变动。

　　（3）存在不同货币的兑换和时间是构成汇率风险的两个要素。由于进行不同货币的兑换，才有汇率的问题；由于在未来时间收付外汇，才有汇率的变动问题。时间长短对汇率风险的大小有直接影响。时间越长，在此期间汇率变动的可能性就越大，汇率风险就相对越大；时间越短，在此期间汇率变动的可能性越小，汇率风险就相对越小。所以从时间越长、汇率风险越大的角度讲，汇率风险包括时间风险和价值风险两部分。改变时间结构，如缩短一笔外汇债权债务的收取、偿付的时间，就可减少时间风险，但不能消除价值风险，因为外币与本币折算的汇率变动（即价值风险）依然存在。

　　（4）受险部分是指承受汇率风险的外币金额。从广义上讲，外汇受险部分可分为直接的受险部分和间接的受险部分。

　　直接受险部分是指一家企业、银行或个人因进行外汇交易所产生的具体的可确定的汇率风险金额。它分为两种情况：一种是当企业、银行或个人以外币计价的资产和负债的金额不等时，就会出现一部分外币资产和负债受汇率变动的影响，我们称为"敞口头寸"。如中国银行某分行于某日进行的外汇交易中卖出 100 万美元，买进 150 万美元。受险部分是其差额 50 万美元（有时受险部分与实际外汇交易额不相等）。又如引言中的案例，该家企业受险部分是1000万美元。

另一种情况是当企业、银行或个人以外币计价的资产和负债的期限不同时，就会出现"不对应缺口"或称"期限缺口"。如中国银行某分行某日卖出200万美元的6个月远期外汇，买进200万美元的3个月远期外汇，该银行从事外汇交易中的受险部分就属于"期限缺口"。

间接受险部分是指企业、银行或个人因汇率变化所带来的广泛风险，受险部分无法确定具体金额。如预测本币升值，所有出口企业都有可能承担汇率风险，与外汇无直接关系的企业也会间接承担汇率风险，这些很难用外汇金额测定。本模块论述的是直接受险部分。

二、汇率风险的种类

以风险的来源及其最终的影响程度为依据分为交易风险、经济风险和会计风险。

（一）交易风险

1. 什么是交易风险　交易风险是指一个经济实体或个人在以外币计价的国际经贸活动中，由于外汇汇率波动而引起的应收资产与应付债务价值变化，从而蒙受实际损失的可能性。

交易风险与结算某一笔具体交易有关，其交易包括已完成交易和未完成交易。已完成交易已列入资产负债表项目，如以外币表示的应收账款和应付账款等；未完成交易则主要为表外项目，如以外币表示的将来的采购额、销售额、租金以及预期发生的收支等。

2. 交易风险的表现及其特点　交易风险主要表现在对外商品进出口与服务贸易、对外货币资本借贷的债权债务、对外投资与筹资、外汇买卖等方面引起的外汇收付等。简而言之，凡是涉及外币计算或收付的任何商业活动或投资行为都会产生交易风险。下面以案例来说明交易风险的主要表现。

（1）对外贸易。

案例分析3-1

案情： 中国某汽车制造商因生产需要，每个月要从欧盟进口价值1亿欧元的汽车零配件。根据中国银行牌价表，2016年12月30日，兑换100欧元需736.33元人民币。随后欧元涨势不停，到2020年7月31日，兑换100欧元需827.49元人民币。对此，若该企业未采取防范汇率风险的措施，该企业每个月的人民币换汇成本将大幅上升。之后，欧元一路走弱，至2022年7月12日，兑换100欧元仅需679.78元人民币，该企业的人民币换汇成本又有较大幅度的下降。

分析： 该企业是进口商，在未来时间支付欧元。当支付欧元时，若人民币对欧元汇率下跌，将使该企业要用较多的本币买入外汇，买入外汇成本增加，从而蒙受经济损失；若人民币对欧元汇率上升，则该企业可用较少的本币买入外汇，买入外汇的成本减少。

结论： 对于进口商而言，计价货币兑本国货币升值，会使其受损；计价货币兑本国货币贬值，会使其受益。对于出口商而言，计价货币兑本国货币升值，会使其受益；计价货币兑本国货币贬值，会使其受损。

（2）国际借贷。

案例分析3-2

案情：辽通化工（000059）在其2004年年度报告中披露，公司控股95.75%的子公司锦西化工持有一笔法国政府贷款，贷款期限为1987—2024年，原币为3 459.7万欧元。由于欧元兑人民币汇率上涨，锦西化工的欧元借款面临外汇风险。其中，2004年年底按1:11.272 6折算成人民币相当于3.9亿元，在2004年度形成的汇兑损失为3 245.7万元，在2003年年度形成的汇兑损失为6 673万元。

分析：锦西化工向法国借款欧元，属于债务人，当还款时，欧元兑人民币升值，导致锦西化工支付更多的人民币，从而蒙受经济损失。

结论：对债务人而言，当还款时，还款货币兑本国货币升值，会使其受损；还款货币兑本国货币贬值，会使其受益。对债权人而言，还款货币兑本国货币升值，会使其受益；还款货币兑本国货币贬值，会使其受损。

（3）国际筹资。

案例分析3-3

案情：中国某金融机构某年1月在日本东京发行一笔债券。债券货币单位为日元，发行总额为100亿日元，年利率为8.7%，期限为12年，到期还本付息总额为204.4亿日元。根据当时的外汇管理体制和其他情况，该金融机构到期清偿日元时需用美元购买日元，发行日元债券时美元兑日元汇率为1:222.22，清偿时美元兑日元汇率下跌为109.89，日元兑美元汇率上涨幅度高达102%，从而使中国某金融机构蒙受了102%（以美元计）的经济损失。

分析：中国该金融机构在国际金融市场发行日元债券，是一种筹资行为，实际上属于债务人，当清偿时，日元兑美元汇率上涨，导致该金融机构支付更多的美元从而蒙受经济损失。

结论：对筹资者而言，当清偿时，筹资的货币（计价货币）兑本国货币升值，会使其受损；当清偿时，筹资的货币（计价货币）兑本国货币贬值，则使其受益。

（4）国际投资。

案例分析3-4

案情：中国某公司于某年9月向澳大利亚进行直接投资所使用的实物资本和货币资本以澳大利亚元计值为4 000万澳元。投资后的第一年获税后利润700万澳元，这些利润全部以美元汇回本国。澳元兑美元的即期汇率在投资日为0.845 6，到1年后的利润收回日，澳元兑美元下跌为0.676 5，下跌幅度为20%，导致该公司蒙受20%（以美元计）的经济损失。

分析：中国公司向澳大利亚进行直接投资是一种投资行为，实际上属于债权人，以澳元计值。当投资者要将第一年税后利润700万澳元兑换美元汇回本国时，按照投资日的即期汇率计算，可以收入591.92万美元；而按照收回日的即期汇率办理，由于澳元对美元汇率下跌，则仅收入473.55万美元，从而蒙受经济损失。

结论：对于投资者而言，由于投资的货币兑本国货币贬值，投资者投资的货币折合较少的本币，使投资收益减少，甚至会出现投资大于收益的情况，从而蒙受经济损失。

（5）外汇买卖。

银行所面临的汇率风险主要表现在外汇头寸。外汇银行在经营外汇业务或以外币借款、投资时所产生的风险，其中承受风险部分的外币金额称为外汇头寸。外汇头寸也就是在某个时点上以外币表示的债权（资产）和债务（负债）的差额。这种差额就是外汇银行在营业日结束后买卖各种外币的净余额。

外汇头寸有多头、空头和平衡头寸三种状态。多头（超买）是指当银行的外汇买入额大于卖出额时，出现持有额净增加，说明银行持有"长余的外币头寸"。这种情况下，存在此种外汇汇率下跌的风险。

空头（超卖）是指当银行的外汇卖出额大于买入额时，出现持有额净减少，说明银行持有"短缺的外币头寸"。这种情况下，存在此种外汇汇率上涨的风险。

平衡头寸（轧平）是指银行外汇买进和卖出的金额相等，说明银行持有"轧平的外币头寸"。这时银行的汇率风险为零。

银行处于多头，买入外汇多了，银行无法盈利；银行处于空头，到期没有外汇可供支付，银行无法经营。所以，银行经营外汇采取"买卖平衡"的原则。银行管理汇率风险的主要方法是尽可能使外汇头寸的持有额为零。

案例分析3-5

案情： 日本某银行在某年某日分别买入1月期10万美元和卖出同样期限的8万美元，当时美元兑日元汇率为1:100。若1个月后美元兑日元汇率为1:90，该银行承担了什么风险？

分析： 该银行处于美元的多头，银行要平衡头寸，卖出同样期限美元的多头部分。若该银行不采取应对措施，1个月后美元兑日元汇率下跌，卖出美元时，获得的日元数额相对少，则蒙受经济损失。该银行承担了交易风险。

结论： 在外汇收付或办理外汇买卖交易时，如果对某种货币没有及时补进或抛出，留下风险敞口，就极容易遭受汇率风险造成的损失。

以上交易风险可以归纳为表3-1。

表3-1 交易风险的主要表现

交 易 方		计价货币升值	计价货币贬值
进口方	应付方	受损（换汇成本增加）	受益（换汇成本减少）
非贸易付汇方			
债务方			
空头	银行需买入此种外汇		
出口方	应收方	受益（换汇成本减少）	受损（换汇成本增加）
非贸易收汇方			
债权方			
多头	银行需卖出此种外汇		

交易风险具有静态性和客观性特点。因为交易风险产生于经营过程中，其风险衡量的时间是在过去已发生交易的某一时点上，所以其造成的损失是真实的，损失结果可用一个明确的数字来表示。

（二）经济风险

1. 什么是经济风险　经济风险是指由于非预期外汇汇率发生波动，而引起的国际企业未来一定时间内以本币衡量的收益减少的潜在性风险。它对企业影响最大，企业最重视这种汇率风险。

2. 经济风险的特点　经济风险对企业的影响是间接的、复杂的，需从企业整体上进行预测、规划和进行经济分析，涉及资金、营销、采购和生产等各个层面；经济风险的分析在很大程度上取决于该公司的预测能力，特别是预测汇率变动的能力，带有一定的动态性和主观性；经济风险直接影响海外企业在融资、销售、经营目标与生产等方面的战略决策。经济风险所造成的损失比会计风险或交易风险更具重要性和严重性。

（三）会计风险

1. 什么是会计风险　会计风险又称转移风险、记账风险、折算风险、换算风险、账面风险。它是指经济实体在将各种外币资产负债转换成记账货币的会计处理业务中，由于汇率变化而引起资产负债表中某些外汇项目金额变化，出现账面损失的可能性的风险。

一般来说，企业的外币资产、负债、收益、支出等都必须按一定的会计规则，将外币变成本国货币（记账货币）来表示，这一过程称为"折算"或"转换"。当汇率变化时，即使企业的外币资产或负债的数额没有发生变化，但在会计账目上，记账货币数目也会发生相应变化，给企业带来会计账目上的损失。这种账面损失会影响到企业向股东和社会公开营业报告书的结果，这可能导致企业股票价格的变动，进而对企业经营管理、企业效益的评估、税收等产生影响。因而会计风险也应引起企业决策和管理者的重视。

2. 会计风险的表现及其特点　会计风险是一种会计行为，多发生在跨国公司的母公司与子公司之间。跨国企业需要根据某些会计准则，将以外币表示的资产和负债换算成以母国货币表示的资产和负债，以编制企业财务报表。

> **例 3-1**　德国某跨国计算机公司，在加拿大有一子公司。某年 9 月 1 日，该子公司在加拿大购入一批零件，货款为 20 万加元，当日欧元兑加元汇率为 1.240 0，以支票支付，全部入库。该年 12 月 31 日是会计结算日，这批零件未出库使用。而从零件购入日（9 月 1 日）到会计结算日（12 月 31 日），加元对欧元的汇率下跌 5.5%，这批零件在账面上出现 0.84 万欧元的折算损失。
>
> 会计风险产生于经营活动后，它是从母公司的角度来衡量其受损程度；造成的损失不是实际交割时的真实损失，只是账面上的损失。

以上三种汇率风险的区别见表 3-2。

表 3-2　三种汇率风险的区别

区 别 点	经 济 风 险	交 易 风 险	会 计 风 险
发生的时间	预测企业未来收益	经营过程中	经营结果
造成的损益真实性	潜在的	真实的	账面的
衡量损益的角度	企业整体	单笔的交易	母公司
衡量风险的时间	长期的	一次性的	一次性的
损益表现的形式	动态性和主观性	客观性	客观性

交易风险是本模块论述的重点。经济风险是国际投资研究的范畴，不作为我们论述的重点。会计风险受不同国家的会计制度与税收制度的制约，有不同的折算方法，折算损益的金额及处理也不同，也不作为本模块论述的重点。

三、汇率风险的管理

汇率风险管理是利用各种可能的信息，对汇率风险进行识别、衡量和分析，并在此基础上有效地控制与处置汇率风险，用最低成本来实现最大安全保障的措施和方法。

（一）汇率风险管理的原则

1. 资产保值原则　这一原则要求进行汇率风险管理要实现资产的保值，不至于使资产因为汇率风险而遭受损失。这是汇率风险管理的基本要求。

2. 资产增值原则　这一原则要求进行汇率风险管理要获得收益，也就是通过种种措施和方法来回避风险，使资产在运动中增加原来的价值。

3. 最小成本原则　这一原则要求在一定管理成本情况下，使汇率变动对本币造成的经济损失最小化。汇率的变动会带来损失，而进行风险管理采取措施，又会增加费用。这就要比较风险损失和避险费用的得失，以较小的成本获得汇率风险的最佳处理。

（二）汇率风险管理流程

汇率风险管理的一般流程也就是风险决策过程，具体包括以下步骤：

1. 识别和衡量汇率风险，确定管理汇率风险的目标　这是风险管理的基础。识别汇率风险是发现各种可能存在的汇率风险，辨别汇率风险的类型，分析汇率风险发生的先决条件。在此基础上衡量汇率风险，即以科学定量方法估计汇率风险可能造成损失的程度和范围以及持续时间的长短，由此根据企业自身的实际情况确立汇率风险管理目标。企业外汇交易风险管理的目标主要有以下两种：

（1）短期收益最大化。力求短期收益最大而不考虑长期的经营结果。

（2）外汇损失最小化。其着眼点在于尽量减少外汇损失。一般来说，这类企业的风险承受能力较小，宁愿维持较低收益率，也不愿冒可能产生损失的风险。

2. 寻找、确定各种可能的汇率风险管理技术　这是拟订各种风险管理备选方案的过程。一般来说，风险管理技术主要有回避、控制、隔离、结合、转移与自我承担等。一种风险通常可以使用多种技术来管理，因此应尽可能多地寻找那些可能的方案。

3. 选择最佳风险管理技术　备选方案拟订后，需要对其进行评价和选优。何谓"优"？关键在于标准的认定。最理想的选择标准也称最优标准，而这一标准因人而异。选定最优标准后，评价和选优就是通过一系列数量分析方法确定最优的过程。

汇率双向波动下企业避险意识仍需增强

4. 执行、监督与评价　为保证达到既定目标，实施过程应不断进行检查、监督、反馈，发现偏差，立即纠正。因此，这一过程也就是"执行——监督——评价——执行"循环往复的过程。

上述四个步骤在风险管理中是缺一不可的，整个过程是一个相互联系、不断发展的动态过程。一个决策在执行过程中，常常需要根据客观条件的变化不断加以调整，做出新的决策，并加以执行。

单元二　汇率风险管理的制度和方法

汇率风险的防范包括制度和方法两个方面。下面主要介绍银行外汇头寸的风险制度以及银行和企业汇率风险的防范方法。

一、银行外汇头寸的风险制度

银行经营外汇业务所遇到的汇率风险主要是外汇买卖风险，而在外汇买卖风险中银行所拥有的受险部分是以外汇头寸来表示的。所以，经营外汇业务的银行必须每天对其本身持有的各项外汇头寸进行调整。为管理外汇头寸的汇率风险，银行在制度方面主要采取如下措施：

（一）编制头寸表

银行通过风险管理系统实现头寸统计、盈亏监控的目的，风险管理系统与清算系统相连，保证数据的准确性。

（二）设立控制指标

1. 设定日间额度（Intraday Limit）　日间额度是指交易员在日常营业时间内，被授权可持有外汇头寸的最大额度。其目的为防止交易员持有过多的外汇头寸而暴露在汇率波动风险中。对不同货币分别制定不同的日间额度，此外，对所有外国货币也应定出总额度（综合头寸）。

2. 设定隔夜额度（Overnight Limit）　在营业日结束前未平仓交易的，留至次一营业日的外汇头寸称为隔夜头寸。隔夜持仓具有一定的风险。例如我国与国际外汇市场存在时间差，我国的晚上休息时间，在纽约却是白天营业时间，由于我们晚上不办公，当对方国家临时发生重大政治、经济事件而严重影响汇率时，交易员若无法及时采取应对措施，则可能遭受损失。银行为有效控制隔夜头寸的风险而制定隔夜额度。一般而言，交易员的隔夜额度通常是其日间额度的1/2或更少。除制定隔夜额度外，还可给正在开市的外汇市场交易留下交易指令，视外汇市场行情变化而随时决定抛出或补进头寸。必要时要有人值夜班监测其他外汇市场的行情变化。

3. 最大损失金额限制（Stop Loss Limit）　最大损失金额限制又称止损点限制，是为避免因判断错误而造成重大损失，资金经理所持有的外汇头寸。在超出这一限制时，必须立即设法轧平，以避免损失金额过大而陷于无法收拾的局面。

日间额度与隔日额度视汇率行情和交易量而定，并对超买或超卖分别指定。对可能贬值的外币，净超买限额应小于净超卖限额；对可能升值的外币，净超买限额应大于净超卖限额。一般来说，像美元这样大量使用的货币限额就会高一些。

4. 国家外汇头寸　目前我国大多数经营外汇的银行的做法是外汇指定银行（中国银行除外）对当日的外汇买入或卖出分币种轧差后，向当地中国银行办理外汇头寸的移存或提取手续。移存外汇头寸的范围包括应卖给国家和向国家购买的贸易外汇和非贸易外汇。移存的币种为美元、港币、日元、英镑和欧元五种。其他外汇的移存按当日外汇牌价的中间价套换成美元入账。凡企业向银行申请的用汇，其累计支出不得超过银行所移存的外汇头寸，即这些银行代办国家外汇业务的外汇收支应自求平衡。

除用于正常的业务需要的外汇投资外，其超过定额的外汇头寸可通过国外银行同业间进行拆借运用；在境外购买外国或我国港澳地区政府发行的政府公债进行投资；在日常业务中，要根据本身的业务需要，对外汇头寸进行经常性的、有效的抛出或补充。

为避免风险，很多国家都从国家利益出发对投机性头寸进行限制，银行对投机头寸也有严格的限制。

（三）完善外汇交易操作系统

银行应完善外汇交易操作系统，密切注意国内外政治经济形势的变化、重要经济金融指标的动向和本行外汇头寸的变化等情况。

二、汇率风险的防范方法

在外汇收付的前后都可运用汇率风险管理的技术避免、减少和消除汇率风险。

（一）避免汇率风险的方法

1. 易货贸易法　易货贸易法是指进出口贸易双方直接地、同步地进行等值货物的交换。这样不需要实际支付外汇，能够减少双方计价货币汇率变动的风险。但这种方法的实现较困难。

2. 以本币作为计价货币　采用这种做法有一定的前提，即本国货币必须是自由兑换的货币，并且是被别国接受的。因此主要储备货币国家使用此法。如日元升值时，日本进口商用日元计价较多。使用本币计价的一方，在其他条件上就要让步，这是防范汇率风险的代价。

（二）减少汇率风险的方法

1. 货币选择法　货币选择法是指经济主体通过涉外业务中计价货币的选择来减少汇率风险的一种管理手段。

选择计价货币的原则有两点：①选择可自由兑换的货币或选择本国已挂牌的外汇。②收硬付软，也就是收款方争取用硬货币，付款方争取用软货币。对借款人来说，应力争选择在借款和用款期内币值坚挺，而在还款期币值疲软的货币。硬货币即趋于上浮的货币；软货币即趋于下浮的货币。在实际中可灵活运用以下做法：

（1）掌握外币的浮动趋势，选好计价货币。在进出报价前应了解掌握外币上浮或下浮的趋势。在以外币报价时，对出口商而言，以硬货币（趋于升值的货币）报价有利。因出口商是收款方，即债权人，如果收取硬货币，硬货币升值后折成本币结汇时，收到本币相对增多，有利于出口效益的提高。

（2）根据不同货币的浮动情况调整对外报价。出口商以外币报价时，用硬货币有利。但有些进口商国家外汇储备只有软货币，只能用软货币支付，那么为了成交，出口商只能以软货币报价，但要在货价中加上汇率下跌的损失。出口商以硬货币报价对出口商有利，但如果市场供大于求或出口商库存量较大，则可适当降价。

出口商以本币报价时，如在一定时期内本币升值，为了提高商品的出口竞争力，可以适当降价；如果在一定时期内本币贬值，在不影响成交的情况下，可适当提高本币的对外报价。

根据外币浮动的具体情况，确定出口价格的计算标准。当出口商根据进口商的要求，同时发出本币报价和外币报价时，不要把出口商品的本币底价简单地按当时的汇率折合成外币对外报价，如果是远期业务应考虑远期汇率。调整价格时，应注意保持本币报价的上调幅度与外币报价上调幅度一致，或者保持本币报价的下调幅度与外币报价的下调幅度一致。

（3）密切注意第三国货币。出口商所在国和销售市场所在国货币的汇率变动不大时，要注意第三国货币汇率的变动趋势，确定出口报价水平，以防所出口商品被挤出销售市场。

（4）软硬货币搭配。例如日本某商社向美国 IBM 公司购买一批计算机，当时美元贬值，而日元趋于升值。日方希望用美元计价结算，美方要求用日元，最后双方让步，商定货款的一半用美元，另一半用日元，双方共担汇率风险。这种方法在信贷中也常用。

（5）多种货币计价。对金额较大的交易或在外汇汇率剧烈变化难以预测的情况下，可用两种以上货币计价，使各种计价货币的汇率变动相互调节。一种货币贬值，其他货币汇率不变；或者几种货币贬值，另外几种货币升值。这样可以减少风险或分散汇率风险。

（6）借款与还款币种一致，借款与用款币种一致。尽可能使借用的货币与借款人将要使用的货币币种保持一致或借用的货币与借款人外汇收入的货币币种保持一致，以减少汇率风险造成的损失。

案例分析3-6

案情：我国某企业在某年 1 月向外汇指定银行借用 100 万美元的外汇贷款，2 个月后偿还，同时与日本商人签订进口 1.38 亿日元设备的贸易合同，两个月后支付货款。支付货款时由于日元兑美元汇率上升，使该企业多付出 12.2 万美元，还款时由于美元兑人民币汇率上升，使该企业多付出 5 万元人民币，两笔共损失 68.68 万元人民币。

分析：此案例中借款的货币与支付货币不匹配，造成了双重的汇率风险。如果此案借款是为了从日本进口设备，从银行借日元，这样货币币种相同、金额相等、流动方向相反，就可减少汇率风险。

结论：借取货币与使用方向要相匹配。借取的货币要与外汇收入相匹配。例如某企业生产的产品主要在日本销售，借款时，可借日元，用日元收入偿付日元借款，也可减少汇率风险。

（7）权衡汇率与利率得失。一般高利率货币远期汇率往往表现为贴水，因此，在国际金融市场上，往往是以软货币借款的利率高，以硬货币借款的利率低。对债务人来说，得到了利率方面好处的同时遭受了汇率变化的损失，或者得到了汇率方面好处的同时遭受了利率方面的损失，汇率和利率两难兼顾。那么，在借款时如何权衡汇率与利率的得失呢？其原则是：

在硬货币的利率较低，软货币的利率较高的情况下，从货币的升值率看，如果硬货币升值的幅度小于硬货币与软货币的利率差，则借款人借取硬货币较为有利，否则应借软货币；从货币的贬值率看，如果预计软货币的贬值幅度小于根据公式计算的软货币的贬值率，则借取硬货币对借款人较有利。软货币的贬值率公式为

$$软货币的贬值率 = 1 - \frac{1 + 硬货币年利率}{1 + 软货币年利率}$$

例 3-2　假设某公司想从某银行借款，借款期限为 1 年，当时美元利率为 4%，日元利率为 1.3%，两种货币的利率差为 2.7%。当时权威机构预测，1 年内日元兑美元汇率升值幅度不会超过 2.7%。这家公司借款时应选择哪种货币？

答案：这家公司借款时选择日元借款对其更有利。

2. 组对法　组对法是指一个经济主体针对某种外汇的敞口头寸，创造一个与这种外汇相联系的反方向资金流动，以减少汇率风险的管理办法。

例如，一个企业有美元应付款，没有美元应收款，但可用港币应收款代替美元应收款，因港币是盯住美元的，港币与美元汇率趋向同一方向。又如银行外汇交易量大，外汇币种多，各种外汇头寸如果分别进行头寸抛补，则很难做到。一般将汇率趋向同一方向的货币头寸互补，以达到平衡的目的。欧元和日元如果都趋于坚挺，则可持欧元多头，持日元空头，头寸大致相抵，可减少汇率风险。运用这种方法时应慎重，若使用不当则会造成双重汇率风险。

当企业拥有两种或多种货币流动时，也可通过估算货币的相关性进行组合，减少汇率风险。

3. 加列保值条款　加列保值条款是指在交易谈判时，双方协商在商务合同或贷款协议中加入适当的保值条款，以防汇率多变的风险。其实际上是将未来的收入与某种稳定的货币建立起联系，用这种货币来保值，并以其作为衡量收入的标准。这是国际上防范风险通行的做法之一。

具体做法是双方在交易时首先确定合同计价货币，然后选择计价货币以外的一种货币或一篮子货币作为保值货币，并在合同中规定计价货币和保值货币之间的固定比价。如果结算时计价货币汇率发生了不利变动，其中一方即可要求对方按计价货币与保值货币的固定比价调整其收汇（付汇）额。

> **例3-3**　日本某商社向英国出口小汽车，英方坚持使用英镑计价付款，日方则提出必须用日元保值，并且按合同签订之日的汇率结算，英方同意了。当时的汇率是英镑兑日元 1:200，小汽车单价为4 000英镑，折合80万日元。到付款时，英镑兑日元汇率下跌为 1:185，按照合同，英国进口商支付的货币就不是单价4 000英镑，而是4 324英镑（80万÷185）。日本商社避免了英镑贬值带来的汇率风险。
>
> 交易双方也可在合同（协议）中约定有关汇率的变动范围，并明确双方的责任。在范围内的风险由一方负担，超过范围部分由另一方负担或双方共同承担。例如，在一项韩国对美国的出口合同中，进出口双方曾订立了一条保值条款：确定以韩元成交，韩元兑美元（当时的硬货币）的汇价上下浮动达2%时，就按汇价变化幅度相应调整韩元价格；浮动幅度不到2%时，价格不变。

保值货币一般价值较稳定，采用加列保值条款主要有以下几种做法：

（1）黄金保值，是指在订立合同时，按签约日的黄金价格将支付货币的金额折合为一定数量的黄金，到支付日再将特定数量的黄金按当时的金价转换成一定数量的计价货币。这种保值方法在固定汇率时期常采用，现在很少使用。

（2）硬货币保值，是指在合同中规定以硬货币计价，用软货币支付，记录两种货币当时的汇率，在执行合同过程中，如果由于支付货币的汇率下浮，则合同中的金额要等比例调整，按照支付日的支付货币的汇率计算。

（3）一篮子货币保值，是指在合同中规定用多种货币对合同金额进行保值。

（4）物价指数保值，是指以某种货币的价格指数或消费物价指数进行保值。进出口商品可根据这些指数变动做相应调整。

（5）滑动价格保值，是指在签订贸易合同时，买卖商品的部分价格暂不确定，而是交货时支付，按当时国际市场价格变化加以调整。在国际贸易中成套设备交货期较长，且金额大，交易双方可商定在合同中加列滑动价格保值条款。

4. 价格调整法　价格调整法是指承担汇率风险的进出口商人通过在贸易谈判中调整商品价格，以减少使用外币结算给自己带来损失的汇率风险的管理办法。价格调整法主要有加价保值和压价保值两种方法。

（1）加价保值用于出口交易中，当出口商接受软货币计价时，将汇价损失摊入出口商品的价格中，以转移汇率风险。这又分即期交易和远期交易两种情况：

在即期交易中，加价后的商品单价 = 加价前商品单价 × （1+ 预测货币贬值率）

在远期交易中，加价后的商品单价 = 加价前商品单价 × （1+ 预测货币贬值率 + 利率）^{期数}

> **例3-4**　某日本公司向美国出口一批产品，双方同意用美元计价，交易时每件价格为1 000美元，4个月后付清货款。考虑到美元对日元的贬值因素，据预测其贬值率约为5‰，月利率按6‰计算，那么，加价后的商品单价为
>
> $$1\,000\text{美元} \times (1+5‰+6‰)^4 = 1\,045\text{美元}$$

（2）压价保值用于商品进口交易中，当进口商接受硬货币计价时，通过压低进口商品的价格来减少硬货币升值可能带来的损失。这也有即期交易和远期交易两种情况：

在即期交易中，压价后的商品单价 = 压价前商品价格 × （1- 预测货币升值率）

在远期交易中，压价后的商品单价 = 压价前商品价格 × （1- 预测货币升值率 + 利率）^{期数}

这里需要指出的是，运用价格调整法往往要与商品的市场需求、商品质量等因素结合起来考虑。如果出口商品是畅销货，国际市场价格趋涨，用硬货币报价，即使不降价，对方也容易接受。如果出口商品是滞销货，国际市场价格趋跌，用硬货币报价就不易成交。为了打开销路，出口商也可以接受用软货币计价成交。同时，为了防止在收汇时软货币汇率下跌的损失，也可以利用外汇市场上远期外汇的买卖，按远期汇率抛出将来能收进的软货币，补进硬货币，这既有利于计算出口的成本和利润，又能防止汇率波动的风险。同样，对急需进口的物资，如对方坚持用硬货币，而买方又急于成交，也可以接受用硬货币计价结算。为了防止这种硬货币到付款时汇率上升，进口商也可以在事前买进将来付款时的远期硬货币，从而避免汇率上升的风险。

5. 提前或推迟收付法　提前或推迟收付法是指在外汇收付中，根据预测收付的货币汇率变动趋势，更改货币收付日期（提前或推迟）的一种防止汇率风险的方法。

案例分析3-7

案情：1987年1月我国某企业进口德国设备，货款5 000万德国马克，约定8月28日付款。当时美元兑德国马克汇率为1:1.71，折合2 924万美元。8月19日美元兑德国马克汇率变为1:1.86，美元升值；到8月25日，该企业根据当时经济形势判断8月28日德国马克可能升值。于是决定在25日付款，付款额为2 688万美元，折合5 000万马克。果然8月26日后局势变化了，德国马克开始升值，到8月28日德国马克继续升值。由于该企业预测汇率较准确并及时采取了防范汇率风险措施，减少损失236万美元。

分析：该企业是进口商，预测德国马克在支付日升值，这样折合美元的数量较多，对其不利，所以提前付汇。

结论：外汇债务人或进口商预测支付的货币在支付日升值，这样折合本币的数量较多，对其不利，则争取提前付汇；相反，预测支付的货币在支付日后贬值，这样折合本币较少，对其有利，则争取推迟付汇。同样，外汇债权人或出口商预测收入的货币在收汇日后升值，这样折合本币的数量较多，对其有利，则争取推迟收汇；相反，预测收入的货币在收汇日贬值，这样折合本币的数量较少，对其不利，则争取提前收汇。

采用这种方法，需要在合同支付条款中加入有利的信用期，根据预测计价货币汇率的涨跌，以延长或缩短支付信用期。

在出口商提前收款的情况下，出口商要支付进口商一定金额的折扣或在其他条款上让步；在进口商延期付款的情况下，出口商则有利息的损失，进口商要支付出口商一定金额的折扣或在其他条款上让步。因此，运用提前或推迟收付法，需要计算计价货币价值转变的外汇得失、应收应付的利息得失、借款成本等，权衡利弊及收益与成本。

6. 汇率风险保险法　汇率风险保险法是指投保企业缴纳一定的保险费给专门的外汇保险机构，当其因汇率变动而蒙受损失时，则会得到保险机构补偿的一种减少汇率风险的管理方法。

一般的做法是投保企业向保险机构提供有关单据证明，并缴纳一定比例的保险费，保险机构对投保企业货币汇率的波动幅度加以规定。若汇率波动在规定的幅度内，保险机构对投保企业遭受的损失负责赔偿，对超过规定幅度的损失，则不负赔偿责任；若因汇率变动超过规定幅度而产生收益，则该收益归保险机构所有。

目前，不少国家设立了对某些汇率风险提供保险服务的官方或半官方保险机构。但各国规定不同，通常有着严格的限制。例如有的国家只对长期外币债权持有者中的设备和零配件出口商以及向境外提供技术者提供保险服务，适用的币种也有限。又如有的国家的保险机构规定，进口商只有在不能以本币作为计价货币和确实不能通过远期交易规避风险时，才能向该机构提出投保（但作为出口商的中小企业可以例外）；在外汇行市不利变动不超过 2.25% 时，该机构才能给予全部赔偿，否则只能部分赔偿。

采用汇率风险保险法，支付的保费是减少汇率风险损失的代价。

7. 选用适当的结算方式　它是指企业通过国际结算方式的选择以减少汇率风险的管理方法。国际结算方式包括汇款、托收、信用证三种（详见模块十二）。对外贸易出口收汇的原则是安全、及时。安全是指不遭受外汇汇率变化的损失以及外汇收入不遭到拒付，及时是指尽早或按时收回外汇。依照此项原则比较，即期信用证既安全又及时；远期信用证安全，但不及时；付款交单不如前两者安全，但比承兑交单风险性小。相比之下，承兑交单安全性和及时性最差。影响出口商安全、及时收汇的主要原因是计价货币选择不当和支付方式选择不当。

8. 贸易融资法　在进出口贸易中，运用相应的资金融通技术，是现代国际贸易的发展方向之一，也是防范汇率风险的有效方法。

（1）利用打包放款。打包放款是指出口商在备货时以国外进口商银行开来的信用证为抵押，向本国的银行申请贷款，银行在从开证行收回货款后，将从货款中扣除贷款本金和利息。从出口商的角度来说，打包放款等于出口商把货款提前借来，并把打包放款期限（自信用证抵押之日起至收回贷款之日）内的汇率风险转嫁给银行。

（2）利用出口押汇。在采取出口押汇方式中，出口商在货物发运后，将货运单据交给银行，银行在审核单证相符后，以出口单据做抵押，把与货款等额的外汇押给出口方。出口方取得银行的押汇以后，如果预计该种货币的汇率将下跌，就及时把它换成其他货币；如果预测该货币汇率可能上升，也可保存该货币。出口押汇使出口商受险期缩短，使汇率风险敞口缩小，减少了汇率风险，同时给出口方带来了许多的主动权。

（3）利用保付代理或票据贴现。这两种方法主要适用于出口商防范其汇率风险。采取保付代理方法是出口商装运货物取得单据后，立即将单据卖给保付代理组织，取得现金。这样，出口商便很容易地将汇票到期之前的风险转嫁给保付代理人。其代价则为出口商向代理人支付的保付代理费。

采取票据贴现方法是出口商将未到期的外币票据拿到银行去贴现，向银行提前兑取现款。贴现时，银行通常按照当天的汇率将外币折算成本币付给出口商。这样，在票据余下的期限内，如果外币行市发生不利变化，其损失便由银行去承担。当然出口商也要向银行支付一定的贴现费用。

（4）利用卖方信贷。在中长期国际支付中，采取卖方信贷方式是出口方银行以优惠利率向本国出口商提供的中长期信贷，出口商可采取以分期付款或赊销方式将设备卖给进口商，然后进口商再按协议分期偿付设备货款。这样，出口商从其开户银行得到出口贷款后，可将该笔外汇收入在外汇市场上即期卖出，换成本币，避免汇率风险，同时也加速其资金周转，该贷款用进口商偿还的外汇抵付，这样出口商的外汇负债被其外汇资产（即收取进口商的货款）所轧平。如果在得到出口信贷后汇率发生不利变动，出口商则避免了经济损失。

但在使用卖方信贷时，出口商除要支付贷款利息外，还须进行信贷保险，支付保险费以及贷款承担费和管理费等。

（5）利用买方信贷。买方信贷是由出口国银行向进口商提供的用于大宗货物进口的优惠利率贷款。贷款银行并不直接把款额付给进口商，而是将它视同进口商支付的货款付给出口商，贷款银行收到货运单据后即付货款，使出口商应收账款提前收回，汇率风险受险期因而缩短。

（6）利用福费廷方式。利用福费廷方式是在延期付款的大型技术设备交易中，出口商把经进口商承兑的远期汇票，无追索权地向出口商所在地的银行或大金融公司贴现。这样，出口商将其承担的汇率风险转嫁给办理福费廷业务的银行，同时有利于出口商的资金融通和周转。采取福费廷方式，也要付出利息、管理费、承担费等费用。

9. 划拨清算方式　划拨清算方式是交易双方约定，在一定时期内，双方所有的经济往来均以同一种货币计价，每笔交易的金额只在账面上进行划拨，到规定期限后统一清算。这样，大部分交易额可互相抵消，并不需要实际支付。因此，双方都能大大减少计价货币汇率变动的风险。

但采取划拨清算方式也存在一些缺陷。一是这种方式一般只适用于经济往来十分密切的交易双方之间，否则就很难达成协议。二是即使能达成协议，且根据双方向对方提供货物的可能性，协议中也已包含了一定的信用额度，但实际交易往往会突破这一额度。这意味着贸易出超方给对方提供了无息信贷。三是为了双方收支平衡，贸易入超方则可能提供一些对方并不需要的商品。这种方式较多地应用在双方政府之间，而在外汇银行或进出口商之间应用较少。

（三）消除汇率风险的方法

1. 平衡法　平衡法是指在同一时期内，创造一个与受险货币币种相同、金额相等、方向相反的交易，以避免汇率风险的方法。例如中国某企业进口美国商品，该企业可设法出口商品到美国，并且进口付汇和出口收汇的时间、期限、币种相同，金额相等，不管美元的汇率如何变动，该企业都可避免在汇率变动上遭受损失。

这种方法一般企业难以实现，但对于国际企业（包括银行），因有大量进出口业务或外汇交易，可采取平衡法。

2. 借款法　借款法是指有远期外汇收入的经济实体，通过借入一笔与远期外汇收入相同币种、相同期限、相等金额的资金，改变时间结构，防范汇率风险的一种方法。

例3-5　英国某公司有为期半年的1000万日元应收账款，如果在半年内日元汇率下降，则公司将蒙受风险损失。为防范这种汇率风险，该公司可借入为期半年的1000万日元，并立即将其卖出得到相应数量的英镑。在半年后，该公司用日元应收账款归还日元借款。

借款法可以使外币债权人将计划的未来外汇交易提前进行，从而可以避免风险。同时也提前得到相当于应收账款的资金，但也付出了一定的防范汇率风险代价，即借款利息。

3. 投资法　投资法是指有远期外汇支付的经济实体，通过投资一笔与远期外汇支出金额、期限和币种都相同的资金，改变时间结构，防范汇率风险的一种方法。

例3-6　日本某公司有为期半年的10万英镑的应付账款，如果在半年内英镑汇率上升，则公司将蒙受风险损失。在汇率风险管理中该公司可使用投资法，即按当时的汇率将10万英镑进行为期半年的投资；半年后用收回的英镑投资偿付应付账款。

投资法和借款法虽然都能改变时间结构，防范汇率风险，但借款法是将未来的外汇收入转移到现在，而投资法是将未来的外汇支付转移到现在。

4. BSI法　BSI是Borrowing-Spot-Investing的缩写，即借款—即期外汇交易—投资。它是指具有外汇应收账款或应付账款的经济实体，通过借款、即期外汇交易和投资的程序，争取消除汇率风险的管理方法。具体做法如下：

（1）具有应收账款的企业，为了防止汇率变动，先借入与应收外汇等值的外币，以此消除时间风险，同时，通过即期交易把外币兑换成本币，以此消除价值风险；然后，将本币存入银行或进行投资，以投资收益来贴补借款利息和其他费用。应收款到期时，就以收入的外汇归还银行贷款。

例3-7　英国某公司有1000万日元的应收账款，该敞口头寸使其承受汇率风险。在汇率风险管理中，该公司可借入1000万日元，通过即期外汇交易将其换成英镑，并用该英镑进行投资。在收回投资时，该公司用英镑投资利息偿付日元借款利息；如果前者不足以偿付后者，则该公司为避免汇率风险付出了一定代价。

（2）具有应付账款的企业，在签订贸易合同后，借入相应数量的本币，同时以此购买结算时的外币，消除了价值风险；然后以这笔外币在国际金融市场上做相应期限的短期投资，改变时间风险。付款期限到期时，该企业收回外币投资，并向出口商支付货款。

上述消除应收账款和应付账款汇率风险的操作程序，虽然都是借款、即期外汇交易、投资三部曲，使收入和支出的外币完全抵消，但币种操作顺序不同。前者借款是借外币，投资用本币；后者借款是借本币，投资用外币。

BSI法与借款法的主要区别在于BSI操作中多出一道投资程序，从而既能提前利用资金，也可以投资收益完全或部分抵补承担借款利息的代价。

5. LSI法　LSI是Lead-Spot-Investing的缩写，即提前收付—即期外汇交易—投资。它是指具有应收账款或应付账款的经济实体，在征得债务方或债权方的同意后，通过提前或延期收付货款、即期外汇交易和投资的程序，争取消除汇率风险的管理方法。具体做法如下：

（1）具有应收账款的企业，在征得债务方同意后，以一定折扣为条件，请其提前支付货款，以消除时间风险；紧接着通过即期交易，将收取的外汇兑换成本币，从而消除价值风险。最后，将换回的本币进行投资，所获得的收益可完全或部分抵补因提前收汇造成的折扣损失。

> **例3-8**　德国的某公司在90天后从美国公司有一笔50 000美元的应收货款，为防止汇率波动，该公司征得美国公司的同意，在给其一定折扣的情况下，要求其在2天内付清这笔货款（暂不考虑折扣具体数额）。该公司取得这笔50 000美元货款后，立即通过即期交易换成本币，并投资于德国货币市场。由于提前收款，消除了时间风险；由于换成本币，又消除了价值风险。

在此与BSI法的应收账款做法基本相似。不同的是BSI首先是从银行借款，以借款利息为成本；而LSI是请付款方提前支付货款，以给其一定的折扣为成本。

（2）具有应付账款的企业，先从银行借入本币，按即期汇率兑换成应付外汇，紧接着提前付账款，从债权人那里获得一定的折扣。其所获得的折扣可完全或部分抵补借款利息的损失。

上述消除外汇应收账款和应付账款的汇率风险的操作程序都是三部曲，其收入和支出的外币完全抵消，付出的成本以投资收益可完全或部分抵补。两者区别在于前者是请付款方提前支付货款，将外币换本币，用本币投资；后者是借本币，将本币换外币，提前支付账款。

减少和消除汇率风险的方法还有外汇交易法，包括即期外汇交易、远期外汇交易、掉期交易、外汇期货交易、货币期权交易等，详见本书第二部分外汇交易。

模块小结

（1）汇率风险是指一个经济实体或个人，在一定时期内以外币计价的资产与负债，因外汇汇率变化而引起其价值上涨或下跌的不利变化的可能性。它分为交易风险、经济风险和会计风险。在对外贸易、国际借贷、国际筹资、国际投资和外汇买卖方面都存在着交易风险。三种风险在发生的时间、造成的损益真实性、衡量损益的角度、衡量风险的时间和损益表现的形式方面各有不同特点。

（2）资产保值、资产增值和最小成本是汇率风险管理的原则。进行汇率风险管理流程为：①识别和衡量汇率风险，确定管理汇率风险的目标；②寻找、确定各种可能的汇率风险管理技术；③选择最佳风险管理技术；④执行、监督与评价。

（3）银行外汇头寸的风险制度包括编制头寸表、设立控制指标和完善外汇交易操作系统。

（4）避免汇率风险的方法有易货贸易法和以本币作为计价货币。减少汇率风险的方法有货币选择法、组对法、加列保值条款、价格调整法、提前或推迟收付法、汇率风险保险法、选用适当的结算方式、贸易融资法和划拨清算方式。消除汇率风险的方法有平衡法、借款法、投资法、BSI法和LSI法。

习　题

一、判断题

1. 美国某公司3个月后有一笔欧元应付款，若预测欧元对美元的汇率将下跌，则该公司

可推迟支付以减轻汇率风险。 （ ）

2. 最符合安全及时收汇的结算方式是即期信用证。 （ ）

二、不定项选择题

1. 会造成实际损失的汇率风险是（ ）。

    A. 交易风险   B. 经济风险   C. 经营风险   D. 折算风险

2. 根据汇率风险管理中选择有利的计价货币这一基本原则，下列做法正确的是（ ）。

    A. 进出口争取使用硬货币

    B. 对外借贷争取使用软货币

    C. 进口争取使用硬货币

    D. 争取使用两种以上软硬货币搭配的货币

3. BSI 是一种组合型管理方法，是（ ）的组合。

    A. 借款   B. 即期外汇交易   C. 远期外汇交易   D. 投资

4. 只能消除时间风险的方法有（ ）。

    A. 即期合同法   B. 拖延收付法   C. 提前收付法   D. 借款法

三、思考题

1. 在人民币升值预期的背景下，我国进出口商如何利用提前和推迟收付法防范外汇风险？

2. 案例分析 3-2 中，锦西化工如何防范外汇风险？

实 训 课 堂

一、技能训练题

某日本商社有一笔 3 个月美元应付款，若预测付款日日元对美元汇率将下跌，为减少汇率风险损失，该商社应该提前结汇还是推迟结汇？为什么？

二、实训项目

1. 实训目的：学会识别汇率风险，掌握运用防范汇率风险的方法。

2. 实训方式：实地调查。

3. 项目内容：通过调查企业（包括银行）或身边的人和事，列举案例说明在兑换外汇、存款、个人外汇买卖、进出口、国际投资、国际融资等方面的汇率风险的表现，并提出防范汇率风险的建议或方案。

4. 调查渠道：企业（包括银行）或身边的人。

5. 实训指导：

第一步：调查，收集资料。

第二步：在调查研究基础上，每人写出实训报告。

第三步：分组讨论上述项目内容，每组推荐发言人在课堂上进行交流。讨论时通过分析实际案例，提出防范汇率风险的建议或方案。

模块四

外汇管制与我国外汇管理

学习目标

【知识目标】

通过本模块学习，理解外汇管制的含义、内容和利弊；掌握汇率制度的类型，明确我国现行的汇率制度和改革的长远目标；知晓我国经常项目外汇管理的主要政策；了解我国资本项目外汇管理框架和开放原则。

【技能目标】

能够办理货物贸易进口付汇和出口收汇业务；能够解释个人结售汇、个人外汇收支管理和外币现钞管理的主要政策。

【素质目标】

从我国资本项目双向开放过程理解"进一步高水平对外开放"的含义。

引　言

一国居民到国外旅游或出国留学能兑换多少外汇？个人或企业能否按照意愿将外汇存入现钞账户或现汇账户？出口企业是否可以将出口获得的外汇全部存入企业外汇账户？进口用汇如何兑换外汇？一国居民能否到国外购买证券？外资银行进入一国是否可以经营所有业务？——这些问题都涉及外汇管制。那么，什么是外汇管制？为什么要进行外汇管制？由谁来管？管什么？如何管？我国的外汇管理主要有哪些法规？又有哪些具体政策？这些都是本模块所要论述的内容。

单元一　初识外汇管制

一、外汇管制的含义和对象

（一）外汇管制的含义

外汇管制是指一个国家通过法律、法令、条例等形式对外汇资金的收支和存贷、资本的输入和输出、本国货币的兑换以及兑换率所做的安排和管理的规定。

小资料 4-1　《中华人民共和国外汇管理条例》法规框架

第一章　总　则（略）

第二章　经常项目外汇管理

第十二条　经常项目外汇收支应当具有真实、合法的交易基础。经营结汇、售汇业务的金融机构应当按照国务院外汇管理部门的规定，对交易单证的真实性及其与外汇收支的一致性进行合理审查。

外汇管理机关有权对前款规定事项进行监督检查。

第十三条　经常项目外汇收入，可以按照国家有关规定保留或者卖给经营结汇、售汇业务的金融机构。

第十四条　经常项目外汇支出，应当按照国务院外汇管理部门关于付汇与购汇的管理规定，凭有效单证以自有外汇支付或者向经营结汇、售汇业务的金融机构购汇支付。

第十五条　携带、申报外币现钞出入境的限额，由国务院外汇管理部门规定。

第三章　资本项目外汇管理（部分）

第二十一条　资本项目外汇收入保留或者卖给经营结汇、售汇业务的金融机构，应当经外汇管理机关批准，但国家规定无须批准的除外。

第二十二条　资本项目外汇支出，应当按照国务院外汇管理部门关于付汇与购汇的管理规定，凭有效单证以自有外汇支付或者向经营结汇、售汇业务的金融机构购汇支付。国家规定应当经外汇管理机关批准的，应当在外汇支付前办理批准手续。

依法终止的外商投资企业，按照国家有关规定进行清算、纳税后，属于外方投资者所有的人民币，可以向经营结汇、售汇业务的金融机构购汇汇出。

第二十三条　资本项目外汇及结汇资金，应当按照有关主管部门及外汇管理机关批准的用途使用。外汇管理机关有权对资本项目外汇及结汇资金使用和账户变动情况进行监督检查。

第四章　金融机构外汇业务管理（略）

第五章　人民币汇率和外汇市场管理（略）

第六章　监督管理（略）

第七章　法律责任（略）

第八章　附　则（略）

（二）外汇管制的对象

外汇管制的对象主要是人和物。人包括自然人和法人。根据自然人和法人居住与营业地区的不同分为居民和非居民。一般对居民管制较严，对非居民管制较松。

对物的管制即对外汇与外汇有价物的管理。

外汇管制地区包括本国或本地区、货币区（货币区是指由不同国家或区域组成，实行单一货币或虽有几种货币但相互之间汇率永久固定、对外统一浮动的货币联盟区，如欧元区）。

二、外汇管制的类型和机构

（一）外汇管制的类型

外汇管制的类型见表 4-1。

表 4-1　外汇管制的类型

管 制 类 型	管 制 项 目	不加管制的项目	国 家 类 型
严格的外汇管制	经常项目、资本项目	无	计划经济国家、大多数发展中国家
部分的外汇管制	资本项目	原则上为经常项目	发达工业国家
名义上取消外汇管制	无	原则上为经常项目、资本项目	发达工业国家、国际收支顺差的石油生产国

名义上取消了外汇管制的国家和地区只是原则上对非居民往来的经常项目和资本项目的收付不加直接管制，但事实上对非居民也实施间接或变相的限制，对居民的非贸易外汇收支也有限制。

（二）外汇管制的机构

外汇管制是以政府名义实施的，但具体管理工作授权给专门机构进行。目前世界各国的外汇管制机构大致有三种类型：

（1）授权中央银行负责。如英国由英格兰银行负责。

（2）设立专门外汇管制机构。如意大利设立了外汇管制局专门负责。

（3）由国家行政部门直接负责。如日本由大藏省负责。

我国的外汇管理机构是国家外汇管理局[⊖]。

三、外汇管制的利弊和发展趋势

（一）外汇管制的利弊

1. 有利方面

（1）有利于控制资本的国际移动，维持国际收支平衡，防止和减缓国际收支危机和金融危机的发生，保证本国经济稳定发展。

（2）有利于稳定汇率，便于对外贸易的成本核算与发展；实行差别汇率，奖励出口，限制进口。

（3）有利于限制资本逃避和外汇过度投机。

（4）有利于保护本国某些工业部门的发展；稳定物价；增加财政收入。

2. 不利方面

（1）不利于国际贸易发展和资本国际化的进程，导致资源不能合理配置，不利于世界经济发展。

（2）不利于市场机制作用的充分发挥，在外汇管制下，外汇供求受严格限制，汇率可能扭曲。

（3）实行外汇管制的国家政府或主管部门，掌握部分外汇分配权后容易出现以权谋私、黑市、走私等问题。

（4）容易遭到国际贸易对手国的报复，增加国际矛盾。

（二）外汇管制的发展趋势

随着经济生活全球化，外汇管制越来越松。但外汇管制的放松是有条件的，不能盲目进行。从许多国家的经验看，外汇管制放松的进程取决于该国经济金融的发展及监管程度，要与一个国家经济的整体开放程度以及金融业发展的步伐相适应。既要逐渐放松外汇管制，促进金融国际化发展，又要保证国内金融有序稳定，促进民族经济的发展。

⊖其主要职责请查阅国家外汇管理局官方网站（http://www.safe.gov.cn）。

四、外汇管制的措施

外汇管制措施主要包括对外汇资金收入和运用的管制、对货币兑换的管制、对汇率制度的管制、对黄金和现钞输出输入的管制、对银行账户存款的管制等方面。

（一）外汇资金收入的管制

外汇资金收入主要包括贸易的出口、非贸易的收汇和资本输入所引起的外汇收入。就这三方面的管制程度而言，由松到严的顺序依次是：贸易、非贸易、资本输入。

（1）对贸易出口和非贸易收汇的管制分为两类。

第一类是出口收汇、非贸易收汇的集中。通常规定出口收汇、非贸易收汇必须交售给政府和政府指定的机构。也就是规定出口商、有关单位或个人必须把全部或部分外汇收入按官定汇率结售给指定银行来保证国家集中外汇的收入，统一使用。

第二类是对出口收汇、非贸易收汇的鼓励。如允许出口收汇中的部分收入归企业留成或按优惠的汇率结售给政府，使出口企业得到更多的本国货币收入；允许居民将个人劳务收入和携入款项在外汇指定银行开设外汇账户，并免征利息所得税。

（2）对资本输入所引起的外汇收入的管制。发展中国家把输入资本作为发展本国经济的一项重要的资金来源，根据本国外汇收支的具体情况，对外国资本的输入时而采取放宽政策，时而采取控制政策。

资本输入的管理主要集中在两方面：一是对长期资本输入实施期限结构、投入方向等输入条件的管理。例如还款期限不宜过分集中，投入方向要符合本国经济发展需要，资本来源不宜过分集中在某一国家，利润返回方式要适当等。二是对短期资本输入的管理。在这方面各国（包括发达国家）大多采取比较严格的管制措施。

（二）外汇资金运用的管制

外汇资金运用主要包括贸易的进口、非贸易的付汇和资本输出所引起的外汇支出。

（1）对进口付汇的管制。实施严格外汇管制的国家，通常采用进口许可制，只要获得进口许可证，所需的外汇可获得批准。有些国家还对某些进口商品如烟酒实行专营。

（2）对非贸易付汇和资本输出所引起的外汇支出的管制。多数发达和较发达国家放松对非贸易外汇收支的管制，对技术进口的费用支出和外国投资收入的汇出在某种程度上都有所放松。发展中国家为较好地引进外国先进技术，吸引外国投资，对技术引进费用支出和外国的投资收入的汇出在一定程度上予以放宽。

（三）货币兑换的管制

货币可兑换性是指一种货币兑换别种货币或作为支付手段的能力。货币可兑换程度主要取决于一国的经济实力和发展水平，是一国外汇管制选择的结果。由于国际经济环境不同，各国经济发达程度、社会经济条件和金融条件存在差异，因而采取不同的措施和手段限制货币的可兑换性。以下是一些不同标准下的货币兑换管制。

（1）根据货币兑换范围不同，分为经常项目可兑换和资本项目可兑换。

经常项目可兑换是指取消对经常项目外汇支付和转移的汇兑限制，承担了《国际货币基金组织协定》第八条所规定的义务，成为 IMF 第八条条款国。《国际货币基金组织协定》第八条规定：对国际收支中经常项目的支付不加限制；不采取差别性的复汇率措施；在另一会员国

（或地区）的要求下，随时换回对方因经常收支往来所积累的本国货币。接受这条义务的国家被称为第八条条款国，其货币实现了"经常项目可兑换"。我国于 1996 年 12 月宣布接受《国际货币基金组织协定》第八条款，实现人民币经常项目可兑换。

目前，资本项目可兑换在国际上尚无统一定义，IMF 等国际经济组织以基本取消资本项目外汇管制、允许资本自由流出为标准，判断一国是否实现了资本项目自由兑换。资本项目可兑换可理解为消除对国际收支的资本和金融账户项下交易的外汇管制。例如消除对外商直接投资的汇兑限制、消除对外商投资证券市场的限制、取消国内企业向境内外资银行融资的限制、取消对境内企业境外投资的汇兑限制等。

在把握经常项目可兑换和资本项目可兑换的含义时，值得注意的是，经常项目可兑换和资本项目可兑换只是一个相对的概念。首先，这两种可兑换并不排斥管理。比如审慎监管措施对经常项目实行进出口外汇核销和贸易真实性的事后审核等，就不被视为是限制资本流动。其次，在资本项目可兑换情况下仍可维持对部分资本交易的管制。即使那些已经实现完全可兑换的国家，对跨境直接投资、不动产和证券市场交易也存在不同程度的限制，如美国限制非居民在其境内购买限制性行业的股票或有参股性质的其他证券，对外国共同基金在美国境内出售和发行股票及其他有价证券也有所限制。另外，即使法律上不加限制，由于持有外汇账户和运用外汇的较高成本，也限制了货币的可兑换性，特别是对内可兑换性。

（2）根据货币兑换的程度不同，分为完全自由兑换的货币、有限度可兑换货币和不可兑换货币。

完全自由兑换的货币是指对经常项目支付和资本项目支付都不加以限制。这种货币能在国际结算、国际信贷、国际储备等方面都被国际社会接受和承认。货币完全可兑换不是绝对的，而是相对的，现实中不存在理论上的完全可兑换。

有限度可兑换货币是指对经常项目支付不加以限制，而资本项目支付仍加以限制。有限度可兑换货币介于完全自由兑换的货币和不可兑换货币之间。

不可兑换货币是指对经常项目支付和资本项目支付都加以限制。

（3）根据货币兑换的地域不同，分为对内可兑换和对外可兑换。

对内可兑换是指居民可以在国内自由持有外币资产，如银行外币存款，并可自由地在国内把本国货币兑换成外币资产。这种兑换不涉及商品和资金的跨境流动，但是对外汇市场的供求和汇率的形成有着重要意义。

对外可兑换是指居民可以在境外自由持有外汇资产和自由对外支付。这种兑换涉及商品和资金的跨境流动。

做这样的区分能够更好地理解一国外汇管理政策。对内可兑换的目的是杜绝外汇黑市和促使外汇资源流入银行系统，而对外可兑换的实质是消除外汇管制。

（四）汇率的管制

汇率的管制涉及汇率水平的管制、汇率种类的管制、汇率制度的管制三个方面的内容。

汇率水平的管制是指在一定的汇率制度下，对本国货币与外国货币的比价水平进行管制，包括比价水平的确定和比价水平的调整。汇率水平管制中要考虑的主要因素是汇率水平的决定基础是什么，汇率政策的主要目标是什么，汇率水平变动的经济影响是什么。

汇率种类的管制是指对汇率种类的选择，即选择实行单一汇率还是复汇率。

汇率制度的管制是指一国实行哪种汇率制度（详见本模块单元二汇率制度）。

（五）黄金、现钞输出输入的管制

实行外汇管制的国家一般禁止私人输出黄金，有的国家还禁止私人输入黄金，而由中央银行独家办理。实行外汇管制的国家，为防止资本外逃或因大量本国现钞的输出导致本币汇率在国外市场的下跌，对本国现钞的输出都规定有最高限额；对本国现钞的输入，有的国家规定限额，有的则不加管制，但规定输入的现钞必须用于指定用处。

（六）银行账户存款的管制

非居民存款账户上的资金转移，会在一定程度上影响所在国的国际收支，因而也属于外汇管制范围。一般做法是，根据银行账户上存款所属的国别和产生原因，对其给予宽严不同的管制。在实行严格的外汇管制的国家，一般对有进出口经营权的生产型企业开立外汇账户也有严格的规定。

单元二　汇率制度

汇率制度是一国对维持、调整与管理汇率的原则、方法和机构所进行的系统安排及规定。汇率制度对各国汇率的决定有重大影响。

一、汇率制度的划分

（一）传统的划分

汇率制度根据汇率浮动程度不同分为固定汇率制度和浮动汇率制度。

所谓固定汇率制度是指两国货币比价基本固定，并且两国货币比价的幅度被控制在一定范围之内。固定汇率有利于进出口核算和利润匡算，能减轻外汇风险，但易受国际游资的冲击，维持汇率会与一国经济目标相矛盾，有时只能以牺牲国内经济目标为代价。

在金本位制度和布雷顿森林体系下，各国实行的是固定汇率制度。自 1973 年起主要西方国家普遍实行浮动汇率制度，世界进入浮动汇率时代。

小资料 4-2　国际金本位制与布雷顿森林体系简介

一、国际金本位制

世界上首次出现的国际货币制度是国际金本位制度。金本位制是以一定量的黄金为本位货币（所谓本位货币是指作为一国货币制度的基础的货币）的一种制度。金本位制大约形成于 1880 年年末，至 1914 年第一次世界大战爆发时结束。

国际金本位制度有以下三个特点：

（1）黄金充当国际货币是国际货币制度的基础。在金本位制度下，黄金具有货币的全部职能，即价值尺度、流通手段、贮藏手段、支付手段和世界货币。其典型的特征是金币可以自由铸造、自由兑换，以及黄金自由进出口。

（2）各国货币之间的汇率由它们各自的含金量比例决定。金本位制下，各国货币的兑换率就是按照单位货币所含纯金数量比例决定的。由于金本位条件下金币能够自由交换、自由铸造和黄金的自由输出输入，这样保证使外汇市场上汇率的波动维持在由金平价（在金本位制下，各国货币都规定有含金量，各国本位货币所含纯金之比叫作金平价）和黄金运输费用所决定的黄金输送点以内。上涨的最高限度即黄金输出点为金平价加黄金运送费用，下跌的最低限度即黄金输入点为金平价减黄金运送费用。汇率波动的这个限度就是黄金输送点。所以国际金本位制是严格的固定汇率制度。

（3）国际金本位制有自动调节国际收支的机制。例如当外汇收支出现逆差、黄金外流时，如果中央银行集中的黄金储备明显减少，则会导致紧缩货币供给量的效应。货币供给紧缩，则会导致物价下降，这将会相对提高本国商品出口竞争能力并抑制进口；紧缩也会导致利率上浮，这将有利于资本向本国的流动。如此等等，促使外汇收支恢复平衡。

二、布雷顿森林体系

国际金本位制崩溃后，国际货币体系的混乱和动荡不安，严重损害了世界各国的利益。为尽早结束这种局面，1941 年在美、英等国的推动下，开始了重建国际货币体系的努力。努力的结果是在 1944 年 7 月，在美国新罕布什尔州的布雷顿森林城召开有 44 个国家参加的"联合国与联盟国家国际货币金融会议"，通过了以美国"怀特计划"为基础的《国际货币基金组织协定》和《国际复兴开发银行协定》，总称为《布雷顿森林协定》，从而建立起布雷顿森林体系。

《布雷顿森林协定》的主要内容：

（1）建立一个永久性的国际金融机构，即国际货币基金组织。

（2）实行黄金—美元本位制，即以黄金为基础并以美元为最主要的国际储备。这是一种以美元为中心的国际金汇兑本位制，实行双挂钩原则；汇率波动不超过 1% 的幅度。

（3）国际货币基金通过向会员国提供资金融通，帮助它们调整国际收支不平衡。

（4）废除外汇管制。

（5）争取实现国际收支的对称性调节。

布雷顿森林体系实行固定汇率制。各国确认 1934 年 1 月美国规定的 35 美元 1 盎司的黄金官价，把美元的含金量作为各国确定货币平价的标准，各国货币与美元的汇率可按各国货币的含金量来决定，或者不规定含金量而只规定它与美元的比价。这样，各国货币便通过固定汇率与美元联结在一起，美元成为各国货币必须围绕的中心。同时还规定，各国货币对美元的汇率一般只能在平价上下各 1% 的幅度内波动，各国政府有义务在外汇市场进行干预活动，以便保持外汇市场的稳定。

所谓浮动汇率制度是指本国货币与外国货币之间的比价不加以固定，也不规定汇率波动界限，而听任外汇市场供求关系自行确定本币对外币的汇率。

浮动汇率制度可防止国际游资冲击，能够发挥汇率调节经济杠杆的作用，使国内货币政策和财政政策的应用更灵活、独立，可减少对外汇储备的需要。但浮动汇率易受谣言和投机的影响而暴跌暴涨，在国际经济交往中难以核算成本，面临的外汇风险较大。

在浮动汇率制度中按政府是否干预划分为管理浮动和自由浮动。管理浮动是指政府不时地干预外汇市场，使其朝着本国经济发展的方向发展。自由浮动是指政府完全不干预外汇市场，市场机制自发决定本国汇率。实际上，目前世界上绝大多数国家政府都在不同程度上干预外汇市场。

（二）国际货币基金组织对汇率制度的划分

1999 年国际货币基金组织（IMF）公布了其对汇率制度的最新分类。按汇率弹性由小到大的顺序排列，当今汇率制度主要有：

1. 货币联盟　一国将另一国货币作为唯一法定货币流通（如巴拿马和一些东加勒比岛国采用了美元化的货币制度），或者联盟统一货币（如欧洲货币联盟统一使用欧元）使一国丧失了货币政策的主权。

2. 货币发行局制度　货币当局根据对应的外汇储备额按某一固定比价发行国内（区内）货币。如我国香港特别行政区实行的就是这种制度。这种制度有利于维持汇率的可信度，但不利于汇率的调节，外部冲击只能通过国内（区内）经济活动加以吸收，中央银行丧失了其最后贷款者的职能。

小资料 4-3　我国香港地区联系汇率制度

1935 年之前，香港实行银本位制。

1935 年 11 月 9 日，港英政府宣布放弃银本位制，并于同年 12 月确立了英镑汇兑本位制。

1972 年 7 月 6 日，港英政府宣布港币和英镑脱离联系关系，决定和美元建立有条件的浮动汇率制。

1974 年 11 月，港英政府取消港币和美元的挂钩，宣布港币自由浮动。

1983 年 10 月 15 日，港英政府正式宣布实行港币与美元的联系汇率制。

联系汇率制度规定，汇丰银行、渣打银行和中国银行三家发钞银行增发港币时，必须按 1 美元＝7.8 港元的汇率，以全额的美元向外汇基金缴纳美元准备金，换取等值的港币负债证明书，而回笼港币时，发钞银行可将港币的负债证明书交回外汇基金换取等值的美元。当其他持牌银行向发钞银行取得港币现钞时，也要以全额的美元向发钞银行进行兑换，而其他持牌银行把港币现钞存入发钞银行时，发钞银行也要以等值的美元付给他们。但是，在香港的公开外汇市场上，港币的汇率却是自由浮动的，即无论是在银行同业之间的港币存款交易（批发市场），还是在银行与公众间的现钞或存款往来（零售市场），港币汇率都是由市场的供求状况来决定的，实行市场汇率。

为巩固联系汇率制度，使其可以适应经济环境的变化并抵御外界冲击，金管局自 1987 年开始陆续推行了多项货币改革措施。具有里程碑意义的两次是：1998 年 9 月推出巩固货币发行局制度的七项技术性措施，2005 年 5 月推出的联系汇率制度的三项优化措施。经过 40 年的风雨和考验，联系汇率制度日趋完善。

---

3. 传统的盯住汇率制　货币当局将其货币（实际或公开）按固定汇率盯住一种主要国际货币或者一篮子货币，汇率波动幅度不超过 1%。

4. 平行盯住的汇率制　类似于传统盯住安排，不同的是波动幅度大于 1%。

5. 爬行盯住汇率制　按照预先宣布的固定汇率或者根据若干量化指标的变动，定期小幅调整汇率。

6. 爬行区间浮动的汇率制　汇率在一个区间内围绕中心汇率上下波动，中心平价随时间而改变。

7. 无区间的有管理浮动汇率制　政府在不特别指明或不事先承诺汇率目标的情况下，通过积极干预外汇市场来影响汇率变动。

8．独立浮动　本国货币与任何其他货币之间的汇率均无固定联系，汇率基本上由本外币的市场供求状况决定。政府主管当局为使市场平稳地消除非正常因素的冲击，仅在必要时干预外汇市场，通过影响货币供求而力图使汇率运动趋势符合本国政策要求。实行这种汇率的国家如美国和日本。

二、我国人民币汇率形成机制演变与发展

（一）人民币汇率形成机制演变历史回顾

我国人民币汇率形成机制的演变可分为四个时期、六个阶段。

1．国民经济恢复时期　即第一阶段——实行单一浮动汇率制度（1949—1952年）。

在国民经济这一恢复时期，我国物价波动很大，通货膨胀严重，侨汇是我国外汇收入的重要来源，外汇短缺现象十分突出。外贸领域私有经济成分比重很大。当时为适应经济和外贸事业发展的要求，我国建立了独立自主的外汇管理和汇率制度。其主要内容为禁止外币在市场流通和携带出境，建立了供汇和结汇制度，国家集中外汇收入，统一分配使用，按物价对比法制定和调整人民币汇率。人民币汇率政策以出口商品国内外价格的比价为主，同时兼顾进口商品国内外价格的比价和侨汇购买力平价，逐步调整。这种政策起到了鼓励出口、奖励侨汇、兼顾进口的作用。

2．计划经济时期　这一时期分为两个阶段：

第二阶段——实行盯住自定货币篮子的汇率制度（1953—1972年）。

从1953年起，中国实行计划经济体制，对外贸易由国营对外贸易公司专管，外汇业务由中国银行统一经营。国家对外贸和外汇实行统一经营，用汇分口管理。国内物价稳定。这个时期人民币汇率不再起调节进出口的作用，而是作为计划核算工具，采取稳定的方针。为配合高度集中的计划经济体制，中国的外汇管理政策也体现出高度集中的计划管理特征，实行集中管理，统收统支，以收定支，收支平衡，一切外汇收入必须卖给国家，用汇按国家计划统一分配的体制。对非贸易的外汇收支加强了审批管理，排斥利用外资。这一时期人民币的主要汇率政策是坚持人民币汇价的基本稳定，以行政手段确定人民币汇率。

第三阶段——采用"一篮子货币"单一浮动汇率制度（1973—1980年）。

1973年3月以后，西方国家货币纷纷实行浮动汇率制度，汇率波动频繁。人民币汇率调整的原则是坚持人民币汇率水平稳定的方针，贯彻执行对外经济往来中平等互利的政策，使人民币汇率有利于我国及外国双方贸易和经济往来的发展；参照国际货币市场的行市及时调整人民币汇率。在不同时期，选择具有一定代表性的、在国际市场上行市又比较坚稳的几种外币，构成"货币篮子"，按各种货币的重要程度和政策上的需要确定权重，算出它们在市场上上升或下降的幅度，加权计算人民币汇率。这一时期，人民币汇率稳定在各国之间汇率的中间偏上的水平上。

3．经济转型时期　这一时期分为两个阶段：

第四阶段——实行官方汇率和贸易外汇内部结算汇率的双重汇率制度（1981—1984年）。

为了鼓励出口，适当限制进口，加强外贸的经济核算，适应我国对外贸易体制的改革，又不影响我国非贸易外汇收入，我国从1981年1月1日起实行两种汇率，一种是用于非贸易外汇收支的对外公布的官方汇率；另一种是用于贸易外汇收支的贸易外汇内部结算汇率（试行）。双重汇率制明显地调动了我国出口企业的积极性，国家外汇储备也有所增加。但是，

这种汇率制度也存在明显的问题。从对外关系来看，国际货币基金组织将双重汇率看作是政府对出口的补贴，当时发达国家威胁要对我国出口商品征收反补贴税。从国内角度看，双重汇率造成了外汇管理工作中的混乱，不能有效地抑制进口。

第五阶段——实行官方汇率和外汇调剂汇率（市场汇率）并存的双重汇率制度（1985—1993 年）。

在实行贸易外汇内部结算价的几年中，官方汇率逐渐向贸易内部结算价靠拢。从 1985 年 1 月 1 日起，取消了试行贸易外汇内部结算价。

1980 年 10 月，中国银行开始试办外汇调剂业务，1985 年 11 月，深圳经济特区成立了第一家外汇调剂中心，到 1988 年全国各地先后建立了外汇调剂中心，形成了官方汇率和外汇调剂价并存的新的双重汇率制度。

1985 年以后，人民币官方汇率有几次大幅度下调，但官方汇率仍然高于调剂市场汇率，未从根本上改变人民币高估的问题，导致出口亏损每年都达数百亿元，且愈演愈烈。同时，新的双重汇率助长了寻租行为的泛滥，人民币汇率制度改革势在必行。

4. 社会主义市场经济建立时期　即第六阶段——建立健全以市场供求为基础的、有管理的浮动汇率制度（1994 年至今），又分为两个阶段：

（1）1994—2005 年，中国实行以市场供求为基础的、单一的、有管理的浮动汇率制度。实行银行结售汇制，取消外汇留成和上缴，建立银行之间的外汇交易市场，改进汇率形成机制。

这一阶段是深化经济体制改革的重要阶段，中国政府同时对金融、财税、外贸、外汇、物价体制进行配套改革，这一阶段的外汇体制改革内容是建立与市场经济相适应的外汇管理体制。

从 1994 年 1 月 1 日开始，官方公布汇率和市场调剂汇率并轨。1994 年 1 月 1 日，将官方公布汇率由 1 美元折合 5.80 元人民币，一次性调到 1993 年年底的外汇调剂市场汇率 8.70 元人民币，作为当时全国统一的人民币市场汇率。

1994 年 4 月 1 日银行间外汇市场——中国外汇交易中心在上海成立，1998 年 12 月 1 日外汇调剂中心关闭。

在 1994 年汇率并轨以后，我国为建立健全以市场供求为基础的、有管理的浮动汇率制度，根据经济发展的内在要求，有步骤、有计划地自主进行了人民币汇率改革。我国逐步放宽了外汇使用、需求、兑换以及携带进出境等外汇管理方面的限制，使得市场更加能够反映供求关系。不断加强外汇市场建设，逐步推广了进行风险管理的市场工具，如远期结售汇，在汇率有所浮动后，企业和金融机构就可以利用金融市场上的各种工具，保护自己的利益。各项金融改革取得了实质性进展，如大型国有商业银行的改革。宏观调控成效显著，国民经济继续保持平稳较快增长势头。世界经济运行平稳，美元利率稳步上升。这些都为人民币汇率形成机制改革创造了有利条件，奠定了坚实的基础。

（2）2005 年 7 月 21 日至今，中国实行以市场供求为基础、参考一篮子货币进行调节、有管理的浮动汇率制。

它包括三个方面的内容：一是以市场供求为基础的汇率浮动，发挥汇率的价格信号作用；二是根据经常项目主要是贸易平衡状况动态调节汇率浮动幅度，发挥"有管理"的优势；三是参考一篮子货币，即从一篮子货币的角度看汇率，不片面地关注人民币与某个单一货币的双边汇率。

中国人民银行于每个工作日闭市后公布当日银行间外汇市场美元等交易货币对人民币汇率的收盘价，作为下一个工作日该货币对人民币交易的中间价格。2005 年 7 月 21 日 19 时，美元对人民币交易价格调整为 1 美元兑 8.11 元人民币，作为次日银行间外汇市场上外汇指定银行之间交易的中间价，外汇指定银行可自此时起调整对客户的挂牌汇价。

人民币参考一篮子货币在一定范围内浮动。中国人民银行将根据市场发育状况和经济金融形势，以市场供求为基础，参考一篮子货币计算人民币多边汇率指数的变化，适时调整汇率浮动区间，对人民币汇率进行管理和调节，维护人民币汇率的正常浮动，保持人民币汇率在合理、均衡水平上的基本稳定。

（二）人民币汇率市场化形成机制改革进展

2005 年 9 月 23 日，根据人民币汇率形成机制改革以来汇价管理政策的执行情况，为进一步发展外汇市场，完善人民币汇率形成机制，提高外汇指定银行自主定价能力和规避汇率风险能力，中国人民银行发布了《关于进一步改善银行间外汇市场交易汇价和外汇指定银行挂牌汇价管理的通知》。该通知扩大了银行间即期外汇市场非美元货币对人民币交易价的浮动幅度，从原来的上下 1.5% 扩大到上下 3%。自 2007 年 5 月 21 日起，由 3‰ 扩大至 5‰。自 2012 年 4 月 16 日起，由 5‰ 扩大至 1%。外汇指定银行为客户提供当日美元最高现汇卖出价与最低现汇买入价之差不得超过当日汇率中间价的幅度由 1% 扩大至 2%，其他规定仍遵照《中国人民银行关于银行间外汇市场交易汇价和外汇指定银行挂牌汇价管理有关问题的通知》执行。自 2014 年 3 月 17 日起，浮动幅度再次调整，由 1% 扩大至 2%，即每日银行间即期外汇市场人民币兑美元的交易价可在中国外汇交易中心对外公布的当日人民币兑美元中间价上下 2% 的幅度内浮动。央行表示，此举有利于企业和居民更加重视汇率作为市场配置资源的价格要素的作用，提高资源配置效率，增强宏观经济的弹性。

随着汇率市场化改革持续推进，人民币汇率中间价形成机制不断完善。2015 年 8 月 11 日，中国人民银行组织中间价报价行进一步改进了人民币兑美元汇率中间价形成机制，强调中间价报价要参考前一日收盘价；2015 年 12 月 11 日，中国外汇交易中心发布人民币汇率指数，加大了参考一篮子货币的力度，以更好地保持人民币兑一篮子货币汇率基本稳定，初步形成了"收盘价＋一篮子货币汇率变化"的人民币兑美元汇率中间价形成机制。2017 年 2 月，外汇市场自律机制将中间价对一篮子货币的参考时段由报价前 24 小时调整为前一日收盘后到报价前的 15 小时，避免了美元汇率日间变化在次日中间价中重复反映。

2017 年 5 月末，外汇市场自律机制⊖秘书处宣布正式将中间价报价模型由原来的"收盘价＋一篮子货币汇率变化"调整为"收盘价＋一篮子货币汇率变化＋逆周期因子"。在计算逆周期因子⊜时，可先从上一日收盘价较中间价的波幅中剔除篮子货币变动的影响，由此得到主要反映市场供求的汇率变化，再通过逆周期系数调整得到"逆周期因子"。逆周期系数由各报价行根据经济基本面变化、外汇市场顺周期程度等自行设定。在中间价报价模型中引入"逆周期因子"，对于人民币汇率市场化形成机制的进一步优化和完善具有重要意义。一是有助于中间价更好地反映宏观经济基本面。二是有助于对冲外汇市场的顺周期波动，使中间价更加充分地反映市场供求的合理变化。之后在人民币处于升值阶段且走势逐渐稳定时"逆周期因子"逐渐淡出。

总体看，中间价形成机制在不断完善，有效提升了汇率政策的规则性、透明度和市场化水平，在稳定汇率预期方面发挥了积极作用。

⊖ 详见中国外汇交易中心"外汇市场自律机制简介"。

⊜ "逆周期因子"是中国央行用来稳定汇率的一项工具，主要作用于人民币对美元汇率的中间价，其目的是对冲市场顺周期行为，即所谓的非理性羊群效应。

单元三　我国的外汇管理

单元三　我国的外汇管理

一、经常项目管理

目前，我国经常项目管理主要包括货物贸易外汇业务管理、服务贸易外汇业务管理、个人经常项目外汇业务管理、外币现钞业务管理、保险机构外汇业务管理、支付机构外汇业务管理、其他经常项目业务管理，详见国家外汇管理局《经常项目外汇业务指引（2020年版）》（以下简称《指引》）。本书将简要介绍货物贸易外汇收业务管理、个人经常项目外汇业务管理和外币现钞业务管理。

（一）货物贸易外汇业务管理

1. **企业货物贸易外汇收支**　其内容包括：①从境外、境内海关特殊监管区域收回的出口货款，向境外、境内海关特殊监管区域支付的进口货款；②从离岸账户、境外机构在境内账户收回的出口货款，向离岸账户、境外机构在境内账户支付的进口货款；③深加工结转项下境内收付款；④离岸转手买卖项下收付款；⑤其他与货物贸易相关的收付款。

所谓海关特殊监管区域，是指保税区、出口加工区、保税物流园区、跨境工业区、保税港区、综合保税区等海关实行封闭监管的特定区域。保税物流中心（A、B型）、出口监管仓库、保税仓库、钻石交易所等参照海关特殊监管区域适用《指引》。

货物贸易外汇收支应具有真实、合法的交易基础，企业不得虚构贸易背景办理外汇收支业务。企业出口后应按合同约定及时、足额收回货款或按规定存放境外；进口后应按合同约定及时、足额支付货款。企业收取货款后应按合同约定及时、足额出口货物；支付货款后应按合同约定及时、足额进口货物。

企业应按照"谁出口谁收汇、谁进口谁付汇"原则办理货物贸易外汇收支业务，外汇管理法规另有规定的除外。代理进口、出口业务原则上应由代理方付汇、收汇。代理进口业务项下，委托方可凭委托代理协议将外汇划转给代理方，也可由代理方购汇。代理出口业务项下，代理方收汇后可凭委托代理协议将外汇划转给委托方，也可结汇后将人民币划转给委托方。

企业办理货物贸易外汇收支业务时，银行通过货贸系统查询企业名录信息与分类信息，按照"了解客户""了解业务""尽职审查"的展业原则和《指引》规定进行审核，确认收支的真实性、合理性和逻辑性。

银行应建立货物贸易外汇业务内控制度，包括客户调查、真实性审核、电子单证审核等内容，针对不同货物贸易外汇收支业务制定业务规范，建立货物贸易收支风险业务清单，完善内部管理机制，并按规定及时、准确、完整地向所在地外汇局报送相关信息。

2. **企业分类管理**　外汇局根据企业遵守外汇管理规定等情况，将企业分为A、B、C三类，实施分类管理。在分类管理有效期内，对A类企业的货物贸易外汇收支，适用便利化的管理措施。对B、C类企业的货物贸易外汇收支，在单证审核、业务类型及办理程序、结算方式等方面实施审慎监管。

存在下列情况之一的企业，外汇局可将其列为B类企业：①外汇局核查或风险提示时，对相关交易无合理解释；②未按规定履行报告义务；③未按规定办理货物贸易外汇业务登记；④外汇局核查或风险提示时，未按规定的时间和方式向外汇局报告或提供资料；⑤被外汇局与国家相关主管部门实施联合监管的；⑥近两年因《指引》中规定情形被外汇局注销名录后，重新列入名录且对前期核查业务无合理解释的。

存在下列情况之一的企业，外汇局可将其列为 C 类企业：①近 12 个月受到外汇局处罚且情节严重的；②阻挠或拒不接受外汇局核查，或向外汇局提供虚假资料；③B 类企业在分类监管有效期届满经外汇局综合评估，相关情况仍符合列入 B 类企业标准的；④被外汇局与国家相关主管部门实施联合惩戒的。

外汇局在日常管理中发现企业存在以上规定情形的，可将 A 类企业列入 B 类企业或 C 类企业，或将 B 类企业列入 C 类企业。外汇局对分类结果进行动态调整。B、C 类企业的分类监管有效期原则上为 1 年。

（1）B 类企业管理：

1）以信用证、托收方式结算的，除按国际惯例审核有关商业单证外，还应审核合同；以预付货款、预收货款结算的，应审核合同和发票；以其他方式结算的，应审核相应的报关单和合同，货物不报关的，企业可提供运输单据等其他证明材料代替报关单。

2）银行在办理 B 类企业收汇、付汇、开证、出口贸易融资放款或出口收入待核查账户资金结汇或划出手续时，应进行电子数据核查，通过货贸系统扣减其对应的可收付汇额度。B 类企业超过可收付汇额度的货物贸易外汇收支业务，应到外汇局办理货物贸易外汇业务登记手续，银行凭登记表办理。

3）对于预收货款、预付货款以及 30 天以上（不含）的延期收款、延期付款，企业应按照本指引规定向所在地外汇局报送信息。

4）企业原则上不得办理 90 天以上（不含）的延期付款业务、不得签订包含 90 天以上（不含）收汇条款的出口合同；在分类监管有效期内，此前导致降级的情况已改善或纠正，且没有发生《指引》规定情形的 B 类企业，自列入 B 类之日起 6 个月后，可经外汇局登记办理该业务。

5）企业不得办理离岸转手买卖外汇收支业务。

6）已开办出口收入存放境外业务的企业被列为 B 类的，在分类监管有效期内，企业出口收入不得存放境外账户，不得使用境外账户对外支付，外汇局可要求企业调回境外账户资金余额。

7）已开展跨国公司跨境资金集中运营业务的主办企业被列为 B 类的，所在地外汇局将通知跨国公司变更主办企业；已开展跨国公司跨境资金集中运营业务的其他成员企业被列为 B 类的，主办企业应终止其业务。

8）外汇局规定的其他管理措施。

（2）C 类企业管理：

1）企业需事前逐笔到所在地外汇局办理登记手续，银行凭登记表办理。外汇局办理登记手续时，对于以信用证、托收方式结算的，审核合同；对于以预付、预收货款方式结算的，审核合同和发票；对于以其他方式结算的，审核报关单和合同，货物不报关的，可提供运输单据等其他证明材料代替报关单。

2）对于预收货款、预付货款以及 30 天以上（不含）的延期收款、延期付款，企业应按本指引规定向所在地外汇局报送信息。

3）企业原则上不得办理 90 天以上（不含）的远期信用证（含展期）、海外代付等进口贸易融资业务；不得办理 90 天以上（不含）的延期付款、托收业务；不得签订包含 90 天以上（不含）收汇条款的出口合同。

4）企业不得办理离岸转手买卖外汇收支业务。

5）已开展跨国公司跨境资金集中运营业务的主办企业被列为 C 类的，所在地外汇局将通知跨国公司变更主办企业；已开展跨国公司跨境资金集中运营业务的其他成员企业被列为 C 类的，主办企业应终止其业务。

6）已开办出口收入存放境外业务的企业被列为 C 类的，企业应于列入之日起 30 日内调回境外账户资金余额。

7）外汇局规定的其他管理措施。

（二）个人经常项目外汇业务管理

个人外汇管理包括个人结售汇和个人外汇收支管理两个方面。

1. 个人结售汇

（1）境内个人结售汇。个人经常项目外汇业务应具有真实、合法的交易背景。个人结汇和境内个人购汇实行年度便利化额度管理，便利化额度分别为每人每年等值 5 万美元。境内个人办理购汇业务，应真实、准确、完整。填写"个人购汇申请书"，并承担相应法律责任。

（2）境外个人⊖结售汇。境外个人凭本人有效身份证件和有交易额的结汇资金用途材料和购汇资金来源材料（含税务凭证），在银行办理不占用年度便利化额度的经常项目结汇。结汇单笔等值 5 万美元以上（不含）的，应将结汇所得人民币资金直接划转至交易对方的境内人民币账户。

（3）对个人结售汇的管理。个人不得以分拆等方式规避便利化额度管理及真实性管理。外汇局对规避管理的个人实行"关注名单"管理。

2. 个人外汇收支管理

（1）境内个人外汇收支管理。

1）外汇汇出管理。境内个人外汇汇出境外用于经常项目支出，按规定在银行办理。外汇账户内外汇汇出境外当日累计等值 5 万美元以下（含）的，凭本人有效身份证件办理；超过上述金额的，凭本人有效身份证件、有交易额的相关材料办理。境内个人办理外汇汇出业务时，应配合银行购汇用途与付汇用途一致性审核。

2）外币现钞汇出管理。持外币现钞汇出当日累计等值 1 万美元以下（含）的，凭本人有效身份证件在银行办理；超过上述金额的，凭本人有效身份证件、经海关签章的海关申报单或本人原存款银行外币现钞提取单据、有交易额的相关材料办理。

（2）境外个人外汇汇出境外。境外个人经常项目外汇汇出境外，按规定在银行办理：外汇账户内外汇汇出，凭本人有效身份证件办理；持外币现钞汇出，当日累计等值 1 万美元以下（含）的，凭本人有效身份证件办理；超过上述金额的，凭本人有效身份证件、经海关签章的海关申报单或原存款银行外币现钞提取单据办理。

（3）个人货物贸易外汇收支管理。

1）个体工商户委托有对外贸易经营权的企业办理进口的，本人凭其与代理企业签订的进口代理合同或协议购汇，所购外汇通过本人外汇账户直接划转至代理企业经常项目外汇账户；委托有对外贸易经营权的企业办理出口的，可以通过本人外汇账户收汇、结汇。结汇凭合同及物流公司出具的运输单据等商业单证办理。

⊖ 持有外国人永久居留身份证的境外个人适用购汇年度便利化额度。

2）境内个人从事跨境电子商务，可通过本人外汇账户办理。境内个人办理跨境电子商务项下结售汇，提供有交易额的材料或交易电子信息的，不占用个人年度便利化额度。

3）个人从事市场采购贸易，可通过个人外汇账户办理符合相关要求的市场采购贸易外汇结算。个人办理市场采购贸易项下结汇，提供有交易额的材料或交易电子信息的，不占用个人年度便利化额度。

4）个人从事边境贸易活动，外汇收支参照其他货物贸易相关规定办理。个人收取的外币现钞或现汇，凭合同、物流公司出具的运输单据等商业单据办理结汇或入账手续。外币现钞结汇或外币现钞入账金额当日累计等值 1 万美元以上（不含）的，个人还应提供经海关签章的海关申报单正本。

（三）外币现钞收付、存取和携带

境内机构不得收取、提取外币现钞，《指引》另有规定的除外。

1. 机构收取、提取外币现钞管理

（1）外币现钞收取。符合条件的经常项目交易，境内机构可以收取外币现钞，但应在银行办理结汇，包括：银行汇路不畅的经常项目交易；与战乱、金融条件差的国家（地区）间开展的经常项目交易；境外机构或境外个人因临时使用境内港口等交通设施所支付的服务和补给物品的费用；境内免税商品经营单位和免税商店销售免税商品的外汇交易。

（2）外币现钞提取。符合条件的经常项目交易，境内机构可以按规定在银行购汇或使用自有外汇提取外币现钞，包括：银行汇路不畅的经常项目交易；向战乱、金融条件差的国家（地区）支付的经常项目支出；国际海运船长借支项下；境内机构公务出国项下每个团组平均每人提取外币现钞金额在等值 1 万美元以下（含）的。

上述规定情况外，确需提取外币现钞的交易，应向所在地外汇局提交交易真实性、合法性和必要性的说明材料，办理登记手续。按规定已提取但未使用完的经常项下外币现钞，可以结汇或存入原提取外币现钞所使用的外汇账户。

（3）财政资金预算内的机关、事业单位和社会团体等办理非贸易非经营性用汇⊖项下提取外币现钞业务，可按规定直接到银行办理。

（4）司法和行政执法等机构的罚没款、暂扣款和专项收缴款为外币现钞的，银行可根据上述机构的相关文件直接办理结汇、存入经常项目外汇账户和提取外币现钞等手续。

2. 个人外币现钞提取、存入和携带管理

（1）外汇现钞提权。个人提取外币现钞当日累计等值 1 万美元以下（含）的，凭本人有效身份证件在银行办理；个人出境赴战乱、外汇管制严格、金融条件差或金融动乱的国家（地区），确有需要提取超过等值 1 万美元以上外币现钞的，凭本人有效身份证件、提钞用途等材料向银行所在地外汇局事前报备。银行凭本人有效身份证件和经外汇局签章的《提取外币现钞备案表》为个人办理提取外币现钞手续。外汇局开具的《提取外币现钞备案表》自签发之日起 30 天内有效，不可重复使用。

（2）外汇现钞存入。个人存入外币现钞当日累计等值 1 万美元以下（含）的，凭本人有效身份证件在银行办理；超过上述金额的，凭本人有效身份证件、经海关签章的海关申报单或原存款银行外币现钞提取单据在银行办理。

（3）外币现钞结汇。①个人占用年度便利化额度的外币现钞结汇，当日外币现钞结汇累计

⊖ 指驻外机构用汇、出国用汇、留学生用汇、外国专家用汇、国际组织会费用汇、救助与捐赠用汇、对外宣传用汇、股金与基金用汇、援外用汇、境外朝觐用汇及部门预算中确定的其他用汇项目。

金额在等值 1 万美元以下（含）的，凭本人有效身份证件在银行办理；超过上述金额的，凭本人有效身份证件、经海关签章的海关申报单或原存款银行外币现钞提取单据在银行办理。②个人不占用年度便利化额度的外币现钞结汇，当日外币现钞结汇累计金额在等值 1 万美元以下（含）的，凭本人有效身份证件、有交易额的相关材料在银行办理。超过上述金额的，凭本人有效身份证件、经海关签章的海关申报单或原存款银行外币现钞提取单据、有交易额的相关材料在银行办理。

（4）外币现钞携带。①个人携带外币现钞等入境，超过等值 5 000 美元的应向海关书面申报。当天多次往返及短期内多次往返者第二次及以上入境，不论携带外币现钞的金额大小，均应向海关书面申报。②个人携带外币现钞出境，没有或超出最近一次入境申报外币现钞数据记录的，金额在等值 5 000 美元以上至 1 万美元（含）的，应向银行申领携带外汇出境许可证。③个人赴战乱、外汇管制严格、金融条件差或金融动乱的国家（地区），确有需要携带超过等值 1 万美元外币现钞出境的，需向存款或购汇银行所在地外汇局申领携带外汇出境许可证。个人遗失或逾期补办携带外汇出境许可证的，按照"谁签发、谁补办"原则，在出境前持补办申请向原签发银行或外汇局提出申请。补办的携带外汇出境许可证应加注"补办"字样。

3. 外币旅行支票管理　①银行及个人本外币兑换特许机构代售的外币旅行支票原则上应限于境外旅游、朝觐、探亲会亲、境外就医、留学等服务贸易项下的对外支付，不得用于货物贸易项下或资本项下的对外支付。②境内机构、驻华机构①申请购买外币旅行支票，应以其经常项目外汇账户、外汇资本金账户以及其他明确规定可用于经常项目支出的外汇账户内资金购买，或用人民币账户内资金购汇后购买，不得以外币现钞或人民币现钞购汇购买外币旅行支票。③个人以外汇账户内资金购买外币旅行支票的，一次性购买外币旅行支票在等值 5 万美元以下（含）的，凭本人有效身份证件办理；超过上述金额的，凭本人有效身份证件和有交易额的相关材料办理。以人民币购买外币旅行支票的，按照个人购汇的相关规定办理。个人凭本人有效身份证件及旅行支票办理兑付的，按照个人结汇的相关规定办理。个人将旅行支票兑换成外币现钞的，视同提取外币现钞业务；旅行支票可以直接存入个人外汇账户，视同存入外币现钞业务。

二、资本项目管理

（一）资本项目管理框架

资本项目外汇管理包括外汇债务管理、发行外币债券管理、发行外币股票管理、资本项目外汇账户管理、外商投资企业管理、境外投资管理。

1. 外汇债务管理　包括对外借债的审批、外债登记、还本付息、资本项目结汇、对外担保、外债注销和债转股、外债统计监测。

2. 发行外币债券管理　包括对外发债的审批管理和外汇局审查要件。

3. 发行外币股票管理　包括对外币股票的发行程序和募股资金账户的开立、收支监督及结汇等方面的管理。

4. 资本项目外汇账户管理　包括对外债账户、资本金账户、临时账户、资本项下外汇划转等方面的管理。

5. 外商投资企业管理　包括外汇登记、结汇核准、投资性外商投资公司境内投资款划拨、股权转让、外方所得利润境内再投资、中外合作企业外方先行回收投资、汇出清算所得资金、外商投资企业联合年检。

6. 境外投资管理　包括境外投资立项前的外汇管理、境外投资立项后的外汇管理、境外

投资企业成立后的外汇管理等。

（二）资本项目开放和管理手段

资本项目开放是一个国家经济发展到一定阶段，与世界经济、贸易进一步融合的必经之路，是全方位参与世界竞争的必然要求。特别是在经常项目可兑换情况下，随着对外开放的不断深入，资本项目开放已经成为一国经济融入全球化的必然结果。

资本项目可兑换这一战略问题，是一项复杂的系统工程，广泛而复杂地涉及一国现在和未来的经济生活、宏观经济与微观经济的各个方面。目前我国人民币资本项目开放进程不仅取决于金融和外汇管理体制改革的进展，还取决于其他领域改革的进展。

要推进资本项目可兑换改革进程，需要创造健全宏观调控能力，保持持续增长的国民经济和国际收支平衡；有强有力的金融监管能力，保证金融体系的稳健和对金融市场的有效监控；有灵活的汇率形成机制、制度安排和市场化利率；建立发育良好的国内资本市场。

从我国资本项目开放的进程看，我国实行的是渐进式的资本项目可兑换，遵循了先流入，后流出；先中长期资本，后短期资本；先直接投资，后证券投资的开放顺序。

我国确立了"经常项目可兑换、资本项目维持一定管理"的外汇管理框架。对国际资本流动区别对待、分类管理。现阶段我国资本项目的开放正在积极有序地推进。目前人民币资本项目下已经实现了部分可兑换。但对跨境资本流动仍实行一定的限制，特别是严格控制短期资本的流入和证券类的资本交易。

从交易项目和管理手段两个角度来审视目前我国资本项目的管理。我国资本管理的交易项目主要涉及直接投资、证券投资和对外借债，其管理手段主要包括交易审批、数量和规模控制等。外汇管理部门根据交易类型的不同，实施不同的管理政策。各交易项目的具体管理手段如下：

1. 直接投资　我国对外商在华直接投资限制不多，主要是产业政策上的指导。长期以来，我国对外商直接投资（FDI）实行鼓励政策，涉及外商直接投资有关资金流入、汇兑、汇出管理等比较宽松。外商投资企业的外方既可用可兑换外币或人民币的利润出资，也可用场地、厂房、无形资产出资。外商投资企业外汇资本金可以结汇成人民币使用，外方撤资转股所得人民币也可兑换成外汇汇出境外。外商投资企业小于注册资本和承诺的投资总额之差额的对外借款无需经审批。外汇管理部门通过外商投资企业联合年检，全面检查和监控企业外汇收支行为和状况。

2. 证券投资　境内机构经国务院批准后，可在境外发行股票、债券和货币市场工具。具备相应业务资格的境内银行和非银行金融机构可以买卖境外债券、境外货币市场工具和集体投资类证券。经国务院及其主管部门审批，境外发行 H 股的公司可以回购境外流通股票。经审批，国有企业可以进行商品期货交易；符合资格的中资外汇指定银行可以在境外购买衍生工具，交易性质应为避险和保值；中资企业经审批可以进行外债项下保值业务，如委托境外银行或境内外资银行办理；外商投资企业外债项下保值业务不需事前审批，但事后需要登记。

我国在有效防范风险的前提下，有选择、分步骤地放宽对境外投资者投资境内证券市场和跨国交易活动的限制。在 2002 年以前，我国只允许外国投资者在境内购买 B 股；2002 年 11 月，我国推出了合格境外投资者制度（QFII），投资品种包括股票、债券和基金等多种以人民币标价的金融工具。

"十三五"期间我国证券投资双向开放提速

小资料 4-4 QFII 制度

　　QFII 是英文 Qualified Foreign Institutional Investors 的缩写，即"合格境外机构投资者"。QFII 制度是指允许经核准的合格境外机构投资者，在一定规定和限制下汇入一定额度的外汇资金，并转换为当地货币，通过严格监管的专门账户投资当地证券市场，其资本利得、股息等经审核后可转为外汇汇出的一种市场开放模式。

　　这是一种有限度地引进外资、开放资本市场的过渡性制度。在一些国家和地区，特别是新兴市场经济的国家和地区，由于货币没有完全可自由兑换，资本项目尚未开放，外资介入有可能对其证券市场带来较大的负面冲击。而通过 QFII 制度，管理层可以对外资进入进行必要的限制和引导，使之与本国的经济发展和证券市场发展相适应，控制外来资本对本国经济独立性的影响，抑制境外投机性游资对本国经济的冲击，推动资本市场国际化，促进资本市场健康发展。这种制度要求外国投资者进入一国证券市场时，必须符合一定的条件，得到该国有关部门的审批。QFII 限制的内容主要有资格条件、投资登记、投资额度、投资方向、投资范围、资金的汇入和汇出限制等。

　　QFII 制度是我国资本市场对外开放最早也是最重要的制度安排，是境外投资者投资境内金融市场的主要渠道之一。自 2002 年实施 QFII 制度、2011 年实施 RQFII 制度以来，来自全球 31 个国家和地区的超过 400 家机构投资者通过此渠道投资中国金融市场，在分享中国改革开放和经济增长成果的同时，也积极促进了我国金融市场健康发展。2016 年至 2018 年，国家外汇管理局对 QFII 制度相关外汇管理进行了重大改革，包括完善审慎管理，取消汇出比例限制，取消有关锁定期要求，允许 QFII 持有的证券资产在境内开展外汇套期保值等，极大便利了境外投资者通过 QFII 渠道投资境内金融市场。2019 年 1 月 14 日，为满足境外投资者扩大对中国资本市场的投资需求，合格境外机构投资者（QFII）总额度由 1 500 亿美元增加至 3 000 亿美元。2019 年 9 月 10 日，为贯彻落实党中央、国务院关于推动形成全面开放新格局的重大决策部署，进一步扩大我国金融市场对外开放，国家外汇管理局取消了合格境外机构投资者（QFII）和人民币合格境外机构投资者（RQFII）投资额度限制。⊖

　　3. 对外借债　我国外债管理长期实行严格的数量控制，国家确定中长期和年度外债规模，并合理安排外债的行业、地区、期限、币种结构，以保证足够的清偿能力。根据债务人的类型和债务期限不同，实施不同的管理政策。

　　（1）主权外债（主要是双边政府贷款和多边国际金融组织贷款）由财政部统一对外进行，并需要获得国务院的批准。

　　（2）限制境内中资企业对外借款，如首先要取得借款主体资格，然后是要有借款指标，并要经外汇管理部门审批。

　　（3）除财政部和银行以外的债务人对外偿还债务本息需经外汇局核准。对中资机构的短期外债实行余额管理，对中长期外债实行计划指标管理；中资机构向境内外资金融机构的借款视同外债管理。境内金融机构只有经批准后才可以遵照外汇资产负债比例管理规定对外放贷。境内非金融企业不可以对外放贷。境内银行向境内机构发放的外汇贷款，按照一般国内外汇贷款规定，除出口押汇外不得结汇。

　　（4）允许外商投资企业自行筹借长短期外债，但严格控制外债规模，全口径统计监测外债风险。外资金融机构的对外负债没有审批要求。但我国将对境内外资银行外债管理方式进行调

⊖ 资料来源：国家外汇管理局官方网站（www.safe.gov.cn）。

整，主要是统一境内中、外资银行待遇，创造公平竞争环境；对境内外资银行的对外借款实行规模控制；加强对短期对外借款的管理。

模 块 小 结

（1）外汇管制是指一个国家通过法律、法令、条例等形式对外汇资金的收支和存贷、资本的输入和输出、本国货币的兑换以及兑换率所做的安排和管理的规定。实行严格的外汇管制的国家一般管制经常项目和资本项目；实行部分的外汇管制的国家原则上管制资本项目；名义上取消外汇管制的国家只是原则上对经常项目和资本项目不加管制。目前世界各国的外汇管制机构有授权中央银行负责、设立专门外汇管制机构和由国家行政部门直接负责三种类型。外汇管制内容主要包括对外汇资金收入和运用的管制，对货币兑换的管制，对汇率的管制，对银行账户存款的管制，黄金和现钞输出输入的管制。

（2）汇率制度传统上划分为固定汇率制度和浮动汇率制度；国际货币基金组织将汇率制度划分为货币联盟、货币发行局制度、传统的盯住汇率制、平行盯住的汇率制、爬行盯住汇率制、爬行区间浮动的汇率制、无区间的有管理浮动汇率制和独立浮动。目前我国实行以市场供求为基础、参考一篮子货币进行调节、有管理的浮动汇率制。

（3）经常项目管理主要包括货物贸易外汇业务管理、服务贸易外汇业务管理、个人经常项目外汇业务管理、外币现钞业务管理、保险机构外汇业务管理、支付机构外汇业务管理、其他经常项目业务管理。其中，个人经常项目外汇业务管理包括个人结售汇和个人外汇收支管理，外汇现钞业务管理包括机构收取、提取外币现钞管理、个人外币现钞提权、存入和携带管理和外币旅行支票管理。

习　题

一、判断题

1. 布雷顿森林体系下，西方各国实行固定汇率制度。　　　　　　　　　　　　（　　）
2. 居民个人从境外调入的、经国内境外投资有关主管部门批准的各类直接投资的本金属于经常项目外汇收入。　　　　　　　　　　　　　　　　　　　　　　　　　　　（　　）

二、不定项选择题

1. 实行严格外汇管制的国家和地区对以下项目的外汇收付进行严格管制的是（　　　　）。
   A．仅对贸易收支
   B．贸易收支和非贸易收支
   C．贸易收支和资本项目收支
   D．对贸易收支、非贸易收支和资本项目收支

2. 就外汇资金收入的管理程度而言，由松到严一般依次是（　　　　）。
   A．资本输入、贸易出口、非贸易出口　　　B．资本输入、非贸易出口、贸易出口
   C．贸易出口、非贸易出口、资本输入　　　D．贸易出口、资本输入、非贸易出口

3. 根据可兑换的程度，货币可兑换分为（　　　　）。

    A. 完全可兑换和部分可兑换　　　　　B. 经常项目可兑换和资本项目可兑换

    C. 部分可兑换和经常项目可兑换　　　D. 对内可兑换和对外可兑换

4. 下列行为被列入外汇局关注名单的是（　　　　）。

    A. 出借本人便利化额度一次　　　　　B. 借用他人便利化额度一次

    C. 出借本人便利化额度两次　　　　　D. 借用他人便利化额度两次

三、思考题

1. 发达国家是否也实行外汇管制？发达国家与发展中国家实行外汇管制有什么区别？

2. 我国外汇体制改革的长远目标是什么？

3. 简述我国目前实行的结售汇制度。

4. 国家外汇管理局关于外汇账户管理有哪些法规？

5. 请写出中国人民银行最新规定的汇价浮动幅度（外汇买入价、外汇卖出价以及现钞买入价和现钞卖出价）。

6. 国家外汇管理局关于个人外汇管理有哪些法规？其具体内容是什么？

7. 国家外汇管理局关于外商投资企业外汇管理有哪些法规？其具体内容是什么？

实 训 课 堂

1. 实训目的：明确以下调研题目的具体政策规定和相应业务的具体操作方法。

2. 实训方式：实地调查、网上调研、电话咨询。

3. 项目内容：

（1）现汇与现钞在账户、存取、兑换、结汇、携带、汇出等管理方面的区别是什么？列举案例说明。

（2）目前国家外汇管理局关于银行结汇、售汇、付汇业务管理方面有哪些规定？其具体内容是什么？列举案例分别说明银行结汇、售汇、付汇业务如何进行。

（3）列举案例分别说明，目前银行进出口核销的业务是如何进行操作的。

（4）目前我国银行外汇存款有哪些币种？有哪些存款业务产品？

4. 调研部门：国家外汇管理局及其地方外汇管理局；国有银行、股份制银行和外资银行各选两家。

5. 实训指导：

第一步：调查。分组进行，每组一题或多题，每组中的每个成员按题目要求分别调研两家银行。

第二步：除每人写出实训报告外，以组为单位，在整理、汇总和分析基础上写出每组的实训报告。

第三步：课堂交流。每组根据实训报告，策划如何以角色模拟的形式进行交流，每组全体成员共同参与课堂交流。

第二部分　外汇交易

模块五

外汇交易的运行系统

学习目标

【知识目标】

通过本模块学习，了解国际金融市场的基本构架和我国外汇市场结构；理解市价指令、限价指令、止损指令和取消指令的含义。

【技能目标】

能够运用柜台、电话和网络等交易形式进行外汇交易。

【素质目标】

知晓我国外汇市场的发展现状及未来的发展方向。

引　言

2022年10月27日，国际清算银行（BIS）发布了一项来自52个国家的逾1 200家银行与交易商数据的综合性调查报告。该报告每3年发布一次。报告指出，2022年4月全球外汇市场日均交易额增长至7.5万亿美元，较2019年4月的6.6万亿美元增长约14%，同时，全球外汇市场日均交易量创历史新高。BIS认为，近年全球高通胀冲击促使多国央行大幅提高利率，加之俄乌冲突等国际形势骤变扰乱金融市场，都在触发外汇市场波动率在经历多年低迷后大幅上升，带动日均外汇交易额迅速增长。

此外，汇率波动幅度加大也令外汇衍生品交易获得更大的发展空间。BIS数据显示，外汇掉期交易的市场份额继续增加，约占总交易量的51%，高于2019年的49%，与此形成反差的是，外汇现货交易的市场份额从30%下降到28%，外汇远期交易则稳定在15%。

值得注意的是，美元依然占据着全球外汇交易的主导地位，2022年4月的交易量占全球所有外汇交易的88%，这一占比在过去10年一直保持不变。与此同时，紧随其后的欧元、日元和英镑的地位保持不变。但人民币的市场份额从2019年的4.3%快速扩大至7%，排名也从2019年的第八位上升至第五位，成为份额增长最快的货币之一。多位业内人士认为，这主要得益于近年中国相关部门有序推进人民币国际化，一方面是越来越多的跨境贸易结算开始使用人民币，另一方面是国内金融市场持续对外开放，带动众多全球资本加仓人民币资产，由此带来更庞大的人民币外汇交易额。

全球外汇和衍生品交易继续集中在五大金融中心。2022年4月，英国、美国、新加坡、中国香港地区和日本五个市场的外汇销售柜台占全球外汇交易的78%。自20世纪80年代以来，伦敦一直是全球最重要的外汇交易地。调查显示，虽然昔日"日不落帝国"的首都仍保持着主导地位，但是其市场份额显现出外流趋势。2022年4月，伦敦的外汇交易量占全球营业额的38%，较2019年的43%有所下降。与此同时，美国的市场份额从17%上升到19%，排在第二位。

（资料来源：21经济网、东方财富网，2022-10-29）

那么，什么是外汇市场？它与国际金融市场是什么关系？外汇交易是怎样在这个市场上进行的？我国的外汇市场又如何？这些就是本模块阐述的内容。

单元一　初识国际金融市场

一、国际金融市场的含义和构成

各种国际金融业务活动是在国际金融市场上进行的。

国际金融市场是指从事各种国际金融业务活动的场所和网络，包括有形市场和无形市场两种形式，前者有固定场所，通过交易所进行外汇交易；后者无固定场所，通过通信工具进行外汇交易。金融业务活动包括长短期资金的借贷，外汇、有价证券和黄金的买卖，国际结算，国际投资等金融活动。这些活动形成了相互联系的不同市场，即国际货币市场、国际资本市场、国际外汇市场和国际黄金市场。

（1）国际货币市场，是指资金的借贷期限在1年和1年以内的交易市场，又称短期资金市场。货币市场具有融资期限短、信用工具流动性强、利率多变的特点。按借贷方式不同，货币市场分为银行短期信贷市场、贴现市场和短期票据市场。

（2）国际资本市场，是指经营期限在1年以上的借贷资本市场，又称长期资金市场。在这个市场上资金融通主要有银行中长期信贷市场和证券市场，另外还有国际租赁市场，但占的比重较小。

（3）国际外汇市场，是指由外汇需求者与外汇供给者及买卖中介机构所构成的买卖外汇的场所或交易网络。

（4）国际黄金市场，是进行国际性黄金买卖的场所。国际上主要的黄金市场有伦敦、苏黎世、纽约、芝加哥和香港。这些黄金市场在运作中各有特点，如伦敦黄金市场是黄金定价和结算中心，苏黎世黄金市场是现货交易中心，纽约黄金市场是期货交易中心。

国际金融市场的基本架构如图5-1所示。

```
                                        ┌ 银行短期信贷市场
                          ┌ 国际货币市场 ┤ 贴现市场
                          │             └ 短期票据市场
                          │             ┌ 银行中长期信贷市场
                          │             │            ┌ 国际债券市场 ┌ 外国债券市场
                          │ 国际资本市场 ┤ 证券市场  ┤            └ 欧洲债券市场
                          │             │            └ 国际股票市场 ┌ 发行市场
              国际金融市场 ┤             └ 国际租赁市场              └ 流通市场
                          │             ┌ 即期外汇交易市场
                          │             │ 远期外汇交易市场
                          │ 国际外汇市场 ┤ 金融期权交易市场
                          │             │ 金融掉期市场
                          │             └ 金融期货市场
                          │             ┌ 黄金现货市场
                          └ 国际黄金市场 ┤ 黄金期货市场
```

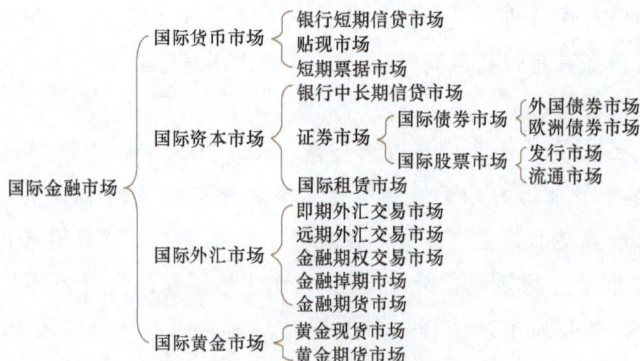

图 5-1　国际金融市场基本架构

二、国际金融市场的类型

国际金融市场分为传统的国际金融市场和新型的国际金融市场两种类型。传统的国际金融市场是指从事市场所在国货币的国际借贷，并在市场所在国政府的经济政策与法律制度管辖范围内的国际金融市场。新型的国际金融市场即欧洲货币市场。这里的欧洲货币实际上是指境外货币。欧洲货币市场是以世界主要发达国家的可兑换货币为交易工具，在货币发行国境内外进行的国际性货币信贷和资本交易的新型的、独立的国际市场。欧洲货币市场不是一个地理概念而是业务概念。欧洲货币市场最早发源于 20 世纪 50 年代末的伦敦，后来逐步扩展到巴黎等以及欧洲以外的金融中心，如纽约、东京、香港、新加坡和巴哈马等。现代化的通信手段，将各个中心的经营活动结成统一的不可分割的整体。欧洲货币市场如今是一种完全国际化的市场，是国际金融市场的核心。

欧洲货币市场与传统金融市场的区别有以下几个方面：

（1）选择的货币不同。传统的国际金融市场只经营所在国的货币，货币选择单一。欧洲货币市场可选择多种货币，包括所有可自由兑换的货币。

（2）业务不同。传统的国际金融市场只经营所在国货币的信贷业务。欧洲货币市场除了传统的存贷业务以外，还有许多金融创新业务。

（3）资金来源不同。传统的国际金融市场的交易主要在居民和非居民之间进行，资金供应多是市场所在国的存款。欧洲货币市场交易主要在非居民之间进行，资金供应除了市场所在国存款以外，还包括世界各国商业银行、中央银行、国际财团、产油国、跨国公司和其他工商企业的存款。

（4）市场管制不同。传统的国际金融市场要受当地金融法规或市场运行惯例的制约，如国内的信贷活动受信贷分配和利率管制、税收的规定制约。欧洲货币市场的经营活动可以不受任何国家金融法规条例的制约和所在国金融外汇政策的限制，不实行外汇管制与资金流动和信贷控制，它是一个完全国际化的金融市场。

（5）交易成本不同。欧洲货币市场较传统的国际金融市场税费负担少，金融机构各种服务费用较低。

三、欧洲货币市场与离岸金融中心

欧洲货币市场与离岸金融中心是总称与具体业务场所的关系。欧洲货币市场是经营境外货币市场的总称，离岸金融中心是具体经营境外货币业务的一定地理区域。

小资料 5-1 离岸金融市场

离岸金融市场又称境外金融市场。离岸金融业务的发展始于 20 世纪 60 年代，首先在欧洲的伦敦出现。这种新型的市场区别于传统市场的特点在于它以非居民的交易为业务主体，采取与国内金融市场隔离的形态，并且基本上不受法规和税制的限制，使非居民在筹集资金和运用资金方面不受所在国税收和外汇管制及国内金融法规影响，是可进行自由交易的市场。从相对意义上来讲，离岸金融市场是完全自由化的市场。20 世纪 70 年代以来，离岸金融市场获得迅猛发展，从伦敦、巴黎、法兰克福、苏黎世、卢森堡等欧洲地区扩展到新加坡、巴拿马、巴哈马等地；20 世纪 80 年代，又在纽约、东京等地出现新的离岸金融中心；到 20 世纪 90 年代，离岸金融市场已遍布世界各地。

根据业务对象、营运特点、境外货币的来源和贷放重点的不同，离岸金融中心分为功能中心和名义中心。

功能中心又称融资式中心，是指集中许多外资银行和金融机构，从事具体存储、贷放、投资和融资业务的区域或城市。绝大多数老牌的国际金融中心，如伦敦、东京和纽约，都属于融资式中心。这类国际金融中心凭借自身强大的经济实力和悠久的金融业发展史，吸引包括本地区在内的全球客户，为他们提供金融中介服务，并发展成为外国银行和金融机构的聚集地。功能中心又分为集中性中心和分离性中心。集中性中心即内外融资混在一起的一种形式，分离性中心是内外融资分离的形式，典型的代表是新加坡和纽约的国际银行设施。

名义中心又称记账式中心，是指从事借贷投资等业务的转账或注册等事务手续，并无实质性金融业务操作的区域或城市，如巴哈马、开曼群岛等。这类金融中心凭借低税收和宽松的金融管制吸引众多的金融投资者。名义中心又分为基金中心和收放中心。基金中心是指吸收国际游资，然后贷放给本地区的资金需求者。如新加坡的亚洲美元市场就属于基金中心，它的资金来自世界各地，而贷放对象主要是东盟成员国和邻近的亚太地区国家。收放中心是指筹集本地区的多余境外货币，然后贷放给世界各地的资金需求者。如亚洲新兴的离岸金融中心巴林，主要吸收中东石油出口国的巨额石油美元，然后贷放给世界各地的资金需求者。

世界上著名的离岸金融中心有：①伦敦离岸金融中心；②纽约离岸金融中心；③加勒比离岸金融中心（包括巴哈马、开罗和巴拿马）；④远东离岸金融中心，包括新加坡和香港；⑤中东离岸中心，包括巴林和贝鲁特。目前我国除香港外还在深圳和上海经营离岸金融业务。

单元二　外汇市场及外汇交易

一、外汇市场的参与者

外汇市场的参与者主要有各国的中央银行、商业银行、外汇经纪商、非银行金融机构（保险公司、国际性的大证券公司、基金管理公司和信托公司等）、经济实体（进口商、出口商、国际投资公司、跨国公司等）、个人。这些交易主体有投资者，也有专门从事外汇投机的机构和个人等。

（一）银行

银行是外汇市场的核心经营者，包括本国专营和兼营外汇的银行、本国的外国银行分行和代办处、本国在国外的分支行和代理行。其业务主要有中央银行与商业银行间的外汇交易、商业银行间的外汇交易和商业银行与客户间的外汇交易。

1. 中央银行与商业银行间的外汇交易　中央银行为了维持汇率稳定和合理调节国际储备量，直接参与商业银行外汇市场买卖，调整外汇市场资金的供求关系，使汇率维系在一定水平上或限制在一定水平上。当市场上外汇供不应求、外汇汇率上涨时，中央银行抛售外币，收回本币；当市场上外汇供大于求、外汇汇率下跌时，中央银行买进外币，投放本币。当一国货币的汇价发生剧烈波动时，该国家的中央银行不仅在本国外汇市场上，而且还在国际外汇市场上，特别是波动最剧烈的国外市场上买进或卖出外汇，进行干预。一些国家有专门的机构和专门的资金从事这项活动，如中央银行通常设立外汇平准基金。

2. 商业银行间的外汇交易（银行间的外汇市场）　又称批发业务（市场），即外汇银行为平衡外汇头寸的外汇交易。外汇头寸表示一种资金状态，反映在某个时点上外汇的债权（资产）和债务（负债）的差额。银行经营外汇的原则是"买卖平衡"，即：银行处于多头，银行无法盈利，则抛出多头外汇；银行处于空头，银行无法经营，则补进空头外汇。通常称这种业务活动为银行的外汇头寸调拨和外汇资金管理。这种轧平并不意味着所有的银行在买卖外汇后都需要立即进行平衡，它们可根据国际金融的情况、自身资力的大小以及对汇率变动趋势的预测来决定立即轧平，或加以推迟。

3. 商业银行与客户间的外汇交易（银行与客户间的外汇市场）　又称零售业务（市场），是商业银行与各国（地区）个人、公司企业、基金管理机构间的外汇交易，主要有与进出口贸易有关的国际结算业务和贸易融资，以及国际投资、信贷等业务。

（二）外汇经纪商

外汇经纪商的功能是传播当时的外汇价格信息，撮合外汇买卖双方成交，以赚取佣金。经纪商报价通常以匿名方式报给市场，交易完成时，经纪商会通知两位交易当事人（通常是银行）。只要两位当事人之间没有受到类似信用额度的限制，双方便可以各自签发单据给对方。现在外汇经纪商业务已被大型经纪商所垄断。大型的经纪商通常属于全球性的机构，并为银行间市场提供一天24小时的服务，能够使初级报价者（指专业的交易商）为其客户提供全天候的服务。还有一种经纪商，专门代理客户买卖外汇，赚取佣金，比上述的经纪商规模小。外汇经纪商必须经过所在国的中央银行批准才能营业。经纪商介入即期外汇交易通常采用三种方式。

（1）银行向经纪商询价。当经纪商做出报价后，银行若觉得合适，可以接受，说明买入还是卖出某种外汇，以及买卖的数额。此后，经纪商要通知该行这笔交易是与哪一家银行做成的，并开出佣金收取通知书。

（2）经纪商主动报价。为了改进服务质量，经纪商往往无偿为银行交易室安装电信设备，主动频繁向各银行报价，一旦银行觉得经纪商的报价对自己有利或符合自己的某种需要，便可立即接受。

（3）订单配对。订单是客户发出的按一定条件进行交易的指令，外汇经纪商可将交易条件相符的买方订单和卖方订单配对，分别向交易双方开出交易确认书，说明交易货币种类、买入或卖出数额、汇率、交割日、交易银行和账户等。

20 世纪 90 年代初，随着科技及电子通信技术的迅速进步，一种新的经纪渠道——"电子经纪"系统应运而生，并对传统的声讯经纪提出了巨大的挑战。

二、世界主要的外汇市场和交易时间

世界上在亚洲、欧洲和北美洲分布着 30 多个主要的外汇市场，其中亚洲主要的外汇市场有东京、新加坡和香港；欧洲主要的外汇市场有伦敦、法兰克福、巴黎、苏黎世和阿姆斯特丹；美洲主要的外汇市场有纽约、洛杉矶和蒙特利尔；另外还有澳大利亚的悉尼。

世界各地的外汇市场各自有固定的交易时间，但由于时差的原因，各外汇市场在营业时间上此开彼关，因此除了全球统一的周末假期和元旦假期之外，外汇市场是可以 24 小时连续交易的。外汇市场的参与者可通过互联网迅速获得外汇报价和信息，以在世界各地进行交易，因此全球各主要外汇市场行情总是自动地趋向一致而不会有显著差异，形成了全球一体化运作、全天候运行的统一的国际外汇市场。

世界各主要外汇市场的营业时间（北京时间）如图 5-2 所示，具体如下：

惠灵顿　04:00 ～ 12:00

悉尼　06:00 ～ 14:00

东京　08:00 ～ 14:30

新加坡　09:30 ～ 16:30

法兰克福　16:00 ～ 23:00

伦敦　17:30 ～次日 00:30（冬令时间：16:30 ～ 23:30）

纽约　20:20 ～次日 03:00（冬令时间：21:20 ～次日 04:00）

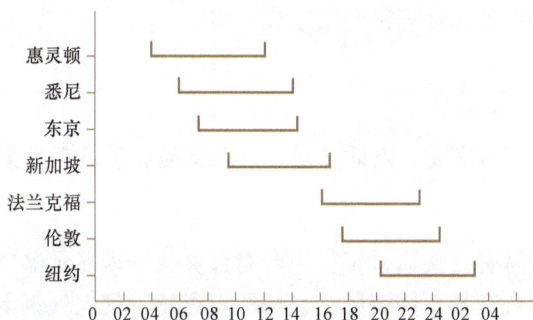

图 5-2　世界主要外汇市场营业时间（北京时间）

三、交易方式

外汇市场发展非常迅速。如今外汇市场规模已远远超过股票、期货等其他金融商品市场。外汇交易包括外汇期权交易、远期外汇交易、套利、掉期、择期、金融期权、金融期货和货币互换等业务。进行这些外汇交易主要是国际贸易结算、国际投资、国际信贷以及外汇保值和投机的需要，其中外汇投机的需要居多。

交易方式有交易所的公开竞价拍卖方式和柜台交易的双向报价方式。

1. 交易所的公开竞价拍卖方式　在交易所中进行的外汇期货等交易采用公开竞价拍卖的方式确定成交价格。在这种方式下，买方希望以较低的价格买入，而卖方力求以较高的价格卖出，针对双方出价与要价之间的差距，在买卖双方群体中各自展开竞争。

2. 柜台交易的双向报价方式　在银行和非银行金融机构之间进行的外汇即期、远期、资金借贷等交易采用双向报价的方式确定成交价格。在这种方式下，金融工具的买卖价格不是通过交易双方的直接竞争来确定，而是金融机构根据市场行情、供求关系、自身头寸状况以及对将来行情的预测等自行确定，同时报出买入价和卖出价。这种报价方式就叫双向报价制。在竞争激烈的金融市场中，金融工具的合理报价对金融交易者来说非常重要。如果金融机构报出买价总比别人低、卖价总比别人高、价差总比别人大，客户将会转向其他金融机构寻求服务。

外汇市场不像股票交易有集中统一的地点，绝大部分外汇交易都通过没有统一操作市场的行商网络即无形市场进行，有形外汇市场仅做部分当地的现货交易。

外汇交易的网络是全球性的，并且形成了没有组织的组织，市场由大家认同的方式和先进的信息系统所联系，交易商也不具有任何组织的会员资格，但必须获得同行业的信任和认可。全球外汇市场每天平均有上万亿美元的交易，如此庞大的巨额资金，就是在这种既无集中的场所又无中央清算系统的管制，也没有政府监督的情况下完成清算和转移。

无数从事外汇业务的机构，通常是通过计算机网络来进行外汇报价、询价、买进、卖出、交割、清算的。假如一个纽约银行外汇交易者要与伦敦的交易者进行美元与英镑的互换，他们先通过交易系统完成交易，并将交易转入风险管理系统之中。交易者不必考虑这两种货币实际上是如何转移的，因此一笔交易最多只需几秒钟，剩下的事由两个银行来处理。它们各自向对方发出有关这笔交易的确认电函，并安排交易合同的结算。纽约的银行将向伦敦的银行提交一笔美元存款，伦敦的银行也向纽约银行提交一笔英镑存款。这笔交易完全由电文形式完成，而这些电文又是通过电信网络发送的。

国际各外汇市场以其所在的城市为中心，辐射周边的其他国家和地区。它们相互影响又各自独立，通过先进的通信设备和计算机网络连成一体。

四、银行外汇交易形式

银行外汇交易形式有柜台交易、电话交易、自助交易、手机银行交易、网上交易等形式。

（一）柜台交易

柜台交易是指外汇交易者直接通过银行柜台对计算机屏幕显示器所报价格予以确认，从而完成外汇买卖的交易。柜台交易有固定的交易场所，可感受到人气氛围，特别适合初涉外汇交易的投资者。

（二）电话交易

电话交易是指外汇交易者在进行交易前，事先在选定的银行办理电话交易的手续，在银行规定的交易时间内，使用任何一部音频电话通过银行外汇买卖电话交易系统，由客户自行按规定的操作方式进行按键，按照电话语音提示进行实时交易、委托交易、汇率查询及传真相关凭证等操作的一种交易方式。电话交易成交迅捷，并可异地操作，适合工作繁忙的外汇交易者。

（三）自助交易

自助交易是指外汇交易者在银行的营业时间内，通过设置在银行营业厅的外汇交易者终端设备，按照操作界面提示进行操作，完成外汇买卖交易、查询和凭证打印。银行为自助交易提供各种技术分析图表，信息丰富，适合对外汇交易有一定经验的外汇交易者使用。

（四）手机银行交易

手机银行交易是指利用智能移动终端办理外汇交易的形式。目前，手机银行可提供外汇实时汇率和走势图查询以及自选汇率设置功能；提供即时和委托交易（包括获利委托、止损委托、双向委托、追加委托）以及账户余额、交易明细查询的功能等（以中国工商银行为例）。

（五）网上交易

凡已经在银行网站上办妥注册手续的客户，可直接上网，按银行网站的提示进行信息查询、汇率查询、交易等操作。

目前，个人外汇买卖网上交易业务（以中国建设银行为例）包括实时交易、委托交易、委托撤单、委托查询（单笔、明细）、成交查询（单笔、明细）、查询账户余额、查询账户明细、查询牌价、查询汇率走势图。

目前，多数银行的柜台交易、电话交易、自助交易、手机银行交易和网上交易既可以进行即时交易，也可以进行委托交易。

即时交易又称时价交易，是指根据银行当前的报价即时成交。

委托交易又称挂单交易，即外汇交易者根据判断设定交易价格，也就是说，外汇交易者将要买卖的币种、交易金额及希望成交价格，通过交易系统输入至银行的计算机系统，银行的计算机系统根据市场行情，按时间优先的顺序排列决定是否受理外汇交易者的指令，一旦外汇交易者的指令被受理，即按达到或优于外汇交易者指定价格执行交易指令，由计算机系统自动成交，交易成交价格就是银行当时达到的汇价。委托交易指令一经发出，就由银行的交易系统自动监控，市场水平一到，立即成交。交易有效期为当日，交易一旦被银行受理，交易系统将冻结外汇交易者账户上相应的资金额度，直到交易结束或交易者撤销交易委托为止。委托交易完成后银行将给出交易明细以证明交易结果。

即时交易可以在第一时间内迅速完成交易指令，而委托交易可使投资者在交易中具有更大的灵活性，帮助客户在瞬息万变的汇市中捕捉到有利的价格水平。

五、常用的外汇交易指令

国际上常用的外汇交易指令有市价指令、限价指令、止损指令和取消指令等。交易指令当日有效。在指令成交前，客户可提出变更或撤销。

（一）市价指令

市价指令是指按当时市场价格即刻成交的指令。客户在下达这种指令时无须指明具体的价位，而是要求接受指令者在接到指令后立即按尽可能好的市场价格成交，如指示经纪人根据市场价格买入或卖出的指令。这时经纪人有义务为客户找到最佳价格，即购买指令执行价格尽可能低，而出售指令的执行价格尽可能高。这种指令的特点是成交速度快，一旦指令下达后不可更改和撤销。

在下达这种指令与实际执行指令中有时间差。如果在此段时间内价格向相反方向变动，就会受到损失。为避免这一危险，交易者还可以使用限价指令。

（二）限价指令

限价指令是指执行指令时，要求接受指令者在指令有效时间内，必须按限定的价格或更好的价格成交。下达限价指令时，客户必须指明具体的价位，设置执行交易的价格上下限。指令只有在限定的价格上下限或更好的价格（购买指令执行价格尽可能低，出售指令执行价格尽可能高）才能执行。如在该指令有效时间内市场未能达到此价位，则指令自动失效。限价指令可以按客户的预期价格成交，成交速度相对较慢，有时无法成交。

（三）止损指令

一个成熟的外汇投资者，不仅要正确把握建仓以及赢利出局的时机，还要能在恰当时机进行止损。止损的主要目的是在汇价朝不利于自己的方向变化的过程中将亏损限制在可接受的范围内，在亏损相对较小的时候及时斩仓止损，避免汇价进一步恶化造成不可弥补的损失。

止损指令是指当市场价格达到客户预计的价格水平时即变为市价指令予以执行的一种指令。外汇交易者制定一个比银行即时报价更差的止损价格，要求执行者在市场价格达到指定价位更高的水平时买进或更低的水平时卖出。指令被接受后，若银行报价始终优于客户止损价格，则挂单不会成交；只有在银行报价达到客户的止损价格或者比客户设定的止损价格更差时，系统才会自动按客户设定的止损价格成交。

客户利用止损指令，既能有效地锁定利润，又能将可能的损失降低至最低限度，还可以相对较小的风险建立新的头寸。例如，李先生在美元对日元汇率为130.00时抛出1 300 000日元，买进10 000美元，他原计划在美元对日元汇率上涨时再将美元出手，即可实现盈利。但他同时又担心判断有误，美元对日元可能不涨反跌，因此他在低于130.00的水平即129.50设置了一个止损指令，这个指令相当于指定系统在美元对日元汇率高于129.50时均可按兵不动，一旦美元对日元汇率触及或者低于129.50水平，系统即自动将美元抛出。结果由于市场投机力量的影响，当天美元对日元汇率果然由130.00暴跌至127.00，但由于此前设置的止损挂单在美元对日元汇率跌至129.50的时候已经生效，李先生得以提前出逃并换回1 295 000日元，从而将损失限制在50点也就是5 000日元之内。通过合理设立止损指令，李先生不仅避免了300点的大额损失，同时也免去长时间持续盯盘的辛苦。

（四）取消指令

取消指令是指客户要求将某一指令取消的指令。客户通过该指令，可将以前下达的指令取消，并且没有新的指令取代原指令。

六、外汇交易室与外汇交易通信系统

（一）外汇交易室

目前，世界各大外汇市场每天交易总额极为巨大，其中90%的外汇交易不是直接的商业交易，而是世界各大银行间相互的外汇交易，这些银行间的外汇交易是在世界各地的报价行的外汇交易室里进行的，因此外汇交易室在整个银行外汇交易中有着特殊的地位。外汇交易室是银行和金融机构联系外汇市场及客户的纽带。

外汇交易室组织结构包括首席交易员或外汇部经理、高级交易员、交易员、低级交易员、实习生和头寸管理员。

（1）首席交易员或外汇部经理对整个交易总体负责，包括编制和监督交易室的盈利计划，是交易室的政策制定者，是联系资金部经理与交易员的中间纽带和桥梁。

（2）高级交易员具体负责大宗交易。高级交易员在首席交易员的指挥下，具体贯彻交易战略，管理货币头寸并对其分管的交易员进行监督管理。同时，高级交易员直接向其他银行与客户报价。

（3）交易员和低级交易员直接负责掌握头寸或分管数量较少的货币，并在交易额度内给予高级交易员以支持。

（二）外汇交易通信系统

目前，全世界运用最广泛的通信工具有路透交易系统（Reuter Dealing System）、电子经纪（EBS）、环球金融电讯网（SWIFT）、美国银行间清算支付系统（CHIPS）、自动匹配系统（AMS）等，提供的金融服务主要包括：

（1）即时信息服务。

（2）显示即时汇率行情。

（3）汇率走势分析。

（4）技术图表分析。

（5）叙做外汇买卖。

七、外汇市场的功能

（一）调剂资源

外汇市场具有调剂外汇资金余缺、实现外汇资金国际收付的功能，具体包括：①平衡外汇头寸。例如，外汇出现多头的银行在外汇市场上卖出，外汇出现空头的银行在外汇市场上买进，以轧平外汇头寸。②提供外汇和货币兑换服务。需要外汇或货币兑换的企业或个人可以向经营外汇的银行购买外汇或进行货币兑换，例如，一个企业的外汇收入主要是港币，但按合同向外支付的货币可能是日元或欧元，该企业可以在外汇市场上卖出港币，买进日元或欧元。

（二）价格发现

外汇市场能够反映外汇的供求变化，是汇率形成的基础。外汇市场是金融机构向客户报价的基础，如果多头的不能平仓，即想卖的没人买，外汇供大于求，外汇价格就会下降；空头的不能补仓，即想买的没人卖，外汇供不应求，外汇价格就会上升；若外汇供求均衡，则报价不变。

（三）保障中央银行宏观调控的有效实施，便于稳定汇率

中央银行根据宏观经济政策目标，对外汇市场进行必要的干预，以调节市场供求，保持汇率的稳定。中央银行参与外汇市场有多种动机，如避免汇率过度波动、抑制国内通货膨胀、国内外贸政策需要、保持适度外汇储备的目标等。例如，当一国本币在外汇市场上出现供不应求，本币汇率受到上浮压力，中央银行为了避免本币汇率上浮而削弱本国商品的国际竞争力，以至国际收支出现不利状况，就可能在外汇市场抛出本币，收兑外币。

（四）利用外汇市场进行保值交易，避免汇率风险

由于汇率不停变动，从而使某种外汇的净资产或净负债承担着汇率变动的风险，即可能蒙受损失或可能丧失所期待的利益。面对这一风险，外汇市场上的净资产或净负债的持有者就要通过外汇交易使净资产或净负债保持原有价值。如利用外汇远期、掉期、期货、期权和货币互换等各种外汇业务，及时转移汇率风险或"锁定"外汇价格，以避免汇率风险。

（五）利用外汇的投机交易，赚取差价利润

1. 什么是投机　所谓外汇投机就是指在预测外汇汇率将要下降时先卖出后买进，或者在

预测外汇汇率上升时先买进后卖出某种外汇的行为。其特点为投机者并非是基于对外汇有实际需求，而是想通过汇率涨落赚取差价利润；投机者主动置于汇率变动的风险当中，从汇率的变动中获利；投机收益大小取决于投机者预测汇率的正确程度。

2. 外汇投机的形式　外汇投机有两种形式。

（1）先卖后买，即"卖空"，又称"做空头"。当投机者预测某外汇（如美元）将贬值或汇率将大幅度下跌时，乘外汇市场上该外汇价格相对较高时，先行预约卖出。到期时，如果该外汇果然下跌，投机者就可按下跌的汇率买进该外汇并交割以赚取差价利润。该投机方式的特点就是以预约的形式进行交易，由于卖出时投机者手中并未持有外汇，故称为"卖空"。

（2）先买后卖，即"买空"，又称"做多头"。当投机者预期某种外汇升值或汇率将大幅度上升时，乘外汇市场上该种外汇价格相对较低时，先行预约买进。到其汇率上升时，就按上升汇率卖出并交割，从中赚取差价利润。这种投机大都只是在到期日收付汇价涨落的差额，由于买进时投机者不进行实际的资金交割，故称"买空"。

3. 外汇投机的方法

（1）套汇（Arbitrage）是指利用同一时期两个或两个以上的外汇市场上现汇汇率的差异或不同交割期限所存在的汇率差异而进行的以谋利为动机的外汇交易。

> **例 5-1**　2020 年 4 月 29 日，投机者持有 6 000 美元，当时，欧元兑美元汇率为 1.0978/989，投机者预测美元汇率将要下跌，欧元汇率将要上升。
>
> 投机者将 6 000 美元卖出，买进 5 460.00 欧元（=6 000÷1.098 9），同时和银行签订一份 9 个月远期买入 6 000 美元卖出相应欧元的合约。9 个月后，欧元兑美元汇率为 1.2168/179，2021 年 1 月 29 日，该投机者卖出 5 460.00 欧元，买进 6 643.73 美元（=5 460.00×1.2168），赚取 643.73 美元（=6 643.73−6 000）。

（2）套利（Interest Arbitrage）又称利息套汇，指在既定的汇率预期基础上，投资者利用两个金融市场或两种不同货币的利率差异进行谋利性质的资金转移所派生出来的外汇交易。其基本原理就是根据两个国家（或地区）间的利率高低的不同进行资金的调拨并从中赚取利息差额。但要考虑汇率变动的因素。那么，如何权衡利率和汇率呢？

下面通过实例归结权衡利率和汇率的原则：

> **例 5-2**　某年 6 月 8 日 GBP/USD 的即期汇率为 1.2760/70，1 年期美国国库券利率为 3%，英镑年利率为 5%，一位美国投资者拿出 10 万美元进行为期 1 年的套利交易。套利收入多少呢？
>
> **分析：**该投资者用 10 万美元兑换 7.830 9 万英镑（=10÷1.276 0），购买 1 年期英国国库券，1 年后的本利之和为 8.222 4 万英镑（=7.830 9×1.05）。
>
> （1）若英镑兑美元汇率不变，该美国投资者将 8.222 4 万英镑换回 10.491 8 万美元（=8.222 4×1.276 0）。
>
> 若该美国投资者用 10 万美元，购买 1 年期美国国库券，1 年后的本利之和为 10.3 万美元（=10×1.03）。
>
> 两者比较可知，该投资者获取套利收入为 0.191 8 万美元（=10.491 8−10.3）。
>
> **结论：**权衡利率和汇率的原则之一是：如果预期即期汇率不变，投资者应投资于利率高的货币，从中赚取利息差额。
>
> （2）但在现实中汇率不可能不变，若英镑兑美元汇率下跌为 1.2220/30，能否进行套利呢？

　　分析：该美国投资者将 8.222 4 万英镑换回 10.047 8 万美元（=8.222 4×1.222 0），与购买 1 年期美国国库券相比，减少收入 0.252 2 万美元（=10.3-10.047 8），其原因是英镑贬值的幅度大于利率差 2%。

　　结论：权衡利率和汇率的原则之二是：如果预测利率高的货币贬值的幅度大于利率差，投资者应将资金由利率高的货币投资于利率低的货币，利率低的货币升值所得将会大于其低利率的利息损失。

　　例5-3　某年 12 月 9 日，美元兑人民币汇率为 1:6.195 9，人民币 1 年期存款利率为 2.75%，美元 1 年期存款利率 0.25%。投资者预测 1 年后人民币对美元的贬值幅度为 2.3%，小于利率差 2.5%。投资者以 100 万美元套利，套利收入有多少？

　　分析：投资者将 100 万美元卖出，买进 619.59 万元人民币，存入银行。

　　1 年之后可得利息 17.04 万元人民币（=619.59×2.75%），本息合计 636.63 万元人民币。

　　若 1 年后美元兑人民币汇率为 1:6.338 4，投资者卖出 636.63 万元人民币，可买进 100.44 万美元。

　　投资者若存 1 年 100 万美元，本息合计 100.25 万美元（=100×1.002 5）。

　　与美元存 1 年相比，多获利 0.19 万美元（=100.44-100.25）。

　　投资者之所以获利，是因为利率高的货币贬值的幅度 2.3% 小于利率差 2.5%。

　　结论：权衡利率和汇率的原则之三是：如果预测利率差大于较高利率货币的预期汇率下降幅度，投资者应投资于利率高的货币，从中赚取利息差额。

　　权衡利率和汇率的原则之四是：如果预测利率差等于较高利率货币的预期汇率下降幅度，利率差所得将会被高利率货币汇率下降所抵消，套利者将无利可图。

　　权衡利率和汇率的原则之五是：如果预测利率较高的货币趋于升值，那么，投资者应投资于利率较高的货币，可以获取利差所得和升水所得双重收益。

　　权衡利率和汇率的原则之六是：如果预测两国利率相等，投资者应投资于预期货币汇率上升的货币。

　　套利和套汇的机会在外汇市场往往转瞬即逝，如不抓住，就会失去机会。因现代电子信息技术发达，世界外汇市场和货币市场关系紧密，套利或套汇机会一旦出现，大公司、大银行会迅速投入大量资金，使两国利差和两国货币汇率差快速消失。

　　投机有利也有弊，有其必要性和合理性，也有其盲目性和破坏性。过度投机容易扰乱金融秩序，刺激外汇市场动荡不安；适度投机则能够对阻止汇率过分波动与维护外汇市场活力起到积极作用，进而保证市场的流动性和吸引力。例如，套利和套汇活动从一定意义上讲，能使两国之间的短期利率趋于均衡，也使各国货币利率和汇率之间形成一种有机联系，两者相互影响、互相牵制，并由此形成一个世界性的网络，加强了国际金融市场的一体化。

单元三　中国外汇市场

　　改革开放以来，我国外汇市场在运行机制、交易制度、交易范围、交易币种、交易时间等方面不断完善。

一、中国外汇市场结构

目前中国外汇市场分为两个层次：第一个层次是外汇指定银行与客户的外汇买卖，又称为零售市场。其业务主要有结售汇业务，还有与进出口贸易有关的国际结算业务和贸易融资及国际投资、信贷等业务。第二个层次是银行间的外汇交易，又称为批发市场，包括经营外汇业务银行之间的交易和经营外汇业务银行与中央银行之间的交易。下面主要介绍银行间的外汇市场结构。

凡是在中国境内营业的金融机构之间的外汇交易，均应通过银行间外汇市场进行。中国人民银行按照"三权分立"的组织原则来构建银行间外汇市场。其具体分工是：中国外汇交易中心负责市场运行，国家外汇管理局负责市场监管，中央银行操作室负责对外汇市场的宏观调控。"三权分立"的组织原则使各个职能部门各负其责，各司其职，能有效地维护市场的正常运行。以下主要介绍中国外汇交易中心的组织形式及其交易方式。

中国外汇交易中心是我国银行间外汇市场的组织者和服务者，是中国人民银行领导下的独立核算、非营利性的事业法人，主要职能是提供外汇交易系统，组织全国银行间外汇交易，办理外汇交易的资金清算、交割及信息服务等。

➜ 延伸阅读

境外央行类机构获"大尺度"准入银行间外汇市场

中国人民银行 2015 年 9 月 30 日就开放境外央行类机构进入中国银行间外汇市场发布公告，境外央行类机构进入中国银行间外汇市场有三种途径：通过人民银行代理、通过中国银行间外汇市场会员代理，以及直接成为中国银行间外汇市场境外会员。

央行公告称，为推动中国外汇市场对外开放，便利境外央行（货币当局）和其他官方储备管理机构、国际金融组织、主权财富基金（统称境外央行类机构）依法合规参与中国银行间外汇市场交易，境外央行类机构可从这三种途径中自主选择一种或多种途径进入中国银行间外汇市场，开展包括即期、远期、掉期和期权在内的各品种外汇交易，交易方式包括询价和撮合方式，无额度限制。

2016 年 4 月 14 日，央行又发布了《境外央行类机构进入中国银行间外汇市场业务流程》，开放的力度进一步加大，主要体现在投资额度、交易品种、资金可自由汇出方面。交易品种可以是全部挂牌交易品种，包括即期、远期、掉期（外汇掉期和货币掉期）、期权等；交易币种包括美元、欧元、日元、港币、英镑等银行间外汇市场挂牌交易的货币，也没有额度限制，资金可以用于境内或汇出境外，无须经相关管理部门批准。这是人民币资本项目可兑换进程中的一个重要事件，有利于推动人民币国际化。

根据中国外汇交易中心发布的银行间人民币外汇市场境外机构参与情况显示，截至 2022 年 5 月底，银行间人民币外汇市场共有境外央行类机构 55 家、境外参加行 59 家和境外人民币清算行 22 家。2022 年 5 月，境外机构在银行间人民币外汇市场总计成交 1 014.80 亿美元，日均成交 53.41 亿美元，全月成交量占人民币外汇市场总成交量的 2.66%。（综合摘编自中国人民银行官网、新华网、搜狐新闻、东方财富网、上海证券报）

1. 中国外汇交易中心组织形式　交易中心实行会员管理和做市商制度，实行做市商报价驱动的竞价交易模式。做市商向会员持续提供买、卖价格，会员银行以点击报价、订单报价或

RFQ 询价方式等成交。2023 年国家外汇管理局核准的银行间外汇市场做市商包括中国工商银行、中国农业银行、中国银行等共 25 家银行。

中国外汇交易中心会员分为自营会员和代理会员两类。自营会员可从事自营业务，也可兼营代理业务，代理会员只能从事代理业务，不得从事自营业务。自营业务指会员为其自身外汇业务的正常进行而从事的外汇交易，代理业务指会员为企业提供经纪服务而从事的外汇交易。

中国外汇交易中心于每日银行间外汇市场开盘前向所有银行间外汇市场做市商询价，并将全部做市商报价作为人民币兑美元汇率中间价的计算样本，去掉最高和最低报价后，将剩余做市商报价加权平均，得到当日人民币兑美元汇率中间价，权重由中国外汇交易中心根据报价方在银行间外汇市场的交易量及报价情况等指标综合确定。

自 2006 年 1 月 4 日起，中国人民银行授权中国外汇交易中心于每个工作日上午 9 时 15 分对外公布当日人民币对美元、欧元、日元和港币汇率中间价，作为当日银行间即期外汇市场（含 OTC 方式和撮合方式）以及银行柜台交易汇率的中间价。

2021 年 4 月，国家外汇管理局对《银行间外汇市场做市商指引》进行了修订（汇发〔2021〕1 号），进一步完善了我国银行间外汇市场的做市商制度。

2. 中国外汇交易中心交易方式　交易中心有现场交易和远程交易两种交易方式。现场交易是会员指派外汇交易中心认可的交易员进入交易中心指定的交易场所，通过交易中心为其设立的专用交易台进行交易；远程交易是会员通过与交易中心的计算机系统联网，在自己选定的交易台进行交易。因此交易中心既有无形市场的特征也有有形市场的特征。

（1）成交方式。交易市场坚持公开、公平、公正交易原则，按照价格优先、时间优先的成交方式采取分别报价、撮合成交、集中清算的运行方法。①价格优先是指在交易过程中，在规定的时间内较高的外汇买入价优先于较低的外汇买入价；较低的外汇卖出价优先于较高的外汇卖出价。②时间优先是指在交易过程中，当不同交易员报出相同的买入价或相同的卖出价时，在规定的时间内较早提出的报价优先于较晚提出的报价。同时，实行公开价格制度，在每场开市前报出前场交易的开盘价、收盘价和加权平均价，前场成交的加权平均价为当日交易市场的中心汇率。在每场交易进行中报出当日交易的最高、最低和最新成交价。

交易员在规定的交易时间和价格浮动范围内进行报价。交易员报价后，由计算机系统按照价格优先、时间优先的原则对外汇买入报价和卖出报价的顺序进行组合，然后按照最低卖出价和最高买入价的顺序撮合成交。当买卖双方报价数额相等时，买卖双方所报数额全部成交；当买卖双方报价数额不等时，成交数额为所报数额较少者，未成交部分可保留、变更或撤销。当买入报价高于卖出报价时，成交价为买入报价与卖出报价的算术平均数。报价尚未成交前，交易员有权对其原报价进行变更或撤销。交易员变更报价后，其原报价的时间顺序自动撤销，依变更后报价时间排列。

（2）标价方法。交易市场的外汇价格采用直接标价法，即每一单位外币等于若干元人民币，人民币以后保留四位小数。

（3）资金清算方式。交易市场实行本外币资金集中清算。会员在交易市场进行的外汇交易，都通过中国外汇交易中心统一清算。其中，人民币实行两级清算，即各分中心负责当地会员间的清算，总中心负责各分中心的差额清算。人民币资金清算通过在中国人民银行开立的人民币账户办理。外汇资金实行一级清算，即总中心负责各会员之间的清算。

二、中国外汇市场的两大板块

我国目前的外汇市场上的交易内容实际上是由人民币兑外币和外币兑外币两大板块构成。

（一）人民币兑外币

人民币兑外币的交易在批发市场和零售市场都可进行。但因人民币兑外币交易涉及人民币业务，对国内经济的冲击较大，因此存在着许多的交易限制。如批发市场与零售市场交易的币种和交易的品种不同。目前，批发市场，如银行间外汇市场，开设人民币对美元、欧元、港币、英镑、日元、澳大利亚元、加拿大元、新西兰元、俄罗斯卢布、林吉特、泰铢等外币的即期交易，人民币对美元、欧元、日元、港币、英镑、澳大利亚元、加拿大元等外币的远期、掉期，人民币对美元、欧元、日元、港币、英镑等外币的货币掉期和期权交易。零售市场交易的币种有美元、日元、欧元、英镑、瑞士法郎、加拿大元、澳大利亚元、新西兰元、港币、新加坡元等自由兑换货币，交易的品种有即期交易和远期结售汇业务。

各类企业到银行办理结汇、售汇后，银行每天将买入卖出的外汇汇总轧差后有一个余额。分支机构将余额与上一级银行对冲，层层对冲后汇总到总行。总行也会有一个余额。总行可以保持多大的余额必须经国家外汇管理局批准。超出规定余额的那部分外汇必须通过中国外汇交易中心卖出，不足部分也可以在中国外汇交易中心买入。如果总行当天的余额没有变化或者未超过规定的限额则不参与中国外汇交易中心交易。

（二）外币兑外币

外币兑外币的交易因不涉及人民币业务，对国内经济的直接冲击较小，所以国家外汇管理部门对外币兑外币之间的交易限制较小。目前凡是持有国家外汇管理局颁发的外汇业务经营许可证的银行和非银行金融机构，几乎都可办理代客进行外币兑外币的买卖业务。该市场的参与者不仅包括公司企业，还包括持有外汇的居民个人，他们也可委托银行或有权经营外汇业务的金融机构参与市场交易。中国外汇交易中心支持银行间外汇市场上欧元/美元、澳元/美元、英镑/美元、美元/日元、美元/加元、美元/瑞士法郎、美元/港币、欧元/日元、美元/新加坡元等外币之间的即期、远期和掉期交易。

外币兑外币可交易的货币币种几乎包括所有可自由兑换的货币，如美元、日元、欧元、英镑、瑞士法郎、加拿大元、澳大利亚元、新西兰元、港币、新加坡元等，外汇交易的品种有即期、远期、掉期、互换、期权等。

随着开放型经济的发展，我国国内外汇市场融入国际外汇市场是必然的趋势，两大板块合二为一也是必然的趋势。

由此可见，中国外汇交易市场的市场结构、组织形式、交易方式和交易内容都与国际规范化的外汇市场更加接近了。

三、中国外汇市场发展和完善

随着我国对外经济迅速发展，以及加入世界贸易组织后，市场准入的逐步放松和国民待遇的实现，中国金融业面临的国际竞争进一步加大。这些都要求我们必须加快包括外汇市场在内的整个金融市场的发展。我国外汇市场的发展必须与人民币可兑换的进程及人民币汇率形成机制的完善协调配合。

　　我国外汇市场发展的难点在于人民币尚没有实现资本项目可兑换，我们不能照搬发达国家外汇市场的发展模式；结售汇制度决定了我国外汇市场的改革必须保持人民币汇率的相对稳定，结售汇制度的改革直接决定了外汇市场的改革。我国既要考虑如何在现行外汇管理体制下进行外汇市场的改革，又要考虑资本项目可兑换的实际进程，两者需兼顾。因此，我国外汇市场进一步发展的具体内容如下：

　　（1）加大国有银行的商业化改革。当前国有外汇银行所有制的根本症结在于产权的不明晰，从而造成经营者激励约束机制的不健全，不适应交易商制度的建立。解决这一问题的根本出路在于进一步对国有银行实行股份制改革，在适宜的时机将国有银行推向股票市场并逐步减少国家持股的比例，从而明确国有银行的产权归属。

　　（2）逐步放松外汇存货管制。一方面，随着中国经济开放程度的增加，用汇单位范围越来越大，国家对外汇资金的管理越来越困难；另一方面，中国国际收支的连年顺差也逐渐改变了过去外汇短缺的局面。

　　在新的情况下，结算外汇周转比例限额管理已逐渐失去了原有的意义；更重要的是，这一管制损害了中国银行业的竞争力，不适应建立交易商制度的要求。因此，对外汇银行的外汇存货管制存在改革的必然。

　　（3）促进外汇银行竞争、防止垄断。在资本流动不完全的条件下，当前中国外汇市场的交易很大部分集中于少数国有银行，造成了垄断的可能。这一方面是由于历史原因，另一方面也是由于政府管制形成的，为了建立有效的交易商制度，应该改变这种状况。

　　（4）人民币汇率机制与外汇市场发展相结合。从某种意义上说，外汇市场运行的过程也就是汇率生成的过程。因此，人民币汇率的生成机制问题是外汇市场运行的核心问题。灵活的汇率生成机制可以起到调节外汇供求，并为中央银行宏观调控提供信号的作用。

外汇市场40年：中国特色的发展道路探索

　　（5）完善中央银行的外汇干预机制。中央银行作为外汇市场的宏观调控者不宜在市场上过度或过于频繁地干预，要让市场参与者自由地决定交易。鉴于目前我国国际储备较为充足，对国内外汇投机风险具备较强的抵御能力，央行放宽外汇指定银行所持结转外汇数量的限制，扩大银行自由买卖外汇的额度范围，使他们真正成为外汇交易市场的主体，以发挥其在汇市中的缓冲调节功能，这对外汇市场的健康发展有着重大的意义。

模 块 小 结

　　（1）国际金融市场是指从事各种国际金融业务活动的场所和网络，包括有形市场和无形市场两种形式。国际金融市场由国际货币市场、国际资本市场、国际外汇市场和国际黄金市场构成。国际金融市场分为传统的国际金融市场和新型的国际金融市场两种类型。新型的国际金融市场即欧洲货币市场。欧洲货币市场在选择的货币、业务、资金来源、市场管制、交易成本方面不同于传统的国际金融市场。

　　（2）离岸金融中心分为功能中心和名义中心。功能中心又分为集中性中心和分离性中心；名义中心又分为基金中心和收放中心。

　　（3）外汇市场参与者主要有各国或地区的中央银行、商业银行、非银行金融机构、外汇经纪商、经济实体和个人。世界主要的外汇市场有伦敦、纽约、法兰克福、东京、巴黎、苏黎世、阿姆斯特丹、新加坡、香港、洛杉矶、蒙特利尔和悉尼。

（4）银行外汇交易形式有柜台交易、电话交易、自助交易、手机银行交易、网上交易等形式。国际上常用的外汇交易指令有市价指令、限价指令、止损指令和取消指令等。目前，全世界运用最广泛的通信工具有路透交易系统、电子经纪、环球金融电讯网、美国银行间清算支付系统、自动匹配系统等。

（5）通过外汇市场具有调剂资源、价格发现、避险、投机以及保障宏观调控的有效实施的功能。

（6）自改革开放以来，我国外汇市场在运行机制、交易制度、交易范围、交易币种、交易时间等方面不断完善。目前中国外汇市场由人民币兑外币和外币兑外币两大板块构成。又分为批发和零售两个层次。中国外汇市场正在进一步完善和发展。

习　题

一、判断题

1. 货币和资本的划分主要是以资金的用途为标准的。　　　　　　　　　　（　　　）
2. 通常所说的欧洲货币市场，是指在岸金融市场。　　　　　　　　　　　（　　　）
3. 国家干预外汇市场，当本币对外币的汇价偏高时，则买进外汇；当本币对外币的汇价偏低时，则卖出外汇。　　　　　　　　　　　　　　　　　　　　（　　　）

二、不定项选择题

1. 欧洲货币市场是经营（　　　　）业务的国际金融市场。
　　A．欧洲各国货币的存放和贷放　　　　B．境外货币的存放和贷放
　　C．市场所在国货币的存放和贷放　　　D．自由兑换货币的存放和贷放
2. 欧洲货币是指（　　　　）。
　　A．欧洲各国的货币
　　B．境外货币
　　C．国际金融市场上各种信贷货币的泛称
　　D．欧洲货币就是欧元
3. 筹集国际上的各种境外游资，然后主要贷放给本地区的需要者，这是（　　　　）型的离岸金融中心。
　　A．集中性中心　　　B．收放中心　　　　C．基金中心　　　　D．功能中心
4. 进行套汇活动时，要（　　　　）。
　　A．在汇率低的市场买进外汇　　　　　B．在汇率低的市场卖出外汇
　　C．在汇率高的市场买进外汇　　　　　D．在汇率高的市场卖出外汇

三、思考题

1. 欧洲货币市场与传统金融市场相比有什么不同？
2. 外汇市场的功能有哪些？
3. 常用的外汇交易指令有哪些？
4. 目前中国外汇市场交易的主体、交易币种和交易品种有哪些？
5. 试述外汇市场上投机者的作用。

实 训 课 堂

一、技能训练题

某年某月美国货币市场的年利率 1.5%，英国货币市场的年利率 4.75%，GBP/USD 即期汇率为 1.750 6，某投资者用 8 万英镑进行套利交易。计算当 1 年后 GBP/USD 的汇率为 1.752 6 或 1.748 6 时，该投资者的损益情况。

二、实训项目

项目（一）

1. 实训目的：学会运用柜台、电话和网络等交易形式进行外汇交易。

2. 实训方式：实地调查、网上调查，模拟交易。

3. 项目内容：了解银行是如何进行柜台、电话和网络交易的？并结合实际说明这些不同的交易形式的利弊。

4. 调研部门：国有银行、股份制银行和外资银行。

5. 实训指导：

第一步：对某家银行进行调查。

第二步：每人写出实训报告。

第三步：在实训室进行模拟交易。

项目（二）

1. 实训目的：学会套利。

2. 实训方式：进行模拟交易。

3. 项目内容：根据某银行汇率牌价和利率报价进行模拟交易。

4. 实训指导：

第一步：选择银行。

第二步：每位学员初始资金：模拟套利资金 10 万美元，10 万英镑，模拟交易有效时间为 1 ～ 2 个月。

第三步：进行模拟交易。

第四步：每人写出实训报告。

模块六

即期外汇交易

学习目标

【知识目标】

通过本模块学习，了解银行间以及银行与客户间即期外汇买卖的程序；懂得个人实盘外汇买卖开户手续、交易步骤和交易方式；掌握利用即期外汇买卖进行外汇保值和投机的操作。

【技能目标】

能够办理电汇、信汇和票汇业务；能够进行即期交叉汇率的计算。

【素质目标】

从国际贸易和金融从业人员视角理解即期外汇交易的避险功能。

引　言

某商业银行近日正式开办代客即期外汇买卖业务。业务开办 3 周时间内已成功拓展 4 家机构客户及 1 位个人客户，累计办理交易 24 笔，折合 324 万美元，既为客户规避了汇率风险，还提高了客户收益。目前，该行推出的交易货币对包括欧元 / 美元、英镑 / 美元、美元 / 港币、美元 / 日元和澳元 / 美元。

与代客即期外汇买卖不同的是风险更高的个人实盘外汇买卖。早在 1993 年，中国银行在国内就率先推出了个人实盘外汇买卖业务。而随着境内金融衍生产品与国际市场的逐步接轨，越来越多的国内银行也开办了外汇实盘交易业务。实盘外汇买卖是一个高风险的投资，为了降低投资者的风险，中国银行、招商银行还提供外汇期权服务。

那么，什么是即期外汇买卖和个人实盘外汇买卖？即期外汇买卖的功能就是"赚钱"吗？如何进行即期外汇买卖和个人外汇实盘买卖的操作呢？这些正是本模块所要阐述的内容。

单元一 即期外汇交易概述

一、即期外汇交易的含义

（一）定义

即期外汇交易（Spot Exchange Transaction）又称现汇交易，是指在外汇买卖成交后，原则上两个营业日以内完成资金交割的外汇业务。即期外汇交易是外汇交易中最基本的交易，在外汇市场各类交易中居于首位。

"两个营业日"也就是不包括银行节假日。若正逢银行节假日，则交割日顺延。

（二）交割日

交割就是交易双方各自按对方的需要，将卖出的货币及时解入对方指定账户的处理过程。在此，即期外汇交易与外钞兑换不同。外钞兑换虽也是一项经常性的银行业务，但它不存在外汇资金从一个账户到另一个账户的账面转移问题。

进行交割的日期称为交割日或起息日。不同外汇市场规定的即期交易的交割日是不同的。一般有下面三种情况：

1. 标准起息交易（Value Spot） 即交割日为成交日后第二个营业日。如在星期一达成一笔即期交易，应在星期三交割。目前，国际外汇市场普遍应用的是标准即期起息交易。

若在两天中恰逢两个结算国中某国银行（美国银行除外）的假日，则交割时间顺延。有两种情况：①如果成交后的第一天是两个结算国中某国银行的假日，这一天不算营业日，交割时间顺序推迟。②成交后的第一天是两国银行的营业日，但第二天是其中某一国银行的假日，这一天不算营业日，交割时间顺序推迟。

当交易涉及美元的时候。如果两天之中的头一天在美国是银行的假日，但在另一国不是，这一天也算作营业日。这样在对美元进行的即期交易中，交割日的确定可能出现四种情况，例如，德国一位交易者以美元买入即期欧元，星期一成交，可能会出现以下四种情况：

（1）星期二、三两国银行都营业，交割日为星期三。

（2）星期二是德国银行的假日，交割日推迟到星期四。

（3）星期二是美国银行的假日，交割日不受影响，仍为星期三。

（4）星期二已确定为营业日，星期三在美国或德国任何一国的银行是假日，交割日都要顺延到星期四。

2. 明天起息交易（Value Tomorrow，Value Tom） 即交割日为成交日后的第一个工作日，这在东京和新加坡等远东市场上使用。

3. 当天起息交易（Value Today） 即交割日为成交日的当天。

在我国香港外汇市场上，对不同的货币是区别对待的。港币对美元是在当天交割；港币对日元、新加坡元、马来西亚的林吉特和澳大利亚元是在次日交割；港币对其他货币则在成交日后第二个营业日交割。

就外汇买卖而言，"一言为定"是交易双方必须遵守的原则，交易双方一经成交，就不得擅自撤销或变更。

二、即期交叉汇率的计算

当任意两种货币无直接兑换比价时，则需要通过第三种货币间接计算，而得出的汇率是用交叉汇率计算的结果。交叉汇率分为即期交叉汇率和远期交叉汇率。这里先介绍即期交叉汇率的计算，远期交叉汇率的计算见模块七。

（1）两组汇率中，基准货币相同，报价货币不同，求报价货币之间的比价时交叉相除。

例6-1 某日，某银行的汇率报价如下：

美元兑日元（USD/JPY）为132.20/133.52；

美元兑港币（USD/HKD）为7.8103/7.8893。

港币兑日元（HKD/JPY）的交叉汇率计算如下：

将两项汇率的买入价和卖出价分别交叉相除，如图6-1所示。

港币兑日元的银行买入价＝美元兑日元买入价÷美元兑港币卖出价

$$=132.20÷7.8893=16.757$$

港币兑日元的银行卖出价＝美元兑日元卖出价÷美元兑港币买入价

$$=133.52÷7.8103=17.095$$

因此，港币兑日元（HKD/JPY）的交叉汇率为16.757/17.095。

（1）为什么港币兑日元的银行买入价＝美元兑日元买入价÷美元兑港币卖出价？

因为银行买入港币，卖出日元，可以分为两步：

1）银行卖出日元同时买入美元，因此选择美元兑日元汇率中的美元买入价，即按132.20的汇率买入美元，卖出日元。

2）银行卖出美元同时买入港币，因此选择美元兑港币汇率中的美元卖出价，即按7.8893的汇率卖出美元，买入港币。

将两者汇率相除，即得到港币兑日元的银行买入汇率。

（2）为什么港币兑日元的银行卖出价＝美元兑日元卖出价÷美元兑港币买入价？

因为银行卖出港币，买入日元，可以分为两步：

1）银行先卖出港币同时买入美元，因此选择美元兑港币汇率中的美元买入价，即按7.8103的汇率买入美元，卖出港币。

2）银行卖出美元同时买入日元，因此选择美元兑日元汇率中的美元卖出价，即按133.52的汇率卖出美元，买入日元。

将两者汇率相除，即得到港币兑日元的银行卖出汇率。

即期交叉汇率计算：基准货币相同，报价货币不同

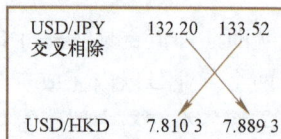

图6-1 交叉汇率计算1

（2）两组汇率中，基准货币不同，报价货币相同，求基准货币之间的比价时交叉相除。

例6-2 某日，银行汇率报价如下：

英镑兑美元（GBP/USD）为1.2102/1.2224；

澳大利亚元兑美元（AUD/USD）为0.6965/0.7035。

英镑兑澳大利亚元（GBP/AUD）的交叉汇率计算如下：

将两项汇率的买入价和卖出价分别交叉相除，如图6-2所示。

图6-2 交叉汇率计算2

英镑兑澳大利亚元的银行买入价＝英镑兑美元买入价÷澳大利亚元兑美元卖出价

$$=1.210\ 2÷0.703\ 5=1.720\ 3$$

英镑兑澳大利亚元的银行卖出价＝英镑兑美元卖出价÷澳大利亚元兑美元买入价

$$=1.222\ 4÷0.696\ 5=1.755\ 1$$

因此，英镑兑澳大利亚元（GBP/AUD）的交叉汇率为 1.7203/1.7551。

在基准货币不同，而标价货币相同，求两种基准货币之间的汇率时，其计算方法的推理过程与例 6-1 相同。

（3）两组汇率中，一基准货币与一报价货币相同，求另一基准货币与另一报价货币之间的比价时同向相乘。

例 6-3　某日，国际外汇市场某银行报价如下：

英镑兑美元（GBP/USD）为 1.2102/1.2224；

美元兑日元（USD/JPY）为 132.20/133.52。

英镑兑日元（GBP/JPY）的交叉汇率计算如图 6-3 所示。

GBP/USD	1.210 2	1.222 4
同向相乘		
	↓	↓
USD/JPY	132.20	133.52

图 6-3　交叉汇率计算 3

英镑兑日元的银行买入价＝美元兑日元买入价×英镑兑美元买入价

$$=132.20×1.210\ 2=159.99$$

英镑兑日元的银行卖出价＝美元兑日元卖出价×英镑兑美元卖出价

$$=133.52×1.222\ 4=163.21$$

因此，英镑兑日元（GBP/JPY）的交叉汇率为 159.99/163.21。

（1）为什么英镑兑日元的银行买入价＝美元兑日元买入价×英镑兑美元买入价？

因为银行买入英镑，卖出日元，可以分为两个步骤：

1）银行卖出日元同时买入美元，因此选择美元兑日元汇率中的美元买入价，即按 132.20 的汇率买入美元，卖出日元。

2）银行卖出美元同时买入英镑，因此选择英镑兑美元汇率中的英镑买入价，即按 1.210 2 的汇率买入英镑，卖出美元。

将两者汇率相乘，即得到英镑兑日元的银行买入汇率。

（2）为什么英镑兑日元的银行卖出价＝美元兑日元卖出价×英镑兑美元卖出价？

因为银行卖出英镑，买入日元，可以分为两个步骤：

1）银行卖出英镑同时买入美元，因此选择英镑兑美元汇率中的英镑卖出价，即按 1.222 4 的汇率卖出英镑，买入美元。

2）银行卖出美元同时买进日元，因此选择美元兑日元的汇率中的美元卖出价，即按 133.52 的汇率卖出美元，买入日元。

将两者汇率相乘，即得到英镑兑日元的银行卖出汇率。

单元二　即期外汇交易的操作程序

一、银行间即期外汇业务的操作程序

在外汇市场开市前，银行交易员的工作是搜集资料，了解其他地区外汇市场的汇率，分析

可能影响汇率变动的各种因素，掌握本银行的外汇头寸状况。在此基础上，对汇率变动趋势做出大致的预测，并确定开市后前几笔交易所要买进或卖出的外汇种类和数额。

（一）询价（Asking Price）

询价指一个银行向另一个银行询问某种即期外汇交易的汇率。询价是交易的起点，询价行无须向对方表明自己是以卖者还是以买者的身份来询价的，在一定程度上身份的选择取决于对方的报价。但询价方需要向对方表示交易的数量，因为它会影响汇率的数值。询价可通过电话、网络等通信工具进行，但仍有一些约定俗成的规则或惯例要求交易双方在交易时严格遵守。

询价方需报清所询价格的交易类型、交易币种和交易金额，并可按惯例使用缩写。

（二）报价（Quotation）

报价指一个银行向另一个银行表示愿按某种汇率进行外汇交易的意愿，它对报价方具有法律约束力。报价方在接到询价方询问后，要以最快的速度做出报价。在外汇市场上，报价通常采用简单形式。通常只需报出汇率的最后两位小数，但遇汇率异常波动时要将大数同时报出。在成交后的证实中也必须将大数标明。

只要询价者愿意按所报出的汇率进行交易，报价者都必须同意，买卖一经成交即不得反悔、变更或要求撤销。

（三）成交（Done）或放弃（Nothing）

当报价方报出询价方所需要的汇价后，询价方对报价迅速做出反应，成交或者放弃，而不能与报价方讨价还价。一旦成交，便对交易双方具有约束力。除非双方同意，否则任何一方无权擅自对交易细节进行修改或否认。

（四）证实（Confirmation）

成交后，交易双方必须就交易的详细内容，进行一次完整的重复确认。交易的证实部分通常包括五项缺一不可的内容：交易汇率（Rate），大小数全部列明；买卖货币的名称（Currency），表明买入哪种货币，卖出哪种货币；买卖金额（Amount），成交的是哪种货币的金额；起息日（Value Date），证实起息日期；收付账户（Payment），交易双方还必须把各自买入的货币应划入哪个银行账户告知对方。

交易结束后，若发现原证实有错误或遗漏，交易员则应尽快与交易对手重新证实。重新证实后的内容，必须得到交易双方的同意方可生效。

（五）交割（Delivery）

交割指交易双方分别按对方要求，把卖出的货币划入对方指定的账户。以上过程可以通过下面的例子来说明：

A 银行询价：即期交易，英镑兑美元，金额 500 万英镑。

B 银行报价：303/305。

A 银行：我方卖出英镑。

B 银行：500 万英镑成交，证实我方在 1.330 3 买入英镑，卖出美元，起息日为 2022 年 7 月 9 日，英镑请付我行伦敦分行账户。谢谢，再见。

A 银行：同意，美元请付我行纽约分行账户。谢谢，再见。

二、银行与客户间即期外汇买卖的程序

下面以中国银行对公司客户交易为例，说明银行为客户即期外汇买卖的程序。

（一）开立账户

开立相应外汇账户或持转账支票到银行（公司客户须持有进出口贸易合同），在银行开证并开立相应的外币账户，账户中有足够支付的金额，或携带以银行为收款人的转账支票，直接将卖出的货币转入银行。外汇买卖有最低金额限制，如有的银行规定外汇买卖金额不得低于5万美元。

（二）填表

填制"保值外汇买卖申请书"（有企业法人代表或有权签字人签字并加盖公章）。客户在填制"保值外汇买卖申请书"时，须向银行预留买入货币的交割账号，交易达成后，银行在交割日当天把客户买入的货币划入上述指定的账户。

客户可通过电话、网络等通信工具在银行办理即期外汇买卖。客户申请通过电话或网络交易，须向银行提交由企业法人代表签字并加盖公章的"委托交易授权书"，指定被授权人可通过电话、网络等方式与银行叙做即期外汇交易，同时，被授权人必须在银行预留交易密码。若对已达成的交易有争议，以银行的交易电话录音或线上交易记录为准。

（三）询价

客户向银行询价交易。外汇买卖价格由银行参照国际市场价格确定，客户一旦接受银行报价，交易便成立，客户不得要求更改或取消该交易，否则由此产生的损失及费用由客户承担。

（四）交易（略）

（五）交割（略）

单元三　即期外汇交易的运用

一、外汇银行与客户之间和银行与银行间的即期外汇业务

（一）外汇银行与客户之间的即期外汇业务

外汇银行与客户之间的即期外汇业务主要有汇出汇款、汇入汇款、出口收汇、进口付汇、外汇投资和投机。

1. 汇出汇款　汇出汇款是指汇出行接受汇款人的委托向外国支付一定金额外币的行为。持有外币的汇款人委托汇出行直接汇出；未持有外币的汇款人则要向汇出行支付本币，兑换成外币后委托汇出行汇出，这时汇出行便请求收款人的往来银行从本行的外币结算账户中借记相应的金额，支付给收款人。

汇款有电汇、信汇和票汇三种方式。

（1）电汇（Telegraphic Transfer，T/T）。电汇是汇出行以加押电报、电传或 SWIFT（全球银行金融电信协会）等电信手段向汇入行发出付款委托，指示和授权汇入行解付一定金额给收款人的一种汇款方式。

电汇的费用包括手续费和电报费。例如我国国内某银行手续费，按汇出金额的 1‰，最高收取人民币 260 元，最低收取人民币 50 元；电报费 150 元人民币（港澳地区 80 元人民币）。如果是现钞的电汇，除手续费和电报费外还有钞转汇差价（外汇现汇不收差价费）。

对汇款者而言，电汇方式的特点是：电汇方式成本高，但结算安全及时，可加速收款人（出口商）资本周转，能减少其外汇风险，有利于收款人；适用于急需购买的商品的汇款和大额汇款。对银行业务而言，可增加营业额，且易于控制交易的真实性。

（2）信汇（Mail Transfer，M/T）。信汇是以航空信函的方式向汇入行发出付款委托，指示和授权汇入行解付一定金额给收款人的一种汇款方式。

信汇凭证是信汇付款委托书。其内容与电汇委托书内容相同，只是汇出行在信汇委托书上不加密押，而以负责人签字代替。

对汇款者而言，信汇方式的特点是：比电汇成本低；但收款时间长，易错过商机，目前由于电信事业的迅速发展，信汇在实际业务中较少使用，甚至有的银行不用这种方式。信汇对汇款者（进口商或债务人）有利，较适于金额小的交易汇款。

（3）票汇（Demand Draft，D/D）。票汇是指汇出行应汇款人的申请，开立以汇入行为付款人的汇票，列明收款人姓名和所在国家及城市名称、汇款金额等交给汇款人，由汇款人寄给收款人或自行携带出境，凭票取款的一种汇款方式。

票汇方式的特点是汇入行不需要通知收款人前来取款，由收款人持票上门自取；收款人通过背书可以转让汇票；到银行领取汇票的很可能不是汇票上列明的收款人本人，而是其他人，所以票汇涉及的当事人较多。

票汇费用较低，只包括手续费、差价费（外汇现汇不收差价费）。例如我国国内某银行票汇：手续费为汇出金额的 1‰，最高收取人民币 300 元，最低收取人民币 50 元。

以上三种方式中票汇成本最低，有利于汇款者，但结算速度慢；银行因为可以利用客户交来的款项贷放，从而收取利息，对银行有利。电汇、信汇和票汇汇款方式的比较见表 6-1。

表 6-1　电汇、信汇和票汇汇款方式的比较

外汇业务方式	通 知 方 式	凭　　证	是否有密押	成　本	作　用	适 用 范 围	能 否 转 让
电汇 T/T	电报电传	电报付款、委托书	有	最高	对收款人有利	急需商品，大额汇款的交易	否
信汇 M/T	信函	信汇付款、委托书	无	稍低	对付款人有利	小额汇款	否
票汇 D/D	携带出境	银行汇票	无	最低	对付款人有利	佣金回扣、索赔，样品和展品出售等小额汇款的交易	能

2. 汇入汇款　汇入汇款是指外汇银行（汇入行）接受汇款人委托向收款人解付一定外币的行为。收款人收到外币后，可存入自己的外币账户，也可将外汇卖给银行，兑换成本币。

3. 出口收汇　出口收汇是指在信用证结算方式下，出口商根据信用证发货并取得全套单据后交银行议付货款，收回一定金额货款的行为。

4. 进口付汇　进口付汇是指在信用证结算方式下，开证行取得全套单据后向进口商提示，要求进口商根据信用证的规定支付一定金额的本币赎取全套单据的行为。实际上是进口商用本

币向开证行买入了一笔外汇，开证行卖出外汇的即期外汇业务。

5. 外汇投资和投机　外汇投资和投机是指客户以外汇作为投资或投机工具的对外投资活动。此时，客户必须首先在外汇银行开立账户并存入一定的保证金之后，便可买卖相同于或数倍于保证金的外汇，进行投资或投机。

（二）银行与银行间的即期外汇业务

银行与银行间的即期外汇业务主要是外汇银行平衡外汇头寸的交易（又称平盘）。当某种外汇处于多头地位时，为了防止该种外汇汇率下跌，必须将多头部分的外汇及时卖出；当某种外汇处于空头地位时，为了防止该种外汇汇率上升，必须将空头部分的外汇及时补进。当一些银行处于多头地位时，总有另一些银行处于空头地位，它们之间在银行同业市场上相互交易，各自得到平衡。同业交易员根据市场汇率变动和利率变动等因素的分析，也可以推迟平盘，但有关于平盘的最高头寸额度的限制。

二、利用即期外汇买卖进行外汇保值和投机

（一）保值

不论是外汇银行为客户服务的交易还是外汇银行之间的交易，都可以利用即期外汇交易达到保值目的。

1. 为银行保值　外汇银行与客户进行外汇买卖业务中出现的外汇头寸，需要通过银行间外汇交易及时轧平，以保持银行资产的平衡。

> **例6-4**　某年7月19日，中国银行某分行通过当天本行外汇头寸变化表发现该行的美元头寸超买了100万美元，而日元的头寸又超卖了13 765万日元。在这种情况下，为减少外汇买卖风险，该银行应及时弥补日元头寸。当天国际市场美元对日元的即期汇率为1美元=137.65日元，该银行与日本和其他国家的联行或代理行或其他银行联系，希望按现汇率卖出100万美元，买入13 765万日元。该行7月19日与日本东京银行通过电话达成一项即期外汇买卖交易。7月20日（营业日）中国银行和日本东京银行分别按对方的要求将卖出的货币解入对方指定的账户内，从而完成了整个外汇交易过程。

2. 为客户保值

> **例6-5**　某年4月2日，美元兑日元即期汇率为133.50。根据贸易合同，某进口商将在同年9月10日支付2亿日元的进口货款，进口商的资金来源只有美元。进口商由于担心美元兑日元贬值增加换汇成本，需要通过外汇买卖对汇率风险进行保值，进口商通常可做即期外汇买卖：用美元按即期价格133.50买入日元，并将日元存入银行，到6个月后支付。

（二）投机

利用即期外汇买卖还可进行外汇投机。在即期外汇市场上，人们会利用国际汇价的不同，谋取差价利益（详见单元四中套汇、外汇保证金交易和实盘外汇买卖的内容）。

单元四　外汇实盘交易和虚盘交易

外汇交易按照是否透支资金可分为实盘外汇交易和虚盘外汇交易。

一、实盘外汇交易

下面以个人实盘外汇买卖为例进行介绍。

（一）个人实盘外汇买卖的含义

个人实盘外汇买卖是指拥有外汇存款或外币现钞的私人客户，通过柜台服务人员或其他电子金融服务方式，在可自由兑换的外币之间进行不可透支的现汇交易。所谓"实盘"即客户外汇账户必须持有足额的可操作货币，方可卖出其持有的外币，买入其他外币的交易，资金交割和清算都在交易成交后完成。个人实盘外汇买卖只能进行外汇与外汇的交易，不能使用人民币来进行交易（因人民币目前尚不能自由兑换成外币）。在我国凡持有有效身份证件、拥有完全民事行为能力的境内居民个人，均可进行个人实盘外汇交易。但外汇买卖更适合于手中有外币现钞或现汇的客户，尤其适合有正当外汇来源，并有经常性外币兑换需要的客户。

目前我国绝大部分中资银行都开办了外汇买卖业务，并且服务的项目和手段也在不断增加。

（二）个人实盘外汇买卖的功能

通过个人外汇买卖，可以利用手中持有的外币达到保值或增值的目的，还可以减少货币之间的兑换成本。

1. 保值　通过个人外汇买卖，有以下几种方法可达到外币资产保值的目的：

（1）采用多币种组合原理，即将比较单一的货币兑换成多种货币，根据一定的组合比例进行分配。这样可以分散风险，降低单个货币变化所引起的收益不稳定的风险。

（2）选择与人民币汇率相对稳定的外币。与人民币汇率相对稳定的货币在国内的购买力也相对稳定，如果某外币与人民币间的汇率波动很大，在汇率下跌时抽回资金，就会有很大亏损。因此，选择与本币汇率稳定的外币可降低汇率风险。

（3）调整所持有的外汇，避免所需外汇贬值的风险。例如，某人要去加拿大留学，但手中持有的是美元，那么可以趁加元下跌之际买入加元，以防今后需要之时因加元上涨带来的换汇损失。

2. 增值　通过个人外汇买卖，有以下几种方法达到外币资产增值的目的：

（1）套汇。利用国际外汇市场的此涨彼跌汇率波动，采用不同交割期限，低买高卖以赚取汇差收益。

（2）套利。将持有的较低利率的外币兑换为另一种较高利率的外币，从而增加外币存款的利息收入。

例如，某客户从国外收到日元汇款，一年内无须动用，打算进行储蓄，但当时日元的利率太低，1年期存款收益率为0.01%。因此该客户可以选择个人外汇买卖，将日元以极低的成本兑换为利率较高的澳元进行储蓄，目前，澳元在国内1年期存款收益率为1.50%，这样便增加了存款的利息收入。当该客户需要日元时，可随时将澳元兑换为日元，而不会受任何外汇管制政策的限制。但进行这项业务时要考虑汇率变动的因素，权衡利率与汇率的得失。

（3）获取利息收入。银行的个人外汇买卖交易，是在客户本人外汇账户各币种存款之间划转，客户在炒汇的同时，可获取相应的存款利息收入。

3. 节省货币兑换成本　在人民币兑换外币时，如果按银行外汇牌价兑换外汇，由于外汇的现汇和现钞是不等值的，即现钞的买入价比现汇的买入价低，存在钞汇转换成本；如果通过个人外汇买卖，就可节省钞汇转换成本，因为个人外汇买卖现钞价格与现汇价格相同。

在外币与外币兑换中，也能够节省兑换成本。当客户在金融机构将一种外币转变成另一种外币时，可按照人民币牌价进行折算，也可以通过个人外汇买卖的即时报价折算。选择后者折算能够节省货币兑换成本，如例6-6所述。

> **例6-6**　某日，一位客户想要将100美元现汇兑换成英镑，有两种方法：
>
> （1）按照银行外汇牌价先将美元折算成人民币，再将人民币折算成英镑（见表6-2）。
>
> **表6-2　工商银行人民币即期外汇牌价**
>
> | 币　　种 | 现汇买入价 | 现钞买入价 | 现汇卖出价 | 现钞卖出价 |
> | --- | --- | --- | --- | --- |
> | 100 美元 | 673.07 | 667.68 | 675.63 | 675.63 |
> | 100 英镑 | 818.51 | 795.10 | 824.01 | 824.01 |
>
> 第一步，按照该银行当日外汇牌价先将100美元现汇折算为人民币：
>
> $$100×673.07÷100=673.07 \text{ 元人民币}$$
>
> 第二步，按照该银行当日外汇牌价将673.07元人民币折算为英镑现汇：
>
> $$673.07÷8.240\ 1=81.68 \text{ 英镑}$$
>
> （2）通过个人外汇买卖外币之间的报价直接将客户100美元现汇兑换成英镑（见表6-3）。
>
> **表6-3　工商银行个人外汇买卖牌价**
>
> | 币　种　对 | 买　进　价 | 卖　出　价 | 中　间　价 |
> | --- | --- | --- | --- |
> | 英镑/美元 | 1.216 3 | 1.219 3 | 1.217 8 |
>
> 按照工商银行个人外汇买卖当时的牌价，100美元现汇兑换成英镑：
>
> $$100÷1.219\ 3=82.01 \text{ 英镑}$$
>
> 由于个人外汇买卖报价的买卖差价比用人民币牌价折算的差价要小，而且个人外汇买卖成交牌价更接近国际市场行情，所以，对客户而言，外币之间的兑换通过个人外汇买卖的途径更为有利。

（三）交易币种

目前个人实盘外汇买卖交易币种有港币、美元、欧元、日元、英镑、澳大利亚元、瑞士法郎（简称"瑞郎"）、加拿大元（简称"加元"）、新加坡元（简称"新元"）等多种货币。

在个人实盘外汇买卖中有直盘报价和交叉盘报价。其中采用直盘报价的货币对[1]有：美元/港币 USD/HKD、美元/日元 USD/JPY、欧元/美元 EUR/USD、英镑/美元 GBP/USD、澳大利亚元/美元 AUD/USD、美元/瑞士法郎 USD/CHF、美元/新加坡元 USD/SGD、美元/加拿大元 USD/CAD、新西兰元/美元 NZD/USD、美元/澳门元 USD/MOP。

采用交叉盘报价的货币对[2]有：日元/港币 JPY/HKD、欧元/港币 EUR/HKD、英镑/港币 GBP/

---

[1] 来源：中国银行官方网站（www.boc.cn）。

[2] 仅为部分常见交叉盘报价的货币对，来源：新浪财经/外汇 http://finance.sina.com.cn/forex/。

HKD、澳元 / 港币 AUD/HKD、加元 / 港币 CAD/HKD、瑞郎 / 港币 CHF/HKD、欧元 / 日元 EUR/JPY、英镑 / 日元 GBP/JPY、澳元 / 日元 AUD/JPY、加元 / 日元 CAD/JPY、瑞郎 / 日元 CHF/JPY、英镑 / 欧元 GBP/EUR、欧元 / 澳元 EUR/AUD、欧元 / 加元 EUR/CAD、欧元 / 瑞郎 EUR/CHF、英镑 / 澳元 GBP/AUD、英镑 / 加元 GBP/CAD、英镑 / 瑞郎 GBP/CHF、澳元 / 加元 AUD/CAD、澳元 / 瑞郎 AUD/CHF、瑞郎 / 加元 CHF/CAD、新加坡元 / 港币 SGD/HKD、新加坡元 / 日元 SGD/JPY、澳元 / 新西兰元 AUD/NZD、英镑 / 新西兰元 GBP/NZD、加元 / 新西兰元 CAD/NZD、欧元 / 新西兰元 EUR/NZD、加元 / 新西兰元 CAD/NZD、欧元 / 新西兰元 EUR/NZD，投资者可以选择任意一对外币之间的直接报价做外汇买卖。每笔交易起点金额为 100 美元或其他等值外币。

（四）清算方式

清算方式采取"T+0"交易，也就是说可以当天买进卖出。因此，投资者可以方便地进行"T+0"回转交易操作。一笔交易一旦成交，有回报记录，则客户可以马上使用买入的货币进行新的交易，当日可进行多次反向交易，提供更多投资机遇。

（五）交易时间

不同交易方式有不同的交易时间。柜台交易时间通常与当地银行营业网点的营业时间相关，一般是从早上 8:00 ～ 9:00 持续到下午 6:00 ～ 7:00，也有部分银行会持续到凌晨 4:00。其他交易方式的交易时间与国际汇市同步，通常是 24 小时全天候交易，从周一凌晨国际市场开市一直持续到周六凌晨国际市场休市。有的银行系统因为结算等原因，可能会有固定的某个时间段暂停交易。

（六）银行报价

银行对个人实盘外汇买卖的报价是参照国际外汇市场即时汇率加上一定的买卖差价（点差）确定的，即银行报价中的买价要低于国际外汇市场的汇率，而卖价要高于国际外汇市场的汇率，如市场价 1 美元兑日元价格在 102.40/50，银行对客户的报价在 102.20/70。银行与国际外汇市场价差，包含了交易手续费，也包含了银行承担外汇买卖风险的报酬。大部分银行直盘规定的点差小于交叉盘的点差，并对大额交易实行一定点差的优惠。

> **例 6-7**　假设当前国际市场报价为：EUR/USD=1.1769/770，起点交易金额和点差参数见表 6-4，举例说明某银行报价。
>
> **表 6-4　某银行个人实盘外汇买卖报价（欧元兑美元）**
>
> | 价格档次 | 基 本 价 | 优 惠 价 | 大 额 价 | 贵 宾 价 | 至 尊 价 |
> | --- | --- | --- | --- | --- | --- |
> | 起点交易金额 | 100 | 实行多档分级优惠，交易金额只要满足相应档次起点，即可享有对应档次优惠报价，为单笔大额交易客户提供更大获利空间（具体优惠方式以当地工行公布为准）⊖ | | | |
> | 点差参数 | 30 | | | | |
> | 银行报价 | 1.1753/783 | | | | |

个人实盘外汇买卖的牌价分为现汇买入价、现钞买入价、现汇卖出价和现钞卖出价。但银行为了给客户提供更多的优惠，目前都实行钞汇卖出同价。

银行对个人实盘外汇买卖的报价也是随着国际外汇市场汇率行情波动而波动的。但目前各银行汇率变动的即时性不太一样。有的银行牌价大约每隔 40 秒变动一次。有的银行当国际外汇市场汇率变化不超过 20 个基本点时，汇率报价每 30 秒更新一次；当国际外汇市场汇率某币种的价格变化超过 20 个基本点时，汇率报价自动调整更新。

⊖ 详见中国工商银行官方网站（www.icbc.com.cn）。

（七）交易方式

个人实盘外汇买卖通过柜台交易、电话交易、自助交易、网上交易、手机银行交易等方式进行。

1. 柜台交易　个人可以到银行（以工商银行为例）开办外汇买卖业务的储蓄所办理柜台交易。具体过程如下：

（1）持本人有效身份证件（身份证、军官证、士兵证）到银行营业柜台开立活期一本通或工银灵通卡、理财金账户。

（2）客户在柜台领取个人外汇买卖申请书，按表中要求填写买卖外币种类、金额、认可的牌价并签字，连同本人身份证或工银灵通卡、理财金账户交柜台经办员审核清点。

（3）经办员审核无误，将外汇交易水单交客户确认。成交汇率即以该水单上的汇率为准。

（4）客户确认后签字，即为成交。

2. 电话交易　客户通过音频电话或手机完成买卖交易而不需要到银行柜台办理。

（1）客户须先持身份证到银行开立个人外汇买卖电话交易专用存折，预留密码，并领取电话委托交易规程和操作说明，将填好的电话交易申请书（或委托书）和身份证、开户外币资金交柜台，设定电话委托交易的专用密码（该密码可与存折密码不同）。

（2）按照各银行的交易规程进行交易。

（3）电话交易完成后客户可以通过电话或传真查询证实，成交后该笔交易不得撤销。

3. 自助交易　具体手续为：

（1）办理银行活期存折及银行卡，存入一定金额的外币。

（2）持有效身份证件，向银行提出申请，填妥相关申请表并签署协议，与存折及银行卡一起交柜台服务员。

（3）自行输入6位数字生成账户密码后，自助交易账户即已开通。

（4）使用自助交易设备，输入正确的密码后，即可进行交易。

4. 网上交易　开户具体手续为：

（1）客户提供与电话交易开户相同的证件，办理指定银行卡，存入50美元或其他等值外币。

（2）填写网上交易申请书后，银行发给客户一个用户号和密码信封。

（3）客户凭用户号和密码信封中的密码上网登录银行的网站，完成安全证书文件的下载，成功之后，就可以安全地进行网上交易了。

5. 手机银行交易　目前许多银行都开通了手机银行交易方式，以招商银行为例，其手机银行操作程序及功能如图6-4所示。

一些银行对个人实盘外汇买卖有开户起点金额的限制。

（八）交易指令

交易指令主要有即时委托、挂盘委托、止损委托、二选一委托、追加委托和撤单委托等。

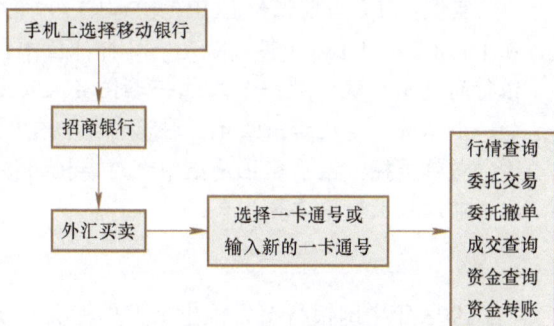

图6-4　招商银行手机银行操作程序及功能

小资料 6-1 招商银行个人实盘外汇买卖交易系统提供的委托指令

　　即时委托：即时委托是以立即有效的价格完成交易的买卖指令，成交汇率为市场正在进行交易的当前汇率。

　　实例：如果在客户做买入欧元卖出美元的即时委托时，市场汇价是 1.1797/827，那么即时委托就以 1.182 7 的价格买入欧元卖出美元。

　　挂盘委托：挂盘委托是当市场汇率达到指定价位时按市场汇率完成交易的买卖指令。挂盘委托的价格通常高于买卖货币当前的市价。

　　实例：如果客户持有一笔欧元头寸（以 1.167 5 的价格买入），希望在汇价 1.173 5 时卖出欧元，就可以通过招商银行的系统投放挂盘委托，当市场汇价达到 1.173 5 时（等于或大于 1.173 5），客户的委托成交并为其带来至少 60 点的利润。

　　止损委托：止损委托是当市场汇率达到并跌破指定价位时按市场汇率完成交易的买卖指令。止损委托的价格通常低于买卖货币当前的市价。

　　实例：如果客户持有一笔欧元头寸（以 1.167 5 的价格买入），当前汇价 1.1655/675，为防止欧元贬值可能带来的损失，此时客户可通过招商银行的交易系统投放一个止损委托的交易指令。比如，客户可将止损委托设定成以 1.164 5 的价格卖出欧元，这样在欧元下跌时，客户最多损失 30 点。

　　二选一委托：二选一委托由挂盘委托和止损委托两部分组成，即该委托可以同时预设挂盘价和止损价，俗称天地价。一旦市场汇率达到指定价位（挂盘价或止损价），委托的一半将被执行（挂盘或止损），同时，剩余部分的委托将被取消（止损或挂盘）。

　　实例：如果客户持有一笔欧元头寸（以 1.167 5 的价格买入），此时他希望同时投放一份挂盘委托和一份止损委托，以保护自己的利益，控制欧元下跌造成的损失，就可通过招商银行的交易系统投放一份二选一委托的交易指令。如果客户的二选一委托挂盘汇率为 1.172 5，而二选一委托的止损汇率为 1.164 5，一旦市场汇率达到 1.172 5，那么系统将为客户在 1.172 5 卖出欧元，同时止损汇率被撤销；反之，如果欧元跌至 1.164 5，则系统将按止损价卖出欧元，同时挂盘汇率被撤销。

　　追加委托：追加委托是一种假设完成委托，在与其相关联的原委托成交后随即生效并投放市场。其交易方向与原委托的交易方向相反，卖出金额为原委托的买入金额。原委托可以是挂盘委托、止损委托或二选一委托，追加的委托也可以是挂盘委托、止损委托或二选一委托。

　　实例：假定当前汇价 EUR/USD=1.1797/827，根据预测，投资者针对欧元的操作策略为在 1.178 2 ～ 1.180 2 买入欧元，目标价位 1.185 7，止损价位 1.175 2，客户可以通过招商银行的交易系统投放一个二选一委托买入欧元，挂盘价 1.178 2，止损价 1.180 2；同时追加一个二选一委托卖出欧元，挂盘价 1.185 7，止损价 1.175 2，以实现利润或及时止损。

　　撤单委托：撤单委托是撤销之前委托的指令。对未成交的委托及未生效的追加委托，客户可以投放撤单委托指令。

（资料来源：招商银行网站）

　　自 1993 年中国银行率先推出个人外汇买卖实盘交易以来，至 2013 年，除个别银行以外，全国各大商业银行基本已陆续开展此项业务。但各家银行对个人外汇买卖业务的规定不尽相同，甚至同一银行在不同地市的规定都有所区别，但总体来看是大同小异的。

二、虚盘外汇交易

下面以外汇保证金交易为例介绍虚盘外汇交易。

（一）虚盘外汇交易的含义

"虚盘"是相对于"实盘"而言的，例如，外汇保证金交易（又称合约现货外汇交易或按金交易）属于虚盘交易，它是指金融机构与投资者签订委托买卖外汇的合同，投资者缴付一定比率的交易保证金，便可按一定融资倍数进行的外汇交易。

（二）外汇保证金交易的特点

与个人实盘外汇买卖相比，外汇保证金交易有以下特点：

（1）以合约形式买卖。外汇合约的金额以固定的数目作为一个单位来进行，通常叫作1手（1口）合约。外汇保证金交易只是对某种外汇的某个价格做出书面或口头的承诺，然后等待价格上升或下跌时，再做买卖的结算。

（2）以小搏大。客户实际交易金额是其缴付保证金的几十倍或上百倍。各机构在这个方面有所不同，有40倍、50倍、100倍、200倍、400倍等。例如：如果投资者以2 000美元现金开立一个保证金账户，并采用实际交易金额是其缴付保证金的100倍，那么投资者可以买到价值高达200 000美元的外汇。也就是说，该投资者拥有200 000美元的购买能力。

当客户买卖亏损达到保证金一定比率（通常为80%）时，客户须追加保证金，否则银行将强制平仓。这种方式节省了投资金额，且买卖方向正确即可获得高额盈利，但其风险性也极高，交易风险也起到同倍扩大的作用，操作不慎极易血本无归。

（3）双向操作。客户既可以在低价位先买，待价格升高后再卖出，也可以在高价位先卖，等价格跌落后再买入。投资者若能灵活运用这一方法，不仅可在上升的行情中获利，也可以在下跌的形势下赚钱。

（4）财息兼收。在外汇保证金交易中，投资者不但可从汇率变化的价差中获利，还可获得利息收入。合约现货外汇的计息方法，是以投资者投资的合约金额计算。例如，投资者投入1万美元做保证金，共买了5个合约的英镑，那么，利息的计算不是按投资人投入的1万美元计算，而是按5个合约的英镑总值（英镑的合约价值乘合约数量）计算。

但财息兼收也不意味着买卖任何一种外币都有利息可收，只有买高息外币才有利息的收入，卖高息外币不仅没有利息收入，投资者还必须支付利息。由于各国的利息会经常调整，因此，不同时期不同货币的利息的支付或收取是不一样的，投资者要以从事外币交易的交易商公布的利息收取标准为依据。

利息的计算公式有两种：一种是用于直接标价的外币，如日元、瑞士法郎等；另一种是用于间接标价的外币，如欧元、英镑、澳元等。

日元、瑞士法郎的利息计算公式为

$$利息 = 合约金额 \times 利率 \times 合约数$$

欧元、英镑的利息计算公式为

$$利息 = 合约金额 \times 入市价 \times 利率 \times 合约数$$

（三）外汇保证金交易的盈亏计算

投资者如何来计算合约现货外汇买卖的盈亏呢？

（1）要考虑外汇汇率的变化。投资者获取投资利润的主要途径是汇率的波动。

例6-8

1）盈利。

假设当前 GBP/USD 的汇率是 1.3847/52。

刘先生预计英镑会相对于美元升值，所以以卖出价 1 英镑兑 1.385 2 美元买入一手（即 10 万）英镑。

合约价值是 100 000×1.385 2=138 520 美元。经纪商对美元保证金的要求是 2.5%（或 40 倍），所以刘先生必须保证自己的保证金账户上至少存有 2.5%×138 520 =3 463 美元。

后来，GBP/USD 果然升值了，达到 1.4000/05，刘先生这时决定以买入价汇率卖出英镑、买回美元。这时，刘先生的收益如下：

100 000×（1.400 0-1.385 2）=1 480 美元，相当于一个点赚了 10 美元。

2）亏损。

如果 GBP/USD 跌至 1.3700/75，刘先生的亏损如下：

100 000×（1.370 0-1.385 2）=-1 520 美元，亏损了 1 520 美元。

（2）要考虑利息的支出与收益。虽然买高息外币会得到一定的利息，但卖高息外币要支付一定的利息。如果是短线的投资（如几天内），利息支出与收益很少，利息支出对盈利或者亏损影响很小。但对中、长线投资者来说，利息却是一个不可忽视的主要因素。同时，投资者要权衡外汇汇率与利息收入或支出的得与失。有的投资者喜欢买高息外币，却忽视了外币的走势，结果利息的收入弥补不了高息外币下跌带来的损失。

（3）要考虑手续费的支出。投资者要把这部分支出计算到成本中去。投资者买卖合约外汇要通过金融公司进行，金融公司收取的手续费是按投资者买卖合约的数量，而不是按盈利或亏损的多少，因此，这是一个固定的量。

以上三个方面，构成了计算合约现货外汇盈利及亏损的计算方法。

模 块 小 结

（1）即期外汇交易是指在外汇买卖成交后，原则上两个营业日以内完成资金交割的外汇业务。其交割日有三种情况：标准起息交易，即交割日为成交日后第二个营业日；明天起息交易，即交割日为成交日后的第一个工作日；当天起息交易，即交割日为成交日的当天。

（2）即期交叉汇率的计算的方法有三种：①两组汇率中，基准货币相同，报价货币不同，求报价货币之间的比价时交叉相除；②两组汇率中，基准货币不同，报价货币相同，求基准货币之间的比价时交叉相除；③两组汇率中，一基准货币与一报价货币相同，求另一基准货币与另一报价货币之间的比价时同向相乘。

（3）即期外汇业务的操作中，银行间即期外汇业务的程序为询价、报价、成交或放弃、证实和交割。银行与客户即期外汇买卖的程序为开立账户、填表、询价、交易和交割。

（4）外汇银行与客户之间的即期外汇业务主要有汇出汇款、汇入汇款、出口收汇、进口付汇、外汇投资和投机；银行与银行间的即期外汇业务主要是外汇银行平衡外汇头寸的交易，利用即期外汇交易可以进行外汇保值和投机活动。

（5）个人外汇交易按照是否透支资金可分为个人实盘外汇买卖和个人虚盘外汇买卖。个人实盘外汇买卖即买卖外汇时，只能以个人实际交易的外汇金额（不可透支）按一定汇率进行的外汇交易。在个人实盘外汇买卖中有直盘报价和交叉盘报价。个人实盘外汇买卖可通过柜台交易、电话交易、自助交易、手机银行交易、网上交易等方式进行，交易指令主要有即时委托、挂盘委托、止损委托、二选一委托、追加委托和撤单委托等。外汇保证金交易是指金融机构与投资者签订委托买卖外汇的合同，投资者缴付一定比率的交易保证金，便可按一定融资倍数进行的外汇交易。

习　　题

一、判断题

1. 信汇的凭证是由外汇银行开出的具有密押的信汇付款委托书。　　　　　　（　　）

2. 商业银行在进行外汇买卖时，常常遵循买卖平衡的原则，即出现多头时，就卖出；出现空头时，就买入。　　　　　　　　　　　　　　　　　　　　　　　　　　（　　）

3. 即期外汇业务可分为电汇、信汇、票汇，电汇的凭证是电报付款委托书，信汇的凭证是信汇付款委托书。　　　　　　　　　　　　　　　　　　　　　　　　　　（　　）

4. 在电汇、信汇和票汇三种即期交易方式中，信汇成本最高。　　　　　　（　　）

二、不定项选择题

1. 即期外汇交易是指在外汇买卖成交后，原则上（　　　　）完成资金交割的外汇业务。

　　A．两天之内　　　　B．两个营业日以内　　C．交易当天　　　　　D．隔一天

2. 汇出汇款的几种方式中，（　　　　）成本最低，有利于汇款者，但结算速度较慢。

　　A．电汇　　　　　　B．票汇　　　　　　　C．信汇　　　　　　　D．网上银行

三、思考题

1. 何谓即期外汇业务？即期外汇业务的三种类型是什么？这三种形式各在什么场合下使用？

2. 电汇、信汇和票汇三种即期外汇业务有什么不同？

3. 简述外汇保证金与外汇实盘买卖的区别。

实训课堂

一、技能训练题

2023 年 4 月 30 日，国内某银行美元兑新加坡元的汇率报价为 USD/SGD 1.3330/370，其他各主要货币汇率报价如下，请计算：

（1）EUR/USD 1.0999/1034，求 EUR/SGD。

（2）USD/JPY 136.15/47，求 JPY/SGD。

（3）AUD/USD 0.6604/626，求 AUD/SGD。

（4）USD/HKD 7.8398/592，求 HKD/SGD。

（5）GBP/USD 1.2549/586，求 GBP/SGD。

二、实训项目

项目（一）

1. 实训目的：学会运用柜台、电话和网络等交易形式进行外汇交易。

2. 实训方式：实际调查、网上调查相结合。

3. 项目内容：

（1）比较国内开展个人实盘外汇买卖的各家银行的以下情况：

开办时间、交易币种、开户手续、交易步骤、开户金额、单笔交易最低金额、点差、交易方式、交易时间、自动刷新时间。

（2）各家银行开展个人实盘外汇买卖中有哪些方面的特色服务？有哪些方面的优惠？有哪些个性化的服务？

4. 调研对象：

国有银行：中国银行、中国工商银行、中国建设银行、中国农业银行、交通银行。

股份制银行：招商银行、中信银行、光大银行、广发银行、浦发银行、民生银行。

5. 实训指导：

第一步：调研。每组一题，每组中的每个成员按题目要求分别调研三家银行。

第二步：以组为单位整理、汇总和分析，写出调研报告。

第三步：以调研报告为题在课堂进行交流。

项目（二）

1. 实训目的：学会个人实盘外汇交易的操作。

2. 实训方式：网上模拟。

3. 项目内容：网上模拟个人实盘外汇的交易。

4. 实训指导：

第一步：选择具有网上模拟功能的网站（如外汇通网站）。

第二步：进入该网站下载交易软件。

第三步：虚拟开户。

第四步：每位学员初始资金：模拟外汇实盘资金 10 万美元，模拟外汇虚盘资金 10 万美元。虚拟交易有效时间为 1～2 个月。

第五步：进行模拟交易。

第六步：计算盈亏。

第七步：每人写出实训报告。

项目（三）

1. 实训目的：学会外汇虚盘（保证金）交易的操作。

2. 实训方式：网上模拟。

3. 项目内容：模拟外汇虚盘（保证金）交易。

4. 实训指导：

第一步：选择并下载专用软件。

第二步：开户。

第三步：每位学员初始资金：模拟外汇实盘资金 10 万美元，模拟外汇虚盘资金 10 万美元。虚拟交易有效时间为 1～2 个月。

第四步：进行网上模拟交易。

第五步：计算盈亏。

第六步：每人写出实训报告。

模块七

远期外汇交易

学习目标

【知识目标】

通过本模块学习，理解远期外汇交易的含义；掌握远期外汇交易的运用；了解我国远期外汇交易的状况。

【技能目标】

学会远期汇率及远期交叉汇率的计算方法；能够进行远期外汇交易保值的操作。

【素质目标】

树立外汇风险防范意识；从进出口企业视角领会运用远期交易管理外汇风险的意义。

引　言

国内某出口公司在1个月后有一笔5 000万日元的外汇收入，但该公司需要将这笔日元货款转换为美元进行结算，担心日元在这1个月内贬值，到期换汇时，美元会相对减少，产生损失。因此该公司在中国银行通过远期外汇交易进行保值，卖出1月期5 000万日元，按远期汇率买入1月期相应美元。

1个月后，日元果然贬值，但该客户由于续做了远期外汇交易，提前固定了成本损失，避免了因汇率波动而引起的汇率风险，保证了未来收入的可预见性。

那么，何谓远期外汇交易？远期外汇交易如何运用和操作？这是本模块所述的主要内容。

单元一　远期外汇交易的计算和运用

一、远期外汇交易的含义

远期外汇交易（Forward Outright Transaction）又称期汇交易，是指交易双方先行签订合同，按事先约定的币种、金额、汇率和将来交割的时间进行交割的外汇业务。

远期外汇交易不同于即期外汇交易，其不同点有以下几个方面：

1. 汇率不同　即期外汇交易按即期汇率交割；远期外汇交易按远期汇率交割，其汇率是在合约签订时确定的。

2. 交割日期不同　即期外汇买卖是在成交后两个营业日内交割；远期外汇合约的交割行为发生在将来，交割日期为成交后的第二个营业日之后。远期外汇买卖交割日在大部分国家是按月计算的，但为了客户交易需求，在少数情况下，也可以进行带零头日期的远期交易，如45天或86天等的远期外汇交易。通常由客户与银行的外汇交易员个别进行协商。远期外汇交易交割日确定有以下几种规则：

（1）"节假日顺延"规则。远期外汇交易到期时的交割日恰逢银行假日，一般将交割日顺延。

（2）"日对日"规则。远期外汇交易是以即期外汇交易的交割日加上相应的月数来计算交割日的，而不管本月是几天。例如，在1月4日达成的2月期远期外汇合约，即期外汇交易于1月6日交割，远期交割日则是2月6日。

（3）"月底对月底"规则。如果即期交割日恰逢该月最后一个营业日，则远期交割日也安排在相应月份的最后一个营业日。例如，在1月28日达成的1月期远期外汇合约，即期交割日于1月30日交割，远期交割日则应是2月30日，但2月份没有30日，1月期远期交割日在2月份的最后一个营业日。

（4）不跨月规则。如果即期交割日恰逢月底且该日是银行休假日，则即期交割日向前移动一天，远期交割日的推算也按此做出相应的调整。例如，3个月的远期外汇交易的成交日是4月28日，即期交割日为4月30日，3个月期对应的7月30日、31日均不是营业日，此时交割日不能顺延，否则就跨过7月份了。因此，按不跨月规则，这笔远期外汇的交割日应调到7月29日，如果7月29日仍为节假日，则再调到7月28日，依此类推。

远期外汇交易根据交割日有固定交割日和选择交割日（详见本模块单元二中择期外汇交易内容）。固定交割日的远期外汇交易又称为标准交割日的远期交易；选择交割日的远期外汇交易又称为非标准交割日的远期交易。

3. 交割方法不同　即期外汇买卖以足额的本币或外币交割；远期外汇买卖在一定情况下，要求客户事先预交一定履约保证金，到实际交割日再通过找差价方式来清算。

二、远期汇率的确定和计算

（一）远期汇率的确定

远期外汇交易所交易和清算的汇率是在合约签订时确定，但银行和客户都无法知道在将来交割的即期汇率，因此远期汇率只能在现有信息的基础上确定。远期汇率受多种因素的影响，决定远期汇率有三方面因素：即期汇率、买入和卖出的两种货币间的利率差、远期天数。但对远期汇率影响最大的是两种货币间的利率差。远期汇率是根据利率平价原理计算和报价的。具体分析如下：

例7-1 出口商在6个月（180天）后将得到10万欧元货款，该出口商欲将10万欧元货款转换为美元，担心欧元6个月内贬值，到期换汇时美元相对减少。因此，出口商通过即期外汇市场及资金借贷以保值。其情况如下（为方便说明，以单向报价为例）：

市场现状： 假设即期汇率EUR/USD为1.1000，6个月欧元利率为4.5%，6个月美元利率为6.5%。

分析： 出口商为规避6个月后出口收到的欧元外汇风险，采取以下步骤：

出口商先行借入6个月期10万欧元，利率为4.5%，并在即期市场预先卖出10万欧元，买进美元。同时，买进美元6个月的利率为6.5%。

（1）借入10万欧元的利息成本为2250欧元（=100 000×4.5%×180/360）。

按即期汇率以美元计算该利息成本为2475美元（=2250×1.1000）。

（2）在即期市场预先卖出10万欧元，买入11万美元（=10万×1.1000）。

（3）美元定期储蓄6个月的利息收益为3575美元（=110 000×6.5%×180/360）。

（4）客户通过上述方式保值最终得到的美元数如下：

110 000美元（卖出即期欧元所得的美元金额）+3 575美元（美元储蓄6个月的利息收益）–2 475美元（借入欧元6个月的利息成本）=111 100美元

远期汇率：USD111 100/EUR100 000=1.1110

远期汇率与即期汇率之间的差价（或互换点）为110点（1.1110–1.1000=0.0110）。

由上述计算中，可得出不同标价法下，从基准货币角度，远期汇率的计算公式如下：

远期汇率=即期汇率+即期汇率×（报价货币利率–基准货币利率）×天数/360

互换点=即期汇率×（报价货币利率–基准货币利率）×天数/360

在上述公式中，若报价货币利率大于基准货币利率，其利率差为正数，此时基准货币远期汇率为升水；报价货币利率小于基准货币利率，其利率差为负数，此时基准货币远期汇率为贴水。

结论： 通过上述分析可以看出，在即期汇率确定的情况下，远期汇率主要与交易的两种货币的利率差和远期的天数有关。

（1）远期汇率和利率的关系。在其他条件不变的情况下，两种货币之间利率水平较低的货币，其远期汇率为升水；利率水平较高的货币，远期汇率为贴水；远期汇率和即期汇率的差异，取决于两种货币的利率差异，并大致和利率的差异保持平衡。

（2）远期汇率与远期天数的关系。在两种货币的利率都确定的情况下，远期期限越长，升水点或贴水点就越大，远期汇率与即期汇率的价差也越大。

由于许多国家存在外汇管制，汇率和利率形成机制的市场化程度不同，所以各国采取了不同的办法来确定远期汇率，我国人民币远期结售汇价格的确定一般依据国际通用远期外汇交易的原理计算得出，也就是在国际外汇市场即期汇率的基础上，加上一个升贴水的价格，即为远期结售汇价格。因此，远期结售汇价格取决于即期结售汇汇率、人民币和外汇利率以及交割期限。

实际上远期汇率常常脱离理论上的利率平价。因远期汇率还有经济政策、央行干预外汇市场程度、预期心理等因素影响。但远期汇率对于未来的汇率走势具有明显的预示作用。

（二）远期汇率的计算

1. 远期汇率计算方法

（1）点数由小到大（升水），例如 20/30，此时远期汇率计算公式为

$$远期汇率 = 即期汇率 + 点数$$

（2）点数由大到小（贴水），例如 60/50，此时远期汇率计算公式为

$$远期汇率 = 即期汇率 - 点数$$

> **例 7-2**　某日纽约外汇市场报价：USD/HKD 即期汇率 7.8482/83，3 个月远期 80/90。
>
> 第一步，判断远期汇率是升水还是贴水。3 个月远期 80/90，点数由小到大，远期汇率为升水。
>
> 第二步，对位计算：7.848 2＋0.008 0＝7.856 2
>
> 　　　　　　　　　7.848 3＋0.009 0＝7.857 3
>
> 由上述计算可知，美元兑港币 3 个月远期汇率为 7.8562/573。

2. 远期交叉汇率的计算　远期交叉汇率的计算方法与即期交叉汇率相似，即将基本汇率根据不同的报价方式，交叉相除或同向相乘即可得到交叉汇率，但比即期交叉汇率计算复杂。

（1）两组汇率中，基准货币相同，报价货币不同，求报价货币之间的比价时交叉相除。

> **例 7-3**　USD/JPY133.21/133.51，3 个月远期 15/17；USD/CHF0.9505/535，3 个月远期 152/155。
>
> CHF/JPY 3 个月远期交叉汇率计算如下：
>
> 第一步，计算 USD/JPY 3 个月远期汇率：
>
> 133.21＋0.15＝133.36
>
> 133.51＋0.17＝133.68
>
> 则 USD/JPY 3 个月的远期汇率为 133.36/133.68。
>
> 第二步，计算 USD/CHF 3 个月远期汇率：
>
> 0.950 5＋0.015 2＝0.965 7
>
> 0.953 5＋0.015 5＝0.969 0
>
> 则 USD/CHF 3 个月远期汇率为 0.9657/0.9690。
>
> 第三步，计算 CHF/JPY 3 个月远期交叉汇率，应交叉相除
> （如图 7-1 所示）：
>
> CHF/JPY 3 个月远期买入价为
>
> 133.36÷0.969 0＝137.63
>
> CHF/JPY 3 个月远期卖出价为
>
> 133.68÷0.965 7＝138.43
>
> 因此，CHF/JPY 的 3 个月远期交叉汇率为 137.63/138.43。

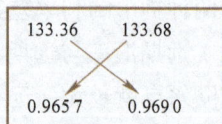

图 7-1　远期交叉汇率计算 1

（2）两组汇率中，基准货币不同，报价货币相同，求基准货币之间的比价时交叉相除。

例7-4　GBP/USD 1.2163/193，3 个月远期 192/188；AUD/USD 0.6972/0.7002，3 个月远期 183/179。

GBP/AUD 3 个月远期交叉汇率计算如下：

第一步，计算 GBP/USD 3 个月远期汇率：

$1.216\ 3-0.019\ 2=1.197\ 1$

$1.219\ 3-0.018\ 8=1.200\ 5$

则 GBP/USD3 个月的远期汇率为 1.1971/1.2005。

第二步，计算 AUD/USD 3 个月远期汇率：

$0.697\ 2-0.018\ 3=0.678\ 9$

$0.700\ 2-0.017\ 9=0.682\ 3$

则 AUD/USD 3 个月远期汇率为 0.6789/0.6823。

第三步，计算 GBP/AUD 3 个月远期交叉汇率，应交叉相除（如图 7-2 所示）：

$1.197\ 1\div0.682\ 3=1.754\ 5$

$1.200\ 5\div0.678\ 9=1.768\ 3$

因此，GBP/AUD3 个月远期交叉汇率为 1.7545/1.7683。

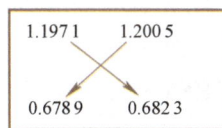

图 7-2　远期交叉汇率计算 2

（3）两组汇率中，一基准货币与一报价货币相同，求另一基准货币与另一报价货币之间的比价时同向相乘。

例7-5　USD/CHF 0.9505/535，3 个月远期 152/155；GBP/USD 1.2163/193，3 个月远期 192/188。

GBP/CHF 3 个月远期交叉汇率计算如下：

第一步，计算 USD/CHF 3 个月远期汇率：

如例 7-3 所述，USD/CHF 3 个月的远期汇率为 0.9657/0.9690。

第二步，计算 GBP/USD 3 个月远期汇率：

如例 7-4 所述，GBP/USD 3 个月的远期汇率为 1.1971/1.2005。

第三步，计算 GBP/CHF 3 个月远期交叉汇率，应同向相乘（如图 7-3 所示）：

$1.197\ 1\times0.965\ 7=1.156\ 0$

$1.200\ 5\times0.969\ 0=1.163\ 3$

因此，GBP/CHF 3 个月远期交叉汇率为 1.1560/1.1633。

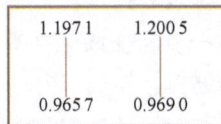

图 7-3　远期交叉汇率计算 3

3. 远期汇率的折算与进出口报价

（1）本币/外币的远期汇率折外币/本币的远期汇率。已知本币/外币的远期汇率，因报价或套期保值的需要，要求计算出外币/本币的远期汇率，其计算程序与方法如下：

$$\frac{本币/外币折外币/}{本币的远期点数}=\frac{本币/外币的远期点数}{本币/外币的即期汇率\times本币/外币的实际远期汇率}$$

按公式求出远期汇率的卖出价点数与买入价点数后，将其位置互换。也就是计算出来的买入价点数，变为卖出价点数；计算出来的卖出价点数，变为买入价点数。

例7-6　某日纽约外汇市场 USD/CHF 即期汇率为 0.9816/914，3 个月远期 140/135。求 CHF/USD 3 个月远期点数。

计算过程：

第一步，计算 USD/CHF 3 个月远期汇率：

0.981 6−0.014 0=0.967 6

0.991 4−0.013 5=0.977 9

第二步，代入公式：

$$CHF/USD\ 3\ 个月远期点数 = \frac{0.014\ 0}{0.981\ 6 \times 0.967\ 6} = 0.014\ 7$$

$$CHF/USD\ 3\ 个月远期点数 = \frac{0.013\ 5}{0.991\ 4 \times 0.977\ 9} = 0.013\ 9$$

第三步，按买入价计算出来的点数，变为卖出价点数；按卖出价计算出来的点数，变为买入价点数。CHF/USD 3 个月远期买入价与卖出价点数换位后得 139/147。

第四步，计算 CHF/USD 即期汇率，再用 CHF/USD 3 个月远期点数求 CHF/USD 3 个月远期汇率。

（2）汇率表中远期贴水（点）数，可作为延期收款的报价标准。远期汇率表中升水货币就是要升值的货币，贴水货币就是要贬值的货币。在进出口贸易中，国外进出口商在延期付款条件下，要求我方用两种货币报价。作为出口商用升水货币报价合算，用贴水货币报价就会有损失。例如，A 货币为升水，B 货币为贴水，以 A 货币报价可按原价报出；如果以 B 货币报价，则应考虑 B 货币对 A 货币贴水后的损失。

例7-7　某年 4 月，我国某公司向美国出口设备，如果即期付款每台报价 2 000 美元，现美国进口商要求我方以瑞士法郎报价，并在货物发运后 3 个月付款。请问我方应报多少瑞士法郎？已知美元的即期报价，求外币的远期报价。

计算过程：

第一步，查阅进口商当日国内某银行汇价表：USD/CHF 即期汇率 0.8889/0.8989，3 个月远期 70/55。

第二步，计算 USD/CHF 3 个月远期实际汇率：

0.888 9−0.007 0=0.881 9

0.898 9−0.005 5=0.893 4

第三步，计算瑞士法郎的报价：因 3 个月后才能收款，所以把 3 个月后瑞士法郎贴水的损失加在货价上。

瑞士法郎的报价＝原美元报价×USD/CHF 3 个月远期实际汇率

＝2 000×0.893 4＝1 786.80 瑞士法郎

（3）在一软一硬两种货币的进口报价中，远期汇率是确定接受软货币加价幅度的根据。

如上所述，出口商用软货币报价就要加价，那么作为进口商，对延期付款交易中软货币报价是否接受，如何衡量呢？

在进口业务中，假定某一商品从合同签订到外汇付出约需 3 个月，国外出口商以硬、软两种货币报价，其以软货币报价的加价幅度，不能超过该货币与相应货币的远期汇率，否则进口商应接受硬货币报价，只有这样才能达到在货币与汇价方面都不吃亏的目的。

例如：某日苏黎世外汇市场 USD/CHF 即期汇率为 0.950 0，3 个月远期汇率为 0.900 0。某公司从瑞士进口零件，3 个月后付款，每个零件瑞士出口商报价 100 瑞士法郎，如进口商要求瑞士出口商以美元报价，则其报价水平不能超过 3 个月远期汇率 111.11 美元（=100/0.900 0）。

如果瑞士出口商以美元报价，每个零件超过 111.11 美元，则进口商不能接受，仍应接受每个零件 100 瑞士法郎的报价。

因为接受瑞士法郎硬币报价后，进口商以美元买瑞士法郎 3 个月远期进行保值，以防瑞士法郎上涨的损失，其成本也不过 111.11 美元。可见，在进口业务中要做到汇价与货价都不吃亏，硬币对软币的远期汇率是核算软币加价可接受幅度的标准。

三、远期外汇业务的运用

（一）保值

远期外汇买卖是发展最早，也是国际上应用最广泛的外汇保值方式。客户对外贸易结算、到国外投资、外汇借贷或还贷的过程中都会涉及外汇保值的问题，通过叙做远期外汇买卖业务，客户对未来的收入和支出能够事先约定其外汇汇率或锁定远期外汇收付的换汇成本，从而达到保值的目的，规避汇率风险。

1. 商业性远期外汇交易　商业性远期外汇交易指进出口商为了避免贸易业务中汇率变动的风险，与外汇银行签订远期外汇合约，进行保值。

（1）进口汇付保值（锁定付汇成本）。如果进口商从国外进口货物，双方协定以外国货币进行支付。这样，该进口商就存在汇率风险。如果外币对本币升值，则进口商就要多付出本币。例如，我国进口商从日本进口一批汽车，日本厂商要求我方在 1 个月内支付 10 亿日元。如果该进口商等到 1 个月后再以即期汇率从市场购汇 10 亿日元，那么一旦日元对人民币升值，购买日元的人民币成本将大大上升，进口商会因此受损。为了避免这一风险，进口商以 1 个月的远期汇率从银行购进 10 亿日元，这样就锁定了该笔买卖的汇率风险。当进口商不能准确预测汇率趋势时，也可采取部分保值的办法。

> **例7-8**　某年 5 月 8 日美元兑日元的汇率水平为 133.00。根据贸易合同，进口商 A 公司将在 6 月 10 日支付 4 亿日元的进口货款。由于 A 公司的外汇资金只有美元，因此需要通过外汇买卖，卖出美元买入相应日元来支付货款。公司担心美元兑日元的汇率下跌将会增加换汇成本，于是同银行叙做一笔远期外汇买卖，按远期汇率 132.50 买入 4 亿日元，同时卖出美元：
>
> 400 000 000÷132.50=3 018 867.92 美元
>
> 起息日（资金交割日）为 6 月 10 日。在这一天，A 公司需向银行支付 3 018 867.92 美元，同时银行向公司支付 4 亿日元。

这笔远期外汇买卖成交后，美元兑日元的汇率成本便可固定下来，无论国际外汇市场的汇率水平如何变化，A 公司都将按 112.5 的汇率水平从银行换取日元。

假如 A 公司等到支付货款的日期才进行即期外汇买卖，6 月 10 日美元兑日元的即期市场汇率水平跌至 130.00，那么 A 公司必须按 130.00 的汇率水平买入 4 亿日元，同时卖出美元：

400 000 000÷130.00＝3 076 923.08 美元

与叙做远期外汇买卖相比，公司将多支出美元：

3 076 923.08－3 018 867.92＝58 055.16 美元

（2）出口收汇保值（锁定收汇成本）。如果某个出口商所收到的货款是外汇，并且在一段时间后才能收到，那么该出口商就持有了净外汇头寸。如果预计该外汇汇率在收到货款时会下跌，可卖出与应收款数量相等的远期外汇，为外汇头寸保值，锁定汇率风险。

例7-9　在某年 2 月 15 日，A 出口商签订了贸易出口合同，将在 5 月 15 日收到 4 亿日元的货款。出口商担心美元兑日元的汇率将上升，希望提前 1 个月固定美元兑日元的汇率，规避风险。于是同银行叙做一笔远期外汇交易，按远期汇率 128.80 卖出 4 亿日元，同时买入美元：

400 000 000÷128.80＝3 105 590.06 美元

5 月 15 日，出口商需向银行支付 4 亿日元，同时银行将向公司支付 3 105 590.06 美元。

这笔远期外汇交易成交后，美元兑日元的汇率便可固定下来，无论国际外汇市场的汇率水平如何变化，该出口商都将按 108.80 的汇率水平向银行卖出日元。

假如出口商未进行远期外汇交易，到 5 月 15 日，美元兑日元的即期市场汇率水平升至 138，那么该出口商必须按 138 的汇率水平卖出 4 亿日元，同时买入美元：

400 000 000÷138＝2 898 550.72 美元

与叙做远期外汇买卖相比，公司将少收美元：

3 105 590.06－2 898 550.72＝207 039.33 美元

由此可见，通过远期外汇交易可以锁定进口商进口付汇的成本和出口商收汇成本。因为在进出口商与银行签订远期外汇交易合同时就把未来交割的汇率固定（锁定）下来，到交割时，无论付款或收款时即期汇率如何变动，都按照远期外汇交易合同规定的远期汇率付汇或收汇。

2. 金融性远期外汇交易　金融性远期外汇交易是指银行为平衡其远期外汇持有额而进行的远期外汇交易操作。

进口商、出口商、投资者、借贷者为了避免外汇风险，而与银行进行远期外汇交易和远期结售汇，银行出现了远期外汇的超买或超卖（外汇头寸）。这样，银行超卖或超买部分的远期外汇就处在汇率变动的风险之下。为了避免遭受汇率变动的损失，银行就要进行抛补来平衡其远期外汇头寸，必须设法使外汇持有额保持平衡。银行调节远期外汇持有额的办法是与其他银行进行远期外汇交易：当银行超买时，就可以出售一部分远期外汇；当超卖时，则可以买进同额的远期外汇，使银行外汇持有额达到平衡。

例 7-10　纽约某银行存在外汇敞口头寸,3 月期欧元超买 1 000 万,6 月期英镑超卖 500 万,合约规定的远期汇率分别是 EUR/USD = 1.200 0, GBP/USD = 1.300 0。若 3 月期欧元兑美元交割日的即期汇率为 1.150 0, 6 月期英镑交割日的即期汇率为 1.400 0, 若该行听任外汇敞口头寸存在,这两笔交易的盈亏状况如何?

(1) 为履行 3 月期欧元合约,该行买进欧元,卖出 1 200 万美元 (= 1 000 万 × 1.200 0)。

为平衡欧元多头,该行按即期汇率卖出 1 000 万欧元,买进 1 150 万美元 (= 1 000 万 × 1.150 0)。

该行亏损 50 万美元 (= 1 200 万 - 1 150 万)。

(2) 为履行 6 月期英镑合约,该行卖出英镑,买入 650 万美元 (= 500 万 × 1.300 0)。

为平衡英镑空头,该行按即期汇率买进 500 万英镑,卖出 700 万美元 (= 500 万 × 1.400 0)。

该行亏损 50 万美元 (= 700 万 - 650 万)。

因此,顾客与银行之间的远期外汇交易使外汇风险转嫁到银行身上。银行为规避这种外汇风险,可将超卖部分的远期外汇买进,针对例中 6 月期英镑超卖 500 万,买进 6 月期英镑 500 万;将超买部分的远期外汇卖出,针对例中 3 月期欧元超买 1 000 万,卖出 3 月期欧元 1 000 万。这样,银行之间便发生了远期外汇交易,目的是以此进行保值,规避汇率风险。

3. 筹资　发行某种外币债券,是在将来某时间筹集到该种货币,如果债券到期时该种货币贬值则对发行者不利,为规避汇率风险,可以卖出与筹资货币币种相同、金额相同、期限相同的远期的外汇。

例如,某发行者发行 10 亿日元债券,6 个月后筹集到 10 亿日元。发行时即期汇率 USD/JPY 汇率为 100,10 亿日元折合 1 000 万美元。6 个月后 USD/JPY 汇率为 120,筹集到的 10 亿日元折合 833.33 万美元。发行者损失 166.67 万美元。为防范汇率风险,应和银行叙做一份卖出 6 月期 10 亿日元的远期合约。

(二) 利用远期外汇交易投机

外汇投机商利用远期外汇交易,从汇率变动中获利。从事现汇投机时,买卖各方必须持有本币或外币资金,交易额受持有资金额限制。基本操作方法是:投机者预测交割期某种外汇汇率看涨,就预先买进这种远期外汇,先低进,后高出,从中获利 (买空或多头);预测交割期某种外汇汇率看跌,就预先卖出该种远期外汇,先高出,再低进,从中获利 (卖空或空头)。

例 7-11　卖空:

在东京外汇市场上,某日 USD/JPY 汇率为 120.30/40。据预测 3 个月后美元贬值。于是投机商先在高价位卖出,向银行卖出 3 个月远期 100 万美元,USD/JPY 远期汇率为 118.50,折合 11 850 万日元。

3 个月后,USD/JPY 即期汇率为 110.30/40。此时,再买进 100 万美元,折合 11 030 万日元。

在不考虑其他费用的前提下,该投机者盈利 820 万日元 (= 11 850 万 - 11 030 万)。

> **例 7-12** 买空：
>
> 在东京外汇市场上 6 个月的远期汇率 USD/JPY 为 104，某投机者预计半年后 USD/JPY 即期汇率将要上升，于是该投机者与银行签订远期合约，买进 6 个月远期 100 万美元，支付 1.04 亿日元。
>
> 若该预测准确，6 个月到期时 USD/JPY 即期汇率为 124，投机者将 100 万美元卖出获得 1.24 亿日元。在不考虑其他费用的前提下，可获利 2 000 万日元（＝1.24 亿－1.04 亿）。

投机行为是否获利或收益大小取决于投机者预测汇率的准确程度。若投机者预测不准确，就会蒙受损失。

（三）作为中央银行的政策工具

远期外汇市场为中央银行提供了政策工具，中央银行可以运用多种干预工具来影响本国货币汇率的走势，实现货币政策的目标。

综上所述，远期合约既锁定了风险又锁定了收益。同时也意味着交易双方失去了将来汇率变动有利于自己而获利的机会。客户与银行签订了远期合约，到期时必须履行合约，但如果到期时汇率变动有利于客户，这样就产生了机会成本。

四、远期外汇买卖的操作

（一）远期外汇交易的合同

进行远期外汇交易的双方必须签订远期外汇交易合同，合同必须详细写明买卖者的姓名、商号、外汇币种、金额、远期汇率、远期期限、交割日。

远期外汇买卖的期限通常为 1 个月、2 个月、3 个月、6 个月、9 个月、12 个月或不规则起息日（如 10 天、1 个月零 9 天、2 个月零 15 天等）。

远期外汇交易可以是外汇与本币交易，也可以是外币与外币的交易。一种货币能否参与远期市场的交易主要取决于该种货币是否能自由兑换，本国是否存在严格的金融管制以及所在国家的经济实力是否强大等。目前大多数主要货币都可通过远期合约进行交易。

在买卖远期外汇时，一般还要求有一定的保证物和保证金以防汇价突然超乎异常地变化而对方不履约，给银行造成损失，并且一旦汇价变动对客户造成的损失超过了保证物或押金价值，银行将通知客户增加保证物或保证金。

（二）远期外汇交易合同的履行

远期外汇合同签订后，对远期外汇交易双方都具有法律效力。双方必须按期履行，不能任意违约。如有一方在交割前要求取消合同，由此受到损失的一方，可向对方索取补偿金。补偿金相当于其受损失金额。

远期外汇合约不能按期履行有以下几种处理方式：

1. 了结　如果有一方不能按期履行其合约，必须对已签订的远期合约进行了结。了结只是客户处理其到期而不能按正常情况履行远期合约的方式之一，具体做法是在现汇市场上卖出或买入现汇以履行其在远期合约中的义务。

例 7-13　某瑞士出口商某年6月1日与银行签订了一份远期合约，向该行卖出3个月的远期美元200万，当时的即期汇率USD/CHF 1.0727/1.0737，3个月远期差价50/100。如果该出口商到时能从进口商处得到200万美元，履约交割，可以得到214.54万瑞士法郎。如果2个月后，由于某种原因出口商并没有收到200万美元货款，他必须了结原有的远期合约，假定此时市场上的即期汇率为1.1727/1.1737。

为了履行远期合约，该出口商以瑞士法郎1.1737的价格买进即期200万美元，了结原合约，为此支付234.74万瑞士法郎，亏损20.2万瑞士法郎。如果此时汇率USD/CHF 0.9727/0.9827，则该出口商赚了18万瑞士法郎。

对不能正常履行的远期合约进行了结，可能使当事人蒙受损失，也可能使当事人获益，这说明了结远期合约使得客户的原远期合约处于投机地位。

如果客户已在银行开立了外币账户，也可以将其外币存款支付给银行方或将收到的其他外币存入其外币账户。

对国外负有债务的人，如果已经购买了远期外汇，到交割日又不需要外汇时，同样可以用即期交易了结其远期合约，即在交割日依据合约买下外汇，然后以现汇售出。

2. 展期　如果有一方到期不能按时交割，经协商征得对方同意可将交割展期。所谓展期（Roll Over）是指交易的一方，因为某种需要，推迟外汇的实际交割日期而采取的一种技术处理。具体做法是操作一笔与原交易余额相同、买卖方向相反的即期交易和相对应的远期交易，使之在即期轧平头寸，在远期重新安排交易。

例 7-14　3月15日，某客户通过银行进行一笔远期外汇买卖业务，卖出100万美元，买入13 500万日元。后来，客户无法按时交割，银行根据实际情况准予展期1个月。具体做法：按1美元兑换135日元的即期汇率买入100万美元，卖出等值的日元，并按1美元兑换134.41日元的远期汇率卖出100万美元，买入13 441万日元，交割日期为6月17日。这样，该客户就无须在5月17日交割100万美元了，从而达到了展期的目的。

客户因合理原因无法按时交割的可申请展期。例如，进口商不能准时付款，使出口商不能履行远期合同，出口商可以要求与他达成远期合同的银行延长期限。

3. 提前　远期交易可利用以下方法提前支取。

例 7-15　瑞士A公司向德国出口商品，通过卖出9月底到期的1 000万欧元远期，规避欧元下跌的汇率风险。可是到了8月底，该公司已收到1 000万欧元，此时即期汇率EUR/CHF 1.5700/1.5800，1个月远期差价10/40。

提前支取的操作：A公司以1.5700的汇率向银行卖出即期1 000万欧元，同时，再重新买进与原远期合约同一到期日的1 000万欧元，与原合约对冲。

通过上述保值交易，瑞士A公司可以通过卖出即期欧元提前支取1个月。

（1）签订协议：申请者在与中国银行叙做远期外汇交易以前，需与中国银行签订"中国银行间市场金融衍生产品交易主协议"和"中国银行间市场金融衍生产品交易补充协议（企业客户版）"。

（2）保证金落实：通过国际结算部门落实授信或相应保证金。

（3）询价：申请者通过书面委托形式确定远期外汇交易的细节，以此向中国银行询价。

（4）成交：交易一旦达成，中国银行以书面形式向申请者发送交易证实。

（5）结算：在交割日进行实际交割。申请者可根据需要，在到期日前要求银行对该交易进行平盘或要求银行对该交易进行一次展期。

（资料来源：中国银行官方网站 www.boc.cn）

单元二 择期外汇交易与我国的远期结售汇业务

一、择期外汇交易的含义及其汇率计算

上述远期外汇交易为固定的交割日，但在国际交易中，有时不能事前确切地知道付款或收款的日期，在这种情况下，远期外汇的购买者不需要固定交割日，但需要固定汇率，这就产生了择期外汇交易。

（一）择期外汇交易的含义

择期外汇交易，即可选择交割日的远期外汇交易，是指客户可以在合约有效期内选择任何一个营业日，按照事先约定的外汇币种、金额及汇率进行交割的远期外汇交易。也就是说，客户对交割日在约定期限内有选择权。远期外汇的购买者有选择交割日的权利，但没有放弃合约履行的权利。

择期外汇交易是远期外汇交易的一种特殊形式。它具有两个特点：①有较大的灵活性。客户在规定的交割期限范围内选择交割日期，交割日期不固定。②银行承担的风险较大，因此客户交易成本较高。

交割日的期限范围可以是签约日至到期日的整个期间，称为完全择期交易；也可以定于该期间内某两个具体日期之间或具体的月份，称为部分择期。

例如，某一出口商，在9月20日成交一笔出口交易，预计3个月内收到货款。该出口商马上在外汇市场上卖出一笔3个月的远期外汇，并约定择期日期为9月23日至12月23日。这就意味着该出口商这段时间内，随时可以将收到的外汇卖给银行。如果该出口商知道第一、第二个月肯定收不到货款，择期可以从第3个月开始，选择部分择期远期交易。择期时间段的长短由客户自行确定。对客户来说，尽量缩小择期的范围，可以减少成本，获得更有利的远期汇率。

（二）择期外汇交易汇率的计算

择期外汇交易汇率是根据远期汇率报价来确定的。但在择期外汇交易中，由于客户取得选

择交割日的权利，银行需要应付交易对手在约定的期限内随时交割，因而承担了一定的汇率风险和资金调度的成本，所以对于客户来说，银行择期交易汇率通常比固定起息日的远期汇率差，作为报价银行承担风险和成本的补偿。

因远期期限不同，升贴水也不同，所以在择期交易的约定期限内，每个工作日的实际远期汇率水平通常都不相同，但银行的买入价和卖出价只能各取一个。银行对择期外汇交易的定价以"对银行最有利，对客户最不利"为原则，也就是银行在买进时尽可能出低价，卖出时尽可能出高价。

总之，银行买入远期基准货币、卖出远期报价货币时，如果基准货币是升水，按择期第一天的远期汇率计算；如果基准货币是贴水，按择期最后一天的远期汇率计算。银行卖出远期基准货币、买入远期报价货币时，如果基准货币是升水，按择期最后一天的远期汇率计算；如果基准货币贴水，按择期第一天的远期汇率计算。

> **例 7-16**　客户向银行要求叙做一笔英镑兑美元的择期交易，起息日期为 3 ～ 6 个月，即最早 3 个月交割，最晚 6 个月交割。GBP/USD 即期汇率为 1.3400/10；3 个月远期汇率 1.3423/1.3444；6 个月远期汇率 1.3457/1.3475。
>
> 　　根据客户要求选择报价。
>
> 　　如果客户要求买入英镑卖出美元，选择最高报价 1.3475；如果客户要求卖出英镑买入美元，选择最低报价 1.3423。因此，3 ～ 6 个月英镑兑美元择期的双向报价为 1.3423/475。

二、我国的远期结售汇业务

许多国家一般采取实际需要原则对金融性的远期交易进行限制，并将交易的重点放在商业性的远期外汇交易方面。我国也是如此。我国客户申请办理远期外汇交易必须有合法的进出口贸易或其他保值背景，并提供能证明其贸易或保值背景的相关经济合同（如进出口贸易合同、标书、海外工程承包合同、信用证或贷款合同等）。

远期结售汇业务是指外汇交易指定银行与境内机构协商签订远期结售汇合同，约定将来办理结汇或售汇的人民币兑外汇币种、金额、汇率和交割期限。到期外汇收入或支出发生时，即按照该远期结售汇合同约定的币种、金额、汇率办理结汇或售汇。远期结售汇业务已经成为企业在外贸中规避外汇和人民币之间的汇率风险不可少的避险工具，是固定换汇成本的有效手段。

目前人民币远期结售汇业务由外汇指定银行经营。银行向国家外汇管理局提出申请，由国家外汇管理局批准后方可开办。

远期结售汇业务适用对象是我国境内的企业事业单位、国家机关、社会团体、部队、外商投资企业等。这些境内机构办理远期结售汇必须按照实需原则，若有贸易项下的收支、非贸易项下的收支、偿还境内外汇贷款、偿还经国家外汇管理局登记的境外借款、经国家外汇管理局批准的其他外汇收支等，均可向银行申请办理远期结售汇。

目前我国提供远期结售汇币种为所有人民币外汇牌价表中标注的可自由兑换的外币，即美元、港币、欧元、日元、英镑、瑞士法郎、澳大利亚元、加拿大元、新加坡元等。

结售汇业务交易方式有固定期限交易和择期期限交易。固定期限交割日只能在银行公布的交易期限中选择，包括 7 天、20 天、1 个月、2 个月、3 个月、4 个月、5 个月、6 个月、7 个月、8 个月、9 个月、10 个月、11 个月、12 个月等。择期交易的交割日可以选择两个不同档期时间段内的任何一天，即择期交易的起始日和终止日的确定应以上述远期限为标准，按签订远期结售汇合同时的汇率进行交割。

远期结售汇的汇率确定，采用国际市场远期外汇交易所通用的原理，以市场供求为基础确定，也就是在国际外汇市场即期汇率的基础上，加上一个升贴水的价格，即为远期结售汇价格。因此，远期结售汇价格取决于即期结售汇汇率、人民币和外汇利率以及交割期限的长短。远期结售汇业务汇率每天公布一次，可在办理远期结售汇的银行获取（见模块一中的表1-3）。

随着我国人民币可兑换性的提高，远期外汇交易还会不断发展。

小资料 7-2　超远期外汇买卖

　　超远期外汇买卖是指在债务货币与使用货币或未来收入货币不一致时，为避免还债时的汇率风险，债务人与银行签订的较长期的远期外汇买卖合约，合约中规定买卖货币的种类、汇率、金额和交割日期。因这类买卖期限通常可达5年至10年，故称超远期外汇买卖。这样，债务人从签订合约之日起，就将其还债时所可能面临的汇率风险固定下来。

模块小结

（1）远期外汇交易指交易双方先行签订合同，按事先约定的币种、金额、汇率和将来交割的时间进行交割的外汇业务。决定远期汇率的有即期汇率、两种货币的利率差和远期天数三个因素。在其他条件不变的情况下，两种货币之间利率水平较低的货币，其远期汇率为升水；利率水平较高的货币，远期汇率为贴水。远期汇率和即期汇率的差异，取决于两种货币的利率差异，并大致和利率的差异保持平衡。在两种货币的利率都确定的情况下，远期期限越长，升水点或贴水点就越大，远期汇率与即期汇率的价差也越大。

（2）远期汇率计算方法：如果点数由小到大（升水），远期汇率＝即期汇率＋点数；如果点数由大到小（贴水），远期汇率＝即期汇率－点数。远期交叉汇率的计算是将基本汇率根据不同的报价方式，交叉相除或同向相乘。

在国际贸易报价中，出口商可以汇率表中远期贴水点数作为延期收款的报价标准；在一软一硬两种货币的进口报价中，远期汇率是确定进口商接受软货币加价幅度的根据。

利用远期外汇业务可以进行保值和投机，中央银行还可将远期外汇业务作为政策工具。

（3）择期外汇远期交易是指客户可在合约的有效期内选择任何一个营业日，按照事先约定的外汇币种、金额和汇率进行交割的远期外汇交易。客户可以选择交割日，但不能放弃合约的履行。其特点为远期外汇的购买者有选择起息日的权利，为其资金调度提供了较大的灵活性；银行承担的风险较大，因此客户交易成本较高。

（4）我国的远期外汇交易有外币与外币交易以及外币与本币的远期结售汇业务，但对前者还有一些限制。远期结售汇业务是指外汇交易指定银行与境内机构协商签订远期结售汇合同，约定将来办理结汇或售汇的外汇币种、金额、汇率和期限，到期外汇收入或支出发生时，即按照该远期结售汇合同约定的币种、金额、汇率办理结汇或售汇。远期结售汇业务已经成为企业在外贸中规避外汇和人民币之间的汇率风险不可少的避险工具，是固定换汇成本的有效手段。

习　题

一、判断题

1. 择期外汇交易的买方既可以选择交割日，也可以放弃履行合约。　　　　　　（　　）

2．出口商可以和银行签订一份远期买入外汇合约以规避外汇风险。 （　　）

3．外汇银行进行远期外汇交易的目的通常是外汇投机。 （　　）

二、不定项选择题

德国某公司进口一批机器设备，6个月后以美元付款，该公司所承受的汇率风险类型及其管理方法是（　　　　）。

A．交易风险，做远期外汇交易买入远期美元

B．交易风险，在期货市场上做美元多头套期保值

C．交易风险，买进一笔美元看跌期权

D．折算风险，做远期外汇交易卖出远期美元

三、思考题

1．远期外汇交易与即期外汇交易有哪些不同？

2．影响远期汇率的因素有哪些？这些因素是如何影响远期汇率的？

3．简述远期汇率和利率的关系。

4．确定远期外汇交易交割日有哪些规则？

—— 实 训 课 堂 ——

一、技能训练题

1．美国某银行的外汇牌价为 GBP/USD，即期汇率 1.3485/1.3495，90 天远期差价为 140/150，某美国商人买入 90 天远期 10 000 英镑，到期需支付多少美元？

2．某公司在 5 月 8 日尚无法确定支付日元贷款的确定日期，只知道是在 6 月份的上旬，这时就可应用择期交易，那么，其择期交易将交割日定在哪段时间比较合适？

3．某日伦敦外汇市场报价 GBP/USD 即期汇率 1.3345/347，1 月期差价为 20/10，3 月期差价为 40/30，6 月期差价为 80/90，12 月期差价为 60/50。

请计算 GBP/USD 1 月期、3 月期、6 月期、12 月期的远期汇率分别是多少？

4．计算下列各货币的远期交叉汇率：

（1）即期汇率 GBP/USD=1.3345/347，6 个月差价 318/315；

即期汇率 AUD/USD=0.7480/481，6 个月差价 157/154。

请计算 GBP/AUD 6 个月的双向汇率。

（2）即期汇率 USD/JPY=136.44/46，3 个月差价 10/88；

即期汇率 GBP/USD=1.2345/347，3 个月差价 161/158。

请计算 GBP/JPY 3 个月的双向汇率。

5．某年 10 月中旬外汇市场行情：即期汇率 GBP/USD=1.270 0，3 个月远期差价 16/6。美国出口商签订向英国出口 62 500 英镑仪器的协议，预计 3 个月后才收到英镑，到时需将英镑兑换成美元核算盈亏。美出口商预测 3 个月后 GBP/USD 即期汇率将贬值。倘若 3 个月后贬值到 GBP/USD=1.260 0，不考虑买卖价差等交易费用，那么：

（1）若美出口商现在就可收到 62 500 英镑，可兑换多少美元？

（2）若美出口商现在收不到英镑，也不采取避免汇率变动风险的保值措施，而是延后 3 个月才收到 62 500 英镑，预计到时这些英镑可兑换多少美元？

（3）美出口商 3 个月后将收到的英镑折算为美元，相对 10 月中旬兑换美元将会损失多少美元（暂不考虑两种货币的利息因素）？

（4）若美出口商现在采取保值措施，如何利用远期外汇交易进行？

6. 某年 6 月中旬外汇市场行情：即期汇率 USD/JPY=136.40/50，3 个月的远期汇率 USD/JPY=135.45/70。

美国进口商签订从日本进口价值 1 000 万日元仪器的协议，3 个月后支付日元。美进口商预测 3 个月后 USD/JPY 即期汇率水平将贬值。若 3 个月后贬值到 USD/JPY=135.00/10，那么：

（1）如果美进口商现在就支付 1 000 万日元，需要多少美元用以兑换日元？

（2）如果美进口商现在不付日元，也不采取避免汇率变动风险的保值措施，而是延后 3 个月用美元购买 1 000 万日元用于支付，届时需要多少美元？

（3）美进口商延后 3 个月支付所需美元比现在支付所需美元预计多支出多少美元（暂不考虑两种货币利率因素）？

（4）如果美进口商现在采取保值措施，应如何利用远期外汇交易进行？

7. 我国某公司出口零件 450 箱，原报即期付款价为每箱 124 欧元，现外商要求改用英镑报价。当时，参考的伦敦外汇市场即期汇率为 GBP/EUR 1.1318/322，3 个月远期差价 100/90。如外商即期付款，我方应将总货价报为多少英镑？如外商要求 3 个月后付款，并不计利息，我方应将总货价改报多少英镑？

8. 在东京外汇市场上，6 个月的 USD/JPY 远期汇率为 131.00，某投机者预计半年后 USD/JPY 即期汇率将要上升，若该预测准确的话，在不考虑其他费用的前提下，该投机者买进 6 个月的远期美元 100 万，可获多少投机利润？若签完远期合约过了 4 个月，市场上汇率 USD/JPY 134.00，预计不会再涨，该投机者应如何决策？

9. 假设某日，即期汇率 AUD/USD=0.7449/519，1 个月远期差价 50/60。某银行进行约定期限为 1 个月的择期远期外汇交易，如果美元升水，澳元贴水，则银行卖出远期澳元的择期汇率是多少？银行买进远期澳元的择期汇率是多少？

10. 假设美元 1 个月期的同业拆借利率为 2.46%，日元的利率为 0.11%，美元 / 日元的即期汇率为 130.45，计算 1 个月期美元 / 日元的远期汇率。

11. 某轻工集团公司于 6 月初出口一批货物到我国香港地区，价值为 100 万港元，预计 2 个月后收到货款。同时，该公司又与美国一公司签订了一份进口设备的合同，约定 2 个月后用美元支付货款，按当时即期汇价折算，约为 100 万港元，这样，该公司打算在 8 月初用收进的 100 万港元购买美元现汇支付进口货款。外汇银行汇价为：USD/HKD 即期汇价为 7.8030/750，2 个月远期差价为 25/35。

如果 8 月初美元升值，港币贬值，那么该公司为达到保值目的应如何操作？

二、案例分析

某企业与外商签订了进口合同，6 个月后需付货款 1 200 万美元，换汇成本价为 1 美元兑 6.891 0 元人民币。企业为防止美元升值使企业遭受损失，按当天（即期）美元购汇价 6.891 0 购进美元，为此企业需支付人民币 8 269.2 万元。如果企业不买即期美元，等 6 个月以后再买，若 6 个月后汇价低于 6.891 0，企业便能避免损失；若高于 6.891 0，成本则会增加。但是，如果企业买入 6 个月远期美元，按当天 6 个月远期美元卖出价是 6.812 3，企业只需与银行签订一份远期结售汇合约。

分析： 企业与银行签订远期结售汇合约的做法对企业有哪些好处？

模块八

外汇掉期与金融互换

学习目标

【知识目标】

通过本模块学习，理解外汇掉期与金融互换的含义；懂得外汇掉期与金融互换的运用；了解我国目前外汇掉期与金融互换的状况。

【技能目标】

能够看懂外汇掉期与金融互换的报价；能够进行外汇掉期和金融互换保值的操作。

【素质目标】

从进出口企业视角树立运用外汇掉期与金融互换规避外汇风险的意识；知晓我国外汇掉期与金融互换市场的发展情况。

引　言

王女士要用 A 货币进行投资，而手中有 B 货币，同时，两种货币都存在着汇率风险。那么，如何在规避汇率风险的前提下，将手中的 B 货币换为 A 货币进行投资呢？

甲公司和乙公司都需要在资本市场筹措一笔资金，在不同的筹资方式上两家公司存在着相对优势：甲公司在获得固定利率借款上具有相对优势，而乙公司在获得浮动利率借款上具有相对优势。现在甲公司需要一笔浮动利率的借款，而乙公司需要一笔固定利率的借款。如何向两家公司提供一项降低筹资成本的方案呢？

某银行利用外汇掉期和金融互换使上述问题迎刃而解了。

那么，何谓外汇掉期和金融互换？外汇掉期和金融互换有哪些种类？如何运用和操作外汇掉期和金融互换？这是本模块所阐述的主要内容。

单元一 外 汇 掉 期

一、外汇掉期的含义及种类

（一）外汇掉期的含义

外汇掉期（Swap Operation）是指投资者同时进行两笔方向相反、交割期限不同、数额相等的外汇交易。例如，甲银行在 6 月 2 日按 EUR/USD 1.089 0 的汇率水平向乙银行卖出即期500 万美元，买入相应欧元，交割日为 6 月 4 日，同时按 EUR/USD 1.090 0 的汇率水平从乙银行买入 1 月期 500 万美元，卖出相应欧元，交割日为 7 月 4 日。

第一笔是即期外汇买卖，甲银行卖出美元、买入欧元；第二笔是 1 个月远期外汇买卖，甲银行买入相同金额的美元、卖出欧元。这两笔外汇买卖金额相同，都是 500 万美元，方向相反，起息日不同。实际上是用同种货币，以同等数量，进行不同方向、不同期限的外汇交易。因此掉期不会改变交易者的外币持有额，但是所买进的和卖出的货币，在期限上有所不同。

（二）外汇掉期的种类

按交割期限的差异，外汇掉期可分为一日掉期、即期对远期掉期和远期对远期掉期。

1. 一日掉期　指两笔数额相同、交割日相差 1 天、方向相反的外汇交易的掉期。它有两种安排：

（1）今日对明日掉期，又称隔夜交易掉期，即将第一个交割日安排在成交的当日，并将反向交割安排在第二天。

（2）较为常见的是明日对后日掉期，又称隔日交易掉期，即将第一个交割日安排在成交的第二天，并将反向交割安排在第三天。

一日掉期用于银行同业的隔夜资金拆借。

2. 即期对远期掉期　这是指在买进即期外汇的同时卖出同一笔远期外汇，或者在卖出即期外汇的同时买进同一笔远期外汇。在这种掉期中，较常见的期汇交割期限安排有：

（1）即期对次日掉期（SN Spot/Next），又称明日交易掉期，即把第一个交割日安排在即期交割日，并将反向交割安排在随后一天。

（2）即期对 1 周掉期（SW Spot/Week），即第一个交割日安排在即期交割日，将反向交割安排在 1 周后。

（3）即期对数月掉期，即第一个交割日安排在即期交割日，将反向交割安排在 1 个月、2 个月 3 个月和 6 个月等整数月后。

即期对 1 周、即期对数月掉期主要用于避免外汇资产到期时外币即期汇率有所下降可能给人们带来的损失；或用于避免外币负债到期时外汇即期汇率有所上升可能给人们带来的损失。

3. 远期对远期掉期　这是指在买进交割期限较短的远期外汇的同时，卖出同等数量的交割期限较长的同种远期外汇，或者在卖出交割期限较短的远期外汇的同时，买进同一笔交割期限较长的远期外汇。例如，某银行买进 1 月期 100 万美元，同时卖出了 3 月期 100 万美元。

二、外汇掉期的汇率

在掉期交易中，报价方所报出的掉期汇率是以货币的基本点为报价基础，用点数报价，如

16/18。掉期汇率报出的价是掉期差价。所谓掉期差价是指同时进行相反方向的两笔外汇交易的差价。掉期交易总是包括两笔金额相同、买卖方向相反、期限不同的交易，因此，交易双方所使用的即期汇率不是很重要，重要的是掉期差价。在即期对远期的掉期中，掉期差价就是远期汇率的升水或贴水数。

在掉期汇率报价中，对报价方而言，第一个数字表示报价方近期（近期不等于即期，在这里近期是指比较近的交割日期）卖出基准货币与远期（在这里远期是指相对前面交割日期比较远）买入基准货币的差价，第二个数字表示报价方近期买入基准货币与远期卖出基准货币的差价；对询价方而言，第一个数字表示询价方近期买入基准货币与远期卖出基准货币的差价，第二个数字表示询价方近期卖出基准货币与远期买入基准货币的差价。

三、外汇掉期的运用

（一）改变外汇币种

外汇掉期可用于改变外汇币种，满足客户对不同货币资金的需求。例如，某企业需要日元，但是银行贷款给企业的是美元，这时企业可以做一笔掉期交易，企业即期卖出美元买入日元，满足了该企业对日元的需要。但今后企业要以美元偿还银行贷款，为了防范美元升值付出更多日元的汇率风险，企业同时远期卖出日元，买入美元。

（二）改变持有货币的期限

客户叙做远期外汇买卖后，因某种原因需要提前交割，或者由于资金不到位或其他原因不能按期交割，需要展期时，都可以通过叙做外汇掉期交易对原交易的交割时间进行调整。

> 例 8-1　一家美国贸易公司在 1 月 1 日预计当年 4 月 1 日将收到一笔欧元货款，为防范汇率风险，公司按远期汇率水平同银行叙做了一笔 3 个月远期外汇买卖，买入美元卖出欧元，起息日为 4 月 1 日。但到了 3 月底，公司得知对方将推迟付款，在 5 月 1 日才能收到这笔货款。于是公司可以通过一笔 1 个月的掉期外汇买卖，将 4 月 1 日的头寸转换至 5 月 1 日。

（三）利用掉期交易锁定成本

（1）在进出口业务中锁定成本。

> 例 8-2　某港商 3 个月后有一笔 100 万美元的应收款，6 个月后有一笔 100 万美元的应付款。在外汇市场上，USD/HKD 即期汇率为 7.7275/85，3 月期美元汇率为 7.7250/60，6 月期美元汇率为 7.7225/35。港商利用掉期交易保值，有下面两种做法。
>
> **第一种**：该港商进行远期对远期掉期，其港币收支如下：
>
> 该港商按 7.725 0 的汇率卖出 3 月期 100 万美元，可得到 772.5 万港元（=100×7.725）；按 7.723 5 的汇率买进 6 月期 100 万美元，需支出 772.35 万港元（=100×7.723 5）。
>
> 若该港商进行远期对远期掉期，在固定本币收支的同时，还可获得 0.15 万港元（=772.5−772.35）的贴水收益。
>
> **第二种**：该港商进行即期对远期掉期，其港币收支如下：
>
> 港商在卖出 3 月期 100 万美元的同时，买入即期 100 万美元，需支出 772.85 万港元（=100×7.728 5）。

港商在买入 6 月期 100 万美元的同时，卖出即期 100 万美元，可得到 772.75 万港元（=100×7.727 5）。

在即期外汇交易中，买入价与卖出价的差额使港商付出 0.1 万港元（=772.85-772.75）的代价。

在签订买进或卖出即期外汇合同的同时，再签订卖出或买入远期外汇合同，同样是消除时间风险与价值风险的一种方法。

（2）在筹资中锁定成本。

例 8-3　我国某公司筹得资金 100 万美元，在美国订购价值 100 万美元的机械设备，3 个月后支付货款。当前国际金融市场 USD/JPY 的汇率为 113，而 3 个月 USD/JPY 的远期汇率为 110。

为获取汇率差价的利益，保证将来按时支付美元货款，防止汇率风险，该公司与银行签订按 USD/JPY 的汇率 113 卖出 100 万美元，买入 1.13 亿日元的即期外汇合同；与此同时，还签订按 USD/JPY 的 3 个月远期汇率 110 卖出 1.1 亿日元，购回 100 万美元的远期合同。由于签订了掉期合同，既能保证美元付款义务的按期完成，不致遭到汇价损失，同时又能取得 300 万日元的 3 个月利息。以上掉期交易过程如图 8-1 所示。

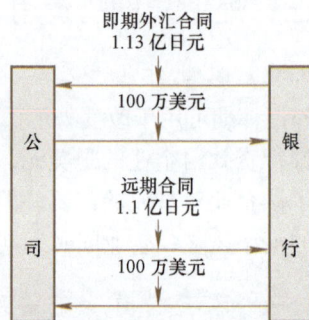

即期外汇合同 1.13 亿日元

100 万美元

公司　银行

远期合同 1.1 亿日元

100 万美元

图 8-1　掉期交易过程

（四）利用掉期交易投机获利

人们可以根据对利率变化和汇率的预测，进行投机性的掉期。如果这种预测是大体准确的，交易者可获得投机利润。否则，交易者可能遭受损失。

例 8-4　某日掉期外汇市场上，GBP/USD 汇率为：即期汇率 1.3770/780，6 个月远期汇率 1.3730/740，12 个月远期汇率 1.3740/750。

某交易者根据对利率和汇率的预期，进行了即期对远期掉期交易：买入 6 个月远期 100 万美元，卖出等值英镑；卖出 12 个月远期 100 万美元，买入等值英镑。

半年后掉期外汇市场上的即期汇率为 1.3700/710，6 个月远期英镑汇率为 1.3800/810。

此刻，该交易者通过掉期可获利情况如下：

该交易者买入 6 个月远期 100 万美元，到期需支出 72.833 2 万英镑（=100÷1.373 0）；

该行交易者卖出 12 个月远期 100 万美元，到期可得到 72.727 3 万英镑（=100÷1.375 0）。

在远期对远期掉期交易中，该交易者暂时蒙受损失 0.105 9 万英镑（=72.727 3-72.833 2）。

半年后，该交易者卖掉即期 100 万美元，可以收回 72.939 5 万英镑（=100÷1.371 0）；

同时，该交易者买入 6 个月远期 100 万美元，需要付出 72.463 8 万英镑（=100÷1.380 0）。

在半年后的这次交易中，该交易者获利 0.475 7 万英镑（=72.939 5-72.463 8）。

该交易者扣除第一次交易亏损的 0.105 9 万英镑，仍可获得 0.369 8 万英镑的投机利润（=0.475 7-0.105 9）。

四、外汇掉期的操作

（一）办理外汇掉期交易的注意事项

以我国银行为例，办理外汇掉期交易的有关要求如下：

（1）办理外汇掉期交易，银行对交易方的要求与办理即期和远期外汇买卖相同，需要有贸易或其他保值背景，填写"保值外汇买卖申请书"，并比照办理远期外汇买卖的办法交存一定数量的保证金。

（2）交易方要对已达成的远期交易进行展期，必须在该远期交易起息日的第 5 个工作日前向原叙做远期交易的银行机构或部门提出申请，经批准后填写新的"保值外汇买卖申请书"，办理外汇掉期交易。

（3）交易方要对已达成的远期交易提前交割，须在提前交割的 5 个工作日前向原叙做远期交易的银行机构或部门提出申请，经批准后填写新的"保值外汇买卖申请书"，办理外汇掉期交易。

（二）外汇掉期交易业务流程

外汇掉期交易业务流程如图 8-2 所示（以中国工商银行为例）。

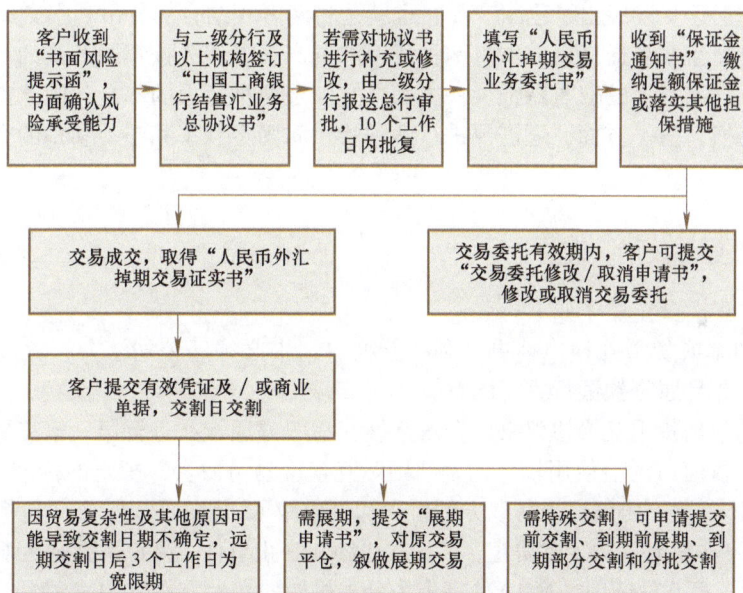

图 8-2　中国工商银行外汇掉期交易业务流程

单元二　金融互换

一、金融互换的含义及类别

（一）金融互换的含义

所谓金融互换（Financial Swaps），是指交易双方按照预先约定的汇率、利率等条件，在一定期限内，相互交换一组资金的合约。金融互换是 20 世纪 80 年代以来国际资本市场上出现的一种新型金融衍生产品。金融互换的合约标的物可以是资产，也可以是负债；可以是本金，也可以是利息。

金融互换是一项表外业务，不对资产负债表产生影响。也就是说，金融互换在时间和融资方面独立于各种借款或投资之外，具体的借款或投资行为与互换中的利率基础和汇率基础无关。这样可利用金融互换逃避外汇管制、利率管制以及税收限制，不增加负债而获得巨额利润扩充资本，达到提高资本充足率等目的。目前，金融互换在国际上被广泛地运用于资产负债管理。

例如，A 方借美元，担心美元升值，英镑贬值；B 方借英镑担心英镑升值，美元贬值。双方一拍即合，利用货币互换交易规避汇率风险，换出对自己不利的货币，换进对自己有利的货币。

再如，两市场信用不同，A 方借美元利率低，借英镑利率高，但 A 方需要英镑；B 方借美元利率高，借英镑利率低，但 B 方需要美元。双方在各自有优势的市场以低利率借入，即 A 方借美元，B 方借英镑，然后互换货币。能够互换的货币都是完全可自由兑换的货币。

（二）金融互换的类别

金融互换根据内容的不同主要分为货币互换、利率互换和货币利率交叉互换。

货币互换、利率互换是金融互换基本的交易品种，本模块主要介绍这两类。在货币互换和利率互换的基础上逐步发展出了创新产品，也就是将两者相结合的货币利率交叉互换。

货币利率交叉互换是指交易双方将两种货币的资产或者债务按不同形式的利率进行交换，兼具货币互换和利率互换的双重特征。一方面，它涉及两种货币的本金，因此需要按约定的汇率进行本金的交换，另一方面，还需要进行两种货币间固定利率和浮动利率的交换，其交易过程较为复杂。

二、金融互换操作程序

我国的金融互换操作程序如下：

（1）办理利率或货币互换申请书。利率互换申请书必须经公司法人代表或有权签字人签字、加盖公章，并且原贷款银行签字同意。

（2）签订利率和货币互换协议书。金融互换交易双方通常在进行第一笔交易时签订一份规范的交易文本。目前市场上使用较多的是"国际互换交易员协会"拟定的标准文本——"利率和货币互换协议"，这一协议对交易双方的权利和义务做了详细的规定，条款包括：第 1 款释义，第 2 款支付，第 3 款陈述，第 4 款协定，第 5 款违约和终止事件，第 6 款提前终止，第 7 款转让，第 8 款合同货币，第 9 款杂项，第 10 款有多个分支机构的交易方，第 11 款费用，第 12 款通知，第 13 款适用法律和司法管辖权，第 14 款定义。

该项协议签订后，交易双方的每一笔互换交易均受其约束。对于每一笔互换交易，交易双方仅需要一份证实书，确认交易日、生效日、到期日、名义本金、利率、汇率、清算账户等具体内容即可。

（3）由原贷款人提供互换交易项下的延续性担保。

（4）到银行询价交易。

三、货币互换的含义、运用及特点

（一）货币互换的含义

货币互换（Currency Swap）是指双方同意在一定期限内，交换不同货币本金与利息的支付的协议。货币互换的过程是：双方按照约定的协议汇率进行资本金互换，这一汇率通常是市场即期汇率。完成互换后，在双方约定的付息日，互相交换一组利息，利息根据约定的利率和本金计算。协议到期时，再按原约定协议汇率将原资本金换回。

（二）货币互换的运用

例8-5　美国的 A 公司和德国的 B 公司分别在德国和美国开设子公司，A 公司的子公司需要筹措一笔欧元资金，而 B 公司的子公司则需要美元资金。作为外国公司，它们很难以优惠的利率筹措到低成本的资金，但作为本国公司，它们的母公司在各自国内往往能获得较优惠的利率水平，见表8-1。

表8-1　A、B 两家公司筹措资金的成本

公　　司	利　率　水　平	
	美元债券	欧元债券
A公司（美国）	6%	4.8%
B公司（德国）	6.4%	4.6%

在此，A 公司在其本国（美国）债券市场上显然占有优势，可以按6%的利率成本筹集美元资金；同时，B 公司也在其本国（德国）的债券市场上占有优势，可以按4.6%的利率成本筹集欧元资金。A 和 B 两家公司可利用双方在各自市场上的优势，通过银行进行货币互换，降低双方筹资成本。具体步骤如下：

（1）A 公司在本国市场发行5年期美元债券，年利率为6%。

（2）B 公司在本国市场发行5年期欧元债券，年利率为4.6%。

（3）银行安排 A 和 B 两家子公司叙做期限为5年的货币互换，双方首先按约定的汇率交换双方筹得的本金。这样 A 公司获得所需的欧元资金，B 公司获得所需的美元资金。

（4）在5年期限里，A 公司将定期通过银行支付 B 公司欧元利息，按固定利率计算，B 公司将利息收入用于支付所发行的欧元债券利息。

（5）同样，B 公司也定期通过银行支付 A 公司美元利息，按固定利率计算，A 公司将利息收入用于支付所发行的美元债券利息。

（6）在货币互换期限内，A 公司和 B 公司所支付的固定利率由双方根据具体情况商定。A 公司希望利率成本降低0.2%，B 公司也希望利率成本降低0.2%，于是货币互换的固定利率水平确定为 A 公司按年利率4.6%支付欧元利息，B 公司按年利率6.2%支付美元利率。货币互换过程中的本金和利息的交换如图8-3所示。

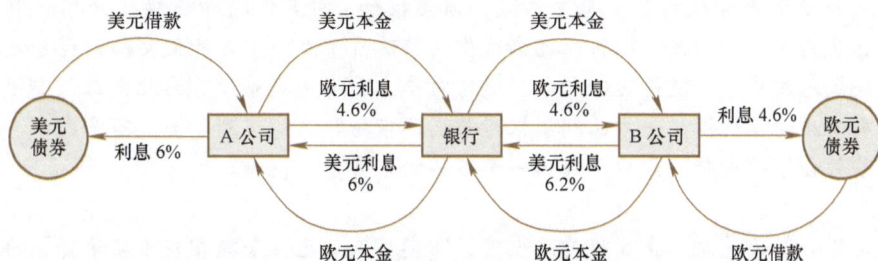

图8-3　A、B 两家公司货币互换过程

（7）在到期日，A 公司和 B 公司将本金按期初约定的汇率重新交换回来。A 公司支付欧元本金，B 公司支付美元本金，这样双方都能偿付各自发行的债券。具体操作如图8-4所示。

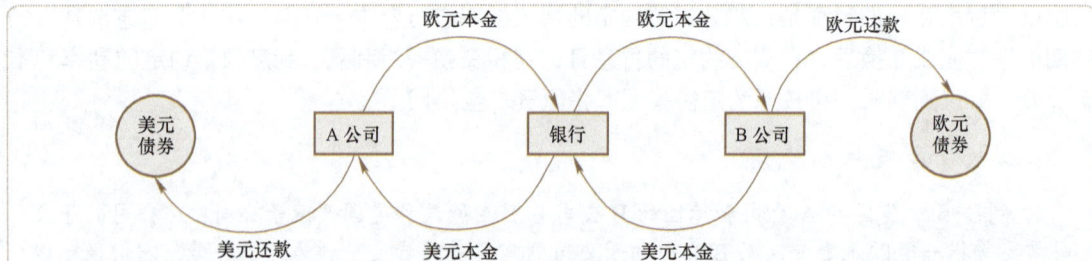

图 8-4 到期日操作

在上例的货币互换中，银行获得年利率为 0.2% 的收益。作为安排交易的银行，它承担了信用风险，这 0.2% 是其信用风险的报酬。

在货币互换交易中，双方按照预定的汇率进行资本额互换，完成互换后，每年按照约定的利率和资本额进行利息支付互换，协议到期后，再按原约定汇率将原资本额换回。

由此可见，通过货币互换，交易双方对风险与收益均实行了一次性双向锁定，这样可以规避各自所承担的汇率风险，也降低了交易双方的融资成本，同时，解决了各自资产负债管理需求与资本市场需求之间矛盾，也破除了当事人之间因资本市场、货币市场的差异以及各国外汇管制的不同所造成的壁垒，开拓了更广阔的筹资途径。

（三）货币互换的特点

货币互换与其他外汇买卖有什么不同？这要从实际分析中得出结论。

小资料 8-1

我国某企业以租赁形式从国外进口一套大型的机器设备，租赁贷款的金额为日元，贷款期限 5 年，从第一年开始每半年偿还一次利息，利率固定；本金从第一年开始以等额法逐年偿还，每年偿还一次。但是，该企业的收入绝大部分来源于美元和与美元汇率挂钩的人民币及港币，若日元兑美元汇率大幅上升，会大大加重企业的债务负担。

一家银行的客户经理得知这一情况后向交易部门要求协助。交易部门与客户服务部门立即组织了一个联合工作小组，对该企业的现金流做出分析，结合对市场的详细调查，认为可以使用货币互换对冲整个系列现金流的风险敞口，但这种互换交易存在特殊性：

（1）企业没有日元现金，进口的设备本身物权没有最后转移，不能用于抵押，因此需要银行提供某种特别安排以便达成交易。

（2）租赁形式贷款的本金每年递减，需要执行"分期"货币互换（分期货币互换指本金按在交易时预定的某一安排而逐渐减少的特殊货币互换）才能使交易的现金流与租赁贷款的现金流对应，这使得定价和寻找交易对手方面有一定难度。为此，工作小组一方面研究特别安排的可行性，一方面利用银行与国际市场联系，找到了多个有意向参与交易并且价格条件合适的对手，最后设计出一套可行的方案。

方案：

（1）银行暂垫美元，企业将美元出售，即期买入日元，金额相当于租赁贷款的本金。

（2）企业委托银行叙做一笔日元兑美元的以固定利率交换固定利率的分期货币互换，换出买入的日元，换入美元。换入的美元用于归还银行的代垫款。即期买卖和互换交易的交割日定为同一天，这样银行并没有实际垫款，避免信用风险。

（3）到每半年的付息日时，企业用自有资金通过银行向交易对手支付美元利息，同时收到交易对手支付的日元利息，用于偿还租赁贷款的利息。

（4）到每年的还本日时，企业用自有资金通过银行向交易对手支付应偿还的部分美元本金，同时收到交易对手付来的应偿还的部分日元本金，用于偿还租赁贷款中规定偿还的部分日元本金。这样，交易和贷款剩余的本金都逐渐减少，直到全部还清。

上述方案的结果是，企业可以把日元贷款置换为美元贷款，有效规避了汇率风险。

由此可见，货币互换与其他外汇买卖的不同之处在于：

（1）货币互换交易必须具备前提条件。货币互换必须具备两个前提：一是存在两个在期限和金额上利益相同，而对货币种类需要相反的交易伙伴；二是交易双方具有相对优势。货币互换交易中，交易方在不同市场通过相对优势获得的收益在交易各方之间分配。

（2）货币互换交易更为灵活。在货币互换交易中，交易条件由双方商定，本金互换的汇率以及双方支付的利率都可以根据需要商定。例如，可以用所规定的汇率，也可以用即期汇率，还可以用远期汇率，但对应不同汇率水平的利率水平会有所不同。货币互换的利率形式，可以是固定利率换浮动利率，也可以是浮动利率换浮动利率，还可以是固定利率换固定利率。期初本金互换的过程也可有可无。只要精心安排，货币互换就能发挥出最大的功能。

（3）利用货币互换既可以规避汇率和利率风险，也可以降低债务成本。

（4）利用货币互换可以拓宽融资渠道。

（5）利用金融互换，筹资者可以在各自熟悉的市场上筹措资金，通过互换来达到各自的目的，而不需要到自己不熟悉的市场去寻求筹资机会。

（6）在货币互换交易中，除了汇率风险，还存在一些特殊风险，如汇兑风险、替代风险及信用风险。一笔货币互换协议至少要牵涉两种货币，如果一种货币由于官方的干预（比如在严格的外汇管制国家）而导致超过一定限量的货币不予兑换或不准汇出，便会产生汇兑风险。替代风险是指交易一方不能履行支付义务时，另一方必须另寻交易者加以替代的风险。所谓信用风险即客户或交易对手违约的风险。在货币互换中，银行承担了这种信用风险，因此银行要采取相应的防范措施，例如：评定客户或交易对手的信用等级，评价交易真实价值风险，设计安全保障措施，用保证金、资产抵押等方法提高保障程度等。

（7）银行承担了相应的汇率和利率风险。银行同客户叙做了货币互换交易后，便承担了相应的汇率和利率风险。对于银行来说，最简单的办法是找到另一个交易对手，叙做一笔方向相反的交易，完全抵消风险。但在实际交易中，这样的机会并不多，市场上往往难以找到金额、期限等内容完全匹配的交易。这就需要银行通过在外汇市场、货币市场以及资本市场上的操作来管理它所承担的风险，将各种不同类型的金融互换交易或是其他金融产品放在一起，作为一项风险组合进行集中管理，凭借先进的实时风险管理系统和高素质的专业人员来完成这一工作。

四、利率互换的含义及运用

（一）利率互换的含义

利率互换是指在对未来利率的预期基础上，交易双方以商定的日期和利率将同种货币的资产或者债务按不同形式的利率进行交换。也就是在约定的期限内，交易者可将原有利率形式转换为对自己比较有利的形式，从而达到规避利率风险、降低负债成本、增加资产收益的目的；

同时还可以用来固定自己的边际利润，便于债务管理。因为是同一种货币，所以不涉及本金的交换，即不需要期初与期末互换本金。双方只需在约定的期限内交换一组不同特征的利息。

利率有多种形式，任何两种不同形式的利率都可以进行相互转换。最基本的利率互换是将浮动利率的利息同固定利率的利息相交换，即一方用固定利率债务换取浮动利率债务，支付浮动利率；另一方用浮动利率债务换取固定利率债务，支付固定利率。其中，交易双方中的一方以固定利率的方式支付利息，利率水平通常参考相同期限的政府债券的收益率。交易的另一方则以浮动利率的方式支付利息，其利率水平通常以特定的利率指标为基准，如伦敦同业拆借利率 LIBOR。利率互换还有以一种形式的浮动利率和另一种形式的浮动利率进行互换的交易方式。例如，以 3 个月期美元 LIBOR 与 6 个月期美元 LIBOR 互换。

在利率互换交易中，双方一般需要明确以下内容：

（1）本金。即货币种类和交易金额。

（2）交易期限。交易期限从 1 年到 15 年不等，期限短的流动性相对较好。

（3）浮动利率的付息期限。3 个月和 6 个月 LIBOR 较常见。

（4）利率互换的期限。美元、日元及主要外币利率互换期限可以做到 10 年以上。

（5）费用。叙做利率互换只需在每个付息日向银行互相支付浮动（或固定）利率的利息，此外无其他费用。

（6）交易方向。根据交易惯例，交易的一方如果愿意收入浮动利率支付固定利率，称为买入一项利率互换；如果愿意支付浮动利率收入固定利率，称为卖出一项利率互换。

（7）市场报价。利率互换有两种报价方式：

一种是根据固定利率水平进行报价。例如，一项 5 年期的利率互换交易，市场报价为6%、6.1%。如果交易一方选择 6%，表示愿意向对方收取 6% 的固定利率，同时支付 LIBOR浮动利率，是卖出利率互换；选择 6.1%，表示愿意向对方支付 6.1% 的固定利率，同时收取LIBOR 浮动利率，是买入利率互换。

另一种报价方式是以不同的政府债券的收益率为基础报价。美元利率互换通常是在美国政府债券收益率的基础上报价，例如 5 年期的美元利率互换交易报价为 T+28/25，表示在 5 年期的政府债券收益率基础上，上浮 0.28% 和 0.25% 作为最终的报价。英镑则以英国金边债券（Gilt）的收益率为基础报价。由于债券收益率和利率互换固定利率的计息基础不同，因此需要将收益率进行一系列换算才能得到最终的利率互换报价。

（二）利率互换的运用

运用利率互换交易可以将一种利率形式的资产或负债转换为另一种利率形式的资产或负债。市场参与者可以获得优惠利率的固定利率贷款或浮动利率贷款，降低筹资成本，实现债务的重组，加强对风险的管理，使债务结构具有更大的灵活性。

（1）利用利率互换，规避利率风险。利率互换常用于债务保值，规避中长期利率风险。

例8-6 某公司借入一项 2 000 万美元的浮动利率贷款，成本为 6 个月 LIBOR+0.5%，期限 5 年，每半年付息一次。该公司将这笔贷款用于项目投资，预计每年的投资回报率为10%，期限 5 年。2 年之后，该公司认为美元利率有可能上升。因此在剩余的 3 年贷款期限内，利率成本将随着 LIBOR 的上升而增加，而投资回报率 10% 不会增加。为防范利率上升的风险，该公司决定运用利率互换固定利率成本，稳定今后两年内的投资收益。

银行对期限为 2 年的美元利率互换报价为 4.8%、5%。

分析：该公司希望支付固定利率，收取浮动利率，因此属于买入利率互换，价格为 5%，名义本金为 2 000 万美元。付息日期与该公司浮动利率贷款的付息日期相匹配。

在每一个付息日，该公司将按 5% 的固定利率向银行支付利息，银行将按 6 个月 LIBOR 向该公司支付利息。双方实际交割利息差额，资金支付方向由每一期的 LIBOR 实际水平决定。

在第一个付息日，如果该期的 6 个月 LIBOR 水平确定为 5.375%，银行向该公司净支付：

20 000 000×（5.375%-5%）×182/360=37 916.67 美元

如果 6 个月 LIBOR 水平确定为 4.5%，该公司向银行净支付：

20 000 000×（5%-4.5%）×182/360=50 555.56 美元

如果 6 个月 LIBOR 水平恰好等于 5%，不发生资金收付。

以后各期依此类推，直至期限的终止。该公司利率互换的避险操作如图 8-5 所示。

该公司通过利率互换固定了借款的利率成本为

（LIBOR+0.5%）+5%-LIBOR=5.5%

因此，该公司的收益固定为 4.5%（=10%-5.5%）。

结论：通过负债的利率互换，该公司避免了利率上升的风险。

由此可见，利用利率互换，可规避利率风险。如果预期利率上涨，可将浮动利率形态的债务换为固定利率；如果预期利率下跌，可将固定利率形态的债务换为浮动利率。

图 8-5　利率互换避险操作

（2）利用利率互换，增加资产收益。债务和资产实际是一枚硬币的正反两面，因此利率互换交易并不仅仅局限于负债利息支出的保值，同样，也可适用于资产收益的保值。

例 8-7　某银行发行了 1 000 万美元的债券，期限为 5 年，利率成本为 5%。同时该银行发放了一笔 1 000 万美元的浮动利率贷款，期限为 5 年，利率水平为 6 个月 LIBOR+0.25%。由于目前美元利率走势很不稳定，该银行担心利率下跌将导致以浮动利率计息的资产收益减少。为了防范利率风险，该银行决定将浮动利率资产转换为固定利率资产，与固定利率债务相匹配。

5 年期美元利率互换的市场报价为 5.6%、5.8%。

分析：该银行希望收入固定利率，因此卖出利率互换，价格为 5.6%，名义本金为 1 000 万美元。付息日期与该银行浮动利率贷款的付息日期相匹配。交易双方同意浮动利率为 6 个月 LIBOR。

在每一个付息日，该银行将按 5.6% 的固定利率收取利息，按 6 个月 LIBOR 支付利息。

在第一个付息日，如果该期的 6 个月 LIBOR 水平确定为 6%，则该银行净支付：

10 000 000×（6%-5.6%）×182/360=20 222.22 美元

如果 6 个月 LIBOR 水平确定为 5%，该银行净收入：

10 000 000×（5.6%-5%）×182/360=30 333.33 美元

如果 6 个月 LIBOR 水平恰好等于 5.6%，不发生资金收付。

以后各期依此类推，直至 5 年期限终止。操作如图 8-6 所示。

该银行通过利率互换固定了贷款的利息收入：

5.6%+（LIBOR+0.25%）-LIBOR=5.85%

该银行的收益固定为 0.85%（=5.85%-5%）。

结论：通过资产的利率互换，该银行避免了利率下跌的风险。

利率互换交易中，一般资产持有者在利率看跌时将浮动利率的资产转换为固定利率的资产；在利率看涨时将固定利率的资产转换为浮动利率的资产，达到控制利率风险、增加收益的目的。

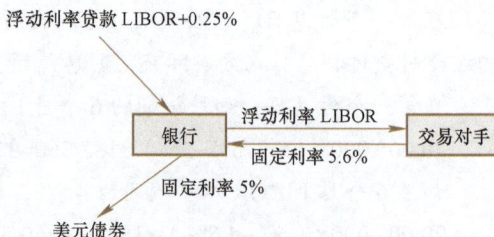

图 8-6 利率互换保值操作

（3）利用利率互换，投机获利。市场参与者不仅可以通过利率互换有效地规避利率风险，还可以根据对市场走势的判断，运用利率互换，投机获利。

例8-8 在某银行的资产负债表上，美元的固定利率资产与固定利率负债大体上互相匹配。该银行预期美元利率将会上升，决定运用利率互换来提高资产的赢利能力。3 年期美元利率互换的市场报价为 5.7%、5.8%。

分析：该银行按 5.8% 的价位买入利率互换，期限 3 年。在 3 年内该银行支付固定利率水平为 5.8%，收取浮动利率水平为 6 个月 LIBOR，如图 8-7 所示。

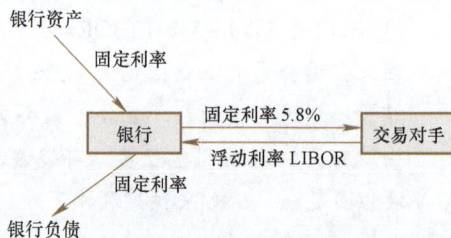

图 8-7 利率互换投机操作

结论：通过利率互换，该银行将固定利率的资产转换为浮动利率的资产后，如果对利率走势的判断正确，其投资收益将会随着市场利率水平 LIBOR 上升而增加。在 3 年内的每个付息日，当 6 个月 LIBOR 的利率水平高于 5.8% 时，该银行将收取两者的差额作为收益。

如果银行预期美元利率水平将会下跌，则应卖出利率互换，将浮动利率的资产转换为固定利率的资产。在 3 年内银行支付浮动利率水平为 6 个月 LIBOR，收取固定利率水平为 5.7%。

总之，利率互换既可以对资产进行互换，也可以对负债进行互换；既可以作为避险工具，也可以作为获利手段。资产持有者预期利率走势看涨时买入利率互换，而预期利率走势看跌时卖出利率互换。负债者预期利率走势看涨时卖出利率互换，而预期利率走势看跌时买入利率互换。

综上所述，利率互换和货币互换交易双方可以根据现金流量的实际情况做到"量体裁衣"，可以根据资产负债状况设计不同的利息交换方式。利率互换、货币互换既适用于已有债务，也可以用于新借债务。

利率互换比货币互换更灵活，利率互换没有本金交换，可在资金使用的任何阶段进行；可随时做相反方向的交易，容易解除对自己不利的状态；不仅可以运用于债务的互换，还可运用于资产的互换，提高投资的收益率。利率互换可以灵活调整资产负债的组合，而无须卖出资产或偿还债务。浮动利率资产可以与浮动利率负债相配合，固定利率资产可以与固定利率负债相配合。同时，由于利率互换的交易过程不涉及本金的互换，仅就利息进行差额的交换，因而大大降低了交易双方的信用风险。

在货币互换和利率互换的基础上，除了货币互换和利率互换相结合的货币利率交叉互换外，市场后来又逐渐发展了一些创新产品，如将互换与期权相结合，产生了互换期权等，金融互换的内涵愈加丰富。

单元三　我国的掉期和金融互换

金融互换是国际金融自由化、金融形势动荡不安与金融电子化发展的必然产物。世界金融一体化的发展，为许多国家经济、金融的进一步发展提供了广阔的舞台，与此同时，企业面临金融风险的形势也越来越严峻，尤其是金融机构和跨国公司大量的中长期资产与债务暴露在巨大的风险之中，因而对规避中长期的汇率和利率风险提出了迫切的需求。在这种背景下，各国的银行和金融机构在激烈的竞争中，不断改进和开发避险工具，产生了一批创新金融产品，除了传统的远期汇率以外，还有掉期交易、金融互换、外汇期货、外汇期权等衍生工具。其中金融互换对于控制具有一定现金流的长期汇率风险敞口是一种很好的手段。

在我国，随着对外经济交往的不断拓展和深化，我国企业的经济活动与全球经济愈加紧密地联系在一起。经济全球化、金融一体化对我国经济、金融的影响必将越来越大。中国人民银行于 2007 年 8 月 20 日发布了《关于在银行间外汇市场开办人民币外汇货币掉期业务有关问题的通知》[一]，具备银行间远期外汇市场会员资格的境内机构可以在银行间外汇市场开展人民币兑美元、欧元、日元、港币、英镑五个货币对的人民币外汇货币掉期业务，货币掉期中人民币的参考利率为经中国人民银行授权全国银行间同业拆借中心发布的具有基准性质的货币市场利率，或中国人民银行公布的存贷款基准利率；货币掉期中外币参考利率由交易双方协商约定。2012 年，银行对客户外汇和货币掉期累计签约 290 亿美元，其中近端结汇 / 远端售汇和近端售汇 / 远端结汇的交易量分别为 38 亿美元和 252 亿美元，较 2011 年分别增长 105.1%、113.3% 和 103.9%，表明掉期业务的本外币融资功能日益突出。2012 年，银行间外汇和货币掉期市场累计成交 2.5 万亿美元（日均 104 亿美元），较 2011 年增长 42.5%。之后我国外汇和货币掉期持续快速发展，2021 年，外汇和货币掉期市场累计成交 20.4 万亿美元，在市场分布上，银行对客户和银行间外汇和货币掉期累计签约分别为 1 357 亿美元和 20.3 万亿美元，较 2012 年分别增长了 708.05%、367.93% 和 712%。[二]

2020年中国外汇市场掉期交易小幅增长

小资料 8-2　中国首笔人民币外汇掉期买卖业务

中国银行江苏分行作为全国 6 家首批获准开办外币兑人民币的掉期业务的试点分行，于 2005 年 9 月 14 日下午办理了首笔也是全国第一笔外币对人民币的掉期业务，办理此项业务的企业是省内一家纺织品出口企业，金额为 30 万美元，为美元对人民币的掉期业务。原来这家企业为防范人民币汇率风险，与该行叙做了一笔美元对人民币 6 个月远期结汇业务，将于 2005 年 11 月份进行资金交割，成交价为 8.143 8。现在该企业提前收到外方付款，

㊀ 详见银发〔2007〕287 号，中国人民银行官方网站（www.pbc.gov.cn）。
㊁ 资料来源：《2012 国际收支报告》《2021 年国际收支报告》，国家外汇管理局官方网站（www.safe.gov.cn）。

希望提前与银行完成资金交割，提前收到人民币资金。针对客户这种需求，该行向客户推荐了人民币的掉期业务，不仅帮助客户提前收到需要的人民币资金，而且利用人民币与美元之间的利差关系，将客户的成交价在原来的基础上优化了 0.02，客户的最终结汇成本达到 8.163 8，通过叙做这笔业务，客户额外获得了 6 000 多元人民币的收益，真正实现了银企双赢。

2005 年 7 月 21 日人民币汇率改革后，中国人民银行加快了人民币汇率衍生产品的开发。基于中国银行丰富的国际外汇市场运作经验和开办远期结售汇业务 8 年以来积累的丰富经验，以及有关掉期业务完善的管理制度和操作规程，国家外管局批文同意中国银行 9 月 1 日起可对机构客户开展外币对人民币的掉期业务。在中国银行总行下发开办批文后的第八天，该行就为客户叙做了全国第一笔人民币掉期业务。

中国银行在国内同业中率先获准开办外币对人民币的掉期业务，帮助企业有效规避汇率风险，提高本、外币流动资金的管理效率，促进资金的保值和增值。

（摘自：江苏新闻网，2005 年 9 月 16 日）

模块小结

（1）外汇掉期是指投资者同时进行两笔方向相反、交割期限不同、数额相等的外汇交易。外汇掉期按交割期限的差异可分为一日掉期、即期对远期掉期和远期对远期掉期。

（2）掉期汇率是用点数报价。对报价方而言，第一个数字表示报价方近期卖出基准货币与远期买入基准货币的差价，第二个数字表示报价方近期买入基准货币与远期卖出基准货币的差价；对询价方而言，第一个数字表示询价方近期买入基准货币与远期卖出基准货币的差价，第二个数字表示询价方近期卖出基准货币与远期买入基准货币的差价。在掉期业务中，报价方报出的两个掉期差价，其意思相反。数值较小的是报价方付给询价方的，数值较大的是询价方付给报价方的。在掉期业务中，通过掉期差价求远期汇率时，使用交叉相加或交叉相减的方法。点数由小到大往上加，由大到小则往下减。

（3）利用掉期交易可以改变外汇币种，满足客户对不同货币资金的需求；改变持有货币的期限；锁定成本。

（4）金融互换是指交易双方按照预先约定的汇率、利率等条件，在一定期限内，相互交换一组资金的合约。金融互换根据内容的不同主要分为货币互换、利率互换和货币利率交叉互换。

（5）货币互换是指双方同意在一定期限内，交换不同货币本金与利息的支付的协议。货币互换与其他外汇买卖的不同之处在于货币互换交易必须具备前提条件；货币互换交易更为灵活；它可以降低债务成本，拓宽了融资渠道。但在货币互换交易中，还存在一些特殊风险。

（6）利率互换是指在对未来利率的预期基础上，交易双方以商定的日期和利率将同种货币的资产或者债务按不同形式的利率进行交换。最基本的利率互换是将浮动利率的利息同固定利率的利息相交换。利用利率互换可以规避利率风险，增加资产收益，也可以进行投机获利。

习　题

一、判断题

1. 一日掉期主要用于银行间同业资金拆借。（　　　）
2. 货币互换的交易过程只涉及本金的互换，不涉及利率差额的交换。（　　　）

二、不定项选择题

1. 日本一家公司某日收到一笔 200 万美元的货款，需要兑换日元用于国内资金周转，但 3 个月后又需要支付一笔 200 万美元的进口设备货款，则该公司可以（　　　）。

    A．即期卖出 200 万美元，买入相应日元

    B．远期买入 200 万美元，远期卖出相应日元

    C．3 个月后买入 200 万美元，卖出相应日元

    D．200 万美元存入银行，三个月后支付进口货款

2. 利率互换的交易过程涉及（　　　）。

    A．本金互换　　　　　　　　　　B．利率差额交换

    C．本金和利率差额互换　　　　　D．本金交换和利息支付

三、思考题

1. 举例说明利率互换产生的前提条件是什么？
2. 举例说明掉期、货币互换和利率互换各有什么功能？
3. 比较掉期、货币互换和利率互换这三种交易的利弊。

实 训 课 堂

一、技能训练题

1. 公司有一笔日元贷款，金额为 10 亿日元，期限 7 年，利率为固定利率 3.25%，付息日为每年 6 月 20 日和 12 月 20 日。2016 年 12 月 20 日提款，2023 年 12 月 20 日到期归还。

公司提款后，将日元买成美元，用于采购生产设备。产品出口得到的收入是美元收入，而没有日元收入。

从以上的情况可以看出，公司的日元贷款存在着汇率风险。具体来看，公司借的是日元，用的是美元。2023 年 12 月 20 日到期时，公司需要将美元收入换成日元还款。到期时如果日元升值，美元贬值（相对于期初汇率），则公司要用更多的美元来买日元还款。这样，由于公司的日元贷款在借、用、还上存在着货币不统一，就存在着汇率风险。

公司为控制汇率风险，决定与银行叙做一笔货币互换交易。双方规定，交易于 2016 年 12 月 20 日生效，2023 年 12 月 20 日到期，使用汇率为 USD1=JPY113。这一货币互换在以下各日期如何进行？

（1）在提款日（2016 年 12 月 20 日）该公司与银行发生何种业务？

（2）在付息日（每年 6 月 20 日和 12 月 20 日）该公司与银行发生何种业务？

（3）在到期日（2023 年 12 月 20 日）该公司与银行发生何种业务？

2. 现有 A、B 两借款人，各有债务情况见表 8-2。

表 8-2　债务情况表

	A 借款人	B 借款人
现有负债	欧洲美元债务	欧洲英镑债务
金额	2 亿美元	1 亿英镑
息票率	8%，每年付息一次	9%，每年付息一次
付息日	7 月 1 日	7 月 1 日
期限	尚有 5 年到期	尚有 5 年到期
还款方式	全部本金到期一次偿还	全部本金到期一次偿还

A 借款人希望将全部或一部分负债换成固定利率的英镑，B 借款人希望将全部或一部分负债换成固定利率的美元。作为一家中介机构的银行为它们安排互换，假定互换开始日为第一个息票付息日，设为某年 7 月 1 日，英镑 / 美元汇率为 1.6:1。银行希望每年收取的风险费为本金金额的 0.125%，且全部为美元。请以图或表的形式列出各期利息流动和到期本金流动的情况。

二、案例分析

案情：我国 A 银行为我国某上市公司叙做利率掉期。该公司某年 7 月获得某国贷款 5 000 万美元，期限 3 年，借贷成本为美元 6 个月 LIBOR+0.65%，每半年计息付息一次。

当时美元的市场利率处在 3.3% ~ 4% 的历史较低水平，徘徊了一年有余，这对公司偿还债务极为有利，按照当时市场利率水平，公司还债成本仅在 4.15% 左右。但是该公司认为在未来 3 ~ 5 年中，美元利率有上升的趋势，担忧如果持有浮动利率债务，利息负担会越来越重。同时，由于利率水平起伏不定，公司也无法精确预测贷款期的利息负担，从而难以进行成本预算与控制。因此，该公司希望能将此贷款的浮动利率固定下来。A 银行及时为公司叙做了利率互换交易。

分析：（1）A 银行采取的是哪种形式的利率互换？

（2）A 银行在此如何操作利率互换？

（3）此案例对我们有什么启示？

模块九

金融期货

学习目标

【知识目标】

通过本模块学习，理解金融期货的含义；懂得货币期货的运用；了解我国金融期货的发展。

【技能目标】

能够看懂货币期货和利率期货合约的报价；能够进行货币期货保值的操作。

【素质目标】

从金融从业人员视角认识金融市场杠杆的应用，理解风险控制的意义，培养底线思维，增强职业素养。

引　言

离岸人民币的发展是人民币迈向国际化的重要一步，有助于人民币逐步成为国际储备货币。

港交所于 2012 年 9 月推出美元兑人民币（香港）期货，为全球首只人民币可交收货币期货合约。目前港交所人民币货币期货有美元兑人民币（香港）期货、小型美元兑人民币（香港）期货、欧元兑人民币（香港）期货、日元兑人民币（香港）期货、澳元兑人民币（香港）期货、印度卢比兑人民币（香港）期货和人民币（香港）兑美元期货等品种。

据港交所数据显示，2022 年前 11 个月，期货及期权平均每日成交量较 2021 年同期上升 9%，达到逾 12.96 万张合约，其中最受欢迎的人民币货币期货平均每日成交量较 2021 年同期劲升 68%，达到近 1.85 万张合约。

另据新加坡交易所集团（下称"新交所"）发布的消息，新交所美元兑离岸人民币期货在 2023 年 3 月创下新纪录，月度成交量达 220 万份合约。不仅如此，3 月日均成交额环比也增长 44% 至 95 亿美元。作为全球重要离岸人民币中心之一，新交所这一指标创新高意味着人民币在全球外汇市场的重要性提升，也表明进出口风险管理的需求提升。

（摘编自：新浪财经，2018-04-23；金融界，2022-12-24；中国基金报，2023-04-16）

那么，什么是货币期货？货币期货与金融期货有何关系？货币期货交易如何运用？金融期货还有哪些品种？我国的金融期货交易发展现状如何？这正是本模块内容所在。

金融期货是在有形的交易市场，通过交易所的下属成员——清算公司或经纪人，根据成交单位、交割时间标准化的原则，按双方协定交易的价格买入与卖出金融商品合约的交易。

金融期货是以金融商品作为标的物的期货合约，其合约的标的物不是具有实物形态的商品，而是无形的、虚拟化的金融商品，如外汇、利率、股指等。

金融期货有货币期货、利率期货、股票指数期货等种类。目前，在国际货币市场交易的金融期货共有十多个品种。其中，外汇期货交易的主要品种有美元、英镑、日元、欧元、瑞士法郎、加拿大元、澳大利亚元等；利率期货包括美国国库券期货、欧洲美元定期存款期货及美国国内可转让定期存单期货等品种；股票指数期货包括标准普尔500种股票价格综合指数、纽约证券交易所股票价格综合指数、价值线综合股票价格平均指数、日本的日经指数和中国香港的恒生指数等多种股指期货品种。

从世界范围看，金融期货主要交易场所有芝加哥商业交易所的国际货币市场（IMM）、中美商品交易所（MCE）、费城期货交易所（PBOT）、伦敦国际金融期货交易所（LIFFE）、新加坡国际货币交易所（SIMEX）、东京国际金融期货交易所（TIFFE）、法国国际期货交易所（MATIF）等。每个交易所基本都有本国货币与其他主要货币交易的期货合约。

单元一　货　币　期　货

货币期货又称外汇期货，是指在有形的交易市场，通过交易所的下属成员——清算公司或经纪人，根据成交单位、交割时间标准化的原则，按固定价格购买与卖出远期外汇的一种业务。货币期货是以汇率为标的物的期货合约。

要真正理解货币期货交易的含义，则有必要将货币期货交易与即期外汇交易、远期外汇交易和期权交易做一比较（见表9-1），同时，这对金融期货交易的运用也有实际意义。

表 9-1　货币期货交易、即期外汇交易、远期外汇交易和期权交易的比较

	货币期货交易	即期外汇交易	远期外汇交易	期　权　交　易
交易目的	保值或投机 风险与收益不固定	产权转移 保值或投机	保值或投机 在保值时，针对性更强，可使风险全部对冲	保值或投机 风险被固定（买方最大的损失是期权费）
成交价格	在交易所以公开拍卖竞价的方式确定，每一时点上只有一个价格，或通过"电子交易系统"成交	通过电信工具报价或一对一谈判决定	通过电信工具报价（或报买卖价差） 不具备期货价格那样的公开性、公平性与公正性	经集合竞价产生
结算方式	绝大部分期货合约在到期前就已通过方向相反的交易平仓，很少发生实际交割 股价指数期货在交割日以现金清算，利率期货可以通过证券的转让清算	足额交易	到实际交割日则通过找差价方式来清算	可以交割（行权）也可以不交割（放弃行权）

（续）

	货币期货交易	即期外汇交易	远期外汇交易	期权交易
是否交纳保证金	支付保证金，则可买卖数倍价值期货	不交纳保证金	通常预交一定的履约保证金	交纳保证金（期权费）
交易的组织化程度	在交易大厅进行；有严格的交易程序和规则　信息集中、公开、透明	地点和时间没有严格规定；信息分散，透明度低	组织较为松散，没有集中交易地点，交易方式不集中	分为场内交易和场外交易，前者组织化程度较高，后者较灵活
合约特征	标准化合约，对交易的金融商品的品质、数量及到期日、交易时间、交割等都有严格的规定	对交易的币种、数量，均由交易双方自行决定	对交易的币种、数量、交割日期等，均由交易双方自行决定	场内交易期权合约是标准化的，与期货交易合约类似；场外交易与远期交易合约类似

一、期货交易的参与者

1. 交易所　期货交易都在交易所进行。交易所并不参加交易，只对交易活动起约束作用，是非营利机构。它提供交易设施，监督和管理交易所会员的日常活动以及发布有关信息；负责制定和实施交易规则，规定期货合同的主要条款；确定期货保证金的比例，设计和监督期货的交割程序。

每笔期货合约都在该品种交易特定的交易所进行。大部分交易所都禁止在指定交易所或指定交易时间以外发生合约交易。

每一笔期货交易均由期货交易所分别与买卖双方订立合约，买卖双方不直接见面。交易所下设清算机构。

2. 清算公司　又称清算所、结算公司等。清算公司是期货交易所下负责期货合约清算的营利性机构，具有法人地位。每个交易所都指定一个清算公司负责期货合约的交易与登记。清算公司可以是一个独立的组织，也可以是交易所的附属公司，由交易所的全部或部分清算会员拥有。

清算公司充当交易双方最后结算者。对于外汇期货的买方来说，清算公司是卖方；对于卖方来说，清算公司又是买方。交易所会员在买进或卖出交易合同时，先不做现金结算，而是由清算公司办理结算。

3. 佣金公司　又称经纪公司，是期货交易中起中介作用的法人实体。佣金公司代表不具有会员资格的客户利益，代表客户下达交易指令，征收客户履约保证金，提供基本会计记录，处理账户，管理资金，并为客户传递市场信息和市场研究报告，充当交易顾问，为客户提供设施和人员。佣金公司的收入是向客户收取的佣金。

4. 参与货币期货交易者　主要是企业、银行和个人。任何单位和个人只要交纳保证金，都可以参与货币期货交易。这些交易者以保值或投机或投资为目的。

二、货币期货合约

货币期货是以汇率为标的物的期货合约。它是金融期货中最早出现的品种。

货币期货合约是交易所制定的一种标准化合约，例如芝加哥商业交易所货币期货合约规格见表9-2。

表 9-2　芝加哥商业交易所货币期货合约规格

货 币 名 称	英镑
交 易 单 位	62 500 英镑（GBP）
最小变动价位	0.000 2 英镑（GBP）（每张合约 12.50 英镑）
每日价格最大波动幅度	开市（上午 7:20～7:35）限价为 150 点，7:35 分以后无限价
合 约 月 份	1、3、4、6、7、9、10、12 和现货月份
交 易 时 间	上午 7:20～下午 2:00（芝加哥时间），到期合约最后交易日交易截止时间为上午 9:16（市场在假日或假日之前将提前收盘）
最 后 交 易 日	从合约月份第三个星期三倒数的第二个工作日上午
交 割 日 期	合约月份的第三个星期三
交 易 场 所	芝加哥商业交易所

一份期货交易合约通常明确以下事项：

1．交易单位（合约基数）　交易单位是指一个合约所规定的标准交易数量。每份外汇期货合约都由交易所规定标准交易单位，如表 9-2 中每一份英镑合约的交易单位为 62 500。不同的交易所对合约基数可能有不同规定，不同的期货品种其合约基数也是不同的。

所有合约的标价均以外汇为基础货币，美元为报价货币。

2．最小变动价位　它是指合约价格变动至少需达到的幅度，也是该合约的标价单位。期货合约价格变化都是以基本点为单位的。以瑞士法郎为例，最小变动位价为 0.000 1。在交易场内，经纪人所做的出价或叫价只能是最小波动幅度的倍数。

3．价格最大波动幅度　为限制期货交易中可能出现的过度投机，合约里还规定了每日最大价格波动幅度，即每日涨跌停板额，是指一份期货合约在一天之内比前一交易日的结算价格上涨或下跌的最大波动幅度。一旦报价超出这一幅度，该期货合约就会被暂时停止交易一段时间。

4．合约月份　它是合约的到期月份即期货合约的交割月份。国际货币市场所有外汇期货合约的交割月份都是一样的，为每年的（按国际货币基金组织规定）1 月、3 月、4 月、6 月、7 月、9 月、10 月、12 月和现货月份。标准交割日为到期月份的第三个星期三，该星期三的前两日即为合约的最后交易日。交割期限内的交割时间随交易对象而定。

5．通用代号　在具体操作中，交易所和期货佣金商及期货行情表都是用代号来表示外汇期货。例如，美元 USD、英镑 GBP、欧元 EUR、加拿大元 CAD、日元 JPY、瑞士法郎 CHF。

三、货币期货交易的成本与盈利

（一）客户交易成本

客户交易成本主要是保证金和佣金。

保证金，又称按金，它是交易者"行为抵押物"，绝不是买卖期货的订金。交纳保证金的目的有三个方面：

（1）防止交易中的欺诈行为，降低交易的信用风险。保证金是交易人经过经纪商付给交易所的一笔保证资金，以保证交易人有能力支付佣金以及承担可能出现的亏损，保护经纪商的利益，当客户因故无法付款时经纪商即以保证金补偿。

（2）控制交易所的投机活动。

（3）保证金制度又相当于为客户提供了一定的信用手段，交易者在期货交易中不需投入与期货价值等价的资金，只要交足保证金，就可以买卖几倍甚至十几倍价值的期货合约，即"以小博大"。

每个外汇期货合同的参与者，都必须事先交足初始保证金，方可从事交易，然后根据客户仓单盈亏转化补足其中的浮动亏损。

保证金分为初始保证金和维持保证金。初始保证金又称原始保证金，即客户在最初进行交易时必须交付的保证金。

维持保证金又称"最低保留值"，即各交易所对保证金的最低数做出的规定金额。如芝加哥国际货币市场规定，无论从事多大规模交易，保证金不能低于 1 500 美元。一旦客户因交易受损失等原因使其保证金小于最低保留值，客户就必须增加保证金，使保证金数额恢复到原来水平。

保证金通常是一个固定的金额。例如芝加哥交易所英镑、瑞士法郎和日元货币的期货交易都规定以 2 000 美元作为一份合同的初始保证金。后续如果行情震荡导致保证金不足，则需要追缴保证金（即维持保证金）。但一些交易所的规定也略有不同，有的规定初始保证金为合约金额的 5% ~ 10%。

佣金通常根据交易种类、订单金额和交易风险等因素确定。

（二）交易的盈利

期货的买方或卖方也就是期货合约的买方或卖方。通常买方称为多头，卖方称为空头。期货合约签订后，如果预测某种外汇汇率下跌，在预测准确的前提下，卖出期货合约者将获益，买入期货合约者将受损。因为卖方卖出期货是在外汇汇率相对高时卖出，所以获益；买入期货合约者是在外汇汇率相对低时买入，所以亏损。如果投权（保值）者预测不准确，外汇汇率未跌反而上涨，结果则相反，卖出期货合约者损失，买入期货合约者获益。不论买入还是卖出期货合约者（多头或空头），在行情发展对他们不利时，他们可以在期货合约到期前就将其结束，也就是通过一个同品种合约的相反的买卖来冲抵原来的交易，即买方把期货合约卖掉轧平，卖方则把卖出的期货合约按照同一品种和数量再买进对冲了结，该过程则为"平仓"。这样到期日他不需接受这种外汇，也没有提供外汇的责任。通常将交易所中那些没有冲抵的期货合约总数称为"未平仓数"，大多数的期货合约都可对冲了结。在交割日只有极少数合约需要通过实际交割来终结。

外汇期货的标的物存放在金融机构，会产生利息，但保证金并不计算任何利息。

四、货币期货的运用

（一）运用货币期货套期保值

所谓货币期货套期保值是指在现汇市场上买进或卖出的同时，又在期货市场上卖出或买进金额大致相当的期货合约。在合约到期时，因汇率变动造成的现汇买卖的盈亏可由外汇期货交易上的盈亏弥补。

比一比：外汇期货
交易与远期外汇交易

外汇持有者、贸易商、银行、企业等均可采用套期保值，规避外汇风险。例如在国际进出口业务中，出口商担心在未来时间内，应收外汇汇率会下降，出口的利润就会减少，为了稳定

货物的经营利润，在出口货物同时，立即到期货市场卖出与出口货物价值相等的外汇期货，即使在将来外汇汇率下跌，出口利润受损，期货的盈利却能够弥补出口商的外汇损失。进口商或有短期负债者，为防范在未来时间内外汇汇率的升值，在签订进口合约时，可在外汇期货市场买进与货款金额相等的外汇期货，如果进口货款的货币汇率上升，进口商在外汇现货上遭受损失，但期货盈利也可以弥补进口损失。

在国际金融市场做信贷业务，发生的对外应收款项或者给国外附属分公司贷款，为了防范贷款货币贬值，就必须到期货市场做卖出外汇期货。

银行为避免某种货币因汇率变化造成的损失，其交易员可通过在期货市场上买入或卖出相应货币的期货合约来达到控制汇率风险的目的。如果交易员预期某种货币将升值，则可以买入相应的期货合约；如果预期某种货币将贬值，则可以卖出相应的期货合约。

货币期货套期保值可分为买入套期保值和卖出套期保值。

1. 买入套期保值（又称多头套期保值）　它是指在现货市场处于空头地位者，在期货市场上买进期货合约，目的是防止汇率上升带来的风险。它适用于进口商和短期负债者。

例9-1　美国某公司在某年3月份买进英国分公司设备100万英镑，双方商定3个月后付款。美国公司担心3个月内英镑升值，公司会支付更多的美元货款。为此，美方决定通过期货市场防范风险。假设3月份汇率1英镑=1.8000美元，此时，期货市场6月份汇率1英镑=1.9500美元，于是美国公司以6月份期货汇率价格买进100万英镑期货合约，到6月份美国公司向英方付款100万英镑，现货（即期）汇率果然升值至1英镑=1.9800美元。与此同时，英镑6月份期货汇率为1英镑=2.1500美元。这时，美方公司及时在期货市场抛出100万英镑期货，从而结束了套期保值，见表9-3。

表9-3　进口商套期保值

现　货	期　货
3月份现汇1英镑=1.8000美元 3个月后支付100万英镑	3月份买进6月份英镑期货合约100万英镑 期货价（汇率）：1英镑=1.9500美元
6月份美国公司支付100万英镑货款 现货汇率：1英镑=1.9800美元	6月份期货价（汇率）：1英镑=2.1500美元 立即卖出6月份英镑期货合约100万英镑
结算：（1.8000-1.9800）×100万=-18万美元 （即亏损18万美元）	结算：（2.1500-1.9500）×100万=20万美元 （即盈利20万美元）

在避险操作中，由于实际的外汇收付日期很难与期货交割日相吻合，通常公司会选择与实际的外汇收付期限相近的合约作为避险工具。

2. 卖出套期保值（又称空头套期保值）　它是指在现货市场上处于多头地位的人，为防止汇率下跌的风险，在期货市场上卖出期货合约。这样即使汇率下降，交易者也可从期货交易中获得补偿。它适用于出口商、应收款的债权者等。

例9-2　美国某出口商订立一份出口合同，3个月后商品到货，可取得5000万日元货款，签约时汇率为100日元=1.0100美元，出口商预期可得到50.5万美元。为了避免日元兑美元贬值，给出口商带来损失，出口商预先在期货市场上进行套期保值，见表9-4。

表9-4　出口商套期保值

现 货 市 场	期 货 市 场
6月3日签订出口合同，预计9月初获得5 000万日元。现汇率为1美元=99日元（相当于100日元=1.010 0美元），该笔款项折合50.5美元	6月3日卖出4份9月日元期货合约（每份1250万日元），期货价（汇率）为100日元=1.010 0美元，价款50.5万美元
9月3日汇率为1美元=103.090 0日元（相当于100日元=0.970 0美元）（日元贬值），收到5 000万日元，折合48.5万美元	9月3日买回4份9月日元期货合约，期货价为100日元=0.970 0美元，付款48.5万美元
结果：现货市场因日元贬值，净损失2万美元（=50.5-48.5）	结果：期货市场获得利润2万美元（=50.5-48.5）
结论：现货市场的亏损刚好由期货市场的盈利完全补偿，为完全套期保值	

　　本例所举的期货收益与现货亏损完全相同的情况并不多见，但只要遵循"均等而相对"的原则，大部分损失都会得到补偿。

　　银行也可以利用外汇期货交易进行保值。例如国内某银行希望回避长美元短日元的敞口风险，在即期市场不利的情况下，交易员也可以通过在外汇期货市场上卖出美元期货合约进行汇率风险控制。到期时，如果美元对日元汇率下跌，虽然外汇市场上原有敞口表现为亏损，但可以通过期货市场上的盈利进行弥补。

　　需要指出，市场汇率并未按预想的方向变动时，如与本例相反，期货交易可能出现亏损，而现货盈利。这是否说明不该做套期保值呢？不是，因为不进行套期保值，一旦汇率变动不利，则贸易商可能产生巨大的损失，而做了套期保值，则不管汇率朝哪个方向变动，交易者都不会蒙受损失。这也正说明套期保值的目的不在于盈利而在于避险。

　　外汇期货合约是规避汇率风险的有效工具，但在实际运用时，交易员还需要考虑支付期货交易的佣金和保证金的成本。

（二）运用货币期货投机获利

　　并不是所有的货币期货参与者都为了避险，有些人参与期货交易的目的是利用汇率变动牟利。投机的原则为：当预期某种外币的价格会上升时，投机者就可买进该种货币的期货合约，等外币价格上涨后再卖出，也就是先贱买后贵卖，从中获利。反之，当预计某种外币价格下跌时，则卖出该种货币的期货合约，也就是先贵卖后贱买，从中获利。

　　例9-3　某投机商认为日元对美元的汇率短期还会上升，于是在外汇期货市场买入两份某月交割的日元合约。成交价100日元=0.781 3美元，成交额2 500万日元。1个月后100日元=0.819 7美元，日元汇率果然上升，投机商对冲平仓未到期的在手合约，即卖出两份合约（2 500万日元），盈利96万日元。

　　投机交易存在着巨额风险，一旦投机者对汇价行情判断有误，会造成巨大损失。

单元二　利 率 期 货

一、利率期货的含义及种类

（一）什么是利率期货

　　利率期货是指以有价证券为标的物的期货合约，它可以回避银行利率波动所引起的证券价格变动的风险。利率期货合约的标的物主要包括各国的中长期国债、短期政府债券、欧洲美元存款等。

（二）利率期货的种类

利率期货的种类繁多，分类方法也有多种。通常，按照合约标的的期限，利率期货可分为短期利率期货和长期利率期货两大类。短期利率期货是指期货合约标的的期限在 1 年以内的各种利率期货，即以货币市场的各类债务凭证为标的的利率期货，包括各种期限的商业票据期货、国库券期货及欧洲美元定期存款期货等，其中具有代表性的品种是 3 个月期的美国短期国库券期货和 3 个月期的欧洲美元定期存款期货。短期利率期货大多以银行同业拆借市场 3 月期利率为标的物。

长期利率期货则是指期货合约标的的期限在 1 年以上的各种利率期货。以资本市场的各类债务凭证为标的的利率期货均属长期利率期货，包括各种期限的中长期国库券期货和市政公债指数期货等。其中具有代表性的是美国长期国库券期货和 10 年期美国中期国库券期货。长期利率期货大多以 5 年期以上长期债券为标的物。

> **↗ 延伸阅读**
>
> **2021 年全球利率期货期权交易回升**
>
> 　　根据美国期货业协会（FIA）的最新统计，2021 年全球期货和期权交易量 625.85 亿手，同比增长 33.7%，连续 4 年创下纪录新高。其中，期货交易量 292.75 亿手，增长 14.6%。
>
> 　　从产品类别看，2021 年金融类产品中的股指成交量增长最强劲，成交创新高 281.22 亿手，增幅高达 50.9%，贡献了 2021 年大部分的交易增量。具体来看，利率期货和期权经历多年的低迷后交易回升，交易量 45.77 亿手，同比增长 11.2%；外汇期货和期权的交易量 55.56 亿手，增长 22.9%。
>
> （资料来源：金融界，2022-02-08）
>
> **请思考**：如何确定 10 年期美国国债期货合约的价格？

二、利率合约的内容

利率合约的规格大致包括以下几项内容：

（一）交易单位

交易单位即一个合约所规定的标准交易数量，例如美国芝加哥商业交易所规定每份短期国债期货合约代表的是 100 万美元的 91 天（13 周）期短期国债。

（二）交割月份

国债期货合约的交割月份为每个季度的最后一个月，即每年的 3 月、6 月、9 月、12 月。

（三）价格

利率期货合约的价格是以标的物的利率水平为基础的，但并不等于这项金融工具的当前市场利率。以 3 个月欧洲美元期货合约为例，其价格是按指数报价的，即 100 减去相应的利率水平就是合约的报价。例如，一份 6 月份到期的 3 个月欧洲美元存款期货合约报价 95.50，100

减去价格则为利率水平，即表示在 6 月份时，期限为 3 个月的欧洲美元存款利率水平为 4.5%。再如价格为 97.00，表示利率水平为 3%。价格越高，利率水平就越低。利率期货价格与实际利率呈反方向变动，即利率越高，债券期货价格越低；利率越低，债券期货价格越高。

（四）变化幅度

变化幅度包括最小变化幅度和最大变化幅度。

例如，芝加哥商业交易所对短期国债期货合约的价格的涨跌幅度做出了规定，其最小变化幅度为价格指数变化幅度的 0.01%，或称为一个基点。短期国债期货合约的价格变化的最大幅度为 60 个基点。

（五）交割方式

利率期货的交割方式比较特殊。利率期货主要采取现金交割方式，有时也以券交割。所谓现金交割，是指期货合约到期时不进行实物交割，而是根据最后交易日的结算价格计算交易双方的盈亏，并直接划转双方的保证金以结清头寸的一种结算方式。不过，通常合约在此之前都已平仓，到期交割的合约只占极小比例。

短期国债期货合约是允许实际交割的期货合约，按照芝加哥商业交易所的规定，通知日为交割月份第三次拍卖短期国债之后的第二个营业日，这一天也是短期国债期货合约的最后交易日，在通知日这天，愿意进行实际交割的持有多头或空头头寸的交易者要通知清算所准备进行实际交割。这些多头或空头头寸由清算所来配对，然后由清算所通知多头或空头的银行第二天进行付款或交货。短期国债期货合约的交割方式在金融期货中是最简单和最方便的。

买卖利率期货还有相应的利息。例如，买入 3 个月欧洲美元期货合约可以获得相应的利息，相当于进行期限为 3 个月的美元存款操作；卖出 3 个月欧洲美元期货合约需支付相应的利息，相当于进行期限为 3 个月的美元借款操作。

三、利率期货的运用

人们可以运用利率期货避险保值。以 3 个月欧洲美元期货合约为例，如果预期利率上升，可以卖出相应期限和数量的合约；如果预期利率下跌，可以买入相应期限和数量的合约。

> 例 9-4　某公司将在 6 月份需要一笔短期资金，金额为 1 000 万美元，期限 3 个月。当时货币市场 3 个月利率水平为 5%，公司担心在今后几个月内短期利率水平有可能上升，届时借入资金的成本将会增加，因此希望目前就确定 6 月份的借款成本。于是公司决定通过 3 个月欧洲美元利率期货合约锁定 6 月份的借款成本，规避利率变化的风险。
>
> 公司卖出 6 月份到期的 3 个月欧洲美元利率期货合约 10 份，每份合约代表 100 万美元的本金，10 份合约金额与所需资金金额相等。合约价格为 94.50，代表 6 月份远期利率水平为 5.5%[=（100-94.50）/100]。
>
> 6 月份，货币市场短期利率水平果然上升，3 个月美元利率水平升至 6%，公司在货币市场借入 1 000 万美元，到期将支付利息：
>
> 10 000 000×6%×90/360=150 000 美元
>
> 同时公司将期货合约平仓，买回 6 月份到期的 3 个月欧洲美元利率期货合约 10 份。此时合约价格因市场利率变化而变为 94（=100-6），因此公司通过期货交易的盈利：
>
> 1 000 000×10×（94.5-94）/100×90/360=12 500 美元

公司实际承担的利率水平：

（150 000-12 500）/10 000 000×360/90=5.5%

公司将借款成本固定在5.5%的水平上。

假如到6月份货币市场利率水平下降，3个月美元利率水平跌至4.75%，公司在货币市场借入1000万美元，到期将支付利息：

10 000 000×4.75%×90/360=118 750美元

同时公司将期货合约平仓，买回6月份到期的3个月欧洲美元利率期货合约10份。此时合约价格因市场利率变化而变为95.25（=100-4.75），因此公司通过期货交易的损失：

1 000 000×10×（95.25-94.5）/100×90/360=18 750美元

公司实际承担的利率水平：

（118 750+18 750）/10 000 000×360/90=5.5%

公司的借款成本仍是5.5%。通过期货合约的交易，无论货币市场利率水平如何变化，公司都将以固定的利率水平支付6月份的借款成本。

运用利率期货合约规避利率风险与货币期货同样存在交割日与实际需求不符的情况，通常可以选择与实际现金流量期限相近的期货合约进行交易，基本可以达到锁定利率水平的目的。与外汇期货一样，运用利率期货作为避险工具也需要考虑交易佣金和保证金的成本。

> **例9-5** 某公司将在今年6月份收入一笔金额为1000万美元的资金，并计划做3个月的存款。当时货币市场3个月利率水平为5%，公司担心在今后几个月内短期利率水平有可能下调，届时存款利息收入将会减少，因此希望现在就确定6月份的存款收益。于是公司决定通过3个月欧洲美元利率期货合约锁定利率变化的风险。

公司买入6月份到期的3个月欧洲美元利率期货合约10份，每份合约代表100万美元的本金，10份合约金额与所得资金金额相等。合约价格为94.50，所代表的6月份利率水平为5.5%[=（100-94.50）/100]。

6月份，货币市场短期利率水平果然下跌，3个月美元利率水平跌至4.5%，公司按市场利率存1000万美元，到期将收入利息：

10 000 000×4.5%×90/360=112 500美元

同时公司将期货合约平仓，卖出6月份到期的3个月欧洲美元利率期货合约10份。此时合约价格因市场利率变化而变为95.5（=100-4.5），因此公司通过期货交易的盈利：

1 000 000×10×（95.5-94.5）/100×90/360=25 000美元

公司实际获得的利率水平：

（112 500+25 000）/1 000 000×360/90=5.5%

公司将存款收益固定在5.5%的水平上。

假如到6月份货币市场利率水平上升，3个月美元利率水平升至5.75%，公司按市场利率存1000万美元，到期将获得利息：

10 000 000×5.75%×90/360=143 750美元

同时公司将期货合约平仓，卖出6月份到期的3个月欧洲美元利率期货合约10份，此时合约价格因市场利率变化而变为94.25（=100-5.75），因此公司通过期货交易损失：

1 000 000×10×（94.5-94.25）/100×90/360=6 250美元

公司实际获得的利率水平：

（143 750−6 250）/10 000 000×360/90=5.5%

无论货币市场利率如何变化，公司存款收益都固定在 5.5% 水平上。

单元三　我国金融期货

我国早在 20 世纪 90 年代就尝试过金融期货交易，即 1992 年至 1995 年进行的国债利率期货（试点）。1992 年 12 月 18 日，上海证券交易所开办国债期货交易，标志着我国第一家利率期货市场的成立，但当时仅限于证券商自营买卖，没有对客户开放。1993 年 10 月 25 日，上交所国债期货交易正式向社会公众开放。自 1994 年 9 月份开始，随着开展国债期货交易的交易所数量不断增加，国债期货越发火爆，但问题也随之产生，发生了一连串的违规事件。1995 年 2 月 23 日，上海发生恶意操纵市场的"3·27 国债风波"。1995 年 5 月 17 日，中国证监会下文暂停全国国债期货交易。

但此之后，国内期货市场发生了脱胎换骨的变化，经过一系列的治理整顿之后，国内期货市场进入发展的快车道。随着中国期货市场的日益规范，关于发展金融期货的呼声日趋强烈。

2006 年 9 月 8 日，中国金融期货交易所（简称中金所，英文缩写 CFFEX）正式在上海成立，注册资本金为 5 亿元人民币。出资股东为上海期货交易所、上海证券交易所、深圳证券交易所、大连商品交易所、郑州商品交易所。5 家股东各出资 1 亿元，各占 20% 股份。

作为中国内地资本市场首个金融期货品种，沪深 300 股票指数期货合约于 2010 年 4 月 16 日在中金所正式上市。正式上市首日，沪深 300 股指期货各合约运行较为平稳。来自中金所统计显示，当天总成交量 58 457 手，成交金额 605.38 亿元，总持仓量 3 590 手。[一]

2013 年 9 月 6 日，5 年期国债期货在中金所上市。截至 2013 年年底，该合约日均成交 4 326 手，日均持仓 3 737 手，挂牌合约的成交持仓主要集中于主力合约。市场交易也相对理性，国债期货法人客户成交和持仓比例已经分别达到 14.65% 和 38.64%，日均成交持仓比为 1.19。期现价格联动性也处于较好水平，主力合约平均收盘基差[二]为 0.16 元，而同期美国 2013 年 12 月到期的 5 年期国债期货合约平均收盘基差约为 0.12 美元，接近国际成熟市场水平。主力合约交割平稳顺畅，据了解，2013 年 11 月 28 日，TF1403 合约成交和持仓超过 TF1312 合约，切换为主力合约，随后 TF1312 合约在 12 月 2 日进入交割，至 12 月 18 日交割结束，共完成 70 手滚动交割、381 手集中交割，交割总金额 4.3 亿元。

2015 年 3 月，中金所推出了 10 年期的政府债券期货（又称 10 年期国债期货）。合约标的面值为 100 万元人民币，票面利率 3% 的名义长期国债；到期月份首日剩余期限为 6.5～10.25 年的记账式付息国债。每日价格最大波动限制为上一交易日结算价的 2%。最低交易保证金为合约价值的 2%。[三]虽然进入市场的渠道仍相对有限，但成交量有所好转。2017 年成交量达 1 200 万手，约为 2016 年的两倍。据中金所统计，该合约的交易大部分来自机构而不是散户投

[一] 资料来源：中国政府网（www.gov.cn）、新华网、中证网。

[二] 基差，就是某一特定地点某种商品的现货价格与同种商品的某一特定期货合约价格间的价差。基差有时为正（此时称为反向市场），有时为负（此时称为正向市场）。因此，基差是期货价格与现货价格之间实际运行变化的动态指标。

[三] 资料来源：网易财经，2015-03-06。

资者，这与中国其他期货市场的模式有显著不同。[一]2020年以来，随着经济走势不确定性加大，债券市场多空博弈进一步加剧，机构积极运用国债期货进行风险管理和实施丰富的交易策略，国债期货成交、持仓规模屡创新高。2021年，该合约日均成交6.74万手，日均持仓14.73万手，同比分别增加0.19万手、5.00万手，增幅分别为2.93%、51.34%。[二]

2015年4月16日，中金所同时推出上证50股指期货及中证500股指期货。上证50股指期货合约的标的为上海证券交易所编制和发布的上证50指数，交易代码为IH；中证500股指期货合约标的为中证指数有限公司编制和发布的中证500指数，交易代码为IC。

2022年7月22日，中金所推出的中证1000股指期货和股指期权合约正式挂牌交易。中证1000指数由A股中市值排名在沪深300、中证500指数成分股之后的1000只股票组成，是宽基跨市场指数，与沪深300和中证500等指数形成互补，它的上市对于深化资本市场改革具有重要意义，进一步丰富了我国金融期货期权风险管理工具，有利于广大金融机构对冲系统性风险（详见中金所发〔2022〕41号《关于中证1000股指期货和股指期权合约上市交易有关事项的通知》）。[三]

模 块 小 结

（1）金融期货是在有形的交易市场，通过交易所的下属成员——清算公司或经纪人，根据成交单位、交割时间标准化的原则，按双方协定交易的价格买入与卖出金融商品合约的交易。金融期货有外汇期货、利率期货、指数期货、债券期货等种类。

（2）货币期货是指在有形的交易市场，通过交易所的下属成员——清算公司或经纪人，根据成交单位、交割时间标准化的原则，按固定价格买入与卖出远期外汇的一种业务。货币期货与即期外汇交易、远期外汇交易和期权交易在交易目的、成交价格、结算方式、组织化程度、合约等方面有所不同。期货交易的参与者有交易所、清算公司、佣金公司和期货交易者。

（3）签订期货交易合约应明确交易单位、最小变动价位、价格最大波动幅度、合约月份和通用代号。客户交易成本主要是保证金和佣金。如果外汇汇率下跌，卖出期货合约者将获益，买入期货合约者将受损；反之，则相反。运用外汇期货可以进行投机获利和套期保值。

（4）利率期货是指以有价证券为标的物的期货合约，它可以回避银行利率波动所引起的证券价格变动的风险。利率期货合约的标的物主要包括各国的中长期国债、短期政府债券、欧洲美元存款等。按照合约标的的期限，利率期货可分为短期利率期货和长期利率期货两大类。利率合约内容包括交易单位、交割月份、价格、变化幅度和交割方式。运用利率期货可以避险保值。

习 题

一、判断题

1. 所谓多头保值就是在期货市场上先卖出某种外币期货，然后买入期货轧平头寸。

（　　）

[一] 资料来源：2017年美国期货业协会（FIA）报告，金融界，2018-04-10。
[二] 资料来源：金融界，2022-03-28。
[三] 资料来源：券商中国，2022-07-24。

2．金融期货交易所是专门从事金融商品期货交易的场所，它是一个无形的市场。　（　　）

3．所有的金融期货交易都是在金融期货交易所这个市场内以公开竞价的方式进行的。

（　　）

4．期货可分为商品期货和金融期货，其中金融期货早于商品期货。　　　　（　　）

5．外币期货价格和远期外汇价格都是以汇率差价为基础的，因此两者价格的趋势是一致的。

（　　）

6．利率期货只有避险保值的作用，而无投机的功能。　　　　　　　　　（　　）

7．股票期货交易是指买卖双方按照事先约定的价格在期货交易所买进或卖出某种价格的有息资产，而在未来一定的时间内进行交割的一种金融业务。　　　　　　（　　）

8．利率期货交易是以股票指数作为交易基础的。　　　　　　　　　　　（　　）

二、不定项选择题

1．按标准化原则进行外汇买卖的外汇业务是（　　　　）。

　　A．即期外汇业务　　B．远期外汇业务　　　C．外汇期货业务　　　D．掉期业务

2．外汇期货与远期外汇业务的区别是（　　　　）。

　　A．允许买卖的货币不同　　　　　　　　B．进行该业务的目的不同

　　C．是否是即时交割不同　　　　　　　　D．买卖方是否直接或间接不同

3．金融期货的主要种类有（　　　　）。

　　A．外汇期货　　　　B．黄金期货　　　　C．利率期货　　　　D．股票指数期货

三、思考题

1．什么是金融期货交易？金融期货交易的主要作用是什么？

2．外汇期货市场有哪些功能？

3．试述外汇期货交易与远期外汇交易的区别。

4．期货交易和股票以及国内外汇实盘交易相比有什么区别？

5．期权交易与期货交易的主要区别是什么？

6．什么是外汇期货交易的保证金制度？

―――――――――――――　实 训 课 堂　―――――――――――――

假定某家美国公司1个月以后有一笔50万英镑的外汇收入，GBP/USD即期汇率为1英镑＝1.3200美元。为避免1个月后英镑贬值的风险，该公司决定卖出8份1个月后到期的英镑期货合约（8×62500英镑），成交价为1英镑＝1.3220美元。1个月后英镑果然贬值，即期汇率为1英镑＝1.2800美元，相应地，英镑期货合约的价格下降到1英镑＝1.2820美元。如果不考虑佣金、保证金及利息，试计算其净盈亏。

模块十

金 融 期 权

学习目标

【知识目标】

通过本模块学习，理解金融期权的含义；懂得外汇期权和利率期权的运用；了解我国目前金融期权的状况和结构性外汇存款产品。

【技能目标】

能够计算外汇期权的盈亏；能够利用外汇期权进行保值操作。

【素质目标】

从进出口企业视角学会运用外汇期权交易正确应对外汇风险，树立正确的职业观，培养防患于未然的意识。

引　言

2011 年 4 月初，中国银行为国内一家企业叙做了美元兑人民币普通欧式期权交易，成功办理首笔对客户人民币对外汇期权业务。

人民币对外汇期权是以人民币相关货币对为标的物的期权合约，合约买方有权在期权合约到期日选择是否行使合约约定。这是继远期结售汇、人民币外汇掉期业务后，银行面向境内企业推出的新型汇率避险业务。

2022 年 5 月 12 日，国家外汇管理局发布了《关于进一步促进外汇市场服务实体经济有关措施的通知》（汇发〔2022〕15 号），对客户外汇市场新增人民币对外汇普通美式期权、亚式期权及其组合产品，进一步丰富了人民币对外汇衍生产品类型，期权已成为企业使用较多的一种外汇套保工具。

那么什么是外汇期权？外汇期权与金融期权有何关系？什么是金融期权交易？其原理是什么？如何计算盈亏？怎样进行操作？这正是本模块内容所在。

所谓金融期权是指期权购买者在向出售者支付一定费用后，获得在约定的到期日或期满前，按事先确定的协定价格向出售者买进或卖出一定数量的某种金融商品或金融期货合约的权利。

金融期权包括外汇期权、利率期权、股票期权和股指期权等。这里只介绍外汇期权和利率期权。

单元一　外 汇 期 权

一、外汇期权的含义及种类

（一）外汇期权的含义

外汇期权又称货币期权，是指期权购买者在向期权出售者支付相应期权费后获得一项权利，即期权购买者有权在约定的到期日或期满前按照双方事先约定的协定汇率和金额向期权出售者买卖约定的外汇。外汇期权买卖的直接对象（标的）是外汇合约，主要以美元、欧元、日元、英镑、瑞士法郎、加拿大元及澳大利亚元等为标的物。

期权实际上是一种选择权，期权合同的买方有根据市场情况决定买或不买、卖或不卖的权利（履行或不履行合同）。这点不同于远期和择期外汇交易，远期和择期外汇交易没有这种选择权，而是必须履行合同。美式期权外汇合约的持有者若行使期权，可在有效期内自由选择交割日期。这点又与择期外汇买卖相同，二者都具有交割日期的选择权。

> **例 10-1**　某进出口公司手中持有美元，并需要在 1 个月后用日元支付进口货款。为防止美元兑日元的汇率风险，该公司向银行购买一份买入日元、卖出美元的期权，期限 1 个月，并且为美式期权。假设约定的汇率为 USD/JPY 108，该公司则有权在合约有效期内的任何一天按 USD/JPY 108 的价格向银行购买约定数额的日元。如果在这 1 个月内，美元升值，日元贬值，市场汇率在 USD/JPY 108 以上，该公司则可以不执行期权，而将原拟卖出的美元直接在市场上按即期汇价卖出，并同时买进日元。如果在这 1 个月内，美元贬值，日元升值，市场汇率在 USD/JPY 108 以下，那么，该公司则可行使期权，银行按 USD/JPY 108 的汇率买进日元、卖出美元。

（二）外汇期权的种类

（1）根据行使选择权的时间划分为欧式期权和美式期权。

欧式期权是指期权的买方只能在到期日当天的交割时间之前，决定执行或不执行期权合约。目前市场上大多运用欧式期权。

美式期权是指在期权合约规定的有效期内任何一个营业日，决定执行或不执行期权合约。美式期权的灵活性较大，期权卖方的风险加大，因而期权费也较高。在有效期内任何时候都可以行使权利。

（2）根据期权内容分为看涨期权和看跌期权。

看涨期权又称买权，是指期权的买方与卖方约定在到期日或期满前买方按约定的汇率从对方买入特定数量的外币。这是买方在预期某一货币将会升值时所采取的交易策略，即先贱买，后贵卖，从中获利。

看跌期权又称卖权，是指期权的买方与卖方约定在到期日或期满前买方按约定的汇率向对方卖出特定数量的外币。这是卖方在预期某一货币将会贬值时所采取的交易策略，即先贵卖，后贱买，从中获利。

二、外汇期权的要素

一次完整的外汇期权交易，必须具备以下要素：

（一）外汇期权合约

期权合约是一种标准化合约。所谓标准化合约，即除了期权的价格是在市场上公开竞价形成的之外，合约的其他条款如合约到期日、交易品种、交易金额、交易时间、交易地点等要素都是事先规定好的，是标准化的。

（二）期权的主体

在期权交易中，首先要确定交易主体之间的关系。期权买卖的交易主体像商品买卖一样有期权的买方（购买期权合约者）与期权的卖方（出售期权合约者）。期权的买方获得权利，期权的卖方则需承担义务。期权对于买方来说只有权利没有义务，对于卖方则只有义务没有权利。

（三）货币交易方向

在期权交易中，必须确定货币交易方向。由于外汇买卖意味着买入一种货币的同时也卖出另一种货币，因此对一项外汇期权来说，它是一种货币的买权，同时也是另一种货币的卖权。必须明确它是哪一种货币的买权和哪一种货币的卖权。

买权（Call Option），又称看涨期权，是指期权的买方与卖方约定在到期日或期满前，买方有权按约定的汇率从卖方买入特定数量的货币。也就是期权购买者可在合同有效期内或约定在到期日按约定汇率买入一定数额外币的权利。

卖权（Put Option），又称看跌期权，是指期权的买方与卖方约定在到期日或期满前，买方有权按约定的汇率向卖方卖出特定数量的货币。也就是期权购买者在合同有效期内或约定在到期日按约定汇率卖出一定数额外币的权利。

例如，一项期权的内容是 USD CALL EUR PUT，称为美元买权、欧元卖权，表明期权的买方有从卖方买入美元，同时卖出欧元的权利。在买方要求执行期权时，期权的卖方则承担从买方购买欧元并卖出美元的义务。

再如，一项期权的内容是 USD PUT JPY CALL，称为美元卖权、日元买权，表明期权的买方向卖方卖出美元，同时买入日元的权利。在买方要求执行期权时，期权的卖方承担从买方购买美元并抛售日元的义务。买卖双方与买权、卖权的关系见表10-1。

表 10-1　买卖双方与买权、卖权的关系

项　　目	买方（购买期权合约者）	卖方（期权出售合约者）
买权	买入特定货币的权利	卖出特定货币的义务
卖权	卖出特定货币的权利	买入特定货币的义务

（四）协定价格（Strike Price）

协定价格又称履约价格、约定价格、执行价格，是指在期权交易双方约定的期权到期日或

期满前双方交割时所采用的买卖价格，相当于金融商品单价。协定价格确定后，在期权合约规定的期限内，无论价格怎样波动，只要期权的买方要求执行该期权，期权的卖方就必须以此价格履行义务。

（五）期权费（Premium）

期权费又称权利金、保险金、期权价格，是指期权买方事先要向期权的卖方支付一笔费用。由于期权的买方有是否执行买卖的选择权，期权的卖方则承担了今后可能带来的风险。期权费是为了补偿卖方风险可能造成的损失，是期权买方获得选择权的代价，也是期权的价格。持有期权合约者的买方无论是履行合约还是放弃合约的履行，其所交付的期权费不能收回。期权费是由买卖双方在国际期权市场公开竞价形成的，根据期权的交易金额来计算。

（六）成交日（Contract Date）

成交日又称交易日、定约日，是指交易双方期权交易成交，确定期权有关内容的日期。

（七）期权费支付日（Premium Pay Date）

期权费支付日又称权利金交付日。在一般情况下，期权的买方须在期权成交日后的第二个银行工作日将期权费支付给卖方，与即期外汇买卖的起息日相同。

（八）合约到期日（Expiry Date）

合约到期日是指期权买方决定是否要求履约期权合约的最后日期。如果超过这一时限，买方未通知卖方要求履约，即表明买方已放弃这一权利。

同一品种的期权合约的有效期，有按周、季、年以及连续月等不同的时间期限。

一般来说，交割时间可分为两种情况：东京时间的下午 3:00（Tokyo Cut）、纽约时间的上午 10:00（New York Cut）。截止时间由双方在交易时确定，一般亚洲市场的期权交易多选用东京时间的下午 3:00 为截止时间。

（九）交割日（Delivery Date）

如果买方在到期日要求履约，买卖双方进行的外汇买卖按即期交易的方式，在到期日后的第二个银行工作日进行资金收付。

三、外汇期权费的报价及其影响因素

（一）外汇期权费的报价

外汇期权费的报价一般以百分数或点数表示。以买进美元、卖出欧元为例，期权费可以用以下四种方式报价：

（1）每 1 美元的欧元点数，表示交易本金 1 美元的期权所需支付的欧元期权费。

（2）以欧元表示为欧元的百分数，表示买入交易金额为 1 欧元的期权所需支付的欧元期权费。

（3）以美元表示为美元的百分数，表示买入交易金额为 1 美元的期权所需支付的美元期权费。

（4）每 1 欧元的美元点数，表示交易本金 1 欧元的期权所需支付的美元期权费。

> **例 10-2**　期权费总计为 15 000 欧元，合约金额为 1 000 000 欧元（或者 1 300 000 美元），协议价格为 1.300 0，欧元 / 美元即期汇率为 1.200 0。
>
> 1）以每 1 美元的欧元点数表示：

期权费 =15 000 /1 300 000=0.011 5

2）以欧元表示为欧元的百分数：

期权费 =15 000 /1 000 000×100% =1.5%

3）以美元表示为美元的百分数：

期权费总计 =15 000 /1.200 0=18 000 美元

期权费 =18 000 /1 300 000×100%=1.38%

4）以每 1 欧元的美元点数表示：

期权费总计 =15 000 /1.200 0=18 000 美元

期权费 =18 000 /1 000 000=0.018

目前，国内外汇期权的报价方式，主要采用"以美元表示为美元的百分数"。

例10-3 某银行"期权宝"1 月期部分参考报价见表 10-2。

表10-2 某银行"期权宝"1 月期部分参考报价

报价日期：20×× 年 7 月 15 日

标的汇率	看涨货币	协定汇价	到 期 日	交 割 日	期权费率（%）
USD/JPY	USD	117.70	8.14	8.18	1.20
EUR/USD	EUR	1.127 0	8.14	8.18	1.33

以客户购买 EUR/USD 期权为例，看涨欧元期权，期权费率 1.33%，如果买入期权的面值为 10 万美元，则客户需要向银行支付的期权费为 1 330 美元（=100 000×1.33%）。

外汇期权费的报价采用买入价和卖出价双边价的形式。

例10-4 欧元买权、美元卖权 EUR CALL USD PUT，金额 1 000 万欧元，欧元兑美元即期汇率为 1.200 0。用点数报价，如 0.022 0/0.022 4（每 1 欧元的美元点数）。左边是期权卖方愿意买入该期权的价格，右边是卖出该期权的价格。对于期权买方而言，卖出期权使用左边的价格，买入期权使用右边的价格，点数表示交易本金 1 欧元的期权所需要支付的美元的期权费。

因此，买入该期权的期权费支出应为 22.4 万美元（=1 000×0.022 4），按即期汇率 1.200 0折合 18.667 万欧元（=22.4 /1.200 0）。

同样，卖出该期权的期权费收入应为 22 万美元（=1 000×0.022 0），按即期汇率 1.200 0折合 18.333 万欧元（=22 /1.200 0）。

以百分数和点数这两种报价方式按当前市场即期汇率水平计算的期权费应是相等的。在交易过程中，报价方根据询价方的要求方式报价。无论以何种方式报价，以何种货币支付期权费，只要交易双方达成一致即可。

（二）影响期权费的因素

期权费不固定，随行就市，主要受以下因素影响：

（1）市场现行汇价水平。一般期权货币现行汇率越高，期权费也越高；反之，则低。

（2）期权的协定价格。协定价格越高则买入期权的期权费越低，而卖出期权的期权费越高；协定价格越低则买入期权的期权费越高，而卖出期权的期权费越低。

（3）期权合同的期限或有效期。期权费与期权的期限成正比关系。即期权合同的时间越长，大幅度价格变动的可能性就越大，期权买方执行期权获利的机会也越大，期权费越高；期权合同的期限越短，则期权费越低。

（4）汇率预期波幅。一般来讲，汇率波动大的货币期权获利的可能性就越大，其期权费比汇率较稳定的货币高；反之，则低。

（5）利率波动。利率与看涨期权价格成正比，与看跌期权价格成反比。即交易的货币利率高，看涨期权费也高，而看跌期权费则低。

（6）期权的供求关系。买者多（供者少），期权费就高；买者少（供者多），期权费就低。

小资料 10-1

表 10-3 是澳元从 7 月 5 日的 0.684 5 大幅下跌至 0.648 6 后的中国银行"期权宝"报价。

表 10-3　中国银行"期权宝"报价

报价日期：20××年 7 月 11 日

标 的 汇 率	期 权 类 别	协 定 价 格	到 期 日	期权费率（%）
澳元/美元	看跌	0.682 0	7-23	4.34
澳元/美元	看涨	0.682 0	7-23	0.30

由于澳元出现了大幅下挫，7 月 11 日执行价格为 0.682 0、到期日为 7 月 23 日的澳元/美元看跌期权，由于离到期日只有 12 天，而期权实值非常大，因而其期权费报价达到 4.34%的高价；而同样执行价格和到期日的看涨期权，由于其内涵价值为虚值，期权费报价却只有 0.30%。从另一个角度来看，澳元/美元在大幅下跌后，市场普遍认为在短期内澳元/美元回到 0.682 0 的可能性非常低，因此到期日非常近、执行价格较高的看跌期权的期权费自然高，而看涨期权的期权费则较低。

四、外汇期权的运用

外汇期权、远期外汇买卖和货币期货虽然都有保值和投资（投机）作用，但外汇期权在此方面更具有优越性，弥补了后两者的不足。这里通过分析下面的案例进一步说明。

比一比：外汇期权交易与外汇期货交易

（一）利用外汇期权进行保值

案例分析10-1

案情：美国某企业参加了瑞士电力部门举行的国际公开招标，结果在 2 个月后公布，届时，中标者将获得 200 万瑞士法郎的一期款，其他款项将从此后的固定日期用瑞士法郎支付。如果瑞士法郎在 2 个月内贬值，则中标企业将蒙受损失。

分析：为了防范瑞士法郎贬值的风险，该企业购买标的为 200 万瑞士法郎的 2 个月期瑞士法郎卖出期权（看跌期权），如果该企业中标，并且瑞士法郎贬值，则可行使期权按事先约定的较高汇率出售瑞士法郎；若该企业中标但瑞士法郎升值，则可以不行使期权而按较高

的市场价格卖出瑞士法郎。如果该企业未中标，它可以放任期权作废，或将期权转卖，收回期权费。

如果该企业采用远期合同规避风险，当该企业中标，并且瑞士法郎贬值时，它可以保值，但当该企业未中标或该企业中标而瑞士法郎升值时，企业必须履行远期合同，丧失了瑞士法郎升值获利的机会。

结论： 对于不确定的外汇流量，包括无法确定是否会发生和发生时的数量，外汇期权合同是一种较为理想的套期保值手段。而且，无论汇率朝哪个方向变动，外汇期权合同都给其持有者留有获利机会。

案例分析10-2

案情： 国内某银行存在1 000万美元多头、日元空头的敞口交易，目前即期汇率为USD/JPY 110。如何避免美元汇率在1周后大幅下跌的损失？

分析： 为了避免美元汇率在1周后大幅下跌的损失，该银行可以买入一项期限为1周，到期按照110汇率水平卖出美元的欧式期权，为此支付期权费15万美元。如果1周后美元汇率果然下跌至102，银行就执行期权，按照110汇率卖出美元，银行损失的仅仅是15万美元期权费；但如果1周后，美元汇率上涨至118，则银行放弃执行期权，而采取在即期市场上卖出美元，可以获利8 000万日元（折合67.8万美元）。

结论： 对于已确定的外汇金额，利用远期外汇买卖套期保值，在消除了汇率不利变动造成的损失的同时，也丧失了汇率发生有利变动而获利的可能性。而外汇期权合同则无论汇率朝哪个方向变动都给其持有者留有获利机会。

（二）利用期权进行投资（或投机）

案例分析10-3

案情： 外汇市场上某投资者认为，英镑在今后3个月内将非常不稳定，即汇率存在大幅震荡的可能性，并且贬值或升值的幅度会超过当时期权市场上英镑买权的期权费。因此该投资者购买了3个月后到期的1万英镑买权的美式期权。协议汇率1英镑=1.500 0美元，到期日为12月15日。

分析： 投资者从签约到12月15日期间的任何时间里，在外汇市场上英镑兑美元汇率在1.500 0以上时，可按协议汇率买入1万英镑。英镑兑美元汇率在1.500 0以下时，可不执行这项期权，而直接从即期市场以更低的市场汇率价格买入1万英镑。

如果投资者不是买入买权，而是买入一项1万英镑的卖权。在期权合约有效期内外汇市场上英镑兑美元汇率在1.500 0以上时，可让该项权利过期作废，而在即期市场按更高市价卖出英镑。

结论： 在这种情况下，无论英镑是升值还是贬值，只要汇率波动的幅度足够大，投机者都是有利可图的；而利用远期合约或期货合约投机者都是不合适的。因为一旦汇率的变化方向与投机者的预期不一致，投机者履行合同都会遭受很大损失。所以当外汇市场上某种货币汇率的变化不稳定及波幅较大时，利用外汇期权进行投机合同应是最优选择，但若投机者只对某种货币汇率的变动方向进行投机，则不一定需要期权合同，利用远期合同或期货合同也可达到目的。

总之，利用外汇期权进行保值和投资（投机）的优越性有两点：

（1）在规避外汇风险方面有更大的灵活性。也就是期权买方对期权合约可执行或可不执行；可买进，也可卖出；另外，还可转让。对于在不确定外汇流量，或无法确定是否会发生外汇流量，或无法确定发生外汇流量的具体时间的情况下，利用外汇期权进行保值更为适用。同时，可以根据交易者的需求进行期权的个性化设计。

（2）期权买方既能获得汇率变化对其有利时的利润，也能规避汇率变化对其不利时的风险。当市场汇率向期权买方有利的方向运动时，买方可以行使期权并按市场价格交易以获利；当市场汇率向其不利的方向运动时，买方又可不行使期权而免于损失，其最大损失是支付的期权费。

小资料10-2

小A是某外贸公司员工，负责金融衍生品相关业务，以对冲公司在交易过程中产生的汇率波动风险。某日公司完成一笔订单，预计在2个月后收到外汇款项，部门主管让小A进行一笔期权交易以达到保值的目的，恰巧小A正忙于抢购某物品又认为这是一笔简单交易并未上心，竟将期权买卖方向选择错误，造成不良影响，万幸公司发现及时，在触发行权条件前进行平仓。事后，公司内部自查风控问题，并对小A及主管做出相应处罚。

请思考：从一名金融业务的从业者及企业角度出发，分析在这一案例中存在哪些方面的问题，又应当如何优化？

五、外汇期权选择权的行使及其盈亏的计算

期权买方有选择权，即根据汇率的变化，有选择执行和放弃期权的权利。那么买方如何根据汇率变化行使选择权呢？期权的买方和卖方盈亏又怎样呢？对此做出如下分析。

（一）期权买方的买权

当期权买方预期某一货币将会升值，采取买入该种货币，即买权。下面通过分析案例进一步说明。

案例分析10-4

案情： 国内某进出口公司6月份签订了一份进口国外设备的合同，付款日为8月30日，总价值为100万欧元。该公司手中的外汇只有美元，需将美元卖出，买进100万欧元，而有关人士预测8月份欧元会有一定升幅，企业担心美元的支出增加，但又怕欧元不升反跌，失去赚取收益的机会。因此，便决定使用期权交易的方法来避免外汇风险。其协议汇率为EUR/USD 1.100 0，期权费用总额为3万美元。

分析： 8月30日为外汇买卖交割日，在不同情况下该公司是执行期权还是放弃期权？其盈亏如何计算？以当时外汇市场即期汇率水平（下面简称为市场汇率）同协议汇率相比较。

假定到期市场汇率有以下五种情况：

第一种情况：8月30日市场汇率为 EUR/USD 1.300 0，欧元兑美元市场汇率比期权交易协议汇率高，按市场汇率购买欧元，则需付出 130 万美元，比按期权交易合同购买欧元需多支付 17 万美元（＝130-110-3），此时应选择执行期权。

第二种情况：8月30日市场汇率为 EUR/USD 1.100 0，欧元兑美元市场汇率与期权交易协议汇率相同，此时执行与放弃期权结果一样，都要付出 3 万美元期权费。

第三种情况：8月30日市场汇率为 EUR/USD 1.130 0，欧元兑美元市场汇率高于期权交易协议汇率，按期权交易合同购买欧元少支付 3 万美元（＝113-110）。执行期权所获得的收入恰能弥补所支付的 3 万美元期权费，交易的收入与支出持平。此时的即期汇率水平称为期权的盈亏平衡点。

第四种情况：8月30日市场汇率为 EUR/USD 0.900 0，按市场汇率购买欧元只需付出 90 万美元，比按期权交易协议汇率购买欧元少支付 17 万美元（＝110-90-3），故此时应放弃期权，而按 8 月 30 日即期行市购买 100 万欧元。

第五种情况：8月30日市场汇率为 EUR/USD 1.120 0，欧元兑美元市场汇率高于期权交易协议汇率，执行期权购买欧元少支付 2 万美元（＝112-110），弥补期权费后，亏损 1 万美元。

期权买方的买权交易选择权的行使及其盈亏分析见表 10-4。

表 10-4   期权买方的买权交易选择权的行使及其盈亏分析

	汇率（EUR/USD）	买卖货币	期权费（总额）	买方是否执行期权	盈亏比较
期权交易	1.100 0	买 100 万欧元 卖 110 万美元	3 万美元		
8月30日即期行情	1.300 0	卖 130 万美元	付 3 万美元	执行期权	盈利 17 万美元
	1.100 0	卖 110 万美元	付 3 万美元	执行或放弃期权	亏损 3 万美元
	1.130 0	卖 113 万美元	付 3 万美元	执行期权	盈亏平衡点
	0.900 0	卖 90 万美元	付 3 万美元	放弃期权（按市场即期汇率）	亏 3 万美元
	1.120 0	卖 112 万美元	付 3 万美元	执行期权（按协议汇率交割）	弥补部分期权费后亏损为 1 万美元

结论：对期权购买者的买权而言：

（1）市场汇率 > 协议汇率 + 期权费时，行使期权比不行使期权少支出的数量大于期权费率 × 交易数量，可弥补期权费损失并有盈利。这时应选择行使期权。

（2）市场汇率 = 协议汇率时，行使期权与不行使期权的支出相等，期权持有者的损失均为期权费率 × 交易数量。选择执行或放弃期权均可。

（3）市场汇率 = 协议汇率 + 期权费时，行使期权少支出的金额，恰足以弥补付出期权费的损失。收入与支出持平，也就是期权的盈亏平衡点。这时应选择行使期权。

计算盈亏平衡点的公式为

$$（X- 协议汇率）× 交易量 = 期权费$$

式中 X——盈亏平衡点。

（4）市场汇率 < 协议汇率时，行使期权的支出比不行使期权时的支出多。这时应选择不行使期权。

（5）协议价格 < 市场汇率 < 协议价格 + 期权费时，行使期权的支出比不行使期权的支出少，并且少支出的数额小于行使期权的期权费，期权费损失得到部分弥补，这时应选择行使期权。

（二）期权买方的卖权

当期权买方预期某一货币将会贬值，采取卖出该种货币即卖权。为便于理解，这里延用案例分析 10-4 的内容，但交易方向相反。

案例分析10-5

案情： 国内某进出口公司 6 月份签订了一份设备出口合同，收款日为 8 月 30 日，总价值为 100 万欧元。该公司需要将 100 万欧元兑换为美元，以备不时之需。而有关人士预测 8 月份欧元会贬值，企业担心收入的欧元折合美元的金额会减少，但又怕欧元上升，失去获利机会。因此，决定使用期权交易的方法来避免外汇风险。协议汇率为 EUR/USD 1.100 0，期权费总额为 3 万美元。

分析： 盈亏平衡点的计算。当市场汇率变化到协议汇率减去期权费时，行使期权获利的金额，恰足以弥补其付出期权费的损失，此时称为盈亏平衡点。设盈亏平衡点的汇率水平为 X，计算公式为

$$（协议汇率 - X）× 交易量 = 期权费$$

期权买方的卖权交易选择权的行使及其盈亏分析见表 10-5。

表 10-5 期权买方的卖权交易选择权的行使及其盈亏分析

	汇率（EUR/USD）	买卖货币	期权费（总额）	买方是否执行期权	盈亏比较
期权交易	1.100 0	卖 100 万欧元 买 110 万美元	3 万美元		
8 月 30 日即期行情	1.300 0	买 130 万美元	付 3 万美元	放弃期权 （按市场即期汇率）	亏损 3 万美元
	1.100 0	买 110 万美元	付 3 万美元	执行或放弃期权 （按协议汇率交割）	亏损 3 万美元
	1.070 0	买 107 万美元	付 3 万美元	执行期权 （按协议汇率交割）	盈亏平衡点
	0.900 0	买 90 万美元	付 3 万美元	执行期权	盈利 17 万美元
	1.080 0	买 108 万美元	付 3 万美元	执行期权	弥补部分期权费后，亏 1 万美元

结论： 从案例分析 10-4 和案例分析 10-5 可见：

在期权交易中，当期权的买方买入的货币（见表 10-4 买入 100 万欧元）在有效期内，市场汇率上升，并且升至协议汇率之上，则可执行期权从而获利，由于价格可以无限上涨，所以期权的买方的盈利是无限的（从理论上说）。当市场汇率等于协议汇率或跌至协议汇率之下，期权的买方放弃期权，最大损失为支付的期权费。

期权的买方卖出的货币（见表 10-5 卖出 100 万欧元）在有效期内，市场汇率下跌，并且跌至协议汇率之下，则期权的买方可执行期权从而获利，由于价格不可能跌到负数，所以其最大盈利为协议汇率减去期权费之差。当市场汇率上升，并且升至协议汇率之上，则期权的买方可放弃期权，最大损失为支付的期权费。

（三）期权卖方的卖权

由于期权交易是零和交易，期权卖方的盈利等于期权买方的亏损；期权卖方的亏损等于期权买方的盈利。以案例分析 10-5 为例，对期权卖方的卖权而言，其盈亏分析见表 10-6。

盈亏平衡点的计算。当市场汇率变化到协议汇率减去期权费（市场汇率 = 协议汇率 - 期权费）时，执行期权的卖方收入的期权费恰足以弥补其买入货币的亏损金额，此时为期权卖方买权的盈亏平衡点。

表 10-6　期权卖方的卖权交易盈亏分析

	汇率（EUR/USD）	买卖货币	期权费（总额）	买方是否执行期权	盈亏比较
期权交易	1.100 0	买 100 万欧元 卖 110 万美元	3 万美元		
8 月 30 日 即期行情	1.300 0	卖 130 万美元	收 3 万美元	放弃期权 （按市场即期汇价）	盈利 3 万美元
	1.100 0	卖 110 万美元	收 3 万美元	执行或放弃期权	盈利 3 万美元
	1.070 0	卖 107 万美元	收 3 万美元	执行期权	盈亏平衡点
	0.900 0	卖 90 万美元	收 3 万美元	执行期权	亏损 17 万美元
	1.080 0	卖 108 万美元	收 3 万美元	执行期权	盈利 1 万美元

（四）期权卖方的买权

同理，以案例分析 10-4 为例，对期权卖方的买权而言，其盈亏分析见表 10-7。

盈亏平衡点的计算。当市场汇率变化到协议汇率加上期权费（市场汇率 = 协议汇率 + 期权费）时，执行期权的卖方收入的期权费恰足以弥补其卖出货币的亏损金额，此时为期权卖方买权的盈亏平衡点。

表 10-7　期权卖方的买权交易盈亏分析

	汇率（EUR/USD）	买卖货币	期权费（总额）	买方是否执行期权	盈亏比较
期权交易	1.100 0	卖 100 万欧元 买 110 万美元	3 万美元		
8 月 30 日 即期行情	1.300 0	买 130 万美元	收 3 万美元	执行期权	亏损 17 万美元
	1.100 0	买 110 万美元	收 3 万美元	执行或放弃期权	盈利 3 万美元
	1.130 0	买 113 万美元	收 3 万美元	执行期权	盈亏平衡点
	0.900 0	买 90 万美元	收 3 万美元	放弃期权	盈利 3 万美元
	1.120 0	买 112 万美元	收 3 万美元	执行期权	盈利 1 万美元

从表 10-6 和表 10-7 分析可见：

在期权交易中，当期权的卖方买进的货币（见表 10-6 买入 100 万欧元）在有效期内，市场汇率下跌，并且跌至协议汇率之下，期权的买方执行期权，而期权的卖方损失可能很大；反之，其最大的收益为期权费。

当期权的卖方卖出的货币（见表 10-7 卖出 100 万欧元）在有效期内，市场汇率上升，并且升至协议汇率之上，期权的买方执行期权，而期权的卖方损失则可能是无限的；反之，其最大的收益为期权费。

通过对期权交易四种基本类型的分析，可以明确一点，无论买入期权还是卖出期权，最终能否获得收益，取决于交易员对市场走势的判断。交易员需要根据不同的判断采取不同的交易策略。

根据以上四种基本类型的分析，归纳期权双方交易盈亏计算的对照见表 10-8～表 10-10。

表 10-8 期权交易双方的买权交易盈亏分析

		汇率（EUR/USD）	买卖货币	期权费（总额）	买方是否执行期权	盈亏比较
期权交易	买方买权	1.100 0	买 100 万欧元 卖 110 万美元	3 万美元		
	卖方买权		卖 100 万欧元 买 110 万美元			
8月30日即期行情	买方买权	1.300 0	卖 130 万美元	付 3 万美元	执行期权	盈利 17 万美元
	卖方买权		买 130 万美元	收 3 万美元	执行期权	亏损 17 万美元
	买方买权	1.100 0	卖 110 万美元	付 3 万美元	执行或放弃期权	亏损 3 万美元
	卖方买权		买 110 万美元	收 3 万美元	执行或放弃期权	盈利 3 万美元
	买方买权	1.130 0	卖 113 万美元	付 3 万美元	执行期权	盈亏平衡点
	卖方买权		买 113 万美元	收 3 万美元	执行期权	
	买方买权	0.900 0	卖 90 万美元	付 3 万美元	放弃期权（按市场即期汇价）	亏损 3 万美元
	卖方买权		买 90 万美元	收 3 万美元		盈利 3 万美元
	买方买权	1.120 0	卖 112 万美元	付 3 万美元	执行期权	亏损 1 万美元
	卖方买权		买 112 万美元	收 3 万美元	执行期权	盈利 1 万美元

表 10-9 期权交易双方的卖权交易盈亏分析

		汇率（EUR/USD）	买卖货币	期权费（总额）	买方是否执行期权	盈亏比较
期权交易	买方卖权	1.100 0	卖 100 万欧元 买 110 万美元	3 万美元		
	卖方卖权		卖 110 万美元 买 100 万欧元			
8月30日即期行情	买方卖权	1.300 0	买 130 万美元	付 3 万美元	放弃期权（按市场即期汇价）	亏损 3 万美元
	卖方卖权		卖 130 万美元	收 3 万美元		盈利 3 万美元
	买方卖权	1.100 0	买 110 万美元	付 3 万美元	执行或放弃期权	亏损 3 万美元
	卖方卖权		卖 110 万美元	收 3 万美元		盈利 3 万美元
	买方卖权	1.070 0	买 107 万美元	付 3 万美元	执行期权	盈亏平衡点
	卖方卖权		卖 107 万美元	收 3 万美元	执行期权	
	买方卖权	0.900 0	买 90 万美元	付 3 万美元	执行期权	盈利 17 万美元
	卖方卖权		卖 90 万美元	收 3 万美元	执行期权	亏损 17 万美元
	买方卖权	1.080 0	买 108 万美元	付 3 万美元	执行期权	亏损 1 万美元
	卖方卖权		卖 108 万美元	收 3 万美元	执行期权	盈利 1 万美元

表 10-10 期权买卖双方损益分析

交易方		收益	损失
买方	买权	无限	期权费
	卖权	很大	期权费
卖方	卖权	期权费	很大
	买权	期权费	无限

单元二　利 率 期 权

一、利率期权的含义

利率期权是指买方在支付了期权费后，即取得在合约有效期内或到期时以一定的利率（价格）买入或卖出一定面额的利率工具的权利。利率期权合约通常以货币市场的利率，政府短期、中长期债券，欧洲美元债券，大面额可转让存单等利率工具为标的物。利率期权是一项规避利率风险的有效工具。借款人通过买入一项利率期权，可以在利率水平向不利方向变化时得到保护，而在利率水平向有利方向变化时受益，达到限制融资成本，确保投资收益的目的。同时利率期权也是有效的投资工具。

利率期权交易较利率互换更具有灵活性。利率互换同远期外汇买卖一样，一旦办理了，不论到期市场上的利率是否与自己的判断一致，都必须按其合同规定执行。例如，原来判断贷款利率要上调，为防范利率风险，债务方将浮动利率调换为固定利率，但如果利率并没有如预期上扬，反而下降，那么债务方所做的利率互换业务不仅没有为其降低成本，反而使其丧失了低利率带来的利益。因此，利率互换业务缺乏灵活性，并且可能因市场预测失误而失去更多机会。如果利用利率互换防范利率波动的风险，要对相关货币国家的经济情况、利率的走势做出正确的分析、预测和判断，但实际很难预测准确。

利率期权则能适应这种需要。因为利率期权实际上是一项选择利率变化的权利。买方支付一定金额的期权费后，就可以获得这项权利。在到期日按预先约定的利率，按一定的期限借入或贷出一定金额的货币。这样当市场利率向不利方向变化时，买方可固定其利率水平；当市场利率向有利方向变化时，买方可获得利率变化的好处。

二、利率期权的运用

利率期权有多种形式，常见的有利率上限、利率下限、利率上下限三种。

（一）利率上限（Interest Rate Cap）

利率上限是客户与银行达成一项协议，双方确定一个利率上限水平，在此基础上，利率上限的卖方向买方承诺：在规定的期限内，如果市场参考利率高于协定的利率上限，则卖方向买方支付市场利率高于协定利率上限的差额部分；如果市场利率低于或等于协定的利率上限，卖方无任何支付义务。同时，买方由于获得了上述权利，必须向卖方支付一定数额的期权费。

在市场利率走势上扬时，以浮动利率举债的企业或个人，可购买利率上限契约。若市场利率高于约定的上限，则卖方就必须补偿利率上限与该市场利率之间的差价给买方。这样，买方限制了其浮动利率利息成本负担，其利息费用不会超出利率上限契约的利率水平。同时，当利率下跌时，其又可降低浮动利率利息成本。利率上限的买方为获得利率上的这种保障和利益，必须支付卖方期权费。

> **例 10-5**　某公司的负债是以浮动利率计息的，且认为未来市场利率有走高的趋势，然而只要利率水平不高于 6%，则不会危害到现金流量或成本的预算控制。因此，该公司向银行购买了利率上限，约定履约利率为 6%。如果市场利率低于 6%，则该公司仍可维持盈利状况，当市场利率高过 6% 时，银行会补偿该公司其间的差价，使该公司的财务成本仍在预算控制之内。

（二）利率下限（Interest Rate Floor）

利率下限是指客户与银行达成一项协议，双方规定一个利率下限，卖方向买方承诺：在规定的有效期内，如果市场参考利率低于协定的利率下限，则卖方向买方支付市场参考利率低于协定的利率下限的差额部分；若市场参考利率大于或等于协定的利率下限，则卖方没有任何支付义务。作为补偿，卖方向买方收取一定数额的期权费。

在市场利率走势下跌时，以浮动利率投资的公司，可购买利率下限契约，以确保其以浮动利率计算利息的收益绝对不会低于利率下限契约的利率水平。在到期日，当市场利率低于约定利率的下限，则卖方就必须补偿利率下限与该市场利率之间的差价给买方。同时，当市场利率上涨时，又可享受较高的浮动利息收益。利率下限买方为获得利率上的这种保障和利益，必须支付给卖方期权费。

（三）利率上下限（Interest Rate Collar）

所谓利率上下限，又称为"利率区间"，是指将利率上限和利率下限两种金融工具结合使用。具体地说，购买一个利率上下限是指在买进一个利率上限的同时，卖出一个利率下限；而卖出一个利率上下限是指在卖出一个利率上限的同时，买进一个利率下限。

当上限下限并用时，借款人可购买一个利率上下限（即约定上限利率及下限利率之间的区间），这样将利率波动的风险锁定在上下限之间。在到期日，若市场利率上涨超过利率上限，则卖方须补偿市场利率与利率上限之间的利息差价给买方；若市场利率下跌超过利率下限，则买方须支付市场利率与利率下限之间的利息差价给卖方。这样当利率上扬时，利息成本不会超过上限；当利率下跌时，借款人至少需要负担下限的利息成本。利率上下限的买方须支付给卖方一定期权费，但这种期权费较购买利率上限的期权费少。

> **例 10-6**　某公司有一项浮动利率计息的负债，既希望规避利率走高的趋势，又想节省购买利率选择的期权费。因此，该公司向银行购买了一个利率上下限，利率上限为 6%，利率下限为 3%，也就是该公司买入利率上限同时卖出利率下限，其期权费低于只购买利率上限的期权费。在到期日，若市场利率高于 6%，银行向该公司补偿市场利率与利率上限的 6% 之间的利息差价；若市场利率低于 3%，该公司就必须支付银行市场利率与利率下限 3% 之间的差价。

总之，以浮动利率举债的企业或个人，当预测其市场利率走势上扬时，可购买利率上限期权，若在履约日，市场利率高于约定利率的上限，卖方就必须补偿利率上限与该市场利率之间的差价给买方。以浮动利率投资的公司，当预测其市场利率走势下跌时，可购买利率下限期权。若在履约日，市场利率低于约定利率的下限，卖方就必须补偿利率下限与该市场利率之间的差价给买方。为将利率波动的风险锁定在上下限之间，可购买一个利率上下限期权。无论购买哪种利率期权，购买者可在利率水平向其不利方向变化时避免损失，而在利率水平向其有利方向变化时获利。

单元三　我国金融期权

一、我国金融期权概况

（一）金融期权的产生与发展

国内最早上市的金融期权为上证 50ETF 期权，标的物对应的是上证 50ETF 基金，于 2015 年

2 月 9 日在上海证券交易所上市，合约规格见表 10-11。

表 10-11 上证 50ETF 期权合约规格

合 约 标 的	上证 50 交易型开放式指数证券投资基金（"50ETF"）
合 约 类 型	认购期权和认沽期权
合 约 单 位	10 000 份
合约到期月份	当月、下月及随后两个季月
行 权 价 格	9 个（1 个平值合约、4 个虚值合约、4 个实值合约）
行权价格间距	3 元或以下为 0.05 元，3 元至 5 元（含）为 0.1 元，5 元至 10 元（含）为 0.25 元，10 元至 20 元（含）为 0.5 元，20 元至 50 元（含）为 1 元，50 元至 100 元（含）为 2.5 元，100 元以上为 5 元
行 权 方 式	到期日行权（欧式）
交 割 方 式	实物交割（业务规则另有规定的除外）
到 期 日	到期月份的第四个星期三（遇法定节假日顺延）
行 权 日	同合约到期日，行权指令提交时间为 9:15-9:25，9:30-11:30，13:00-15:30
交 收 日	行权日次一交易日
交 易 时 间	上午 9:15-9:25，9:30-11:30（9:15-9:25 为开盘集合竞价时间） 下午 13:00-15:00（14:57-15:00 为收盘集合竞价时间）
委 托 类 型	普通限价委托、市价剩余转限价委托、市价剩余撤销委托、全额即时限价委托、全额即时市价委托以及业务规则规定的其他委托类型
买 卖 类 型	买入开仓、买入平仓、卖出开仓、卖出平仓、备兑开仓、备兑平仓以及业务规则规定的其他买卖类型
最小报价单位	0.000 1 元
申 报 单 位	1 张或其整数倍
涨跌幅限制	认购期权最大涨幅 =Max{ 合约标的前收盘价 ×0.5%，Min[（2× 合约标的前收盘价 − 行权价格），合约标的前收盘价]×10%} 认购期权最大跌幅 = 合约标的前收盘价 ×10% 认沽期权最大涨幅 =Max{ 行权价格 ×0.5%，Min[（2× 行权价格 − 合约标的前收盘价），合约标的前收盘价]×10%} 认沽期权最大跌幅 = 合约标的前收盘价 ×10%
熔 断 机 制	连续竞价期间，期权合约盘中交易价格较最近参考价格涨跌幅度达到或者超过 50% 且价格涨跌绝对值达到或者超过 10 个最小报价单位时，期权合约进入 3 分钟的集合竞价交易阶段
开仓保证金最低标准	认购期权义务仓开仓保证金 =[合约前结算价 +Max（12%× 合约标的前收盘价 − 认购期权虚值，7%× 合约标的前收盘价）]× 合约单位 认沽期权义务仓开仓保证金 =Min[合约前结算价 +Max（12%× 合约标的前收盘价 − 认沽期权虚值，7%× 行权价格），行权价格]× 合约单位
维持保证金最低标准	认购期权义务仓维持保证金 =[合约结算价 +Max（12%× 合约标的的收盘价 − 认购期权虚值，7%× 合约标的的收盘价）]× 合约单位 认沽期权义务仓维持保证金 =Min[合约结算价 +Max（12%× 合约标的的收盘价 − 认沽期权虚值，7%× 行权价格），行权价格]× 合约单位

（资料来源：上海证券交易所官网）

2019 年 12 月 23 日，上交所、深交所发行了沪深 300ETF 期权，中金所发行了沪深 300 股指期权（见表 10-12），这也是我国第一只股指期权品种，不同于 ETF 期权，沪深 300 股指期权的标的物价格要高很多，因此期权费（权利金）的价格也会高很多，对于初入期权市场的投资者而言，风险也较高，需谨慎选择。

表 10-12　沪深 300 股指期权合约规格

合 约 标 的	沪深 300 指数
合 约 乘 数	每点人民币 100 元
合 约 类 型	看涨期权、看跌期权
报 价 单 位	指数点
最小变动价位	0.2 点
每日价格最大波动限制	上一交易日沪深 300 指数收盘价的 ±10%
合 约 月 份	当月、下 2 个月及随后 3 个季月
行 权 价 格	行权价格覆盖沪深 300 指数上一交易日收盘价上下浮动 10% 对应的价格范围 　　对当月与下 2 个月合约：行权价格≤ 2 500 点时，行权价格间距为 25 点；2 500 点＜行权价格≤ 5 000 点时，行权价格间距为 50 点；5 000 点＜行权价格≤ 10 000 点时，行权价格间距为 100 点；行权价格 >10 000 点时，行权价格间距为 200 点 　　对随后 3 个季月合约：行权价格≤ 2 500 点时，行权价格间距为 50 点；2 500 点＜行权价格≤ 5 000 点时，行权价格间距为 100 点；5 000 点＜行权价格≤ 10 000 点时，行权价格间距为 200 点；行权价格 >10 000 点时，行权价格间距为 400 点
行 权 方 式	欧式
交 易 时 间	9:30~11:30，13:00~15:00
最后交易日	合约到期月份的第三个星期五，遇国家法定假日顺延
到 期 日	同最后交易日
交 割 方 式	现金交割
交 易 代 码	看涨期权：IO 合约月份 –C– 行权价格 看跌期权：IO 合约月份 –P– 行权价格
上市交易所	中国金融期货交易所

（资料来源：中国金融期权交易所官网）

2022 年 7 月 22 日，经证监会批准，中证 1 000 股指期权（见表 10-13）在中国金融期货交易所上市。其合约标的物中证 1 000 指数由 A 股中市值排名在沪深 300、中证 500 指数成分股之后的 1 000 只股票组成，是宽基⊖跨市场指数，与沪深 300 和中证 500 等指数形成互补。

表 10-13　中证 1 000 股指期权合约规格

合 约 标 的	中证 1 000 指数
合 约 乘 数	每点人民币 100 元
合 约 类 型	看涨期权、看跌期权
报 价 单 位	指数点
最小变动价位	0.2 点
每日价格最大波动限制	上一交易日中证 1 000 指数收盘价的 ±10%
合 约 月 份	当月、下 2 个月及随后 3 个季月
行 权 价 格	行权价格覆盖中证 1 000 指数上一交易日收盘价上下浮动 10% 对应的价格范围 　　对当月与下 2 个月合约：行权价格≤ 2 500 点时，行权价格间距为 25 点；2 500 点＜行权价格≤ 5 000 点时，行权价格间距为 50 点；5 000 点＜行权价格≤ 10 000 点时，行权价格间距为 100 点；行权价格 >10 000 点时，行权价格间距为 200 点 　　对随后 3 个季月合约：行权价格≤ 2 500 点时，行权价格间距为 50 点；2 500 点＜行权价格≤ 5 000 点时，行权价格间距为 100 点；5 000 点＜行权价格≤ 10 000 点时，行权价格间距为 200 点；行权价格 >10 000 点时，行权价格间距为 400 点
行 权 方 式	欧式

⊖ 关于宽基指数的含义请读者自行查阅和理解。

（续）

交 易 时 间	9:30~11:30，13:00~15:00
最后交易日	合约到期月份的第三个星期五，遇国家法定假日顺延
到 期 日	同最后交易日
交 割 方 式	现金交割
交 易 代 码	看涨期权：MO 合约月份 –C– 行权价格 看跌期权：MO 合约月份 –P– 行权价格
上市交易所	中国金融期货交易所

（资料来源：中国金融期货交易所官网）

（二）金融期权相关衍生品

我国利率市场化和汇率市场化改革的深入以及金融领域对外开放的拓宽，促进了金融期权在我国的发展。

我国利率市场化改革的总体思路是先外币、后本币；先贷款、后存款；先长期、大额，后短期、小额。中国人民银行从 2000 年 9 月 21 日开始，放开外币贷款利率，由金融机构根据国际金融市场利率的变动情况以及资金成本、风险差异等因素，自行确定各种外币贷款利率及其计结息方式。300 万（含 300 万）以上美元或等值其他外币的大额外币（定期）存款利率水平由金融机构与客户协商确定，并报当地人民银行备案；300 万美元（或等值其他外币）以下的小额存款利率水平由中国银行业协会统一制定，经中国人民银行核准后对外公布，各金融机构统一执行。这一举措标志着我国利率市场化改革迈出了重要的一步。近些年，我国外币利率水平与国际金融市场建立了紧密的联系。同时又由于取消境内个人参与 B 股交易的限制，外汇管理部门放开人民币汇率浮动区间和实行做市商制度，给商业银行以更大的外汇买卖差价空间和经营的灵活性。这些给银行、企业和个人既带来了机遇，同时也增加了其在汇率和利率方面所面临的风险，这为金融期权等交易产品的发展提供了更大的空间。

2005 年 2 月 4 日银监会《金融机构衍生产品交易业务管理暂行办法》的发布为银行金融期权等交易产品打开了方便之门。外汇期权交易也趋向活跃。至 2012 年，外汇期权市场累计成交 319 万亿美元，其中银行对客户期权市场累计成交 285 亿美元，较 2011 年增长 32 倍。外汇期权交易大幅增长反映出随着人民币汇率弹性增强，期权相对于远期所具有的灵活管理汇率双向波动风险的吸引力逐渐显现。之后十年外汇局不断丰富交易工具，在人民币外汇市场和银行间外币对市场相继推出普通欧式期权、普通美式期权、亚式期权、欧式障碍期权和欧式数字期权[一]，至 2022 年，外汇期权市场累计成交 1.3 万亿美元，为 2012 年的 32.77 倍。其中，银行对客户期权市场累计成交 4 153 亿美元，较 2012 年增长 1 357%。[二]

近几年，许多银行以此为契机，纷纷推出了外汇理财产品，如"两得宝""两得利""汇得盈""汇利存款""结构性存款""资多星""日进升金""聚金理财""富林理财""安心理财""金葵花""优利账户"和"市场挂钩账户"等。其中，结构性存款目前已经作为绝大部分中外资银行代客理财的拳头产品。

二、外汇结构性存款

外汇结构性存款是一种金融衍生产品，在境外已被各银行广泛应用，并被投资人充分接受，近些年，我国许多银行也相继推出了这种金融产品。

[一] 详见《国家外汇管理局关于进一步促进外汇市场服务实体经济有关措施的通知》（汇发〔2022〕15 号）。
[二] 资料来源：《2012 国际收支报告》《2022 国际收支报告》，国家外汇管理局官方网站。

（一）外汇结构性存款的含义

所谓外汇结构性存款是将外汇定期存款与另一个金融产品挂钩，根据所挂钩的金融产品的变动范围来确定外汇定期存款的收益水平。所挂钩的金融产品主要有汇率期权、利率期权和股票期权等。外汇结构性存款实际上就是银行将金融期权交易与外汇定期存款进行组合。银行在普通外汇存款的基础上，按照客户对利率、汇率等资产价格预期，嵌入与汇率、利率等相挂钩的期权，将这个一揽子的"结构性"产品提供给投资者。投资者的收益将包括两个部分，一是存款的利息收入，二是出售期权的收入。

> **例 10-7**　当 EUR/USD 汇率为 1.102 1，投资者预计欧元兑美元将趋于升值（美元兑欧元将趋于贬值）。该投资者可以向银行存入 10 000 美元，存期为 3 个月，并同时向银行出售一个美元看跌期权，协议价格为当前价格，即 1.102 1。到期时，银行拥有以每欧元兑 1.102 1 美元的价格向投资者购买 10 000 美元的权利，银行向投资者支付期权费。
>
> 投资者的收益包括两个部分：① 3 个月的美元存款固定利息；②向银行出售期权获得的期权费。
>
> 银行向投资者支付期权费之后，到期时，如果 EUR/USD 汇率为 1.102 1，银行可以执行，也可以不执行这个权利，不论银行执行与否，投资者均可获得期权费。
>
> 如果投资者预测正确，即欧元在未来 3 个月逐步升值，在投资期满时，银行不执行期权，则投资者可获得 3 个月的美元存款固定利息和期权费的收益。
>
> 如果欧元的未来表现和投资者的预测正相反，不升反降，到期时，银行将执行买入期权，这必然会给投资者带来损失。

（二）外汇结构性存款的种类

1. 根据与存款的挂钩对象不同分类

（1）与汇率挂钩的结构性存款。这种类型的结构性存款是目前市场上银行对客户做得最多的，也是最流行的一种结构性存款，而且一般期限较短的结构性存款都采取与外汇市场汇率挂钩的形式，存款的期限从 1 周到 6 个月不等。该类结构性存款具有风险大、收益高、期限短的特点。这种结构性存款很适合于熟悉外汇市场的客户或者主要从事进出口贸易业务、有短期外汇资金需要进行投资保值的客户。

（2）与利率挂钩的结构性存款。一般中长期的结构性存款大多数是与货币市场的利率挂钩的，而货币市场的利率主要就是指伦敦同业拆借利率（LIBOR）或香港同业拆借利率（HIBOR）。目前我国推出的这类结构性存款大都与伦敦同业拆借利率挂钩。

（3）与信用挂钩的结构性存款。结构性存款挂钩信用的种类主要包括国家信用和企业信用。这些信用具体的表现形式是国家或企业所发行的各种债券。结构性存款的收益也就通过挂钩债券，与相应的信用风险密切地联系起来。

（4）与证券、商品价格或各种指数挂钩的结构性存款。这类结构性存款常见的挂钩风险要素有道·琼斯股票指数、纳斯达克指数、美国国库券价格、黄金价格、原油价格等，是以这些要素的市场价格在未来的波动方式及其波动结果为基础的。其特点是收益率较高，风险也较大。

目前上述前两种结构性存款是我国外汇理财市场的主流。

2. 根据风险和收益大小分类

（1）固定收益型。其特点是产品期限较短，年收益率固定。收益按季递增，每季付息一次。

但因该产品本金没有风险，所以收益只比固定利率存款略高。

（2）浮动收益型。其特点是产品期限较长，收益率存在一定的不确定性。其风险较大，但收益也高。例如，投资者选定存款期限和 LIBOR 利率区间，银行报出相应收益率，在存期内，若当日 LIBOR 在选定区间内，则该日可按约定收益率计息；若不在区间内，则该日不计息。这类产品市场透明度高，投资回报计算简单，如客户判断准确，可获得较高收益。

（三）外汇结构性存款的操作流程

目前银行在与客户办理外汇结构性存款业务时，普遍采取如下流程：

客户开立账户，将外汇资金以存款的形式存入银行。然后客户与银行签订相应的结构性存款协议。该协议规定客户该笔外汇定期存款（投资）货币、存款（投资）金额、存款（投资）期限、挂钩的某个经济变量（比如汇率、利率、信用等）、存款（投资）起始日期、到期日、收益率和费用等。在协议中，银行还会规定结构性的外汇定期存款客户是无权提前支取的。

到期结算时，银行将比较市场汇率（利率等）与协定汇率（利率等），决定向客户支付。

小资料 10-3　中国工商银行外汇结构性存款

一、业务定义

外汇结构性存款是指在普通外汇存款上附加一定的金融衍生产品，使存款的本息与未来的汇率、利率、商品价格等指数相挂钩。工行可办理与汇率、利率、债券价格、股票指数等挂钩的各类品种。每个品种可选择有本金保证的、愿意承担不同本金损失等的不同条件。外汇结构性存款遵循风险与收益相匹配的原则，高收益承担高风险。

外汇结构性存款利率的报价随客户存款的日期、存款金额、存款期限的不同和挂钩汇率、利率等价格的不同而变化。存款货币可以选择为欧元、英镑、日元、港币等自由流通货币。

二、适用对象

适用于资金相对充裕，希望获得较高资金回报，对金融市场有一定分析能力以及相应风险承受能力的个人客户以及在中华人民共和国境内（不含港澳台）设立的法人客户。

三、产品种类

1. 可赎回保本息产品

（1）可赎回固定利率存款。

（2）可赎回递增利率存款。

2. 与汇率挂钩产品

（1）与美元兑人民币汇率挂钩存款。

（2）与其他币种汇率挂钩存款。

（3）两得存款。

3. 与利率挂钩产品

（1）与美元 LIBOR 挂钩区间累计型存款。

（2）与美元 LIBOR（HIBOR）反向挂钩存款。

4. 与债券挂钩产品

（1）与债券价格挂钩存款。

（2）与信用挂钩存款。

5. 与商品挂钩产品

四、办理流程

（1）客户需与工行签订结构性存款协议。凡向工行申请办理结构性存款业务的客户，应与工行签订"结构性存款协议"。

（2）客户需向工行提交业务委托书。"委托申请书"内容应包括委托理由、委托金额、委托期限、委托条件、委托有效期等相关内容。

（3）根据客户的委托执行，交易成交后工行向客户发"结构性存款交易证实书"。

（资料来源：中国工商银行北京市分行官方网站，www.icbc.com.cn）

模块小结

（1）所谓金融期权是指期权购买者在向出售者支付一定费用后，获得在约定的到期日或期满前，按事先确定的协定价格向出售者买进或卖出一定数量的某种金融商品或金融期权合约的权利。金融期权包括外汇期权、利率期权、股票期权和股指期权等。外汇期权是指期权购买者在向期权出售者支付相应期权费后获得一项权利，即期权购买者有权在约定的到期日或期满前按照双方事先约定的协定汇率和金额向期权出售者买卖约定的外汇。外汇期权根据行使选择权的时间划分为欧式期权和美式期权，根据期权内容分为看涨期权和看跌期权。

（2）外汇期权的内容包括外汇期权合约、期权的买方（购买期权合约者）与期权的卖方（出售期权合约者）、买权与卖权、协定价格、期权费、成交日、期权费支付日、合约到期日、交割日。外汇期权费报价一般以百分数或点数表示。影响期权费的因素有市场现行汇价水平、期权的协定价格、期权合同的期限、汇率预期波幅、利率波动、期权的供求关系。利用外汇期权可以进行保值和投资（投机），并且在规避外汇风险方面有较大的灵活性，同时还能获得汇率变化对其有利时的利润。

（3）在期权买方的买权或卖方的买权的盈亏平衡点上，市场汇率＝协议汇率＋期权费时，行使期权少支出的金额恰足以弥补付出期权费的损失，或者执行期权的卖方收入的期权费恰足以弥补其卖出货币的亏损金额。期权买方的卖权或卖方的卖权的盈亏平衡点为当市场汇率＝协议汇率－期权费时，行使期权获利的金额恰足以弥补其付出期权费的损失，或者卖方收入的期权费恰足以弥补其买入货币的亏损金额。

（4）利率期权是指买方在支付了期权费后，即取得在合约有效期内或到期时以一定的利率（价格）买入或卖出一定面额的利率工具的权利。利率期权有多种形式，常见的有利率上限、利率下限、利率上下限。以浮动利率举债的企业或个人，当预测其市场利率走势上扬时，可购买利率上限期权，从而规避利率上升的风险；以浮动利率投资的公司，当预测其市场利率走势下跌时，可购买利率下限期权，从而规避利率下降的风险。为将利率波动的风险锁定在上下限之间，可购买一个利率上下限期权。无论购买哪种利率期权，购买者可在利率水平向其不利方向变化时避免损失，而在利率水平向其有利方向变化时获利。

（5）我国利率市场化和汇率市场化改革的深入以及金融领域对外开放的拓宽，促进了金融期权在我国的发展。许多银行推出了外汇理财产品，其中结构性存款目前已经作为绝大部分中外资银行代客理财的拳头产品。

所谓外汇结构性存款是将外汇定期存款与另一个金融产品挂钩，根据所挂钩的金融产品的变动范围来确定外汇定期存款的水平。所挂钩的金融产品主要有汇率期权、利率期权和股票期权等。外汇结构性存款根据与存款的挂钩对象不同可分为与汇率挂钩的结构性存款，与利率挂钩的结构性存款，与信用挂钩的结构性存款，与证券、商品价格或各种指数挂钩的结构性存款四类；根据风险和收益大小可分为固定收益型、浮动收益型。

习　题

一、判断题

1. 期权对于期权合同的买卖双方来说既是权利也是义务。　　　　　　　　　　（　　）
2. 外汇期权交易中，期权合同的买入者为了获得这种权利，必须支付给出售者一定的费用，这种费用称为保险费，也称为期权费或期权价格。　　　　　　　　　　（　　）
3. 欧式期权业务，在合同到期日以前，顾客有权要求银行进行交割。　　　　（　　）
4. 买入看涨期权的交易对手就是卖出看跌期权。　　　　　　　　　　　　　（　　）
5. 期权的类型按期权的权利划分，有看涨期权和看跌期权；按交割时间划分，有美式期权和欧式期权。　　　　　　　　　　　　　　　　　　　　　　　　　　　（　　）

二、不定项选择题

1. 赋予买方权利的外汇业务是（　　　）。
    A. 远期外汇业务　B. 货币期货业务　　　C. 外币期权业务　　　D. 掉期业务
2. 买方可以不履行外汇买卖合约的是（　　　）。
    A. 远期外汇业务　B. 择期业务　　　　C. 外币期权业务　　　D. 掉期业务
3. 远期外汇合同到期日前的任何一天客户可要求交割，也可放弃合同执行的外汇业务是（　　　）。
    A. 择期业务　　　B. 远期业务　　　C. 欧式期权业务　　D. 美式期权业务
4. 最具灵活性的外汇业务是（　　　）。
    A. 择期业务　　　B. 美式期权业务　C. 欧式期权业务　　D. 掉期业务
5. 合同买入者获得了在到期以前按协定价格出售合同规定的某种金融工具的权利，这种行为称为（　　　）。
    A. 买入看涨期权　B. 卖出看涨期权　　C. 买入看跌期权　　D. 卖出看跌期权
6. 在期权交易中，需要支付保证金的是期权的（　　　）。
    A. 买方　　　　　B. 卖方　　　　　C. 买卖双方　　　　D. 第三方
7. 期权权利金主要由（　　　）两部分组成。
    A. 实值　　　　　B. 虚值　　　　　C. 内涵价值　　　　D. 时间价值

三、思考题

1. 什么是期权交易？期权交易的主要特点是什么？
2. 期权中决定期权价格的因素有哪些？
3. 期权交易和远期外汇交易、掉期以及国内外汇实盘交易相比，有什么区别呢？

—————————————— 实 训 课 堂 ——————————————

一、技能训练题

美国某出口商 4 月份出口一批货物到瑞士，总价值 625 000 瑞士法郎。其收汇时间是 7 月，出口商担心瑞士法郎的币值会下跌，因此购买了 10 笔瑞士法郎看跌期权，每笔 62 500 瑞士法郎，每瑞士法郎的期权费为 0.002 美元，该期权的执行价格为 1 瑞士法郎 =0.670 0 美元。

（1）该出口商支付期权费总额是多少？

（2）如结汇时 1 瑞士法郎 =0.700 0 美元，该出口商应放弃还是执行期权？盈亏如何？

（3）如结汇时 1 瑞士法郎 =0.628 0 美元，该出口商应放弃还是执行期权？盈亏如何？

二、案例分析

1. 美国某进口商需在 6 个月后支付一笔外汇（瑞士法郎），但又担心瑞士法郎 6 个月后升值导致外汇损失。于是，该进口商以 2.56% 的期权费购入一份瑞士法郎欧式看涨期权，其合约情况如下：

买入：瑞士法郎欧式看涨期权，美元欧式看跌期权

执行价格：USD 1=CHF1.390 0

有效期：6 个月

现货日：某年 3 月 23 日

到期日：同年 9 月 23 日

交割日：同年 9 月 25 日

期权价：2.56%

要求：

（1）当日瑞士法郎现汇汇率为：USD1=CHF1.410 0，请计算：期权费折合多少瑞士法郎？

（2）请分析：若 3 个月后出现了以下三种情况，美国进口商的总成本是多少？

1）某年 9 月 23 日，USD/CHF 汇率为 1.420 0。

2）同年 9 月 23 日，USD/CHF 汇率为 1.370 0。

3）同年 9 月 23 日，USD/CHF 汇率为 1.450 0。

2. 某银行交易员认为在近期内英镑兑美元（GBP/USD）汇率将下跌，因此卖出一项期权：英镑买权、美元卖权（GBP CALL USD PUT），金额 1 000 万英镑，协议价格 1.550 0，有效期限 1 个月，期权价格为 1.9%。

请回答：

（1）该项期权费的金额是多少英镑？

（2）如何计算该项期权卖方买权的盈亏平衡点？

（3）该项期权卖方买权期权的最大亏损是多少？

（4）该项期权卖方买权期权的最大收益是多少？

（5）当市场汇率低于协议价格 1.550 0 时，交易对手（即期权的买方）是否要求执行该项期权？此时交易员的情况如何？

（6）当市场汇率为多少时，交易对手将会执行该项期权？此时交易员盈亏情况如何？

（7）当市场汇率为多少时，交易对手将不执行该项期权？此时交易员盈亏情况如何？

（8）只要到期日市场汇率为多少时，该项卖出买权的策略就可获益？

3．某银行交易员认为在近期内美元兑瑞士法郎（USD/CHF）汇率将上升，于是卖出一项期权：美元卖权、瑞士法郎买权（USD PUT CHF CALL），金额 1 000 万美元，协议价格1.400 0，有效期限 1 个月，期权费为 1.5%。

请回答：

（1）该项期权费的金额是多少美元？

（2）如何计算该项期权卖方卖权的盈亏平衡点？

（3）该项期权卖方卖权期权的最大亏损是多少？

（4）该项期权卖方卖权期权的最大收益是多少？

（5）当市场汇率高于执行价格 1.400 0 时，交易对手是否要求执行该项期权？此时交易员盈亏情况如何？

（6）当市场汇率为多少时，交易对手将会执行该项期权？此时交易员盈亏情况如何？

（7）当市场汇率为多少时，交易对手将不执行该项期权？此时交易员盈亏情况如何？

（8）只要到期日市场汇率为多少时，该卖方卖权的策略就能获益？

三、实训项目

1．实训目的：学会运用外汇期权理财产品进行投资。

2．实训方式：实际调查。

3．项目内容：比较国内各家银行的外汇期权理财产品。

4．调研渠道：网络、电话和实地调查。

5．调研对象：

国有银行：中国银行、中国工商银行、中国建设银行、中国农业银行、交通银行。

股份制银行：招商银行、中信银行、光大银行、广发银行、浦发银行、民生银行。

6．实训指导：

第一步：调研。每组一题，每组中的每个成员按题目要求分别调研三家银行。

第二步：以组为单位整理、汇总和分析，写出调研报告。

第三步：以调研报告为题在课堂进行交流。采取模拟方式，发言者以银行理财室的客户经理身份介绍外汇期权理财产品，其他同学作为客户，向"客户经理"咨询。

模块十一

汇率的预测

学习目标

【知识目标】

通过本模块学习，了解预测汇率的类型；明确汇率与进出口贸易的相互关系；懂得国际收支、利率、通货膨胀率、财政政策和货币政策是如何影响汇率的。

【技能目标】

能够简单解释美国公布的重要经济指标；能够根据影响汇率的基本因素对汇率走势进行大致的预测。

【素质目标】

从国际金融市场动荡和我国外汇市场的平稳运行中认识到中国经济凸显出的较强韧性，更加坚定"四个自信"。

引　言

美国 2022 年 5 月 4 日下午，美联储通过会议决定将美国联邦基金利率增加 0.5%（即上涨 50 个基点），以降低美国高企的通胀率。加息后，联邦基金利率区间增至 0.75%～1%。5 月 6 日，美元指数 DXY 延续近日强势，站上 104，为 2002 年 12 月以来首次。英镑兑美元、欧元兑美元延续跌势，美元兑日元延续第九周上涨；另外亚洲货币市场也表现疲软，其中韩元和泰铢领跌，当日，人民币兑美元汇率中间价调贬 567 个基点。（摘编自：东方财富网 2022-05-05，华尔街见闻，2022-05-06）

那么，美联储加息美元指数为何上涨而其他货币汇率为何会下跌？哪些因素会引起汇率发生变动？在与外汇打交道中为什么有人大量获利而有人损失惨重？这其中的关键就是能否成功地预测汇率。国际上的任何经济和投资决策都离不开对汇率的分析。只有在预测汇率的基础上，人们才能进行收益与成本、风险损失和风险报酬等各方面的计算，才能提出相应的可行性方案并最终做出有根据的决策。因此，成功地预测汇率走势是进行外汇交易、规避汇率风险的重要前提。

单元一　初识汇率的预测

一、预测汇率的类型

在实际应用中，人们会根据特定的需要来确定是进行汇率的长期预测、短期预测还是即期预测。

长期预测是指预测 1 年以上的汇率变化。它为企业或个人进行长期海外投资或借款、外汇长期理财产品的投资以及国家外汇储备等提供决策依据。由于其时间较长，准确性一般较差。

短期预测是指预测 3 个月～1 年的汇率变化。它为人们对应收、应付账款进行套期保值、外汇短期理财产品的投资以及外汇交易的短线投资或投机等提供决策依据，对预测的准确性要求较高。

即期预测是指预测 3 个月内的汇率变化。它为 3 个月内的国际贸易支付和外汇交易等提供决策依据。

一般讲，时间维度越长，预测难度越大，预测的精确度要求就要相应降低。

二、预测汇率的一般程序

成功的汇率预测必须遵守以下程序：

（1）根据特定的需要确定预测的目标，包括预测何种外汇币种、时间维度和精确度要求等。如某出口商在 2 个月后将收到 100 万美元，便需要进行 2 月期美元的汇率预测。

（2）根据预测的目标搜集和积累有关信息资料。首先，要根据预测目标确定搜集资料的范围。其次，要选择资料的来源和搜集资料的方法。可利用互联网、外汇资讯、外汇报刊、外汇杂志、外汇专著和有关的统计手册等多种渠道获取大量相关信息，联合国及其专门机构也不断提供各种统计资料，另外也可以进行直接市场调查，或向信息机构咨询。最后，需要对搜集到的信息进行整理，即对信息筛选和归类。

（3）根据预测的目标选择预测的方法。一般说来，长期预测侧重于选择定性分析，短期预测还需要进行定量分析。定性和定量分析方法各有利弊。

（4）分析预测误差。由于国际金融市场价格预测的复杂性和信息成本的制约，汇率预测难免出现误差。在分析预测误差时，首先要考察误差的性质。随机性预测误差一般不能说明预测方法存在缺陷，而系统性预测误差则要求分析误差发生的原因，从而改进预测方法。

三、预测汇率的方法

预测汇率有技术因素分析法（技术分析）和基本因素分析法（基本分析）两大类方法。

（一）技术因素分析

所谓技术因素分析是指人们利用某些历史资料来判断整个汇市或个别外汇币种价格未来变动的方向和程度的分析方法。

（二）基本因素分析

所谓基本因素分析是指人们通过分析各种因素的相互作用，对国际金融市场的汇率进行预测的方法。有人误认为基本因素分析只是定性分析，其实基本因素分析包括很多种方法，常见的有定性分析、数学模型分析和德尔菲分析法。

定性分析是根据特定的理论或经验对国际金融市场价格的大致走势做出判断，并不考虑各种基本因素与国际金融市场价格之间的数量关系。例如在其他条件不变的前提下，一国通货膨胀率较高会导致该国货币汇率下降。

数学模型分析是利用经过检验的数学模型预测汇率。与定性分析相比，数学模型分析在表述变量相互关系方面更加严格。但由于数学模型分析固有的内在缺陷，使得它难于为一般市场交易者所理解和操作。

德尔菲分析法是通过向专家进行滚动式问卷调查对国际金融市场价格进行预测的方法。它是具有较强实用价值的基本因素分析，但这种方法的固有缺陷难于为个人投资者所采用，适用于机构或大企业。

上述三种基本因素分析各有利弊，因而各有其使用价值。

单元二　影响汇率的主要因素

影响汇率的主要因素有国际收支、财政经济状况、通货膨胀率、利率、投机活动、偶发事件、政府干预、宏观经济政策、心理预期、国际储备和重要商品价格等。

一、国际收支

（一）与汇率的相关性

一国的国际收支平衡表可直接反映出该国的外汇供求状况。国际收支平衡表中的贷方项目构成外汇收入，借方项目构成外汇支出。

（二）对汇率的影响

国际收支顺差，则外汇收入大于外汇支出，外汇供大于求，使外汇汇率下降，本币汇率上升；国际收支逆差，则外汇支出大于外汇收入，外汇供不应求，使外汇汇率上升，本币汇率下降。例如亚洲金融危机时，我国人民币之所以没有贬值，其中一个重要因素就是我国国际收支顺差的支撑。

同时，对一国的国际收支还要具体分析。经常项目收支对外汇供求关系和汇率变动的影响比资本项目收支作用大，而且更具有长期性、持续性。如墨西哥和泰国等一些国家在金融危机爆发前都存在持续的、大量的经常项目账户赤字。

一国国际收支还可间接反映该国将采取的外汇政策，即通过分析国际收支的状况，可估计外汇管制的松紧程度，预测其对汇率的影响。一国国际收支逆差，该国一般会加紧外汇管制，压缩对外汇的需求，若外汇供给不变，将改善外汇收不抵支的状况，则外汇汇率上涨趋势可能减缓，本币汇率止跌回稳。反之，则相反。

二、财政经济状况

衡量一国财政经济状况的主要因素有财政收支、经济增长率和货币供给量。

（一）财政收支对汇率的影响

财政赤字的增加将促使通货膨胀加剧，造成出口商品成本上升，贸易条件恶化，经常项目赤字增加，形成本币贬值的压力。例如，20 世纪 90 年代末至 21 世纪初，俄罗斯、巴西、阿根廷和乌拉圭等国金融形势动荡，本国货币大幅度贬值，其根本原因是本国财政恶化。

（二）经济增长率对汇率的影响

从经济增长率看，一国经济增长快与慢是比较而言的。例如，美国 2022 年经济增长 2.1%，这一数据并不能判断美元应该走强或走弱，必须将之与前一年度的经济增长率做比较，并与参照国的经济增长率相比较。

国内外经济增长率差异对汇率变动的作用是多方面的：

（1）经济增长较快对一国经常项目的影响：在其他条件不变的情况下，经济增长较快的国家，意味着国民收入的上升，收入增长会带动商品和劳务进口需求增加，形成本国货币汇率下降的压力。但如果经济增长属于集约型的经济增长，经济增长较快并不一定引起贸易逆差和本国货币汇率下降。因为在这种情况下，一国经济增长率较高，意味着生产效率的提高和出口商品竞争力的增强，有利于扩大出口，不利于进口，本币有可能升值。

（2）经济增长较快对一国资本项目的影响：一国经济增长率高，投资机会增加，国外投资者对该国投资增加，有利于改善资本项目收支，本币有可能升值。

因此，经济增长对汇率的净影响要看经常项目与资本项目相互作用的对比，还要考虑该国经济发展的类型和阶段。

从长期看，高的经济增长率会对本国币值起到有力的支持作用，并且这种影响持续时间较长。

（三）货币供给量对汇率的影响

一国货币供给量超过实际需求，本币所代表的价值量相对减少，本币汇率水平下降；反之，本币所代表的价值量上升，本币汇率也会上涨。

总之，从长期看，如果一国财政经济状况好于别国，这个国家的货币代表的价值量就会提高，其货币对外就会升值；如果一国财政状况较恶化，其货币代表的价值量就会减少，该国货币对外就会贬值。一国财政经济状况是影响汇率的长期的、基本的因素。

三、通货膨胀率

（一）与汇率的相关性

在某种意义上说，国内的物价水平反映了货币的对内价值；汇率反映了货币的对外价值，货币的对内价值是对外价值的基础，在其他条件不变的情况下，货币对内价值的贬值必然引起对外价值的贬值。

（二）对汇率的影响

通货膨胀率水平高低是相对参照国的通货膨胀率而言的。若一国通货膨胀率较高，本国出口商品相对价格上升，出口商品竞争力下降，引起出口减少，导致贸易逆差。同时较高的通货膨胀率使实际利率降低，资本外流加快，引起资本流出大于资本流入，会导致资本项目逆差。因此，该国货币对外就会贬值。反之，则相反。

当然，通货膨胀率对汇率变动的影响存在滞后性。

通货膨胀率对汇率的上述作用的理论依据是购买力平价说。

四、利率

（一）与汇率的相关性

利率政策和汇率政策都是调节经济运行的重要杠杆，两者也都是金融资产的价格。本币币值是决定利率和汇率变化的共同基础。当今国际资本流动规模大大超过国际贸易额，因而利率差异对汇率的作用显得尤为重要。

（二）对汇率的影响

利率对汇率的影响是针对利率的相对水平而言的。利率政策对汇率的传导机制是复杂的，它包括金融和实物两个领域，国内、国外两个市场，宏观经济的多个变量，央行及国内外经济等多位主体，直接传导和间接传导渠道。

利率变动通过金融市场资本流动直接导致汇率的升值或贬值。这里的资本流动主要是指间接投资，而直接投资引起的资本在国际流动不完全取决于利率。对持有外汇者而言，哪国货币利率水平（实际利率）相对较高，投资者就愿意购买该国货币，从而将促使该国货币汇率上升。

利率变动还可以通过调节储蓄来影响未来的投资规模及投资结构，从而间接影响汇率水平。在投资收益不变的条件下，如果政府采用高利率的政策，导致投资成本增加，从而使投资需求减少，则会出现银行存款剧增，银行贷款减少。这抑制了外汇需求，进口下降，非贸易支出减少，若外汇供给未变，将可能引起外汇市场短期内供大于求，外汇汇率下降，本币汇率上升；反之，则相反。

一些国家货币当局利用利率对汇率的这种作用稳定本国货币。如 1997 年东南亚金融危机以及俄罗斯 1997 年和 1998 年的两次金融风波发生时，货币当局均以提高利率来缓解本币的贬值。高利率是一把双刃剑，在一定条件下有利于汇率的稳定，但从中长期来看，它会对一国货币汇率走势产生消极影响。因为利率上升预示着货币政策从紧，导致银根紧缩，投资和消费需求减少，抑制国内需求，制约国民经济发展，造成经济滑坡，公司经营利润减少而亏损增加，致使企业破产，特别是对上市公司的影响就更为直接和明显。股市因此大泻，投资者信心降低，抽走资金，从而加剧本币贬值的压力。

利率变动也影响远期汇率。例如，投机者为获利，会将资金投向利率高的英国。到英国市场购买英镑债券，虽能获得英镑债券利息的好处，但还要考虑汇率的未来收益的影响。若预测未来英镑要贬值，并且英镑贬值的损失大于利率获得的好处，为防范外汇风险，投机者在买入英镑的同时，卖出远期英镑。远期英镑卖出多了，英镑远期汇率就会下降。在这种情况下，利率对远期汇率的影响是：利率高的货币远期汇率比即期汇率低，利率低的货币远期汇率比即期汇率高。

（三）对汇率影响的条件

利率对汇率的作用是有条件的，即必须有充足的套利资金、充分的资本国际流动性、充分开放的即期与远期外汇市场，且汇率和利率的变化具有灵活性。

利率对汇率的作用的理论依据是利率平价学说。

五、投机活动

（一）对汇率的影响

20 世纪 80 年代以来，随着各国经济增长，产生了大量剩余利润，由此组成投资基金，形成了"游资"。"游资"属于短期资本，包括现金、银行活期存款、短期政府债券、商业票据、金融衍生产品和期货期权合约、各种基金以及其他流动性很强的资产。这些短期资本为追逐较高或最高利润，常在国际金融市场之间和国内金融市场之间调入调出，成为各国货币汇率频繁起伏的重要根源。

投机活动对金融市场具有不利和有利的双向作用，过度投机会造成严重危害。

（二）对汇率影响的程度

投机活动是多种因素影响汇率的综合反映，对汇率变化起推波助澜的作用，对汇率不会产生实质性的影响，而只会影响汇率的短期波动，加剧汇率波动的幅度，加快汇率调整的速度，使市场汇率过度调整。

小资料 11-1　国际游资

国际游资从不隶属于任何一个产业，也不参加任何一个国家的国民经济运作，它没有国界，属于无数个集团和个人所拥有的巨额闲散资金，专以嗜利为上。它靠的是对信息的极端灵敏、判断的极端准确、计算的极端精微、动作的极端周到，每一步都要求到位，不差丝毫。这些投机者从不依靠他人，更不依靠中介机构操作，也不通过金融外汇期货市场进行即期和远期交易，而是利用每个国家或地区的利率和汇率的"双高"条件，一般在1 个月左右的时间内飞速地在汇市以"往复式"动作，反复利用各国或各地区的利率、汇率兑换本币和外汇，获得暴利又不留蛛丝马迹。

例如，在 1992 年，索罗斯发现了欧洲联合汇率机制内部的固有矛盾，认为意大利里拉和英镑等软币难以与马克保持稳定性。于是，他动用量子基金，果断卖空意大利里拉，迫使意大利政府宣布退出欧洲联合汇率机制。在里拉大幅贬值时，他用低价买进里拉，从中赚取大量的利润。紧接着，他又大举卖空 70 亿英镑，并鼓动其他投机商蜂拥卖空英镑，很快英国被迫宣布退出欧洲联合汇率机制。索罗斯大获全胜，短短 1 个多月获得投机利润10 亿美元。后来他观察到，东南亚几国在经过十多年的经济增长后，出现了许多偏离自然经济秩序的扭曲现象。于是又以同样的手法进攻泰铢、印度尼西亚盾、菲律宾比索等货币，使其货币大幅度贬值。

六、偶发事件

偶发事件会引起外汇的价格明显背离长期均衡的价格，但事件过后，外汇汇率的走势又按照其长期均衡价格方向移动。

小资料 11-2　重大事件前后的汇率波动

1. 伊拉克　自从 2000 年 10 月 27 日欧元兑美元创下 1:0.823 0 的低点，美元走势一直非常疲弱。2003 年 1 月以后，伊拉克的不确定因素造成美元持续下滑，开战前的 3 月 12 日欧元兑美元上涨到了两年多的高点 1:1.108 4，与 2000 年 10 月相比，美元贬值了 35%。

其后美元略有反弹，2003 年 3 月 20 日宣战后美元对欧元一度出现较大的反弹，即欧元兑美元从 1.108 4 跌至 1.050 0，但是在局势稳定之后，市场最关注的还是经济上的基本面，美元长期走势并不乐观。

2. 希腊债务危机　2009 年 12 月份希腊爆出债务危机后，欧元汇率受到严重打击。在 2009 年 12 月初，欧元兑美元汇率曾经再度突破 1:1.500 0 的历史高位，但随着希腊债务危机的爆发，欧元汇率急转直下，两个多月降幅 10%。[一] 2010 年上半年，在希腊债务危机爆发后，葡萄牙等欧元区各国又相继爆出债务问题，欧元兑美元汇率大幅下跌，欧元区一系列的问题接踵而来，债务危机演变为欧元危机。欧洲央行为此采取了一系列应对措施。

3. 英国"脱欧"　2016 年 6 月 24 日上午英国全民公投结果公布后，受英国"脱欧"的影响，外汇市场出现大幅震荡，英镑兑美元汇率跌幅超过 10%，盘中英镑兑美元跌破 1.35，最低至 1.345 9。与此同时，美元指数大幅攀升，最高冲至 96，一举收复了过去两周的下跌。[二] 2016 年 10 月，由于市场有关英国将在退出欧盟单一市场的问题上采用所谓的"硬脱欧"立场的担忧情绪日益增强，英镑兑美元汇率在周二交易中大幅下跌，跌穿了 2016 年 6 月 23 日英国脱欧全民公投结果公布后触及的低点，创下了 1985 年以来的最低水平；英镑兑欧元汇率也触及三年半新低。[三]

4. 俄乌冲突　2022 年一季度，受俄乌冲突影响，除了美元等少部分国家汇率外，卢布、欧元、英镑、日元等大部分国家汇率都出现了不同程度的贬值。特别是埃及、匈牙利等新兴市场国家汇率贬值幅度较大。卢布兑美元汇率出现"过山车式"的波动。2022 年 2 月 23 日至 3 月 11 日，卢布兑美元汇率下跌近 49.7%，一度跌至 1 美元兑 120.38 卢布水平。但在欧洲天然气交易需求的影响下，卢布兑美元汇率走势出现反转。2022 年 3 月 23 日，俄罗斯宣布对出口欧洲的天然气，须采用卢布进行贸易结算，这迫使西方国家允许部分能源进口商购买并持有卢布。2022 年 3 月 11 日至 5 月 6 日，卢布兑美元汇率上涨 45.0%，达到 1 美元兑 66.24 卢布水平。[四]

七、政府干预

（一）对汇率的影响

不论在固定汇率制度下，还是在浮动汇率制度下，各国货币当局为保持汇率稳定或达到某种经济目的，均会对外汇市场进行直接干预，只是干预的程度不同。

在市场经济条件下，政府对汇率采取市场干预的方法有：开展公开市场操作；直接在外汇市场上买卖本国货币或外汇；提高本国货币的利率；收紧本币信贷，严防本国货币外流；发表有关声明等。例如，瑞士央行 2016 年对外汇市场的干预一共耗费 671 亿瑞士法郎，大约是 676 亿美元。瑞士央行表示，干预主要还是为了防止瑞士法郎出现无序波动。[五] 2022 年 9 月 22 日，日本政府和日本央行进入市场买入日元，进行了自 1998 年 6 月以来的首次外汇干预。当天，日元汇率在跌破 1 美元兑 145 日元后直线回升，盘中一度暴涨超 500 点，重回 140 整数关。[六]

[一] 资料来源：搜狐新闻，2010-02-22。
[二] 资料来源：凤凰财经，2016-06-24。
[三] 资料来源：腾讯证券，2016-10-05。
[四] 资料来源：《NIFD 季报》，国家金融与发展实验室官方账号，2022-05-09。
[五] 资料来源：网易财经，2017-03-23。
[六] 资料来源：凤凰网，2022-09-22。

不过，国际外汇市场交易金额十分巨大，仅靠一国当局的干预，往往难以奏效。因此，西方各国货币当局有时还会对外汇市场进行联合干预。例如，2000 年 9 月西方七国在各时区主要市场合力干预欧元。

（二）对汇率影响的程度

政府干预外汇市场虽短期效力明显，但无法从根本上改变汇率的长期走势。

八、宏观经济政策

当一国实行紧缩性的财政政策时，将增加税收，减少公共开支，使社会通货紧缩，物价下降，刺激出口，抑制进口，引起该国的贸易收支顺差；实行紧缩的货币政策，则将提高利率，吸引外资流入，从而可能引起资本项目的顺差，形成该国货币汇率上升的压力。

一般宏观经济政策对一国经济的影响要在一段时间后才能见效，但它的调整却可能对市场预期产生巨大的影响作用，从而迅速引起货币供求和汇率的变化。目前，这种对经济政策效果的预期对短期汇率波动的影响作用越来越大。

九、心理预期

短期汇率的变动在很大程度上取决于外汇供需双方对货币所做的主观评价或心理预期。人们通过分析官方和有关平台公开披露的各种有关信息以及私下得到的信息或传闻产生心理预期。例如在伊拉克战争爆发前，人们预期美国对伊拉克可能进行军事打击，投资者的担忧也进一步升级，诱使越来越多的投资者抛售美元。战争显然已成为影响资本投资和消费心理的重要因素，即便是失真的传闻也可能对国际金融市场价格产生短期影响。

随着经济全球化的发展，预期因素对汇率的影响越来越大。预期因素有变化快、影响大和自我实现性质。有时这种因素对汇率的影响力，甚至比经济因素所造成的效果还明显。

心理因素对汇率的这种作用的理论依据是汇兑心理说。

十、国际储备

国际储备是稳定汇率的重要筹码。

国际储备增加，意味着本国经济总体看好，对外支付能力和政府干预能力增强。例如 1998 年我国（包括香港特区）国际储备名列前茅，因此，1998 年 8 月 5 日港币再次受到投机家们的狙击，经过反复较量，港币"保卫战"告捷。其中一个重要原因是我国外汇储备的实力较强。

国际储备减少，则缺乏调节国际收支的能力，会诱发本币贬值。如 1997 年 5 月投机家涌入泰国市场，引起泰铢急剧下跌，货币当局不断地进行市场干预，但由于泰国外汇储备不足，未能阻止泰铢的进一步贬值。

十一、重要商品价格

（一）黄金价格

黄金价格通常与美元呈反向走势。但随着外汇交易币值的多元化，金价与美元的反向走势趋于淡化。

（二）石油价格

石油价格的涨落主要影响那些依赖于石油进出口或石油消耗量大的国家的货币走势。通常石油价格下跌，降低了石油进口国的生产成本和消费物价，压低了通货膨胀，有助于该国货币升值，但不利于出口国和产油国的货币汇率上升；石油价格上涨，对石油进口国的货币汇率上升不利，而有利于出口国和产油国的货币汇率上升。

石油价格对汇率影响的大小与该国对石油的依赖程度密切相关。对石油的依赖程度较大的国家，其油价对汇率的影响较大。

上面所列举的各种因素对汇率的影响是在其他条件不变时发生的，在现实世界中，这些因素之间是互相联系、相互制约的，其关系错综复杂。有时是各种因素共同作用，有时是个别因素起作用，有时一些因素相互抵消，同一个因素在不同的国家、不同的时间所起的作用也不相同。随着世界政治经济形势的发展，这些因素所占的地位又经常发生变化，所以，必须对各种因素影响的方向和强度进行具体的、综合的分析，才能对汇率变动做出比较可靠的判断。为此要把握好短期因素与长期因素的关系、基本面分析与技术面分析的关系、定性分析与定量分析的关系。

单元三　解读定期发布的经济指标

一些国家政府、国际组织及民间研究机构常常定期发布一些重要经济参数的预测，以此反映和推测一国的经济实力和发展前景。由于这些经济数据是上述因素对汇率影响的综合反映，已成为人们分析汇率走势的重要指标。

下面仅就常用的、主要的指标做简要介绍。

一、国内生产总值

国内生产总值（GDP）是指一国在一定时期内境内生产的全部商品和劳务总值。GDP代表一个国家境内的全部经济活动，反映经济情况整体运行状况，用以分析经济发展目前处于何种状态。GDP增速加快表明经济处于扩张阶段，对生产资料的消费需求会增加。它是外汇市场最关注的指标。

二、就业报告

就业报告包括失业率及非农业就业人口。就业人口是经济活动的同步指标。而失业率被视为经济活动的滞后指标。就业报告也是反映经济周期变化的指标，在经济衰退的情况下，失业率上升，非农业就业人口下降；而在经济复苏的情况下，失业率下降，非农业就业人口增加。

失业率降低或非农业就业人口增加，表示景气转好，利率可能调升，有利于本币的升值；反之，则不利。

三、工业生产指数

工业生产指数是衡量制造业、矿业与公共事业的实质产出重要的经济指标，是反映一个国家经济周期变化的主要标志。通常以工业生产指数上升或者下降的幅度来衡量经济复苏或者经济衰退的强度。工业生产指数稳步攀升表明经济处于上升期，对于生产资料的需求也会相应增加，利率可能会调高，对本币偏向利好，反之为利空。

四、生产价格指数

生产价格指数（PPI）主要衡量各种商品在不同生产阶段的价格变化情形，显示商品生产成本的变化。它是通货膨胀的征兆。其对汇率的影响比较复杂。如果通货膨胀水平较高，并断定央行将会提高利率时，汇率就会上升。但当通货膨胀较严重，而经济非常疲弱，出现所谓"滞胀"局面等原因，使央行不能采取紧缩的货币政策时，通货膨胀水平就会引起汇率的下跌。

五、消费者物价指数

消费者物价指数（CPI）是以与居民生活有关的产品及劳务价格统计出来的物价变动指标，是衡量通货膨胀最重要的经济指标。消费者物价指数上升太高，说明有通货膨胀的压力，此时央行可能借由调高利率来加以控制，在这种情况下，有利于本币的升值。

六、零售销售指数

该指标主要反映当前社会消费状况，与消费价格指数和生产价格指数相比，该指数反映了较长期限内更为广泛的通货膨胀状况。

零售额的上升，代表个人消费支出的增加，经济情况好转，如果预期利率升高，对本币偏向利好；反之，如果零售额下降，则代表景气趋缓或不佳，利率可能调降，对本币偏向利空。

七、个人所得与个人消费支出

个人所得代表个人从各种所得来源获得的收入总和。个人所得是个人可支配收入，直接反映社会实际购买力水平，并预示了未来消费需求水平的变动，从而反映出总体经济活动的普遍水平。个人所得决定对个人消费支出的多少。

个人消费支出指标的统计较零售指数范围广，它包括了个人在购买商品和劳务两方面的支出，而零售指数只包括商品消费支出。

个人所得及个人消费支出指标强劲，显示经济处于成长阶段，但如果超乎预期地增加，将引起利率与消费者心理的变化。

八、消费者信心指数

该指标反映市场消费者对未来经济前景的看法。指数上扬，消费者信心增强，市场前景看好；指数下跌，市场前景看淡。所以，该指数也为汇率变化参考提供了一个风向标。

单元四　汇率变动对经济的影响

汇率与其他经济变量之间是相互联系、相互作用的。各种经济变量不同程度地影响一国货币汇率变动，同时，一国货币汇率变动又广泛地影响该国经济。因此，准确预测汇率还要进一步认识汇率对经济的影响。这里仅就以下方面论述汇率对经济的影响。

一、汇率对国际收支的影响

(一)对贸易收支的影响

汇率对进出口的影响如下:

1. 本币贬值

(1)出口。出口商以外币折本币多了→换汇成本低,利润高→出口商品在国外市场价格降低→增加购买力→有利于出口。

(2)进口。进口商用较多本币换外币→进口成本上升→出口减少,进口商品价格相应上升→购买力降低→不利于出口。

2. 本币升值

(1)出口。出口商以外币折本币少了→换汇成本高→出口商品在国外市场价格升高,出口减少→购买力下降→不利于出口。

(2)进口。进口商用较少本币换较多外币→进口成本低→增加进口,进口商品价格在国内市场降低→增加购买力→有利于出口。

因此,一国本币贬值有利于该国出口,不利于该国进口;一国本币升值不利于该国出口,有利于该国进口。

例如,2005年7月至2013年年末,人民币累计升值超35%,实际有效汇率累计升值也达30%,这在很大程度上影响了我国国际收支中的无形贸易(比如旅游)收支差额,如图11-1所示。

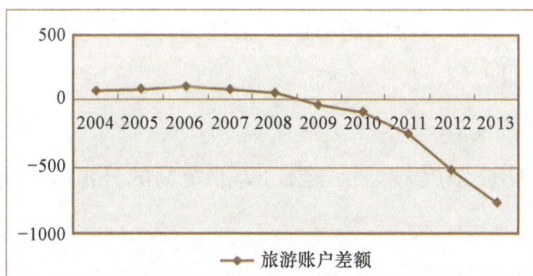

图11-1　2004—2013中国国际收支旅游账户差额变动趋势图

又如,当日本经济长期处于衰退之中难以自拔时,日本政府把扩大出口当作推动经济走出困境的唯一有效手段。由于美元价格下跌,日元升值导致日本出口受到严重影响,日本经济将面临更加严峻的局面。日本政府称,出口商实现盈亏平衡的汇率是1美元兑115.3日元。美元汇率高于这个水平,出口商盈利;低于这个水平,出口商就会亏损。美元兑日元汇率的下跌,对于日本出口巨头的收益来说是个威胁,因为这降低了它们的海外收入换算成本国货币之后的价值。那么日本力图保持日元的弱势地位的做法,又会给国际汇市、国际贸易尤其是亚太地区的贸易带来一系列的影响。

但是,一国货币升值和贬值对该国进出口的影响不是在任何条件下都能实现的,有以下制约因素:

(1)进出口需求弹性。进出口的需求弹性是指由进口商品或出口商品价格的百分比变动引起的对进口或出口商品需求的百分比变动。它反映了进出口商品价格涨跌而导致的进出口需求变化的程度,其程度越大,进出口需求弹性越大,进而汇率对贸易影响也越大。货币贬值国的出口能否大量增加,一方面取决于外国对其出口商品的需求弹性;另一方面,贬值以后,进口

商品的价格上升，进口需求会减少，但减少的程度，也要看进口需求弹性。因此，把这两方面的情况结合起来，一般认为，货币贬值能否改善一国的贸易收支，决定于出口商品的需求和进口商品的需求弹性之和，若大于1，则贬值可以改善一国的贸易收支状况。

（2）出口供给弹性。即在出口商品价格上升时一国出口商品供给能力能否随之相应扩大。出口商品能力随之扩大，则为出口供给弹性大。如果一国出口商品供给弹性小，或没有弹性，即使进出口需求弹性很大，汇率变动也难以调节进出口数量。

例如，当年东南亚金融危机时进口成本的增加就在很大程度上抵消了货币贬值形成的加工产品的低价优势。泰国、马来西亚和印度尼西亚等国的许多出口企业，本国货币贬值后的产品出口虽然需求增加很大，但是出口产品每获得1美元的销售收入，就必须用其中的60美分来支付原料的进口成本，因此当时许多企业不敢大量接受新增加的订单。所以，即使这些国家货币贬值后国际市场对加工产品需求扩大了，但企业能够增加的现实出口供给能力却是有限的，从而货币贬值对这些国家的出口竞争力的增强和出口收入增加的刺激作用也受到了很大的限制。货币贬值后加工产品的有效供给弹性不足，是东南亚国家在其货币贬值四成之后，出口量并未大幅度增长的原因之一。

（3）出口地区结构。欧元区曾一度希望借欧元汇价下跌来达到刺激经济的目的。尽管欧元区各国的经济结构属外向型，进出口占区内生产总值的比重颇高，但欧元区区内逾七成的贸易是以欧元或欧元区成员国货币作为交易中介货币，只有不到三成的出口是到北美洲和亚洲等地区，这就大大削弱了货币下跌刺激出口的作用。

（4）贸易管制。即便一国货币贬值能够满足上述条件，但如果相对应的进口国有种种贸易壁垒，也阻碍了商品出口的扩大。

（二）对非贸易的影响

一国货币汇率下降促使该国旅游、劳务出口等非贸易的外汇收入增加；反之，则使非贸易外汇收入减少。

（三）对资本流动的影响

汇率变动对资本流动的影响在很大程度上取决于人们对汇率进一步变动的心理预期，而且它对短期资本流动和长期资本流动的影响不同。

短期资本流动对汇率波动的反应敏锐。当一国货币汇率开始下降时，人们为避免持有该国货币可能遭受的损失，会发生资本外流；当预期一国货币贬值还未到位时，人们预计该国货币的对外汇率进一步下跌，国内资本持有者和外国投资者因怕贬值蒙受损失，把资本调出该国；当预期该国货币贬值已到位时，在具备投资条件的情况下，投资者不再担心贬值受损，外逃资本就会调回国内；当预期一国货币贬值过头，投资者预测汇率将反弹，套汇者纷纷用外币兑换贬值国货币，以低进高出的原则获利。

从长期资本看，就一般而言，一国货币逐步贬值会大大影响海外投资者的利益和投资信心，进而引发外资的大量出逃和外资流入的减少；反之，一国货币升值往往反映了该国经济形势向好，对该国的信誉及外资的利用有利。就具体而言：

（1）一国货币贬值既有利于又不利于其资本流入。所谓一国货币汇率下降有利于该国资本流入，表现为外商投资于东道国的外汇变现东道国的货币数额增大，可提高其在投资总额中的比重，并相应分得更多利润；如果投资于东道国的外商企业的产品相当部分用于出口，东道国货币贬值对其出口有利；一国货币贬值对其债务国还款有利。例如，我国的外债绝大部分以美元计值，若美元贬值，在一定程度上有利于我国在此期间偿还短期美元外债或提前偿还美元外债。从这些方面看，东道国货币贬值，有利于东道国吸引外资。

所谓一国货币贬值不利于该国资本流入，表现在外商投资在该国的投资收益折成投资方货币变少，相应减少投资方的利润；如果东道国外商投资企业的产品以内销为主，或其原料靠进口，东道国货币贬值，会加大外商投资企业的进口产品成本，使利润减少。所以东道国货币贬值又不利于长期资本的流入。

（2）一国货币贬值不利于资本流出。一国货币汇率下降，其海外投资资金（包括技术作价、现款、机器设备作价）折成东道国货币少了，占东道国总投资比例相应减少，不利于该国资本流出。

汇率变化对资本流动的上述影响是以利率和通货膨胀等因素不变或变化缓慢为前提的。

（四）对国际储备的影响

汇率变化影响外汇储备的存量。储备货币的汇率下跌时，保持该储备货币的国家的外汇储备价值受损。

例如，我国的外汇储备中大多是美元，若美元汇率下跌，会使我国储备货币折算时出现账面损失。若将其中的美元兑现成对美元升值的货币，则会发生实际损失。因此国家需及时调整外汇储备的币种结构和持有方式，使货币之间的汇率波动此消彼长。仅此而言，汇率变化的复杂性，加大了国际储备管理的难度。

同时汇率变化也影响外汇储备的增量及其地位。

二、汇率对国内物价水平的影响

现实中，一国发生通货膨胀会导致本币对外贬值，本币贬值又会产生物价上涨的压力。

从出口角度看，一方面，本币汇率下降有利于扩大该国出口，在出口商品供给量不变的情况下，国内商品供给量相对减少，商品供不应求，易产生需求拉动型通货膨胀。由于总需求的过度增长速度超过了按现行价格供给的增长速度，使过多的货币去追求过少的商品和劳务，引起一般物价水平持续上涨的现象。另一方面，本国货币汇率下降有利于贸易或非贸易外汇收入增加，易形成国际收支顺差，通过结汇增加货币供给量，在价格水平上涨的情况下可能刺激通货膨胀。

从进口角度看，一国货币贬值后，进口商品的物价用贬值国的货币表示会上升，如果该进口产品在国内无法用其他产品或原材料替代，并且进口产品占国内商品比重较大，这样会引起国内相关的非贸易品和以进口产品为原料辅料的国内最终产品价格上涨，带动价格总水平上升。

小资料 11-3

2022年上半年国内经济总体延续恢复发展态势。

2022年上半年，通胀高企下主要发达经济体加快收紧货币政策，国际地区形势深刻复杂演变，世界经济增长动能减弱，全球金融市场动荡加剧。美元指数上涨9.4%，发达和新兴经济体非美元货币普遍下跌，人民币对美元汇率中间价小幅贬值5.0%，人民币对欧元、日元、英镑3种特别提款权（SDR）篮子货币汇率中间价分别升值3.0%、12.8%、5.8%，反映人民币综合水平的对一篮子货币多边汇率保持基本稳定，我国对外贸易和投融资总体上具有稳定的外汇市场环境。

我国有效统筹疫情防控和经济社会发展，稳经济一揽子政策措施加快落地见效，经济运行呈现企稳回升态势，就业和物价形势保持稳定，凸显较强韧性。据国家统计局初步核算，上半年国内生产总值56.26万亿元，按不变价格计算，同比增长2.5%，其中二季度经济顶住压力实现正增长。居民消费价格温和上涨，上半年消费者价格指数同比上涨1.7%，明显低于欧美国家8%以上的涨幅。上半年，我国有效统筹疫情防控和经济社会发展，稳妥应对各种风险挑战，保持了经济社会发展大局总体稳定。

（资料来源：《2022年上半年国际收支报告》，国家外汇管理局官方网站）

请思考： 推动我国经济企稳回升并表现出较强韧性的根本原因是什么？

三、汇率变动对利率的影响

汇率变动对利率的影响是不确定的，其影响主要通过物价水平和短期资本流动两条途径。

在一国货币汇率下降会引起国内物价水平上升的情况下，实际利率下降，这种变化对债权人不利，对债务人有利，引起借贷资本供求失衡，在这种压力下，名义利率可能上升。

一国货币汇率下降往往会激发人们产生汇率进一步下降的心理，引起短期资本外逃。国内资本供给减少可能引起利率上升。但是，如果汇率下降激发人们产生对汇率反弹的预期，则又可能导致短期资本流入，国内资本供给增加，利率下降。

四、汇率变动对资源配置的影响

不同的汇率政策通过汇率对国内物价的影响，进而影响到该国国内生产结构，最终对整个国内经济状况产生深远的影响。

在特定的历史时期内，一国政府为了经济发展，会实行低估本国货币汇率的政策。为什么呢？

首先，本币汇率降低，使该国出口商品价格相对下降，促使出口量增加和国内资源向出口导向产业转移，有利于出口产品在扩大规模过程中获得规模经济效益和本国相对优势的发挥。

其次，本币汇率降低，使该国进口商品价格相对提高，从而削弱进口商品在国内市场上的竞争能力，促进国内进口替代产业的发展。此外，通过提高进口商品的价格，能够保护民族工业或农业的发展。

最后，通过增加出口和减少进口，改善本国的国际收支，为该国经济发展提供所需要的外汇。

但是，低估汇率政策也需要付出一定的代价，其中比较明显的是它使该国在贸易条件上处于不利地位。

在特定的历史时期内，一国政府高估本币汇率也有一定的积极作用和必要性。它使进口设备和原料的本币价格下降，从而降低国内工业的生产成本；同时，压低了进口农产品的价格，促使农业劳动力向工业部门转移。

五、汇率变动对经济影响的制约条件

上述汇率变动对一国经济影响的大小，受以下基本条件的制约：①若一国经济对外开放程度较大，则汇率变动对该国经济影响较大；若其开放程度较小，汇率变动对该国经济的影响也较小。②一国货币完全自由兑换，并在国际支付中使用较多，汇率变动对该国经济影响较大；否则，影响较小。③与国际金融市场联系密切的国家，汇率变动对该国经济影响较大；反之则相反。④一国商品贸易结构能够适应国际市场需要，汇率变动对该国经济影响较小；否则，影响较大。

单元五　技术分析方法

技术分析是借助心理学、统计学等学科的研究方法和手段，通过对以往汇率的运动轨迹进行分析，预测未来汇率走势的量化分析方法。

技术分析有三个基本假设，即汇率反映一切，汇率是按照一定的趋势和规律变化的，历史会重演。

一、技术分析与基本因素分析之间的关系

在外汇市场上，有人认为技术分析深奥莫测，不敢问津；也有人依赖技术分析，以为万能；有人不相信技术分析，只利用基本因素分析；大多数人把基本因素分析与技术分析结合起来。那么，如何认识技术分析与基本因素分析之间的关系呢？

基本因素分析和技术分析既相互联系，又相互独立，共同构成对外汇投资的完整分析。它们的目的都在于分析外汇的投资价值，但分析的角度、侧重点、作用和局限性不同。

（一）角度

基本因素分析的方法是从外汇市场的外部决定因素，如政治、经济等因素入手，并从这些外部因素与外汇市场的相互关系的角度进行分析；技术分析的方法则直接从外汇市场入手，根据外汇市场的供需状况、价格和交易量等市场因素进行分析。

（二）侧重点

基本因素分析的方法主要侧重于外汇的内在投资价值的分析，技术分析的方法则着重于外汇市场价格间的运动规律的分析。

（三）作用

基本因素分析的方法主要解决"何种外汇应买还是卖"的问题，而技术分析的方法则主要解决"何时入市或何时买卖"的问题。

（四）局限性

基本因素分析的局限性在于对汇率的走势难以量化，而且各种因素之间如何作用于币值的变动也很难计算。

技术分析的局限性在于带有比较强的主观意向。例如图表和形态未完成之前有时很难判断到底应划分为什么形态，并且价格在一定范围内波动时往往会发出误导信号。

二、技术图表

技术分析起源于对技术图表的分析，即利用记录货币价格的图表，研究市场供求的变化，进而测定汇率的未来方向。

技术图表的种类有柱状图、线形图、K线图、点数图。分析汇率走势较为常用的技术图表为柱状图和K线图。

（一）柱状图

柱状图（Bar Chart），又称垂直线条图和棒形图，其基本组成部分是一条垂直的线段，代

表某一特定时间单位内的价格变动。其纵坐标为汇价，横坐标为时间。

　　根据不同的需要，可分别做出月柱状图、日柱状图和小时柱状图。

　　柱状图每条线段的顶端表示该时间单位内的最高价，底部表示最低价，左端的小横线表示开盘价，右端的小横线表示收盘价，如图 11-2 所示。有时为了简便也可以省略开盘价。

　　柱的长度越长，说明多空双方争夺的范围越大，市场越激烈。若收盘价高过开盘价，表明该时段中买气更旺；若收盘价低于开盘价，则表明卖气更旺。

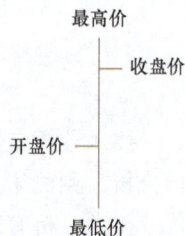

图 11-2　柱状图

（二）K 线图

　　K 线图（Candle Stick），又称阴阳图或蜡烛图，是用不同颜色的图形来表示单位时间内的价格变化，如图 11-3 所示。

　　K 线图由上影线、下影线和中间实体部分组成，如图 11-4 和图 11-5 所示。在 K 线图中，开盘价和收盘价之间的部分用直立的长方形表示，称为实体。

　　如果收盘价高于开盘价，则用中空长方形表示，称为阳线；如果收盘价低于开盘价，则用实心长方形表示，称为阴线。

图 11-3　K 线图走势

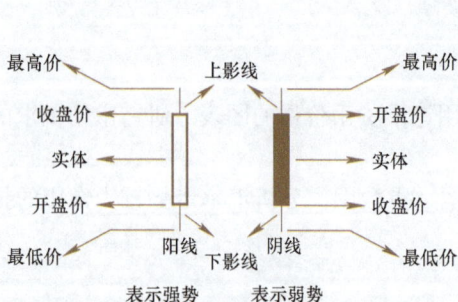

图 11-4　K 线图结构

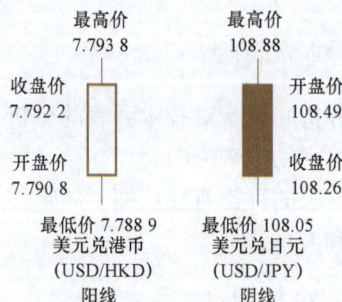

图 11-5　K 线图示例

当日最高价如果比实体长方形所表示的最高价还高，则用一条竖线将最高价所在点与实体长方形上端中点相连，称之为上影线。

当日最低价如果比实体长方形所表示的最低价还低，则用一条竖线将最低价所在点与实体长方形下端中点相连，称之为下影线。

K线图可以分为日K线、周K线和月K线，在实际中使用最广泛的是日K线。

常见的K线形态有十字线、光头阳线、光头阴线、收盘光头阳线、开盘光头阳线、收盘光头阴线和开盘光头阴线等（如图11-6所示）。

1. 十字线　又称为十字星或平盘线，如图11-6a所示。十字线的形成是当开盘价与收盘价相等，实体消失，用一条横线表示。此形态说明买卖双方的压力差不多。可能说明趋势的延伸，也可能是反转的信号。

"十字线"最重要的信号是上下影的长度对比，如果下影线比上影线长，表明支撑力比压力大；如果上影线比下影线长，表明压力比支撑力大，一般应参照近日其他资料进行操作。

2. 光头阳线　又称大阳线或光头光脚阳线，如图11-6b所示。它的形成表明该日交易以最高价收盘，并且最低价就是当日的开盘价，说明行情看涨，且该种货币的涨势很强，阻力不大。阳线越长，则表明涨势越强，多方势力强大。

3. 光头阴线　又称大阴线或光头光脚阴线，如图11-6c所示。它的形成表明该日交易以最低价收盘，并且最高价就是当日的开盘价。这说明行情看跌，该种货币的跌势很强，支撑力不大。阴线越长，则表明跌势越强，空方势力强大。

4. 收盘光头阳线　它是一根带下影线而不带上影线的阳线，如图11-6d所示。它的形成表明该日开盘后，交易价曾跌破开盘价，但后来又涨了，并以最高价收盘。这说明该种货币在上涨过程中曾遇抵抗，但有强力支撑，表明涨势很强，后市看涨。

5. 开盘光头阳线　它是一根带上影线而不带下影线的阳线，如图11-6e所示。它的形成表明该日开盘后，交易价一路上涨，但在最高价又跌下来，未能以最高价收盘。这说明该种货币在上涨过程中曾遇较强阻力，未能以最高价收盘，多方优势已受到有力的挑战，进出仍需谨慎。上影线越长，表明阻力越强。

6. 收盘光头阴线　它是一根带上影线而不带下影线的阴线，如图11-6f所示。它的形成表明该日开盘后，交易价曾涨过开盘价，但在卖方势力的打压下价位被压在开盘价以下，并以最低价收盘。这说明该种货币在下跌过程中，多方虽作了拉动上涨的努力，但阻力较强，后市看跌。该形态属先涨后跌型。

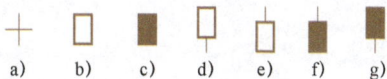

图 11-6　K线形态

7. 开盘光头阴线　它是一根带下影线而不带上影线的阴线，如图11-6g所示。它的形成表明该日开盘后，交易价一路下跌，但是在买方势力的抵抗下，在价位跌到当天最低价时，买方迫使价位回升了一定幅度，并以较高价收盘。这说明该种货币在下跌过程中，出现了支撑的力量，虽不足以立即止跌，但已不可轻视。该形态显示价格有反弹的迹象。

三、趋势分析

趋势就是市场的价格在某一段时期内变化的主要方向，从时间上可分为长期趋势、中期趋势、短期趋势。

技术分析的分析工具有趋势线、阻力位（线）和支撑位（线）、上升通道和下降通道等。

（一）趋势线

辨别市场的趋势，然后顺势交易，是获利的关键之一。

在通常情况下，货币价格（汇率）呈波浪形，有上升和下降，有波峰和波谷。

价格的变化方向有上升、下降和盘整三种趋势。一般通过两个波峰或波谷即能画出一条趋势线。趋势线反映了市场价格变化在某一段时间的主要方向。在一个上升趋势中，把波谷（汇价最低点）连接起来，形成的直线称为上升趋势线（Upward Trend Line），如图 11-7 所示。上升趋势线可以看成是一条支撑线，因为所有的价格都在线的上方波动，每一次价格下探都获得上升趋势线的支撑。

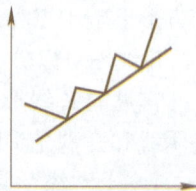

图 11-7　上升趋势线

上升趋势线反映出汇价不断创高，表示买方力量（购买力）压倒了卖方力量（沽售压力）。在上升趋势中，由一系列较小的价格波动构成的波峰和波谷都会依次升高，若升势持续时间较长，而且一浪高过一浪，被称为"牛市"。汇市有强烈看涨情绪，称为"牛市正旺"。在升势中的短暂回落，往往成为买盘入市的良机。

在一个下降趋势中，把波峰（汇价最高点）连接起来形成的直线，称为下降趋势线（Downward Trend Line），如图 11-8、图 11-9 所示。下降趋势线可以看成是一条阻力线，因为所有的价格都在线的下方波动，每一次价格回升都遇到下降趋势线的阻力。

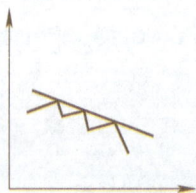

图 11-8　下降趋势线 1　　　　　　　　　图 11-9　下降趋势线 2

下降趋势线反映出汇价不断下跌，表示卖方力量大于买方力量。在下降趋势中，由一系列较小的价格波动构成的波峰和波谷都会依次降低，若跌势持续时间长，而且一浪低过一浪，被称为"熊市"。汇价强烈看跌时，称为"熊市笼罩"。跌势中的短暂回升，往往成为卖盘的良机。

如果汇价在某些汇价水平上下重复，即为盘整，表示卖方力量与买方力量大致相等。在盘整中，一系列小波动横向伸展，波峰或波谷大致趋平，若汇价在较长一段时间的一定幅度内徘徊，被称为"牛皮市"。在这种情况下，人们通常是等待观望。当汇价冲破水平趋势的上限或下限，后市均可能劲升或劲跌。

一条趋势线被价格接触并反弹的次数越多，保持的时间越长，该趋势线的有效性和重要性就越高。

（二）阻力位（线）和支撑位（线）

阻力位（线）和支撑位（线）是用来判断未来价位水平的预期范围，如图 11-10 所示。

当外汇价格上升到某一价位时，市场中卖方力量超出买方力量，价格向上势头受阻，掉头向下，形成一个波峰，这一价位称为阻力位。当外汇价格下跌到某一价位时，市场中买方力量大于卖方力量，价格受到支持向上反弹，波谷所在的价位称为支撑位。如果价格走势不突破趋势线，理论上将按原有的趋势继续保持下去。

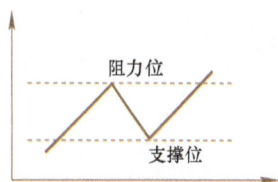

图 11-10　阻力位和支撑位

阻力位（线）是分析人员根据统计数字制定价位上升的限度，支撑位（线）是分析人员根据统计数字制定价位下降的限度。

一般来说，只要价格未能有效突破阻力位（线）或支撑位（线），那么触及的次数越多，这些阻力位（线）或支撑位（线）也就越有效且越重要。

一旦被价格走势突破，这些阻力位或支撑位就会互换角色，原来的阻力位将变成支撑位，原来的支撑位将变成阻力位。价格向下跌破支撑位后无法重返支撑区，支撑位就变成了阻力位，进入另一个走势。相反，如果价格向上突破阻力位，并能守稳该水平以上价位而向上爬升，阻力位就变成了支撑位，也进入新的行情走势。具体如图 11-11 和图 11-12 所示。

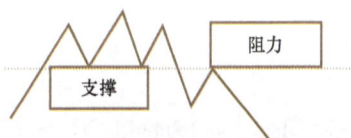

图 11-11　支撑位变阻力位 1

图 11-12　支撑位变阻力位 2

（三）上升通道和下降通道

当价格变动的走势沿着阻力位与支撑位之间（两个平行线之间）上升或下降时，形成的带状区域称为"通道"。当价格滞留于"通道"内时，交易者能够预测价格的变动，从而确定买卖的时机，即在通道下方买入，在通道上方卖出。上升通道和下降通道如图 11-13、图 11-14 所示。

图 11-13　上升通道

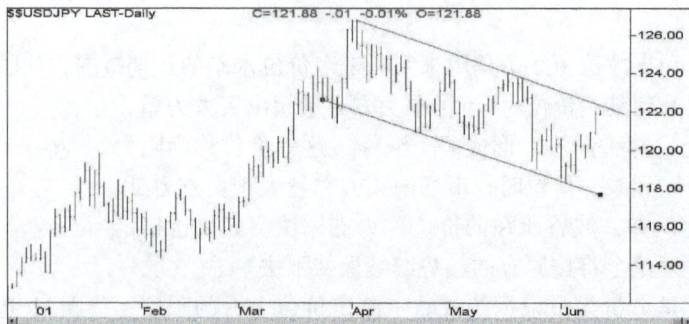

图 11-14　下降通道

通常通道被价格波动触及两次以上就可以基本确定有效。通道持续时间越长，被价格触及其反弹的次数越多，这个通道也就越重要、越可靠。

四、形态分析

技术分析专家认为值得研究的价格形态有转势形态（Reversal Patterns）和继续形态（Continuation Patterns）两类。出现转势形态预示着价格走势将发生重要的反转，表明原有的趋势将发生重要的转变，即开始与原来趋势完全相反的走势。转势形态存在的前提是价格走势具有明显的趋势。这个趋势持续时间越长，其后的转势形态就越重要。转势发生的早期信号通常是原来的重要趋势线被价格走势所突破。

（一）转势形态

转势形态主要有头肩顶形（Head and Shoulder Tops）、头肩底形（Head and Shoulder Bottoms）和弧形顶（底）（Round Tops or Bottoms）。前两种形态较常见。

1. 头肩顶形

（1）头肩顶形的形成：首先是看涨的力量不断推高汇价，然后投资者看到有利可图，开始抛售，市价回落，形成头肩顶的左肩部分。等待市价短暂回落后，错过上次升势的人急忙入市，市价再度上升，而且升幅更大，越过上次高点；从表面上看，市场乐观，但短线投机盘纷纷抛售获利了结，市场再度回落，形成头肩顶的头部。市场下跌到上次回落低点时又获得支持，开始回升；但投资者入市兴趣不高，回升乏力，市场没有到达头部的高点便掉头向下，形成头肩顶的右肩部分。

（2）头肩顶形的特点：在头肩顶形中，价格顶部依次形成明显的三个波峰，中间的一个波峰要高于左右两个波峰，这就是所谓的头部，而头部左右两个相对较低的波峰大致等高（并非波峰的价位相等，可略有倾斜），分别称为左肩和右肩。将三个波峰之间的两个波谷相连可以得到一条较为平缓的趋势线，这条趋势线称为颈线（Neckline）。这显示价格走势处于某种整理过程。当价格走势向下有效突破颈线后，头肩顶形即告结束。价格走势有可能在下跌一段距离后再向上回探，并到达颈线附近，然后再继续下降趋势。具体如图 11-15 所示。

与头肩顶形类似的反转形态还有三顶形和双顶形。三顶形是指一个头肩顶形在形成过程中头部与左右肩大致等高所形成的三顶形状；双顶形是指在价位长期上升后可能出现的 M 形，如图 11-16 所示。

图 11-15　头肩顶形

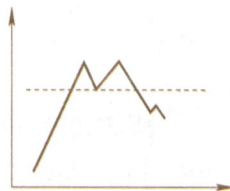

图 11-16　双顶形

（3）头肩顶形的预测：它是一个长期性趋势的转向形态，往往在牛市末尾出现。预示着牛市将要结束，由升转跌。

头肩顶形的规模越大，新形成的趋势就越强烈。规模的大小通常看头肩形的时间跨度和价格波动幅度。

2. 头肩底形　头肩底形是头肩顶的倒转形态，又称"倒头肩形"。头肩底形与头肩顶形的形成原理和判断方法相同，但买卖方向和其价格趋势相反。头肩底形如图 11-17 所示。

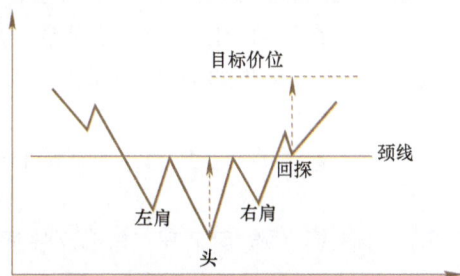

图 11-17　头肩底形

与头肩底形类似的还有双底形和三底形。双底形（又称双重底和"W 底"）是指当一次长跌势开始转向升势时出现的 W 形图形，如图 11-18 所示；三底形（又称三重底形）和双底形十分相似，只是多出一底。

图 11-18　双底形

（二）继续形态

继续形态又称连续形态，表明原有的价格走势进入一个调整阶段，随后将继续维持其原来的趋势。

与转势形态相比，继续形态持续的时间通常较短，成交量也会逐渐萎缩。继续形态主要有三角形（Triangles）、旗形（Flags）、三角旗形（Pennants）、楔形（Wedges）以及矩形（Rectangle Formations）。这里主要介绍常见的三角形和旗形。

1. 三角形 市价在一个区域内上下窄幅波动，越收越窄，形成三角形状。在汇价走势中，出现三角形通常意味着盘整，但有时在三角形结束之后也会发生转势。根据直线的位置不同，三角形可以分为对称三角形、上升三角形和下降三角形三种形态。

（1）对称三角形（等腰三角形）。对称三角形的形成是买卖双方力量此消彼长的结果，可能产生向上或向下的突破。该形态表明买卖双方力量暂时达到平衡，而且价格波幅越来越窄，直到最终按原趋势发生突破，如图 11-19 所示。

1）对称三角形的特点：在对称三角形中，由波峰和波谷相连而成的两根直线互相倾斜聚拢，交汇于右侧。这两条直线都可看作趋势线：由波峰相连而成的直线作为阻力线，由波谷相连而成的直线作为支撑线。

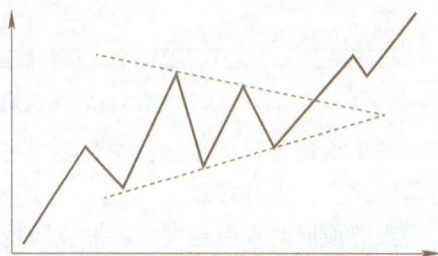

图 11-19 对称三角形

2）对称三角形的预测：对称三角形属于盘整形态，只有汇价朝其中一方明显突破后，才可采取相应的买卖行动。随着汇价波幅在三角形区域内越收越窄，汇价终会穿越三角形区域的其中一边突围而出，后市将出现大幅动荡。汇价如果向上突破阻力线，就是一个短期买入信号；汇价如果跌破支撑线，就是一个短期卖出信号。

上端的压力线向下倾斜，代表愈来愈大的卖盘压力；而下端的支撑线向上倾斜，代表愈来愈大的买盘力量。

（2）上升三角形。上升三角形的形成：一方面上升三角形反映了市场买方势力比卖方大，但每次都在同一水平遇到抛售阻力，形成一条反映抛售阻力水平的阻力线；另一方面，一条反映需求情况的支持线也会形成。由于买方力量大于卖方力量，底部不断抬高，呈现向上倾斜的趋势。

1）上升三角形的特点：在上升三角形中阻力线是相对平缓的，而支撑线则向上倾斜并与阻力线相交于右侧，如图 11-20 所示。

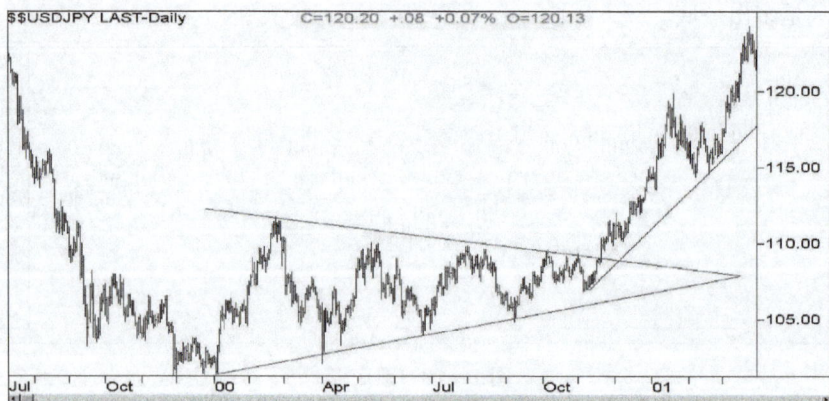

图 11-20 上升三角形

2）上升三角形的预测：上升三角形表明突破后产生上升趋势，上端的阻力线代表卖盘有限。通常上升三角形是一种继续形态。投资者可等待三角形突破，并出现明显趋势后再跟进。

（3）下降三角形。下降三角形的形成：一方面，下降三角形反映了市场卖方势力比买方大，但汇价在某一水平出现稳定的购买力，因此汇价每次回落到该水平便开始回升，由于每次都在这个价位获得支持，形成一条水平的需求线；另一方面，随着市场的抛售力量不断加强，形成一条反映需求情况的向下倾斜的供给线。

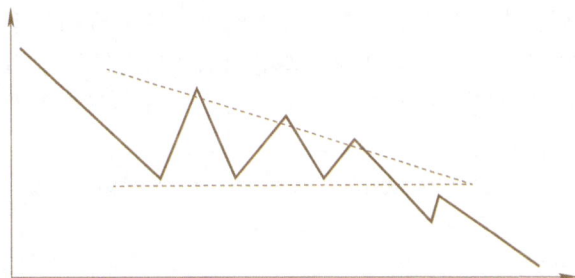

图11-21　下降三角形

1）下降三角形的特点：在下降三角形中支撑线是相对平缓的，而阻力线则向下倾斜并与支撑线相交于右侧，如图11-21所示。

2）下降三角形的预测：下降三角形表明突破后将出现下降趋势。上端的压力线向下倾斜，代表压力越来越强，下端的水平支撑线代表买盘有限。

2．旗形　旗形一般出现在价格呈现大幅而快速的走势之后，经常出现反方向修正，而形成旗状的通道。价格急剧上升或下降之后经过较短时间整理，行情又恢复原来的趋势。

（1）旗形的特点：旗形近似一个平行四边形，由两条互相平行的趋势线构成，如图11-22所示。

（2）旗形的预测：上升旗形通常代表上升趋势已进入后半段，要预防最后一升后的转势；下降旗形则代表着熊市刚刚开始，后市可能还会有较大跌幅。

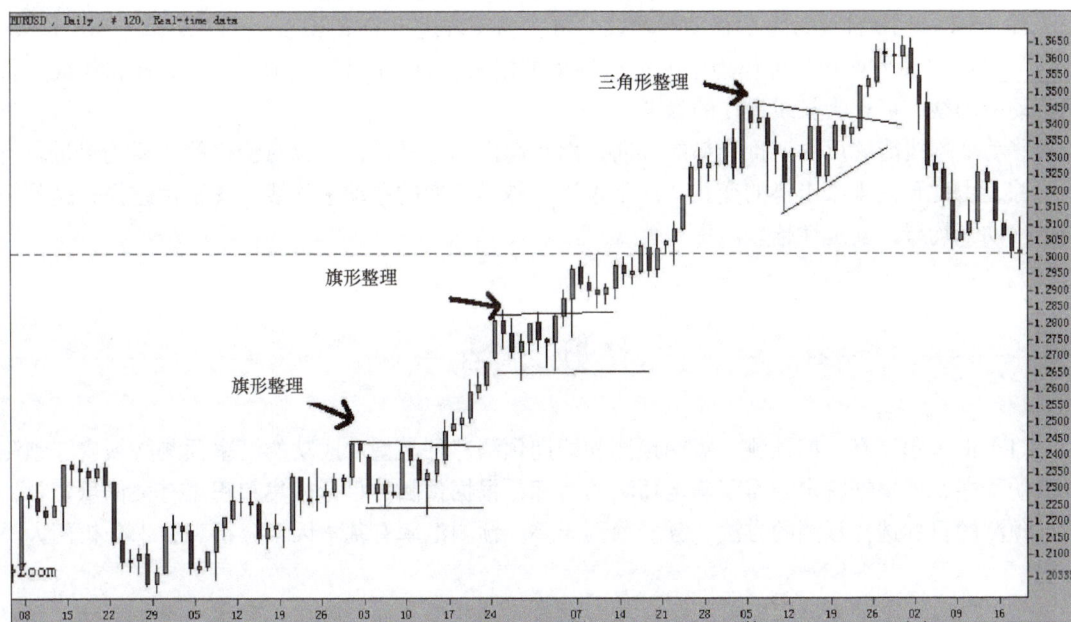

图11-22　旗形

五、技术指标

技术指标是图表分析的辅助工具，为判别价格走势提供量化的分析方法。其主要指标有相对强弱指数（RSI）、随机指数（Stochastic）、移动平均线（MA）、移动平均线趋同趋异指数（MACD）以及黄金分割线等。常用的是移动平均线。

移动平均线是指在最近特定时期中把一定天数的收盘价（也有用最高价或最低价）的平均价画成一条曲线，如图 11-23 所示，然后再与当日的汇价进行比较。若平均线向上移动，汇价为上升趋势；若平均线向下移动汇价则为下跌趋势。平均值所取的天数越多，画出的曲线越平滑；天数越少，画出的曲线也越陡。常用的最简单的分析工具是简单移动平均线，它是指某特定期间的平均值。将一定交易日内的收盘价逐日相加，除以交易的天数，得出第 n 天的平均值。

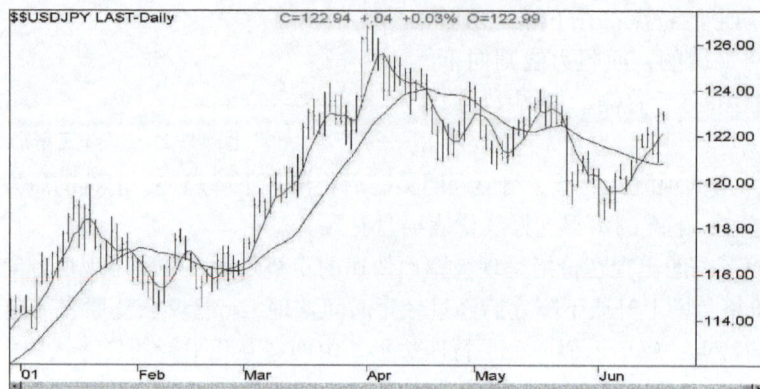

图 11-23　移动平均线

移动平均线依时间长短可分为短期移动平均线、中期移动平均线及长期移动平均线。通常以 3 日、5 日和 10 日线为短期移动平均线，可作为短线进出的依据之一；以 25 日、30 日、60 日线为中期移动平均线，可作为中期进出的依据之一；以 150 日、180 日、200 日和年线为长期移动平均线，可作为长线操作的参考。

移动平均线能够反映汇价趋势的方向，而且起落相当平稳，可以对价格的主要趋势进行有效跟踪，由此预测未来走势的变化。通常来讲，越是长期的移动平均线，安定性越强；越是短期的移动平均线，安定性越差。

模块小结

（1）汇率预测有长期预测、短期预测和即期预测三种类型。成功的汇率预测必须遵守预测汇率的程序，即根据特定的需要确定预测的目标，根据预测的目标搜集和积累有关信息资料，根据预测的目标选择预测的方法、分析预测误差。预测汇率有基本因素分析和技术分析两大类方法。

（2）影响汇率的主要因素有国际收支、财政经济状况、通货膨胀、利率、投机活动、偶发事件、政府干预、宏观经济政策、心理预期、国际储备和重要商品价格等。

（3）常用的经济指标有国内生产总值、就业报告、工业生产指数、生产价格指数、消费者物价指数、零售销售指数、个人所得与个人消费支出、消费者信心指数等。

（4）汇率对国际收支、国内物价水平、资源配置和利率等方面都有广泛的影响，但汇率变动受一国经济对外开放程度、货币兑换性与国际金融市场联系程度和贸易结构是否适应国际市场需要等条件的制约。

（5）技术分析的方法主要包括技术图表、趋势分析、形态分析和技术指标。技术图表种类有柱状图、线形图、K线图、点数图。分析汇率走势较为常用的技术图表为柱状图和K线图；趋势分析主要有趋势线、上升通道和下降通道、支撑线和压力线等；形态分析值得研究的有转势形态和继续形态两类，转势形态主要有头肩顶形、头肩底形和弧形顶（底）；继续形态主要有三角形、旗形、三角旗形、楔形以及矩形，常用的是三角形和旗形。技术指标主要有相对强弱指数、随机指数、移动平均线、移动平均线趋同趋异指数以及黄金分割线等。

习　题

一、判断题

1. 若一国国际收支出现顺差，则会引起该国本币贬值。　　　　　　　　　（　　　）
2. 一国货币升值，会引起该国进口物价水平的上升。　　　　　　　　　（　　　）
3. 经济增长率相对较高的国家，其货币将在较长时间内出现升值趋势。　（　　　）

二、不定项选择题

1. 引起货币升值的经济政策有（　　　　）。
   A. 扩张性财政政策　　　　　　　　　　B. 紧缩性货币政策
   C. 刺激进口的贸易政策　　　　　　　　D. 刺激出口的贸易政策
2. 根据购买力平价理论，通货膨胀率高的国家货币汇率将会（　　　　）。
   A. 升值　　　　　B. 贬值　　　　　C. 升水　　　　　D. 贴水
3. 假设美国和欧元区6个月利率分别为3%和5%，则6个月的远期美元（　　　　）。
   A. 升水2%　　　B. 贴水2%　　　C. 升水1%　　　D. 贴水4%

三、思考题

1. 影响汇率的主要因素有哪些？各种因素相互关系如何？其中决定汇率基本走势的因素是什么？
2. 汇率波动对一国经济影响的大小和涉及的范围受到哪些基本条件的制约？
3. 货币贬值一般具有扩大出口的作用，但这种作用受到什么限制？
4. 当美元出现贸易较大的逆差时，美国政府常常对日本政府施加压力，迫使日元升值，为什么？
5. 利率对即期汇率和远期汇率各有什么影响？利率市场化对汇率有哪些影响？

实 训 课 堂

实训项目

项目（一）

1. 实训目的：学会运用汇率预测的方法。

2．实训方式：模拟分析汇率走势。

3．项目内容：分析欧元兑人民币、美元兑人民币、港币兑人民币、英镑兑人民币和日元兑人民币的汇率走势。

4．调查渠道："金融界"等网站。

5．实训指导：

第一步：选择有关的金融网站，进入该网站的相关栏目。

第二步：密切关注和分析有关货币的汇率变化，汇总、分析并写出调研报告。

第三步：以调研报告为题，采取多种方式进行交流。

项目（二）

1．实训目的：看懂我国主要经济指标。

2．实训方式：模拟分析我国主要经济指标。

3．项目内容：查阅我国经济指标，并结合当前的经济实际解读主要指标的含义。

4．调查渠道：有关的金融网站。

5．实训指导：

第一步：选择有关的金融网站，进入该网站的相关栏目。

第二步：查阅我国经济指标。

第三步：结合当前的经济实际说明主要指标的含义，并自命题写出分析报告。

第四步：以分析报告为题，采取多种方式进行交流。

项目（三）

1．实训目的：学会分析汇率对经济的影响。

2．实训方式：模拟分析人民币汇率对经济的影响。

3．项目内容：查阅人民币汇率近两年的变化，对这种变化进行分析。

4．调查渠道：有关的金融网站。

5．实训指导：

第一步：选择有关的金融网站，进入该网站的相关栏目。

第二步：查阅人民币汇率近两年的变化。

第三步：结合当时的经济实际，查阅人民币汇率近两年的变化对经济的影响，并自命题写出分析报告。

第四步：以分析报告为题，采取多种方式进行交流。

第三部分　国际结算

模块十二

国际结算业务

学习目标

【知识目标】

了解国际结算、汇款、托收、信用证的概念；理解汇款、托收、信用证的性质、特点；掌握汇款、托收、信用证的业务流程、业务要求。

【技能目标】

能解释汇款、托收、信用证的使用；能画出电汇、即期跟单托收、远期跟单托收、承兑交单、即期信用证的业务流程图。

【素质目标】

知晓国际结算业务在我国成为世界第一贸易大国和"一带一路"倡议推进过程中发挥的重要作用。

引　言

某公司出口一批货物，为 D/P at 90 days after sight for collection。该公司发运货物后，交汇票和货运单据予托收行托收。买方对汇票进行了承兑，但货抵目的港后，适逢行市上涨，买方凭信托收据借单，货物出售后宣告破产倒闭。

在这个案例中，D/P 和 collection 分别是什么意思？什么是托收？付款条件在国际业务中都有哪些做法？这些做法适用于什么情况？有哪些风险？本模块主要对这些问题进行阐述。

国际结算是国际商业银行的主要业务之一。世界各国之间由于政治、经济、文化等交往会引起一定的债权债务关系，而国际办理货币收付以清算国与国之间债权与债务关系的行为称为国际结算（International Settlement）。国际债权债务关系产生的原因是多方面的，主要是国际贸易、国际劳务往来和国际资本往来。国际结算按引起债权债务的原因可分为贸易结算和非贸易结算两大类。贸易结算是指一个国家的工商企业向另一个国家的工商企业提供货物以及为提供货物而产生的劳务所引起的债权债务的结算，也就是买卖货物的价款和贸易从属费用（例如运费、保险费、佣金等费用）的收付。非贸易结算是指除货物进出口以外的国际的政治、经济和文化往来，例如国际旅游、国外亲友馈赠、出国留学、对外捐助、劳务输出和工程承包、国际技术转让、外汇买卖、对外投资和融资等引起的跨国货币收付。通常，对外贸易在一国国际收支中所占比重最大，因此，贸易结算构成国际结算的主要内容。非贸易结算的内容反映一国对外经济联系的各个方面，较大的非贸易收支顺差对于平衡和调节国际收支，尤其是贸易收支的逆差，往往效果显著。

　　国际结算是一种跨国的金融业务活动，在实际业务处理过程中必然涉及本国和其他国家的法律法规。在国际结算活动中，要熟悉、掌握并遵照本国有关的政策、方针、法律及条令等规定办理，此外，还应了解国际有关业务的法律与惯例，尤其是要注意学习、运用国际商会为国际贸易和国际金融等有关各界制定出版的各项惯例与规则，如《跟单信用证统一惯例》《托收统一规则》。尽管国际商会只是一个国际性的民间商业团体，其编纂的惯例与规则不是国际的法律规章，本身并不具有法律的强制性，但已为世界上绝大多数国家和地区的银行所接受和遵照执行。国际商会编纂的这些惯例与规则对于各种国际结算方式下各有关当事人的权利、义务，各种单据的内容与要求的规定具体、明确，同时对有关的各种条款或术语做了统一的解释，使有关各方在处理国际结算业务中发生的问题或纠纷可以有章可循。现代国际结算方式按资金的流向和结算工具传递的方向可以分为顺汇和逆汇两大类。顺汇是由付款人或债务人主动通过银行将一定金额付给收款人或债权人的结算方式。按照这种方式，结算工具的传递方向与资金的流动方向一致。逆汇是由债权人以出具票据的方式，委托银行向国外的债务人收取一定金额的结算方式。因其结算工具的传递方向和资金的流动方向相反故称为逆汇。在国际结算的主要方式中，汇款属于顺汇，而托收和信用证属于逆汇。

单元一　汇　款

　　汇款方式是国际结算的主要方式之一。目前，电汇业务在汇款方式中使用最为广泛。

一、汇款的定义

　　汇款（Remittance）又称汇付，是付款人委托所在国银行，将款项以某种方式付给收款人的结算方式。在汇款方式下，结算工具（委托通知或汇票）的传送方向与资金的流动方向相同，因此，称为顺汇。

二、汇款当事人

　　汇款涉及四个当事人：汇款人、汇出行、汇入行及收款人。

　　汇款人（Remitter），即付款人，通常是买卖合同中的买方或其他经贸往来中的债务人。

　　汇出行（Remitting Bank），即汇出款项的银行，通常是买方所在地银行。

　　汇入行（Paying Bank），即解付汇款的银行，汇出行的代理行，通常是卖方所在地银行。

　　收款人（Payee or Beneficiary），即收款方，也称受益人。通常是买卖合同中的卖方或其他经贸往来中的债权人。

三、汇款方式[一]

（一）电汇（Telegraphic Transfer，T/T）

尽管电汇在汇款三种方式中费用较高，但交款迅速，业务中广泛使用。

使用电汇结算时，汇款人向汇出行提出申请，汇出行根据申请，拍发加押电报、电传或 SWIFT 给另一国的代理行或分行（汇入行）。发电后汇出行将电报证实书寄给汇入行以便核对电文。汇入行核对密押后，缮制电汇通知书，通知收款人取款，收款人收取款项后出具收据作为收妥汇款的凭证。汇入行解付汇款后，将付讫借记通知书寄给汇出行进行转账，一笔汇款业务得以完成。

（二）信汇（Mail Transfer，M/T）

使用信汇结算时，汇款人向汇出行提出申请，并交款付费给汇出行，取得信汇回执。汇出行把信汇委托书邮寄汇入行，委托汇入行解付汇款，汇入行凭以通知收款人取款。收款人取款时须在"收款人收据"上签字或盖章，交给汇入行，汇入行凭以解付汇款，同时将付讫借记通知书寄给汇出行，从而使双方的债权债务得到清算。电汇/信汇业务流程如图 12-1 所示。

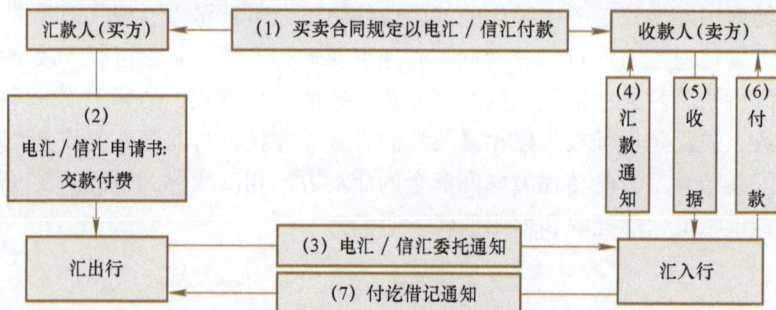

图 12-1　电汇/信汇业务流程图

（三）票汇（Remittance by Banker's Demand Draft，D/D）

使用票汇结算时，汇款人填写申请书，并交款付费给汇出行。汇出行开立银行即期汇票交给汇款人，由汇款人自行携带出国或邮寄给收款人。同时汇出行将汇票通知书或称票根（Advice or Drawing）邮寄给汇入行。收款人持汇票向汇入行取款时，汇入行验对汇票与票根无误后，解付票款给收款人，并把付讫借记通知书寄给汇出行，以结清双方的债权债务。票汇业务流程如图 12-2 所示。

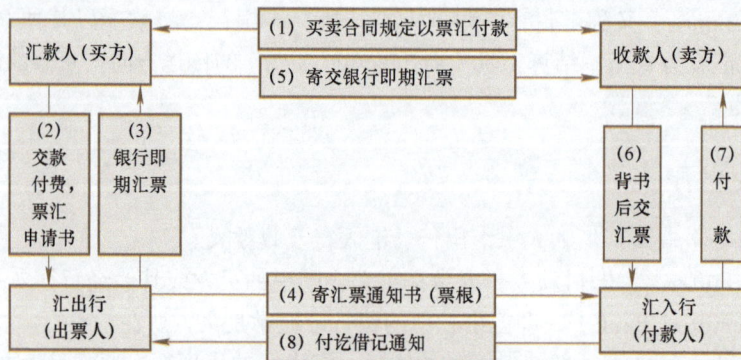

图 12-2　票汇业务流程图

[一]关于电汇、信汇和票汇的定义请回顾模块六单元三"即期外汇交易的运用"。

四、汇款的使用

利用汇款方式结算货款，银行只提供服务，不提供信用，货款能否结清，完全取决于买方的信用，因此属于商业信用。交易业务中汇款主要用于预付货款、货到付款及货款尾数、佣金、运费的结算，在采用分期付款和延期付款的交易中也较多使用汇款形式。

（一）预付货款（Payment in Advance）

预付货款是指进口商在订货时或交货前汇付货款的办法，即进口商预先将全部或部分货款付给出口商，出口商收到货款后立即或在一定时间内发运货物的一种结算方式。预付货款是对进口商而言的，对出口商来讲则是预收货款。由于货未到，款已先付，这种方式并不利于进口商。在预付货款的交易中，进口商为了减少预付风险，可以采用凭单付汇（Remittance against Documents）的方法，即进口商先将货款汇给出口地银行，指示其凭出口商提供的指定单据和装运凭证对出口商付款。这种方式比一般的汇付方式更易为贸易双方所接受。对进口商来说，可以避免卖方收款后不交货的风险；对出口商来说，只要按合同规定交货、交单，即可立即向出口地银行支取货款。当然，汇款支取前是可以撤销的，因此，出口商收到汇款通知书后，应尽快发货，从速交单支款，避免造成货已发运而货款被撤销的被动局面。

（二）货到付款（Payment after Arrival of the Goods）

货到付款是指出口商收到货款以前，先交出单据或货物，然后由进口商主动汇付货款的方法，有时还可称为赊销（Open Account，O/A）。货到付款常用于寄售业务和售定业务方式中。寄售业务即出口商先将货物运至国外，委托国外商人在当地市场按事先规定的条件代为出售，进口商将货物售出后按规定扣除佣金后把货款付给出口商。售定业务是指买卖双方业已成交，进口商收货后付款。售定方式又称为"先出后结"。货到付款不但积压了出口商的资金，而且使出口商承担着进口商拒付货款的风险，因而不利于出口商。

预付货款和货到付款这两种汇款结算方式对进出口商都有一定的风险，因而在国际贸易中使用较少，更多的是使用托收和信用证结算方式。

单元二　托　收

托收方式也是一种常用的国际结算业务，在国际结算业务中，货款的结算主要使用跟单托收结算业务。

一、托收的概念和主要当事人

托收（Collection）是出口商委托银行向进口商收取货款的一种支付方式。出口商发运货物后，将装运单据和汇票通过出口方银行在国外的分行或代理行送交进口商，进口商履行付款条件，银行才交付单据。由于托收项下汇票的传递方向与资金的流向相反，所以称为逆汇。

托收方式主要涉及四个当事人：委托人（Principal），也称出票人，即出口商；托收行（Remitting Bank），也称寄单行、出口方银行，即接受委托人的委托，转托国外银行代为收款的银行；代收行（Collecting Bank），也称进口方银行，是接受托收行的委托，代向付款人收款的银行；付款人（Drawee），即进口商。

二、托收的性质、作用

银行在托收业务中只提供服务，不提供信用，货款能否收回取决于进口商的信誉，故托收方式属于商业信用。托收项下出口商向进口商提供信用和资金融通，可以达到吸引客户，调动其经营积极性，扩大出口及提高产品竞争力的目的。对进口商的好处是其不用垫付资金。

三、托收的种类

托收方式按照是否随附货运单据分为光票托收和跟单托收两种。

（一）光票托收

光票托收是指仅凭金融票据而不附带有商业单据的托收。金融票据包括汇票、本票、支票、付款收据或其他类似的单据；商业单据指代表物权的货运单据。光票托收由于没有货运单据，不直接涉及货物的转移或处理，银行只需根据票据收款即可，因此，业务处理比较简单。光票托收方式广泛使用于非贸易结算，在贸易项下，一般用于贸易从属费用的结算。

（二）跟单托收

跟单托收是指出口商将汇票连同货运单据一起交给银行委托代收货款。根据交付单据的条件不同，又可分为付款交单和承兑交单两种方式。

1. 付款交单（Documents against Payment，D/P）　付款交单是指出口商的交单以进口商的付款为条件。付款交单按照支付时间不同又分为即期付款交单和远期付款交单两种。

（1）即期付款交单（D/P at Sight）：进口商见票时立即付款，才能领取货运单据。

（2）远期付款交单（D/P after Sight）：进口商见票时在远期汇票上承兑，待汇票到期时，买方付款才能领取货运单据。

2. 承兑交单（Documents against Acceptance，D/A）　承兑交单是指出口商的交单以进口商的承兑为条件，即进口商承兑汇票后即可领取货运单据，待汇票到期时再付款。承兑交单条件只适用于远期汇票的托收。

四、跟单托收业务流程

跟单托收业务流程如下：

（1）出口商按合同规定的要求发货给进口商。

（2）出口商发货后填写托收申请书（告知托收行如何处理该笔交易及发生问题时应采取的步骤），连同货运单据一并交给托收行，委托其代收货款。

托收申请书的内容应与买卖双方签订的合同的规定一致。其主要内容包括：

①委托人向托收行提交的单据名称、种类、份数。

②是否选定代收行。

③交单条件。

④收妥款项后如何处理。

⑤付款人拒付时是否需要做拒绝证书。

⑥银行费用如何处理。

⑦在拒绝付款／承兑时的通知方法。

⑧付款人及其账户行。

⑨付款时间的附加规定。

在实务中，许多银行的托收申请书可能省略一些内容，但不管各银行的托收申请书有多么简略，一般均具有以下或类似的文句："……票据的托收仅适用并遵守《托收统一规则》（国际商会第 522 号出版物）。"

（3）托收行收到托收申请书和跟单汇票后，检验单据与托收申请书是否相符，确保单据没有遗失后，做托收指示，连同汇票、单据寄交代收行，委托其代为收款。

托收指示的主要内容包括：

①托收行、委托人、付款人、提示行（如果有的话）的详细资料，包括全称、邮政地址、SWIFT 地址、联系方式等。

②托收的金额和货币种类。

③单据的清单和每种单据的份数。

④取得付款和／或承兑的条款与条件；交单的条件。

⑤要求收取的费用是否可以放弃。

⑥要求收取的利息是否可以放弃，包括利率、计息期、适用的计算方法。

⑦付款方式和付款通知形式。

⑧发生拒付或未执行其他指示情况时的指示等。

（4）代收行收到汇票和单据后，及时向进口商提示单据、汇票，要求其付款或承兑。如果是即期汇票，进口商立即付款，取得单据；如果是远期汇票，进口商立即承兑。

（5）进口商（受票人即付款人）验单、付款或承兑汇票后，取得货运单据并凭单提货。

（6）代收行收到货款后，拨付托收行。

（7）托收行收到货款转交出口商。

跟单托收业务流程如图 12-3 所示。

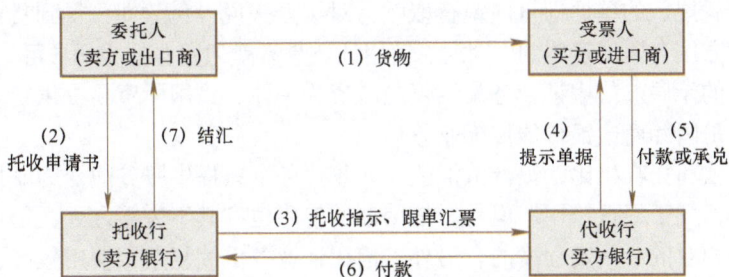

图 12-3　跟单托收业务流程图

跟单托收方式把代表货物所有权的货运单据的交付与货款的收付结合起来，比汇款方式要安全一些，但它仍属于商业信用，若进口商由于种种原因不按合同规定履行付款义务，出口商将蒙受损失。为此，使用托收方式时，出口商事先必须对进口商的资信情况、经营作风，进口地的市场销售情况，进口国的贸易、外汇方面的管制及海关规定进行充分调查，以避免损失。

五、《托收统一规则》

《托收统一规则》（Uniform Rules for Collection，URC）由国际商会编写和出版，是国际贸易和国际结算方面的重要国际惯例之一。国际商会为协调托收业务中各当事人之间的矛盾，于 1958 年起草拟订了一套《商业单据托收统一规则》（Uniform for Collection of Commercial Paper，即国际商会第 254 号出版物），后经 1967 年、1978 年、1995 年多次修订，现行版本《托收统一规则》（URC）为国际商会第 522 号出版物（以下简称 URC522），于 1996 年 1 月 1 日起正式实施。

URC522 对托收各当事人的义务与责任、托收项下的程序如提示、付款、利息、费用等均做了比较详尽明确的规定。全文共 26 条，分为总则、托收的形式与结构、提示方式、义务和责任、付款、利息、手续费及其他费用、其他规定八个部分。我国已正式加入国际商会，我国银行在采用托收方式结算时，必须按照 URC522 的解释和原则来处理。

单元三　信　用　证

信用证在货款的结算中是最为常用的国际结算业务。与汇款与托收业务不同的是，它属于银行信用。

一、信用证的概念、作用和性质

信用证（Letter of Credit，L/C）是开证行根据开证申请人的请求或以其自身的名义，向受益人开立的在一定期限内凭规定单据支付一定金额的书面文件。简言之，信用证就是银行开立的一种有条件的承诺付款的书面文件。信用证实质上是银行代表其客户（买方）向卖方有条件地承担付款责任的凭证。

信用证是国际结算的重要组成部分，尤其是跟单信用证在国际贸易结算中有着其他结算方式无法替代的功能。信用证具有银行的保证作用，使买卖双方免去了互不信任的顾虑。对卖方来说，装运后，凭规定的单据即可向银行取款；对买方来说，付款即可得到货运单据，通过信用证条款控制卖方按合同规定履约。同时，信用证还具有融通资金的作用，可用于进出口押汇，以缓解资金紧张的矛盾。信用证业务集结算与融资为一体，为国际贸易提供综合服务，在业务中被广泛采用，是国际商业银行的传统业务。

信用证与汇款和托收相比，银行由汇款、托收业务下只提供服务演变为既提供服务又提供信用和资金融通，属于银行信用。但是，信用证的使用也有其不完善之处，信用证给进出口商双方的保障只是相对的、一定程度的。另外，信用证业务手续复杂，费用较高，审证、审单的技术性较强，稍有失误就会造成损失，故有一些长期贸易伙伴或跨国公司之间的贸易结算更愿意采用商业信用结算方式。信用证结算方式也会遇到一些风险和问题，例如：进口商开不出信用证，或不按时、不按要求开证，或开出的信用证与合同不符，或在信用证条款里做埋伏，故意设陷阱，使卖方无法履行合同，甚至遭受降价、拒付、收不回货款等的损失；出口商造假单据使之与证相符，欺骗进口商货款等。近年还出现了一些假信用证，如使用假银行、假签名、造出假格式、假密押等，增加了信用证业务的风险，因此需要谨慎处理信用证业务。

二、信用证的特点

（一）开证行承担第一性付款责任

信用证是银行开立的有条件的承诺付款的书面文件，这意味着银行一旦开出信用证就表明银行以自己的信用做了付款保证，并因此处于第一付款人的地位。信用证业务是开证行首先承担付款义务，只要单证相符，开证行就对议付行、承兑行、付款行付款；受益人也可直接向开证行提交单据，只要受益人（即出口商）在信用证规定的期限内提交符合规定的单据，开证行就必须保证付款，而不论进口商拒付还是倒闭。因此，开证行付款承诺是一项独立的责任。

（二）信用证是一项独立的文件

信用证的基础首先是买卖合同，其次是进口商（开证申请人）与开证行之间签订的开证申请书和担保协议，最后在这两个文件的基础上开证行才向受益人开立信用证。但是，买卖合同、开证申请书、信用证这些文件是相互独立的，每个文件只能约束有关当事人。因此，信用证一经开出，就成为独立于买卖合同以外的另一契约，是一种自足的文件。买卖合同是进出口商之间的契约，信用证则是开证行与出口商（受益人）之间的契约。开证行及其他参与信用证业务的当事人只根据信用证规定办事，不受贸易合同的约束；银行只对信用证负责，对贸易合同也没有审查和监督执行的义务，贸易合同的修改、变更甚至失效都丝毫不影响信用证的效力。

（三）信用证是一种纯粹的单据业务，它处理的对象是单据

在信用证业务中，各有关方面处理的是单据而不是与单据有关的货物或服务。结汇单据要严格符合信用证规定的"单证一致"和"单单一致"原则，银行只根据表面上符合信用证条款的单据付款。也就是说，银行的信用证业务是纯粹的单据业务，是不管贸易合同、不管货物、不管单据真伪、不管是否履约的"四不管"，唯一的要求是单证严格相符。"单证一致"强调的是单据表面的内容与信用证相符，"表面"的含义可以理解为：如果受益人制作了与事实完全不符的假单据，而此假单据和信用证的要求一致，就能得到开证行的付款；相反，如果受益人按合同要求装运了货物，但制作单据时忽略了信用证的某个条件，即单证不符，银行就会拒绝接受单据，受益人就不能得到货款。

三、信用证的当事人及其权利义务

（一）信用证业务的当事人

信用证业务的当事人主要有三个：开证申请人、开证行、受益人。此外还有其他关系人：通知行、议付行、付款行和偿付行、保兑行等。

1. 开证申请人（Applicant）　开证申请人又称开证人（Opener），是指向开证行申请开立信用证的人。如开证行接受了开证申请人的请求，为其开出信用证，开证申请人就要承担开证行执行其指示所产生的一切费用和凭与信用证所规定的条款和条件相符的单据付款的义务。

信用证的开证申请人在国际商品交易中一般是贸易合同的买方，即进口商，有时是买方的代理人或中间商，它要在规定的时间内开证、交付开证押金并及时付款赎单。

2. 开证行（Opening Bank or Issuing Bank）　开证行是指开立信用证的银行，一般是进口地银行，接受开证申请人的要求，并根据其委托，开立自身承担付款义务的信用证。开证行有

权收取开证手续费，正确及时开证，负第一性付款责任，无追索权，但也有例外：在凭索汇电报和偿付行仅凭汇票对外付款时，开证行有权追索。

开证行是信用证业务中最重要的一方，开证行的信誉、业务经验是其他当事人参与信用证业务与否的主要考虑依据。

3. 受益人（Beneficiary）　受益人是信用证利益的享受者或有权使用信用证的人，一般为国际贸易合同的卖方，即出口商。受益人是开证银行保证付款的对象，也是信用证的抬头人或收件人（Addressee）。它拥有按时交货、提交符合信用证要求的单据、索取货款的权利和义务，又有对其后的持票人保证汇票被承兑和付款的责任。

4. 通知行（Advising Bank; Notifying Bank）　通知行是指接受开证行的委托，将开证行开立的信用证及修改书转递（通知）给受益人的银行，一般是出口地银行。它通常是开证行的代理行（Correspondent Bank）。卖方通常指定自己的开户行作为通知行。通知行应合理审慎地鉴别信用证的表面真实性，如无法鉴别，则应告知受益人未能鉴别该证的表面真实性。

5. 议付行（Negotiating Bank）　议付行是指根据开证行的授权买入或贴现受益人提交的符合信用证规定的票据的银行。议付行承购或贴现信用证项下汇票后即成为该汇票的善意持票人（Bona Fide Holder）或正当持票人（Hold in Due Course），对开证行及付款行享有不受其他权益约束的请求权，对受益人享有追索权。议付行亦称押汇银行。

6. 付款行（Paying Bank；Drawee Bank）　付款行是承担信用证最终付款责任的银行，通常是开证行本身或开证行指定的另一家付款代理行。付款行通常对受益人所签发的汇票予以付款，一旦验单付款后，付款行无权向受益人追索。

7. 偿付行（Reimbursement Bank）　偿付行也是开证行的付款代理，它不负责审单，只是代替开证行偿还议付行垫款的第三国银行，亦称清算行（Clearing Bank）。偿付行仅凭信用证指定的议付行或任何自由议付银行开出的索汇函电付款，而不过问单证是否相符。偿付行的付款不能视为开证行的付款。当开证行收到单据发现不符而拒绝付款时，仍可向索偿行（一般是议付行）追索。

8. 保兑行（Confirming Bank）　保兑行是指应开证行请求在信用证上加具保兑的银行，具有与开证行相同的责任和地位，又称为确认行。保兑行对受益人独立负责，在付款或议付后，不论开证行发生什么变化，都不能向受益人追索。

保兑的需求是因开证行的资信较低，不能被受益人了解，或因开证行所在国家有着政治或经济风险，需要另请一家非进口国家的银行保兑该证，业务中通常由通知行兼任，也可由其他银行加具保兑。

信用证若经保兑，则保兑行成为信用证契约的一个当事人，受益人可以得到开证行和保兑行的双重付款保证。

（二）信用证主要当事人的权利和义务

信用证各方当事人履行自己的义务是处理信用证业务的重要条件和保证。

1. 开证申请人的权利和义务

（1）按合同规定向银行交押金、要求开证（与合同相符）。

（2）如信用证与合同不符，受益人提出修改，开证申请人有义务对信用证进行必要修改。但如受益人提出的修改不符合合同，则没有必须修改的义务。

（3）根据信用证的规定，在接到银行赎单通知时，应及时到银行履行承兑手续或付款赎单。

（4）在赎单前有权检验单据，如果发现单证不符，有权拒付。

（5）在履行付款后，当到货时，有权在适当的地点对货物进行检验，如发现货物品质或数量与信用证规定不符，有权向合同对方提出索赔或退货，这与信用证的单证一致无关。

（6）如问题属于运输或保险公司的责任范围，有权向运输和保险部门索赔，这也与信用证的单证一致无关。

2. 受益人的权利和义务

（1）在收到信用证时，发现与合同不符有权要求修改。如修改后仍不符，足以造成不能接受的情况，有权拒绝受证，甚至单方撤销合同，并提出索赔。

（2）受益人收到信用证后应在规定期限内交货并通知收货人。

（3）应严格按信用证规定缮制各种单证，在信用证有效期内交单。

（4）有凭正确单据取得货款的权利。

（5）如遇开证行对正确的单据无理拒付，有权向开证行提出质问并要求赔偿损失。

（6）如提交单据与信用证不符，有义务在规定时间内更改单据。

（7）如进口商破产或开证申请人和开证行一起倒闭，可行使留置权、停运权。

（8）行使上述权利后，有权出售货物给他人，但必须通知进口商，如在合理时间内进口商未能付款或答复，才能售货给他人。易腐品例外。

（9）开证行倒闭，议付行向受益人追索。受益人有权把单据交开证申请人要求付款，即使开证申请人已交押金，遭受了损失，并不影响受益人权利。

（10）如是保兑信用证，开证行倒闭可向保兑行要求付款，如保兑行也已倒闭，可向开证申请人要求付款。

3. 开证行的权利和义务

（1）开证行和开证申请人是两个独立的"法人"关系，双方的权利和义务是通过开证申请书的内容确定的。因此，开证行接受了开证申请人的开证申请后，即承担了开证责任和由此而引起的风险，有权向开证申请人收取手续费和预收押金。如市场和开证申请人资信发生变化，有权随时要求开证申请人补交押金，直到百分之百交足为止。

（2）收取的押金不能用于抵充开证申请人的其他债务而取消开证。

（3）收到单据后不能擅自转卖处理，只有在开证申请人拒绝赎单或开证行无法向开证申请人索回开证金额时，才能使用这种权利。

（4）对受益人有凭表面正确单据付款的义务。

（5）不能对议付行交来的正确单据无理拒付。

（6）开证行开出信用证后，不能以开证申请人无付款能力、未交付押金或手续费、有欺诈行为等为借口表示对信用证不再负责。

（7）在议付行对开证行使用电报索偿方式时，单到开证行后如发现与信用证不符，有权追回已付的款项。

（8）对议付行或代付行所收下的错误单据有拒付的权利。

（9）开证行验单付款后无追索权，除非在某些特殊的情况下，即当付款足以构成"误付"时，方可例外。所谓"误付"，一般指付错金额。

（10）对邮递过程中遗失、延误的单据，享有不负任何责任的权利。

4. 通知行的权利和义务

（1）把来证和事后的修改通知传递给信用证受益人并证明真伪。

（2）无义务对受益人进行议付或代付货款。

（3）通知或转递后有权向开证行收取手续费。

（4）如果通知行接受了担任议付行或保兑行的委托，它便承担了通知行和议付行或保兑行的职责，同时也产生了其职责所引起的权利和义务。

5. 议付行的权利和义务

（1）在信用证有效期内接受受益人提交的单据，进行审单并垫付款项。

（2）发现单据与信用证不符，有权拒绝议付。

（3）无论开证行因何原因拒付或倒闭，有权向受益人追回垫款。

6. 保兑行的权利和义务

（1）承担了保兑责任后，保兑行就是信用证的第一付款人，须对受益人独立负责。

（2）无论开证行倒闭还是以单证不符为由拒付，都不能对受益人拒付或追索。

（3）无论开证行发生什么变化，都不能片面撤销其保兑责任。

（4）在验单时发现单证不符，有权要求受益人在一定期限内改单或追索。

了解信用证当事人的权利和义务是处理信用证业务、合理使用信用证结算方式及处理信用证纠纷所必需的。

四、信用证的内容

目前，信用证虽无统一格式，但内容大致相同，主要包括以下几个方面：

（一）关于信用证本身

（1）信用证号码（L/C Number）、开证日期（Date of Issue）、有效期和到期地点（Expiry Date and Place）、单据提交期限（Documents Presentation Period）。

（2）信用证的类型（Form of Credit）：是否可撤销、可否转让。

（3）开证申请人（Applicant）、开证银行（Issuing/Opening Bank）、受益人（Beneficiary）、通知银行（Advising/Notifying Bank）等。

（4）支付货币和信用证金额（L/C Amount）。

（二）关于汇票

包括汇票的种类、出票人（Drawer）、付款人（Drawee）、付款期限（Tenor）、出票条款（Drawn Clause）以及出票日期（Date），不使用汇票的无此内容。

（三）关于单据

通常要求提交商业发票（Commercial Invoice）、提单（Bill of Lading）、保险单（Insurance Policy）。此外，还有装箱单（Packing List）、产地证明书（Certificate of Origin）和其他单据（Other Documents）。

（四）关于货物

（1）品名、货号和规格（Commodity Name, Article Number and Specification）。

（2）数量和包装（Quantity and Packing）及单价（Unit Price）。

（五）关于运输

包括装货港（Port of Loading/Shipment）、卸货港或目的地（Port of Discharge or Destination）、装运期限（Latest Date of Shipment）、可否分批装运（Partial Shipment Allowed/Not Allowed）和可否转船运输（Transshipment Allowed/Not Allowed）等。

（六）其他

（1）特别条款（Special Condition）。
（2）开证行对议付行的指示（Instructions to Negotiating Bank）。
（3）背批议付金额条款（Endorsement Clause）。
（4）索汇方法（Method of Reimbursement）和寄单方法（Method of Dispatching Documents）。
（5）开证行付款保证（Engagement/Undertaking Clause）。
（6）惯例适用条款（Subject to UCP Clause）。
（7）开证行签字（Signature）。

五、信用证业务流程

信用证种类繁多，其详细的业务流程也较为复杂，以常见的跟单议付信用证为例，信用证的业务流程如下：

（一）买卖双方订立合同

买卖双方在合同中确立以信用证作为支付方式，对信用证的种类和开证时间做出明确规定。

（二）开证申请人（进口商）向银行申请开立信用证

以信用证为支付方式的贸易合同签订后，开证申请人（进口商）必须在合同规定的期限内或在合同签订后的合理期限内，向本地信誉良好的银行申请开立信用证。开立信用证要填写开证申请书并提供押金（Margin）或担保，要求银行向受益人（出口商）开出信用证。开证申请书主要包括两个方面的内容，一是信用证的内容，二是开证申请人对开证行做出的声明。

（三）开证行开立信用证

开证行按照开证申请书的规定开证，并将信用证邮寄（信开方式）或用电信方式（电开方式）通知出口地银行或受益人。有时客户以简电形式开出信用证，这种预通知信用证（Pre-advised Credit）只供受益人备货、洽订运输工具参考，受益人不能以简电信用证为依据出运货物，应以开证行发出生效通知书为准，因为，简电不能证明信用证的成立和生效。

（四）通知行通知信用证

开证行通过信开或电开的方式将信用证发出，通知行收到信用证后，应立即核对签字与密押，审核信用证的表面真实性，在核对无误后，将信用证通知或转递给受益人（出口商）。

（五）受益人（出口商）审证、发货、交单

受益人（出口商）收到信用证后，立即认真审核，首先要审核开证行的资信是否可靠以及信用证的金额与该银行的资信是否相称，其次需以买卖合同为依据并参照国际商会制定的《跟

单信用证统一惯例》对信用证条款逐条详加审核。如有差错，通知开证申请人（买方），请求改证，开证申请人如果同意，就向开证行提交申请，开证行据以做出修改，改证通知书函寄或电告通知行，并由其转交受益人（出口商）。受益人（出口商）收到开证行的改证后，审核无误即可发货，之后备齐规定的各种单据，提交出口商所在地银行议付。

（六）议付行议付

议付行（即出口地银行）收到受益人（出口商）交来的单据后，与信用证核对相符，即按汇票金额扣除从议付之日起到预计收款日为止的利息和手续费后，付款给受益人（出口商）。银行审单后购进汇票及所随附单据并将票款扣除利息及手续费后付给受益人的这一过程称为"议付"，办理议付的银行称为议付行。

（七）议付行寄单、索偿

议付行议付后，根据信用证规定向开证行或其指定的银行索偿，即将单据连同汇票和索偿证明（证明单证相符）寄给开证行或其指定的付款行。

如信用证指定偿付行，开证行应向其发出偿付授权书，议付行一面将单据寄往开证行，一面向偿付行发出索偿书，说明该证单据已做议付，请按指定的方法进行偿付。偿付行收到索偿书后，只要索偿金额不超过授权金额，即向议付行付款。

凡信用证规定有电汇索偿条款的，议付行就可以用电报或电传向开证行、付款行或偿付行进行索偿。

（八）开证行偿付

信用证中的偿付（Reimbursement）是指开证行或被指定的付款行或偿付行向议付行进行付款的行为。开证行或其指定的银行收到单据后，核验认定与信用证相符，即将票款偿付议付行。如有不符可以拒付，但应在不迟于收到单据次日起 7 个营业日内通知议付行。

（九）开证申请人（进口商）付款、赎单、提货

开证行偿付后，立即通知开证申请人（进口商）付款赎单。开证申请人（进口商）如果发现单证不符也可拒绝赎单。如果审核无误，开证申请人（进口商）付款或扣减开证押金后，即可取得全套货运单据，凭以提货。

跟单信用证业务流程如图 12-4 所示。

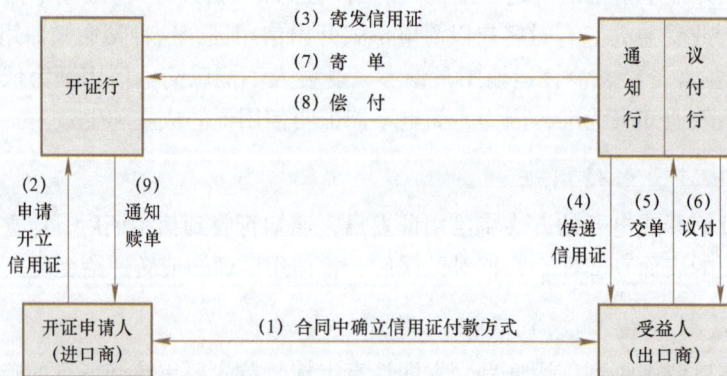

图 12-4　跟单信用证业务流程

六、信用证的种类

（一）跟单信用证与光票信用证

1. 跟单信用证（Documentary Credit）　跟单信用证是指开证行凭跟单汇票或仅凭单据付款的信用证。单据主要指货运单据、发票、保险单据及检验证书等。业务中使用的信用证绝大部分是跟单信用证。

2. 光票信用证（Clean Credit）　光票信用证是指开证行仅凭不附单据的汇票（光票）付款的信用证。光票信用证常用于预付货款。

（二）不可撤销信用证和可撤销信用证

1. 不可撤销信用证（Irrevocable L/C）　不可撤销信用证是指信用证一经开出，在有效期内未经受益人及有关当事人的同意，开证行不得单方面修改和撤销的信用证。这种信用证对受益人收汇较有保障，在国际贸易中使用最广。信用证上如未标明可否撤销，即视为不可撤销信用证。

2. 可撤销信用证（Revocable L/C）　可撤销信用证是指信用证一经开出，不必征得受益人或有关当事人的同意，开证行有权随时撤销的信用证。但可撤销信用证也不是没有限制的，在受益人依信用证条款规定已得到了议付、承兑或延期付款保证时，该信用证就不能被撤销或修改。可撤销信用证对受益人极为不利，在国际贸易中很少使用。可撤销信用证必须在信用证上标明"可撤销（Revocable）"字样，才可视为可撤销信用证。

（三）保兑信用证和不保兑信用证

保兑信用证（Confirmed L/C）是指开证行开出的信用证，由另一家银行保证对符合信用证条款规定的单据履行付款义务。保兑是指开证行以外的银行保证对信用证承担付款的责任。

不保兑信用证（Unconfirmed L/C）是指开证行开出的、没有经另一家银行加以保兑的信用证。一般都使用这种不保兑信用证。

（四）付款信用证、承兑信用证和议付信用证

1. 付款信用证（Payment L/C）　付款信用证是指定某一银行付款的信用证。一般不需要出具汇票，凭受益人提交的单据付款。付款信用证一般分为两种：

（1）即期付款信用证（Sight L/C）。即期付款信用证是指开证行或付款行收到符合信用证条款的跟单汇票或装运单据后立即履行付款义务的信用证。这种信用证的特点是受益人收汇迅速安全，有利于资金周转。

在即期付款信用证中，有时还加列电汇索偿条款（T/T Reimbursement Clause）。即开证行授权议付行在审单议付后，可通过电报或SWIFT通知开证行或指定付款行，说明提交的单据与信用证要求一致，开证行或指定付款行接到通知后，即用电汇方式将货款拨交议付行。

（2）延期付款信用证（Deferred Payment Credit）。延期付款信用证是指受益人不用开具汇票，开证行保证货物装船后或收到单据后若干天付款的信用证。此种信用证项下不使用汇票，受益人（出口商）不能利用贴现市场资金，只能自行垫款或向银行借款。由于银行贷款利率高于贴现利率，因此，延期付款信用证的货价比承兑信用证的货价高。这种信用证实际上是出口商向进口商提供资金融通，它与承兑信用证的区别在于卖方不能提前得到货款（不能贴现）。

2. 承兑信用证（Acceptance L/C）　承兑信用证是指以开证行或其指定的付款行在收到符合信用证规定的远期汇票和单据时，先履行承兑手续，待汇票到期再行付款的信用证。受益人

（出口商）开立远期汇票连同单据交议付行，银行审单无误，将汇票、单据寄给其在进口地的代理行或分行，由其向开证行提示请求承兑或直接寄开证行要求承兑，开证行承兑后，将单据留下，把"承兑书"寄给议付行或将汇票退给议付行在进口地的代理行保存，待到期时再向开证行要求付款。承兑信用证用于远期付款的交易。

如果受益人（出口商）要求贴现汇票，议付行在进口地的代理可将承兑的汇票交贴现公司贴现，把扣除贴息后的净款交给议付行，转交受益人（出口商）。汇票到期时，由贴现公司向开证行索汇。

延期付款信用证和承兑信用证都属于远期信用证（Usance L/C）。远期信用证是指开证行或付款行收到符合信用证规定的单据后，不立即付款，而是在信用证规定的到期日才付款的信用证。使用远期信用证，一方面进出口商双方都要承担汇价风险，另一方面出口商收回货款之前要承担利息上的损失，如果出口商将利息加到货价上，则进口商就要支付较高的价格。

实际业务中还有一种信用证，虽然开立的是远期汇票，但信用证订明付款行可即期付款或同意贴现，所有贴现和承兑费用（贴现费是指银行对客户使用资金收取的费用；承兑费是指银行因承兑存在信贷风险所收的费用及与交易有关的管理费用）由进口商负担。这种信用证表面上看是远期信用证，对出口商而言却可即期收款，因此称为"假远期信用证"（Usance L/C Payable at Sight）；对进口商来说，可以等到汇票到期时才向付款行支付货款，所以，人们把这种信用证又称为买方远期信用证（Buyer's Usance L/C）。使用这种信用证的原因有两个：一是可以利用贴现市场或银行的资金，解决资金周转不足的问题；二是可以摆脱进口国家外汇管理的限制（有的国家规定凡进口商品一律要远期付款，该国商人与外国出口商签订即期付款合同后，只能采取这种假远期的办法来解决）。

3. 议付信用证（Negotiation L/C）　议付信用证是指开证行允许受益人向某一银行或任何银行交单议付的信用证。议付信用证包括公开议付和限制议付两种。

（五）可转让信用证和不可转让信用证

1. 可转让信用证（Transferable L/C）　可转让信用证是指信用证规定受益人（第一受益人）可将使用信用证的权利转让给其他人（第二受益人）使用的信用证。可转让信用证只能转让一次，但允许第二受益人将信用证重新转让给第一受益人。如果信用证允许分批装运（支款），则将信用证金额分若干部分分别转让给几个第二受益人（总和不超过信用证金额），该项转让的总和被视为信用证的一次转让，手续由转让银行办理。

可转让信用证主要用于受益人不是实际供货方而是中间商，中间商要从供货方那里先买进货物，然后才向买主交货的情形。因中间商没有足够的资金向供货方付款，又不愿让供货方与实际买主直接联系，为了赚取利润，中间商要求买方开立可转让信用证，这样，中间商能够把转售货物得来货款的大部分转让给实际供货人，余下的就是中间商的利润。

开立可转让信用证，并不等于买卖合同的转让，如发生第二受益人不能按时交货或者单据有问题，原出口商即第一受益人仍要承担合同义务。

信用证只能按原证条款转让，但信用证金额、单价、到期日、交单日及最迟装运日期可减少或缩短，投保加成比例可以增加，信用证申请人可以变动。

2. 不可转让信用证（Non-transferable L/C）　不可转让信用证是指受益人不能将信用证的权利转让给他人使用的信用证。信用证上未注明"可转让（Transferable）"字样者，即可视为不可转让信用证。

（六）循环信用证

循环信用证（Revolving L/C）是指被全部或部分使用后，其金额又恢复到原金额，可再次使用，直至规定的次数或规定的总金额用完为止的信用证。循环信用证的使用可使买方免去多次开证的麻烦，节省开证费用，同时也简化了卖方审证、改证等手续，有利于合同的履行。这种信用证通常在分批交货的情况下采用。

循环信用证可分为按时间循环信用证和按金额循环信用证两种。

1. 按时间循环信用证　按时间循环信用证是指受益人在一定的时间内可多次支取信用证规定的金额。

2. 按金额循环信用证　按金额循环信用证是指在信用证金额议付后，仍恢复到原金额可再使用，直至用完信用证规定的总额为止。在按金额循环的信用证条件下，恢复原金额的具体做法有以下三种：

（1）自动循环：受益人按规定时间装运货物交单议付一定金额后，无须接到开证行的通知，信用证可自动恢复到原金额，再次按原金额使用。

（2）非自动循环：受益人每次装货议付后，须接到开证行通知后，才能恢复到原金额再度使用。

（3）半自动循环：受益人每次装货议付后，在若干天内开证行未提出中止循环的通知，信用证即自动恢复至原金额再次使用。

（七）对开信用证

对开信用证（Reciprocal L/C）是指两张信用证的开证申请人互以对方为受益人而开立的信用证。第一张信用证的受益人就是第二张信用证（回头证）的开证申请人，第一张信用证的开证申请人就是第二张信用证（回头证）的受益人，第一张信用证的通知行往往就是第二张信用证（回头证）的开证行；两张信用证金额大致相等。此种信用证一般用于来料加工、补偿贸易和易货交易。对开信用证的生效办法有两种：①两张信用证同时生效，即第一张信用证的生效以第二张信用证的开出为条件。②两张信用证分别生效，即第一张信用证开出后立即生效，第二张信用证以后再开立；或者第一张信用证受益人交单议付时，附一份担保书，保证在一定期限内开出回头证。

（八）对背信用证

对背信用证（Back to Back L/C）又称转开信用证，是指受益人要求原证的通知行或其他银行以原证为基础，另开一张内容相似的新信用证。这种信用证通常是中间商转售他人货物从中图利，或两国不能直接办理进出口，通过第三者来沟通贸易而开立的信用证。

对背信用证的内容除开证人、受益人、金额、单价、装运期限和有效期限等可有变动外，其他与原证相同，如需修改，须得到原证开证人的同意，修改比较困难。

（九）预支信用证

预支信用证（Anticipatory L/C）是指开证行授权通知行，允许受益人在装运交单前预支全部或部分货款的信用证，是进口商通过银行开立给出口商的一种以出口贸易融资为目的的信用证。预支信用证有全部预支和部分预支两种。在预支信用证项下，受益人预支的方式有两种：一种是向开证行预支，货物装运前出口商开具以开证行为付款人的汇票，由议付行买下向开证行索偿；另一种是向议付行预支，由出口地的议付行垫付货款，待货物装运后交单议付时，借记开证行账户，扣除垫款本息，将余额支付给出口商。如货未装运，由开证行偿还议付行的垫款和利息，然后开证行再向开证申请人追索此款。为引人注目，预支货款的条款过去常用红字打出，所以也称为"红条款信用证"（Red Clause L/C）。

七、SWIFT 信用证

SWIFT 是一个国际银行同业间非营利的国际合作组织，为"全球银行金融电信协会"（Society for Worldwide Interbank Financial Telecommunication）的简称。凡是依据国际商会制定的电信信用证格式设计，利用 SWIFT 系统设计的特殊格式，通过 SWIFT 系统传递信用证的信息，即通过 SWIFT 开立或通知的信用证称为 SWIFT 信用证，也称"全银电协信用证"。SWIFT 信用证都是依据《跟单信用证统一惯例》的内容和规定开立的，而且只有 SWIFT 的成员银行才能使用密码在它的电信网上进行信用证资料传递，所以 SWIFT 信用证是正式的、合法的、被信用证诸当事人所接受的国际通用的信用证，其特点是快速、准确、简短、明了、真实可靠。目前通过 SWIFT 开立信用证的格式代码为 M700 和 M701，修改信用证的格式代码为 M7070。采用 SWIFT 信用证，必须遵守 SWIFT 使用手册的规定，受《跟单信用证统一惯例》的约束，可在信用证中省去银行的承诺条款，但不能免去银行所应承担的义务。目前我国使用 SWIFT 信用证的银行已占很大比重。

"一带一路"建设为商业银行贸易金融业务发展创造了良好的外部环境

八、《跟单信用证统一惯例》

《跟单信用证统一惯例》（Uniform Customs and Practice for Documentary Credits，UCP）由国际商会于 1929 年制定实施。该统一惯例对信用证有关当事人的权利义务、信用证条款的规定以及操作规则都做了明确的解释，为世界各国商人所接受。因此，成为国际贸易界人士参照执行的国际惯例。随着国际经济的不断发展变化，国际商会适应时代的要求，先后在 1933 年、1951 年、1962 年、1974 年、1981 年、1993 年和 2007 年对其进行了七次修改。最后一次修改于 2007 年完成，该次修订本编号为国际商会第 600 号出版物，于 2007 年 1 月 1 日实施至今。目前一般的信用证都标明该证依据《跟单信用证统一惯例（2007 修订版本）》（国际商会第 600 号出版物，简称 UCP600）开立，否则，难以被有关当事人所接受。2001 年 12 月国际商会银行委员会又编写并出版了"eUCP"（于 2002 年 4 月实施），为提交信用证项下的电子单据提供必需的准则。

模 块 小 结

（1）国际结算是国际商业银行的主要业务之一，国家间办理货币收付以清算国与国之间债权与债务关系的行为称为国际结算。国际结算按引起债权债务的原因可分为贸易结算和非贸易结算两大类，贸易结算构成国际结算的主要内容。汇款、托收、信用证是国际贸易结算的主要方式。现代国际结算方式按资金的流向和结算工具传递方向可分为顺汇和逆汇两大类。在国际结算的主要方式中，汇款属于顺汇，而托收和信用证属于逆汇。

（2）汇款又称汇付，是付款人委托所在国银行，将款项以某种方式付给收款人的结算方式。汇款的当事人主要有汇款人、汇出行、汇入行及收款人，有信汇、电汇、票汇三种方式，其中电汇方式虽然银行手续费用较高，但交款迅速，业务中广泛使用。汇款方式的性质属于商业信用，业务中汇款主要用于预付货款、货到付款及货款尾数、佣金、运费的结算，在采用分期付款和延期付款的交易中也较多使用汇付形式。

（3）托收是出口商委托银行向进口商收取货款的一种支付方式。托收方式主要涉及委托人、托收行、代收行、付款人四个当事人，属于商业信用。托收方式有光票托收和跟单托收两种业务方式。光票托收方式广泛使用于非贸易结算，在贸易项下，一般用于贸易从属费用的结算。跟单托收广泛使用于贸易结算，可分为付款交单和承兑交单两种方式。付款交单又有即期付款交单和远期付款交单两种业务做法。

（4）信用证是银行开立的一种有条件的承诺付款的书面文件，属于银行信用，具有开证行承担第一性付款责任、信用证是一项独立的文件、信用证是一种纯粹的单据业务三个特点。信用证业务的当事人通常有开证申请人、开证行、受益人、通知行、议付行、付款行等。信用证的种类很多，业务中主要使用不可撤销的跟单信用证。

习　题

一、判断题

1. 《跟单信用证统一惯例》（国际商会第 600 号出版物）于 2007 年 1 月 1 日起实施。
（　　）
2. 托收方式属于银行信用。（　　）
3. 对受益人来讲，保兑行承担第二性付款责任，开证行承担第一性付款责任。
（　　）
4. 可转让信用证可以转让一次或多次。（　　）
5. 汇票业务中，使用最多的是电汇业务。（　　）

二、不定项选择题

1. 汇款结算方式中，D/D 业务是指（　　）。
　　A. 信汇　　　　　B. 票汇　　　　　　C. 电汇　　　　　　D. 汇票
2. 信用证开证申请人与开证行的关系由（　　）所确定。
　　A. 买卖合同　　B. 开证申请书　　　C. 信用证　　　　　D. 代理合同
3. 银行开立的即期汇票不可能是（　　）。
　　A. 商业汇票　　B. 银行汇票　　　　C. 即期汇票　　　　D. 远期汇票
4. 对开信用证一般用于（　　）。
　　A. 补偿贸易　　B. 来料加工贸易　　C. 转口贸易　　　　D. 易货贸易
5. 在托收结算方式下，一旦货款被买方拒付，在进口地承担货物的提货、报关、存仓、转售等责任的当事人是（　　）。
　　A. 委托人　　　B. 托收银行　　　　C. 代收银行　　　　D. 付款人

三、思考题

1. 光票信用证通常在什么情况下使用？
2. 承兑交单条件适用于哪种汇票的托收？

实 训 课 堂

---

1. 技能训练
（1）请画出电汇的业务流程图。
（2）请画出远期付款交单的业务流程图。
（3）请画出即期跟单信用证的业务流程图。

2. 实训项目：到银行调查办理国际跟单信用证业务的操作要求
（1）实训目的：掌握银行有关业务的现行做法。
（2）实训方式：以小组的方式分别到银行调查。
（3）实训指导：首先要了解哪些银行有国际业务，其次要选定其中一家银行，调查该银行国际业务的基本情况，详细了解：①跟单信用证业务下，银行开立信用证的程序与具体规定；②银行收到国外开来的信用证后，通知工作的具体要求和程序，作为通知行审证的主要核查内容；③银行作为议付行接单、审单、计算费用、填制议付通知书、处理不符点、索汇的具体要求和做法。

注：不符点（Discrepancies）是指信用证项下所提交的单据表面上有一处或多处不符合信用证条款和条件，一处单证不符就称为一个不符点。当信用证项下所提交的单据中有不符点时，信用证的保证作用大为降低甚至丧失。

模块十三

国际信贷业务

学习目标

【知识目标】

通过本模块学习，了解国际信贷业务的含义及其主要形式，明确主要国际金融机构的贷款方式，掌握政府信贷和长短期贸易信贷的种类、特点及其业务流程，熟悉我国的外汇贷款品种。

【技能目标】

能够解释国际信贷业务的有关问题；能够对主要国际信贷业务流程进行操作。

【素质目标】

理解我国与世界银行等国际信贷提供方之间互利共赢、共促发展的关系；知晓银行贸易信贷在我国成为全球货物贸易第一大国过程中扮演的重要角色。

引　言

2022年7月，经国务院批准，国家发展改革委、财政部联合印发我国利用世界银行贷款2022—2023年备选项目规划。本期规划安排农业农村部、乡村振兴局以及湖北、陕西等省（区、市）利用世界银行贷款31.5亿美元（约合211亿元人民币），用于区域重大战略、绿色低碳发展、绿色农业和乡村振兴、生物多样性保护和可持续生态系统建设等领域的11个项目。（摘自国家发改委官方网站，2022-07-19）

其实，世界银行贷款就是国际信贷的主要形式。那么，什么是国际信贷？如何运用国际信贷？这正是本模块要论述的内容。

国际信贷业务是指一国借款人在国际金融市场上向外国借入货币资金的业务，它是历史上出现较早的利用外资的形式。第二次世界大战后，生产和资本的国际化及国际大型成套设备贸易的开展，推动国际信贷形式不断发展变化；同时，国际信贷业务的发展，又进一步促使国际贸易规模的不断扩大。

国际信贷业务主要包括国际金融机构贷款、政府贷款以及国际贸易中的长短期融资业务等。

单元一　国际金融机构贷款和政府贷款

一、国际金融机构贷款

国际金融机构的中长期贷款是一个国家在国际金融市场上筹集中长期银行信贷资本的重要渠道。国际金融机构的中长期信贷由于资金使用自由、不受贷款银行限制、资金供应充分、规模大等特点，成为国际资本市场的重要融资方式。本单元主要对世界银行和亚洲开发银行的贷款业务进行简要介绍。

（一）世界银行贷款

世界银行即国际复兴开发银行，是联合国的一个专门机构，成立于1945年12月，总部设在华盛顿。其职能主要是为资信可靠的低收入和中等收入国家的政府提供贷款、政策性建议和技术援助，其利息远低于商业贷款利息。

1. 世界银行贷款的原则

（1）只向成员国政府或由成员国政府、中央银行担保的机构提供贷款。

（2）贷款只能用于特定的工程项目，特别情况发放非项目贷款。

（3）成员国只有在当时市场状况下，确实不能以合理条件从其他来源得到资金时，世界银行才给予考虑。

（4）只贷给有偿还能力的成员国。

（5）贷款一般只涉及项目建设中的外汇需要，往往不到项目所需全部资金的一半。

（6）贷款必须专款专用，并接受国际货币基金组织的监督。

2. 世界银行贷款的特点

（1）期限长，平均17年，最长30年，宽限期4年，如期归还。

（2）利率参照市场利率，但比市场利率低，采用固定利率。

（3）费用少，对未支用贷款额收0.75%承诺费。

（4）项目贷款，银行提供特定项目资金所需外汇资金的30%，并采用国际招标形式。

（5）贷款以美元计值，还本付息与借款同币种，成员国承担汇价风险。

（6）程序严格，手续严密，对申请计划及工程项目均需严格审查，故而取得贷款的时间较长，往往需1.5～2年。

3. 世界银行贷款的种类　世界银行的贷款分为项目贷款、非项目贷款、部门贷款、联合贷款和第三窗口贷款等几种类型，其中项目贷款是世界银行贷款业务的主要组成部分。

（1）项目贷款，又称为特定投资贷款，用于资助成员国某个具体的发展项目。世界银行对农业和农村发展、教育、能源、工业、交通、城市发展等方面的大部分贷款都属于此类贷款。

（2）非项目贷款，是指没有具体项目做保证的贷款。世界银行只有在特殊情况下，才发放此类贷款。非项目贷款只能用于以下几个方面：①解决成员国克服自然灾害、实行发展计划的资金需要；②为成员国提供进口国内短缺的原料和先进设备所需的外汇；③对出口结构单一的成员国为弥补出口收入的突然下降提供贷款；④调整成员国因进口商品价格急剧上升而产生的国际收支严重逆差。

（3）部门贷款，由部门投资及维护贷款、部门调整贷款和中间金融机构贷款组成。部门投资及维护贷款用于改善部门政策和投资重点，加强借款国制订和执行投资计划的能力，贷款的执行期为 3 ～ 7 年；部门调整贷款用于支持某一具体部门的全面政策和体制的改革，它所涉及的范围比结构贷款要小，贷款的执行期为 2 ～ 4 年；中间金融机构贷款是指世界银行将资金贷放给借款国的中间金融机构，如开发金融公司和农业信贷机构，再由中间金融机构转贷给该国的分项目，转贷利率和期限由中间金融机构自行决定，贷款的执行期为 3 ～ 7 年。

（4）联合贷款，是指世界银行与借款国以外的其他贷款机构联合起来，对世界银行的项目共同筹资和提供贷款。其方式有两种：①世界银行与其他贷款机构分别承担同一项目的一部分；②由世界银行做介绍人，动员有关贷款机构对项目或与项目有关的建设计划提供资金。

（5）第三窗口贷款，设立于 1975 年 12 月，其贷款条件介于世界银行发放的一般贷款和世界银行附属机构国际开发协会发放的优惠贷款之间。贷款的利率为 4.5%，低于世界银行的一般贷款利率 8.5%，利差由工业发达国家和石油生产国自愿捐赠形成的"利息贴补基金"解决。贷款的期限为 25 年。这种贷款主要用于援助低收入国家。

4. 世界银行贷款的范围、对象和使用条件

（1）只有成员国才能申请贷款，借款人一般是政府、国有企业，私营企业借款必须由政府担保。

（2）申请贷款一般要与工程项目相联系。

（3）贷款主要用于重点项目，帮助发展中国家兴建发电厂，发展交通和运输，发展农业、工业、文教事业、人口计划、旅游、城市建设等。

（4）贷款期限一般为 7 年，贷款利率一般低于市场利率。

（5）贷款须专款专用，并接受世界银行的监督和检查。

（6）贷款以美元计值，借款国借什么货币还什么货币，要承担该货币与美元汇率变动的风险。

世界银行：2020—2025年国际复兴开发银行对华贷款规模将保持在每年10亿～15亿美元

（二）亚洲开发银行贷款

亚洲开发银行（以下简称"亚行"）是对亚洲和太平洋地区的发展中国家和地区提供长期性经济开发资金的地区性金融机构，成立于 1966 年，总部设于马尼拉。截至 2022 年 12 月末，亚行共有 68 个成员，其中，49 个来自亚太地区，19 个来自其他地区（目前，以色列、科威特均在积极申请成为亚行成员）。其贷款项目始于 1978 年，贷款形式已分别在 1983 年、1987 年、1996 年经过修改。现亚洲开发银行的贷款目的已从最初的为提高某一部门现有生产力而提供融资，转为重视提高政策环境以扩大部门的效率，通过引进部门项目发展贷款要求实质性的政策改革和大规模的投资。此外，亚洲开发银行的贷款条件也发生了变化，重点要满足两个条件：一是同意对部门项目进行范围广泛的中期的政策和机构改革；二是用于与改革成本有关的外部融资的需要。

亚洲开发银行贷款使用范围涉及工业、农业、能源、交通、运输、邮电、开发银行、环境卫生、教育、城市发展及人口控制等众多部门。其中农业和农产品加工业、能源及交通运输业是亚洲开发银行发放贷款的重点部门。亚洲开发银行的贷款对象为成员国（地区）政府及所属机构、其境内的公私企业和与开发本地区有关的国际性和地区性组织。

亚洲开发银行贷款业务可按如下标准进行分类：

（1）根据不同贷款条件划分，有硬贷款、软贷款和赠款三类。硬贷款的贷款利率为浮动利

率，每半年调整一次，贷款期限为 10～30 年（2～7 年宽限期）。软贷款也就是优惠贷款，只提供给人均国民收入低于 670 美元（1983 年的美元）且还款能力有限的成员国（地区），贷款期限为 40 年（10 年宽限期），没有利息，仅有 1% 的手续费。赠款用于技术援助，资金由技术援助特别基金提供，赠款额没有限制。

（2）根据不同方式划分，有项目贷款、规划贷款、部门贷款、开发金融机构贷款、综合项目贷款、特别项目执行援助贷款和私营部门贷款等。

我国于 1986 年 3 月 10 日加入亚行，从 1987 年开始使用亚行主权优惠贷款，且多数为项目贷款。截至 2019 年 12 月末，亚行共批准对华贷款项目 285 个，承诺金额约 403.39 亿美元，占亚行累计承诺贷款额的 17.46%，是亚行贷款的累计第二大借款国。[⊖]

二、政府贷款

（一）政府贷款的概念和特点

政府贷款是指一国政府利用财政资金向另一国政府提供赠予成分占 25% 以上的优惠贷款。政府贷款有以下特点：

（1）政府贷款作为双边政府间贷款，要经过各自国家的议会通过，完成应具备的法律批准程序。

（2）一般在两国政治外交关系良好情况下进行，为一定的政治外交关系服务。

（3）在经济上带有援助性质，期限长，利率低，有的甚至无息。一般年利率在 2%～3%，还款平均期限为 20～30 年，长者可达 50 年。

（4）贷款一般受到贷款国的国民生产总值、财政收支及国际收支状况的制约，故数量有限。

（5）贷款一般都限定用途，如用于支付从贷款国进口资本货物，或用于某种开发项目。

（二）政府贷款的种类

（1）按政府贷款的用途划分，分为项目贷款和商品贷款。项目贷款是一国政府对另一国政府确定的建设项目所提供的援助性贷款，主要用于交通、运输、能源等建设项目方面；商品贷款是一国政府对另一国政府用于购买机器、工具、物资、材料等商品提供的援助性贷款。

（2）根据政府贷款是否计付利息划分，分为无息贷款和计息贷款。

（3）根据政府贷款有无附加成分划分，分为混合贷款和单一贷款。

（三）政府贷款的条件

（1）政府贷款一般以混合贷款方式提供，即在贷款总额中，政府贷款一般占 1/3，其余 2/3 为出口信贷。

（2）提供政府贷款的国家通常规定贷款必须全部或大部分用于购买贷款国的货物，限制借款国以公开国际招标方式采购使用贷款的商品。如第一个向我国承诺提供政府贷款的国家比利时就规定贷款主要用于支付从比利时厂商进口物资设备和咨询与技术服务费用，也可采购第三国技术设备，但最多不超过贷款额的 20%。

⊖ 数据来源：国家发改委官方网站，2021-11-26。

小资料 13-1 我国累计利用国际金融组织和外国政府贷款近 1500 亿元美元

　　截至 2021 年 12 月 31 日，我国利用国际金融组织（包括世界银行、亚洲开发银行、国际农业发展基金、欧洲投资银行、新开发银行、亚洲基础设施投资银行、欧佩克国际发展基金、北欧投资银行）和外国政府贷款累计承诺额约 1824.81 亿美元，累计提款额约 1 494.75 亿美元，累计归还贷款本金约 938.10 亿美元，债务余额（已提取未归还贷款额）约 556.65 亿美元。贷款用于支持我国 3 840 个项目，涉及疫情防控、大气污染防治、节能环保、应对气候变化、绿色发展、乡村振兴、交通、城建、教育、医疗卫生、灾后重建等领域。（资料来源：财政部官方网站，2022-07-08）

　　请思考： 改革开放 40 多年以来，我国经济发展已经取得了举世瞩目的成就，那为何还能获得世界银行等国际金融机构和外国政府贷款呢？

单元二　贸 易 信 贷

　　随着巨额对外贸易合同的签订和大型成套设备贸易的开展，进出口商经常会面临资金短缺的问题，因此，利用贸易信贷等融资已成为进出口商融通资金的主要渠道。对外贸易融资是指进出口商在商品的采购、生产、打包、仓储、出运及结算等各个环节，从不同渠道获得资金融通的便利，以加速商品流通，减少资金积压，促进进出口贸易的顺利完成。

　　对外贸易信贷可以分为对外贸易短期信贷和中长期信贷。短期信贷是指融资期限在 1 年以内的短期资金融通，包括对出口商的融资、对进口商的融资及保付代理业务；中长期信贷的期限通常为 1 ～ 5 年，甚至在 5 年以上，包括卖方信贷、买方信贷、福费廷、信用安排额度、混合信贷、签订"存款协议"等，国际上将对外贸易的中长期信贷统称为出口信贷。

　　本单元重点介绍保付代理业务和出口信贷中的卖方信贷、买方信贷及福费廷业务。

一、保付代理业务

（一）保付代理业务的含义

　　保付代理业务（Factoring）简称保理，又称作承购应收账款业务，是指出口商以商业信用的形式出口商品，货物装船后，将发票、汇票、提单等商业单据卖断给承购应收账款的保理商，收进全部或部分货款，取得资金融通的一种业务。保理现在已经成为国际货物买卖的一种支付方式，在国际贸易中被广泛使用。

　　在国际保理业务中，保理商向出口商提供集买方资信调查、应收账款管理、信用风险担保与贸易融资于一体的综合性金融服务。

　　出口商之所以要通过保理商获取资金融通，往往是由于出口商的规模太小，业务繁忙或是业务过于分散，没有能力保障境外货款的安全收回。求助于保理商，是出口商降低风险、及时回收货款、节约人力物力的一种有效方法。

　　同时，对于进口商而言，采用保付代理方式，有利于更快得到所需商品。在进行经常性的商品交易时，可以大大节省开证、催证时间，简化了进口手续。

（二）保付代理业务的种类

　　由于各个国家和地区的经济环境、法律环境、贸易惯例以及开展保理业务的渊源和习惯的不同，办理保理的内容、做法和名称亦各有不同。

1. 根据出口商出卖单据后是否可以立即得到货款分类

（1）到期保理业务，即出口商向保理商卖断单据，保理商承诺票据到期时无追索权地向出口商偿付资金。

（2）预支保理业务，也称标准保理业务，即出口商在货物装船后，立即将单据卖给保理商，马上得到资金。

2. 根据是否公开保理商的名称分类

（1）公开保理商名称的保理业务，即在票据上注明货物付给某一家保理商。

（2）不公开保理商名称的保理业务，即按一般的托收程序收款，不在票据上特别注明该票据是在保理业务下承办的。

3. 根据保理组织与进出口商之间的关系分类

（1）双保理业务，是指出口商所在地的保理组织与进口商所在地的保理组织有契约关系，它们分别对进出口商的履约情况及进口商的资信情况进行了解，并加以保证，促进交易的完成与权利义务的兑现。

（2）直接进口保理业务，是指进口商所在地的保理组织直接与出口商联系，并对其付款，一般不通过出口商所在地的保理组织转送单据。

（3）直接出口保理业务，是指出口商所在地的保理组织直接与进口商联系，并对其融资，一般不通过进口商所在地的保理组织。

（三）保付代理业务的特点

（1）必须是商业机构与商业机构之间货物销售产生的应收账款，该应收账款不属于个人或家庭消费或者类似使用性质。

（2）保理商承担了信贷风险。

（3）保理商承担了资信调查、托收、催收账款，甚至代办会计处理的手续。

（4）该商业机构必将将应收账款的权利转让给保理商，由保理商对其预支货款。

（四）保付代理业务流程

国际保理业务的操作流程比较复杂，其当事人主要有出口商、出口保理商、进口商和进口保理商，其具体业务流程如下：

（1）出口商寻找有合作前途的进口商。

（2）出口商向出口保理商提出叙做保理的需求并要求为进口商核准信用额度。

（3）出口保理商要求进口保理商对进口商进行信用评估。

（4）如进口商信用良好，进口保理商将为其核准信用额度。

（5）如果进口商同意购买出口商的商品或服务，出口商开始供货，并将附有转让条款的发票寄送进口商。

（6）出口商将发票副本交出口保理商。

（7）出口保理商通知进口保理商有关发票详情。

（8）如出口商有融资需求，出口保理商付给出口商不超过发票金额80%的融资款。

（9）进口保理商于发票到期日前若干天开始向进口商催收。

（10）进口商于发票到期日向进口保理商付款。

（11）进口保理商将款项付给出口保理商。

（12）如果进口商在发票到期日90天后仍未付款，进口保理商做担保付款。

（13）出口保理商扣除融资本息（如有）及费用，将余额付给出口商。

保付代理业务流程如图13-1所示。

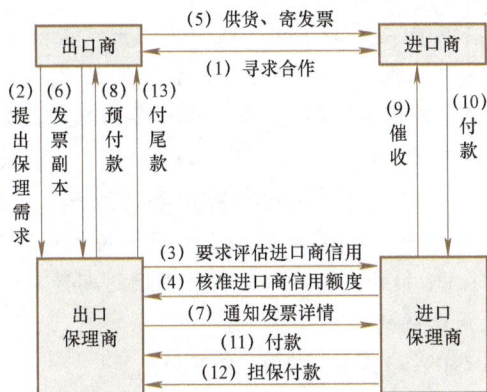

图13-1　保付代理业务流程图

（五）保付代理业务的具体操作

案例分析13-1

甲公司是某国机电产品出口商，并与A银行签订了出口保理协议，甲公司叙做国际保理业务的程序如下：

（1）3月21日，美国纽约的乙公司发给甲公司一张订单，向其购买一批机电产品。同一天，甲公司向A银行提出额度申请。当天A银行把甲公司的申请发给美国纽约的B保理公司。申请是由计算机通过EDI发送的。

（2）3月22日，B保理公司通过各种途径获得有关乙公司的财务信息。

（3）3月26日，B保理公司在参考并分析了各方面信息后，做出了授信决定。同一天，B保理公司通过EDI把决定通知A银行。

（4）3月27日，A银行通知甲公司所获得的信用额度。

（5）4月15日，甲公司发运货物，将正本发票寄给美国乙公司。同一天，甲公司交给A银行一套副本发票。

（6）4月17日，A银行收到副本发票并通过EDI将发票细节通知B保理公司。同一天，按照保理合同A银行预付80%的货款给甲公司。

（7）4月20日起，A银行每周为甲公司提供一份有关销售细节、应收账款和客户付款情况的报告。

（8）5月20日，货到纽约，美国乙公司接受货物并答应到期日付款（装船后60天）。

（9）6月18日，乙公司将全额货款付给B保理公司（有4天的延误）。B保理公司随即将款项付给A银行。

（10）6月25日，A银行从B保理公司收到货款，立即将20%的尾款扣除保理费用和融资利息后付给甲公司。

（11）7月1日，乙公司又发给甲公司一份订单，由于授信额度已经建立，甲公司可以直接出货了。

（六）利用保付代理业务防范汇率风险

案例分析13-2

加拿大 A 公司（出口方）向美国 B 公司（进口方）出口了一笔价值 100 万美元的货物。双方签订合同时汇价为 1 美元兑换 1.2 加元，3 个月后到期收汇时汇率为 1 美元兑换 1.1 加元。这时，加拿大 A 公司就蒙受了外汇风险损失。进口商如期付款后，加方公司的收入仅为 110 万加元（=100×1.1），汇率损失为 10 万加元（=100×1.2−110），损失率为 8.33%（=10/120）。

实际上，在这笔交易中，由于加方 A 公司对汇率变动早有预见，提前做了出口保付代理业务，并未遭受如此风险损失。按照加方 A 公司同保付代理商签订的协议，保付代理商预付发票金额的 90%，按 1.5% 扣除利息，以及剩余货款到期付款时应扣除 1% 的费用以后，实际上加方 A 公司的收入是这样的：

1.2×（100×90%−100×90%×1.5%）=106.38 万加元

此为保付代理商预付 90% 时，加方 A 公司的第一笔收入。3 个月后，保付代理商再付其余 10% 的收入为

1.1×（100×10%−100×1%）=9.9 万加元

两项合计为加方 A 公司的实际收入，即

106.38+9.9=116.28 万加元

加方 A 公司的损失率为

（120−116.28）/120=3.1%

上述事实表明，出口商选择保付代理业务既可以防止进口商到期不支付合同货款，保证安全收汇，又可以大大减轻汇率波动所带来的风险损失。加拿大 A 公司在此项出口交易中因提前做了保付代理业务，其损失率从 8.3% 降至 3.1% 就是一个非常好的例证。这也恰恰反映出保付代理业务独具的优势。

承做保付代理业务是开展国际经济贸易的需要。目前，大部分国家已普遍使用出口保付代理业务来促进本国的出口业务。出口保付代理业务比较简便、灵活，又有付款保证，能够为解决进出口双方在谈判交易过程中产生的资金拨付及外汇风险问题提供有效的新途径。

二、出口信贷业务

短期贸易融资只能满足商品周转较迅速、成交金额不大的资金需求。对于一些大型机械设备的进出口，由于周期长、成交金额大，进出口商需要较长期限的资金支持。因此，许多国家都设立专门的政策性银行，以国家财政支持为依托，向本国出口商或国外进口商发放期限在 1～5 年或 5 年以上的、利率相对优惠的中长期信贷，以促进本国大型机械设备或成套设备的出口。由于对外贸易中长期信贷追求的目标着重于扩大出口，所以国际上将对外贸易中长期贸易信贷统称为出口信贷（Export Credit）。目前，出口信贷已成为一种普遍使用的信贷方式，在国际贸易发展中具有十分重要的作用。

（一）出口信贷的特点

它是一种与本国出口密切联系的贷款；是一种具有官方资助性质的政策性贷款；贷款利率低于市场利率，利差由出口国政府补贴；出口信贷与信贷保险结合，出口信贷金额较大，期限

较长，因而存在一定风险，西方发达国家一般都设有国家信贷保险机构，对出口信贷予以担保，风险由国家承担。

（二）出口信贷的主要形式及业务流程

1. 卖方信贷（Supplier's Credit）　在大型设备和成套设备贸易中，出口国银行为了便于出口商以赊销或延期付款方式出口设备，向出口商提供的中长期贷款，称为卖方信贷。

卖方信贷的业务流程如下：

（1）进出口双方以延期付款方式签订大型机械设备或成套设备贸易合同。合同签订后，进口商先支付货款的 10% ～ 15% 的定金，在分批交货、验收和保证期满后，再支付 10% ～ 15% 的货款，其余 70% ～ 80% 的货款在全部交货后若干年内分期偿还给出口商，并向其支付利息。

（2）出口商向其所在地银行借款，签订贷款协议，以融通资金。

（3）进口商分期偿还出口商货款及利息。

（4）出口商按照贷款协议，用收到的货款偿还银行的贷款。

卖方信贷业务流程如图 13-2 所示。

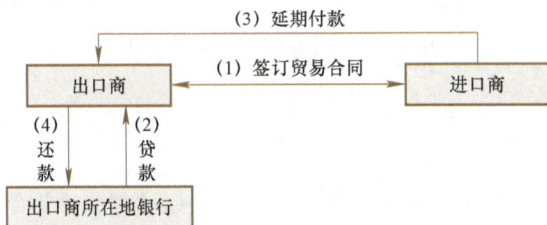

图 13-2　卖方信贷业务流程图

出口商借取卖方信贷，除支付利息外，还需支付信贷保险费、承担费、管理费等，这些费用均附加于出口设备的货价之中。所以，延期付款的货价一般高于以现汇支付的货价，一般高出 3% ～ 4%，甚至高出 8% ～ 10%。

2. 买方信贷（Buyer's Credit）　买方信贷是指出口商所在国的银行，直接向进口商或进口商的联系银行提供贷款，用于支付从贷款国进口产品的货款，以扩大本国机械设备或成套设备的出口。

买方信贷的形式包括直接贷款给进口商和直接贷款给进口商银行。买方信贷的业务流程如下：

（1）直接贷款给进口商，如图 13-3a 所示。

1）进口商与出口商洽谈贸易，贸易合同签订后，用自有资金以现汇方式向出口商支付货款 15% 左右的定金。

2）进口商凭贸易合同向出口商所在地银行贷款，签订贷款协议。

3）进口商将银行提供的贷款以现汇方式支付出口商剩余的货款。

4）进口商按贷款协议规定条件，向出口商银行还本付息。

（2）直接贷款给进口商银行，如图 13-3b 所示。

1）进口商与出口商洽谈贸易，贸易合同签订后，用自有资金以现汇方式向出口商支付货款 15% 左右的定金。

2）进口商银行根据买卖双方的贸易合同与出口商所在地银行签订贷款协议。

3）进口商银行以其借得的款项，转贷给进口商，以便进口商以现汇方式向出口商支付设备价款。

4）进口商银行根据贷款协议分期偿还出口商银行贷款。

5）进口商与进口商银行间的债务按双方的约定在国内结算。

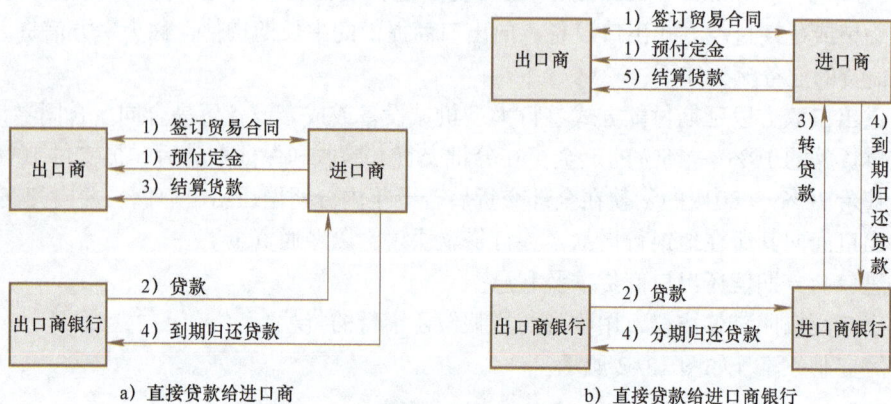

图 13-3　买方信贷业务流程图

三、福费廷业务

（一）福费廷的含义和特点

福费廷（Forfaiting）是指银行或其他金融机构从出口商那里无追索权地购买已经承兑并通常由进口商所在地银行担保的远期票据的业务。它也是一种中长期的贸易融资方式。

与其他贸易融资相比，福费廷业务的特点为该业务往往运用在金额大、期限长的大型设备出口中；银行或其他金融机构的汇票贴现是一种买断，没有追索权；福费廷业务比较复杂，融资费用较高。

（二）福费廷的贴现方法

福费廷业务对票据的买断采取的是贴现形式。通常情况下，福费廷是将一套期限不同的票据组合起来贴现。在具体交易中一般采用贴现系数的方法计算贴现。其计算公式为

$$贴现息 = 贴现系数 \times 贴现率 /360$$

在上式中，贴现系数等于票据面额乘票据期限天数，总贴现系数等于各张票据的贴现系数的总和。贴现银行按总的票面金额减去贴现息后的差额支付出口商贴现款。

案例分析13-3

一套票据的金额和期限见表 13-1，贴现率为 5%，求出口商贴现款。

表 13-1　出口票据贴现系数表

票　据	票据金额（元）	票据期限（天）	贴现系数
1	500 000	720	360 000 000
2	1 000 000	1 080	1 080 000 000
3	3 000 000	1 440	4 320 000 000
合　计	4 500 000	—	5 760 000 000

由此可求贴现息 =5 760 000 000×5%/360=800 000 元。

所以出口商实际可得到的贴现款为 4 500 000-800 000=3 700 000 元。

四、以上几种业务的比较

保付代理业务、卖（买）方信贷和福费廷业务均是为了扩大本国出口，对国内外进出口商进行贸易融资的方式，但由于各自特点不同，三种方式有着贸易领域和融资领域的互补性，三者之间的比较见表 13-2。

表 13-2 三种贸易融资方式比较

比 较 项 目	保 付 代 理	卖（买）方信贷	福 费 廷
期限	短期	中长期	中长期
有无担保	无	有	有
业务内容	融资、资信调查、评估、账款催收、会计服务等	融资、保险、担保	融资
融资费用	较高	较低	较高
承办机构	保理公司或商业银行	政策性银行或商业银行	商业银行
业务对象	中小企业的进出口商品	大型成套设备	大型成套设备
承担风险	小	大	大
交易金额	小	大	大
融资比例	80%～85% 发票金额	80%～85% 发票金额	100% 发票金额

单元三　　我国的外汇贷款品种

一、我国外汇贷款概述

我国的外贸企业在出口商品的生产、采购、业务经营以及结算过程中，可根据本身业务经营的需要和有关银行的规定，取得外汇贷款，以支持进出口业务的发展，开拓国际市场，扩大国际经济合作。

（一）我国的外汇贷款机构

中国银行曾是我国提供对外贸易融资的唯一机构；20 世纪 80 年代中期以后，国内其他银行也先后获准开办外汇业务，但其力度、范围还受到一定限制。1995 年我国成立政策性银行，其中中国进出口银行专门行使对外贸易融资职能，为发展我国的对外贸易，尤其是机电产品出口和对外工程承包，发挥了巨大作用，同时也取得了巨大成就。各金融机构通过对进出口商提供多种类型的外汇贷款，促进了我国对外贸易的发展，我国进出口总值从 2001 年的 4.22 万亿元人民币增至 2021 年的 39.1 万亿元人民币（以美元计为 6.05 万亿美元，首次突破 6 万亿美元关口）。2022 年，面对复杂严峻的国内外形势，我国外贸顶住多重超预期因素冲击，货物贸易进出口总值 42.07 万亿元人民币，首次突破 40 万亿元人民币关口，在 2021 年高基数基础上继续保持稳定增长，规模再创历史新高，连续 6 年保持货物贸易第一大国地位。[⊖]

（二）我国外汇贷款的特点

我国外汇贷款的特点为政策性强，涉及面广，工作要求高；借外汇还外汇；借款单位须有外汇收入或其他外汇来源；实行浮动利率；对未按期提用部分收取承担费。

⊖资料来源：21 世纪经济报道，2022-01-15；新京报，2023-01-14。

（三）我国外汇贷款的对象

凡是生产出口商品和能够直接或间接创造外汇收入并具备贷款条件的企业法人或经济实体均为我国外汇贷款的对象。外汇贷款主要是支持国家重点扶持的产业的发展和地方中小企业的技术改造，因此尽管有些企业本身不能创汇，而其主管部门能够提供外汇偿还也可申请使用外汇贷款。

（四）我国外汇贷款的条件

（1）借款人须具有独立法人资格，实行独立核算，财务制度健全。

（2）经济效益好，产品试销对路，有还款能力。

（3）固定资产贷款要符合国家产业政策，并经有关机构批准，与项目配套的人民币资金、设备、物资及技术条件已落实。

（五）我国外汇贷款的利率

我国外币贷款利率由各金融机构根据国际金融市场利率的变动情况以及资金成本、风险差异等因素自行确定。具体外币贷款利率水平可向当地分行查询。[⊖]

（六）我国外汇贷款的种类

目前，我国的外汇贷款业务呈现多样化的趋势，按照不同的划分标准可分为不同的种类。根据期限的不同，可分为短期外汇贷款和长期外汇贷款；根据资金的流动性，可分为外汇流动资金贷款和外汇固定资产贷款；根据对外贸易融资方式，可分为出口信贷、福费廷、进口押汇、出口押汇、打包贷款、出口贴现、进口双保理、出口双保理等。[⊜]

二、我国主要的外汇贷款业务介绍

由于出口信贷、福费廷及保付代理业务均已在前面做过介绍，在此不再赘述。除了这三种业务之外，我国还有以下外汇贷款业务。

（一）现汇贷款

1. 业务概述　我国外汇指定银行的现汇贷款是银行以自主筹措的外汇向企业发放的贷款。贷款币种包括美元、欧元、英镑、日元、港币等；根据客户的需要，贷款利率可以采用浮动利率，也可以采用固定利率，还可以将现汇贷款的浮动利率掉期为固定利率。与外国政府贷款和境外银行的买方信贷相比，现汇贷款用途更广泛，可以帮助客户用于向任何国家或地区采购设备和材料。

2. 业务品种　现汇贷款既可以满足企业流动资金方面的需求，也可以满足企业固定资产投资的需求，贷款种类既包括短期贷款，也包括中长期贷款。

3. 申请对象　现汇贷款只对企业发放，凡是具有企业法人资格的经济实体，在中国银行开立账户，具有偿还贷款能力的均可以申请现汇贷款。

4. 收费标准　现汇贷款各项收费均通过合同约定。

（二）出口押汇

1. 出口押汇的含义　出口押汇（Export Bill Purchase）是指在出口商发出货物并交来信用

⊖ 详见《中国人民银行关于改革外币存贷款利率管理体制的通知》（银发〔2000〕267号）。

⊜ 详见中国银行官方网站－公司金融业务－贸易融资服务。

证或合同要求的单据后，银行应出口商要求向其提供的以出口单据为抵押的在途资金融通。出口押汇是在我国应用最广泛的出口贸易融资。按押汇币种，可分为外币押汇和人民币押汇。

企业在以下几种情况之下均可选择出口押汇：流动资金有限，依靠快速的资金周转开展业务；发货后、收款前遇到临时资金周转困难；发货后、收款前遇到新的投资机会，且预期收益率肯定高于押汇利率。

2. 出口押汇的优点

（1）加快资金周转。在进口商支付货款前，出口商就可以提前得到偿付，加快了资金周转速度。

（2）简化融资手续。融资手续相对于流动资金贷款来说简便易行。

（3）改善现金流量。可以增加出口商当期的现金流入量，从而改善财务状况，提供融资能力。

（4）节约财务费用。出口商可以根据不同货币的利率水平选择融资币种，从而实现财务费用的最小化。

3. 出口押汇业务流程　下面以中国银行为例说明出口押汇的业务流程，如图 13-4 所示。

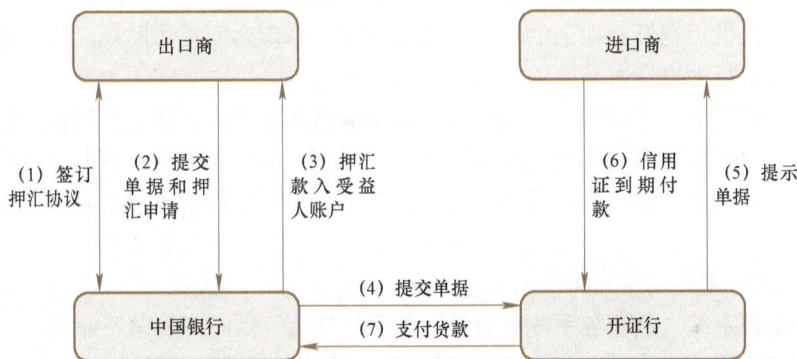

图 13-4　中国银行出口押汇业务流程图

（三）进口押汇

1. 进口押汇的含义　进口押汇（Import Bill Advance）是指银行在收到信用证或进口代收项下单据时，应进口商要求向其提供的短期资金融通。这是进口商短期融资的上佳选择。按押汇币种，可分为外币押汇和人民币押汇。

进口企业在以下情况下宜选择进口押汇：流动资金不足，无法按时付款赎单，且进口商品处于上升行情；有其他投资机会，且该投资的预期收益率高于押汇利率。

2. 进口押汇的优点

（1）减少资金占压。进口商在办理进口开证、进口代收后继续叙做进口押汇，等于完全利用银行的信用和资金进行商品进口和国内销售，不占压任何资金即可完成贸易，赚取利润。

（2）把握市场先机。当进口商无法立即付款赎单时，进口押汇可以使其在不支付货款的条件下取得物权单据、提货、转卖，从而抢占市场先机。

（3）优化资金管理。如进口商在到期付款时遇到更好的投资机会，且该投资的预期收益率高于贸易融资的利息成本，使用进口押汇，既可保证商品的正常购买、转售，又可同时赚取投资收益，实现资金使用效率的最大化。

3. 进口押汇业务流程 仍以中国银行为例，进口押汇的业务流程如图 13-5 所示。

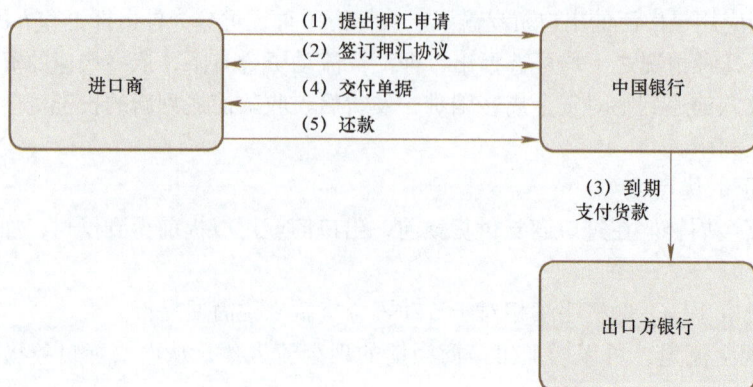

图 13-5 中国银行进口押汇业务流程图

（四）出口贴现

1. 出口贴现的含义 出口贴现是指银行保留追索权地买入已经银行承兑、未到期的远期票据，为出口商提供短期资金融通的业务。该业务既可办理票面货币贴现，也可直接办理人民币贴现，是方便易行的出口贸易融资方式。

企业在以下情况下宜选择出口贴现：远期承兑信用证项下的远期汇票被银行承兑后，出口商如因临时资金周转困难而需要短期的资金融通，则宜选择出口贴现；远期承兑信用证项下的远期汇票被银行承兑后，出口商如遇到新的投资机会，且预期投资收益率高于贴现利率，则宜选择出口贴现。

2. 出口贴现的优点

（1）简化融资手续。该业务手续最简便，是银行最愿提供的贸易融资业务。

（2）加快资金周转。能够即期收回远期债权，加快资金周转，缓解资金压力。

（3）扩大贸易机会。可为进口商提供远期付款的融资便利，扩大贸易机会。

3. 出口贴现业务流程 以中国银行为例，出口贴现的业务流程如图 13-6 所示。

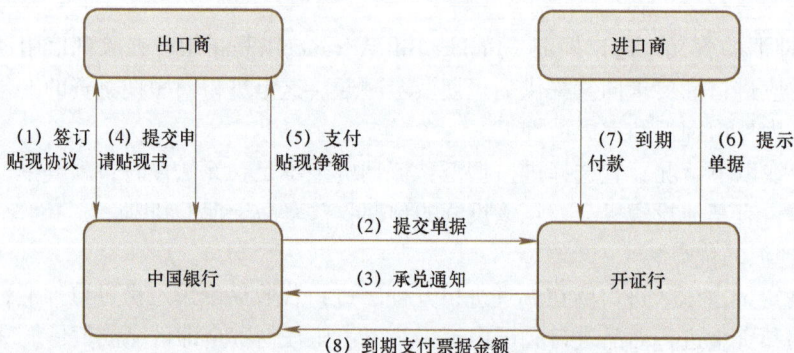

图 13-6 中国银行出口贴现业务流程图

（五）打包贷款

1. 打包贷款的含义 打包贷款（Packing Loan）是指出口地银行为支持出口商按期履行合同、出运交货，向收到合格信用证的出口商提供的用于采购、生产和装运信用证项下货物的专项贷款。打包贷款是一种装船前短期融资，使出口商在自有资金不足的情况下仍然可以办理采购、备料、加工，顺利开展贸易。

当出口商流动资金紧缺，国外进口商虽然不接受预付货款的条件但同意开立信用证时，宜选择打包贷款。

2．打包贷款的优点

（1）扩大贸易机会。在出口商自身资金紧缺而又无法争取到预付货款的支付条件时，可以帮助客户顺利开展业务、把握贸易机会。

（2）减少资金占压。在生产、采购等备货阶段都不必占用出口商的自有资金，缓解了出口商的流动资金压力。

3．打包贷款的业务流程 以中国银行为例，打包贷款的业务流程如图13-7所示。

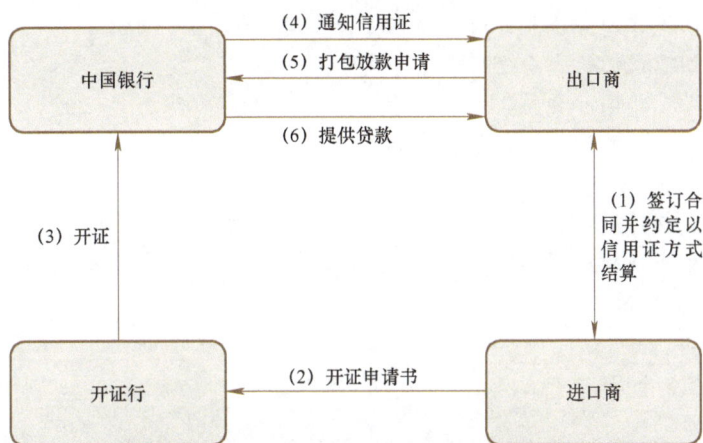

图13-7 中国银行打包贷款业务流程图

（六）法人账户透支

法人账户透支业务是外汇银行针对特定客户日益增长的现金管理、降低交易成本和加强企业财务管理的需要所开辟的新型业务。法人账户透支业务是指外汇银行根据客户的申请，在核定客户账户透支额度的基础上，在规定的时期内，允许客户在结算账户存款不足以支付款项时，在核定的透支额度内向外汇银行透支，以取得资金满足正常结算需要的一种临时性信贷便利，是外汇银行向客户提供的一种特殊的信贷工具。

法人账户透支业务为客户提供的币种包括人民币、美元、欧元、港币、日元、英镑等。

利率及收费标准：法人账户透支利率按照中国人民银行利率管理的有关规定执行，具体透支利率和透支承诺费均由外汇银行与客户双方通过合同确定。

案例分析13-4

上海石化利用出口信贷融资

某年年初，中国石化上海石油化工股份有限公司（简称上海石化）为30万吨乙烯工程项目拟引进年产7万吨的聚丙烯成套设备，在竞争条件下有可能与意大利供应商泰克尼蒙特签订购买合同。中国建设银行上海市分行作为30万吨乙烯工程的筹资银行，建议采用意大利的出口买方信贷，并争取获得意大利的混合贷款。当时由于建行系统从未办理过各种出口信贷，建行对出面办理出口信贷是否能得到国外银行和政府的认可毫无把握。为此，建行与花旗银行商量争取意大利的出口信贷事宜。花旗银行于该年 2 月 18 日致函建行保证能获得意大利的出口信贷。

根据花旗银行的担保函，建行和上海石化商量后决定于该年 2 月 26 日与意大利泰克尼蒙特公司签订 4 380 万美元的商务合同，合同订明使用意大利的出口信贷。建行随即向花旗银行发出了委任书，委任该行向意大利中央中期信贷局提出信贷申请。

花旗银行于该年 3 月 12 日向意大利中央中期信贷局正式提出初步认可的申请，后者于 3 月 27 日通过花旗银行罗马分行致电香港花旗国际公司表示批准上述申请，并随附贷款协议草案，其主要条款有：

出口商：泰克尼蒙特公司。

进口商：中国石化国际事业公司（全权委托上海石化）。

借款人：中国建设银行上海分行。

贷款人：香港花旗国际公司。

供应：聚丙烯工厂的设备、工程、零部件。

合同金额：4 380 万美元。

融资金额：2 628 万美元。

协定利率：年率 7.4%，每半年支付一次利息。

期限：13 年零 3 个月。

还款期：10 年。

提款：3 年零 3 个月。

其他条款：略。

花旗银行于 4 月 24 日寄来贷款协议初稿，经过讨论修改后于 5 月 15 日寄来修改稿，再经借贷双方讨论达成一致意见后于 6 月 15 日在上海正式签字。签字后建行即开始按提款先决条件的规定办理各种手续和向花旗银行提供所需资料。花旗银行于 7 月 7 日向意大利中央中期信贷局提出贷款协议最终批准申请，经过 4 个月的历程，意大利中央中期信贷局于该年 11 月 11 日正式批准该项贷款协议。

由于本贷款是意大利的混合贷款，意大利政府需提供合同金额 40% 的政府软贷款。次年 1 月 15 日中国银行总行与意大利中央中期信贷局签订了软贷款协议（当时建设银行尚未批准可以办理政府间贷款），并于 1 月 27 日起正式生效。此后虽有波折，但问题都得到妥善处理。同年 5 月 11 日发生首笔提款。自此，贷款协议执行顺利。

小资料 13-2 我国的保理业务现状

自改革开放后，我国的国际贸易活动大幅度增加，保理业务作为一项重要的短期贸易融资方式，成为中小企业进入国际市场的金融通道和国民经济活动中一项不可或缺的内容。然而，20 世纪 90 年代初期，保理制度在我国还是较为陌生的事物。国际结算的方式对于国际贸易的发展具有很大的影响，而保理这种结算方式又很重要，如果贸易伙伴提出以保理方式结算，我国又不能提供保理业务，这势必将影响国际贸易业务的开展。1992 年，中国银行在我国率先推出了国际保理业务。

近年来，我国保理业务发展十分迅速。据国际保理商联合会（Factors Chain International, FCI）的统计，中国在 2011 年后连续四年在全球市场占据第一的位置。但是在国内经济面临下行压力的背景下，企业应收账款规模上升，回收周期延长，应收账款拖欠和坏账风险明显加大，导致银行对保理业务趋于谨慎。自 2013 年达到超 3 万亿元的高点后，我国银行保理业务规模连续三年出现下跌。由此导致中国保理业务 2015 年和 2016 年同比分别下降 15% 和 40.7%，全球市场占比也下降至第二位。

基于社会融资规模下滑，银行银根收紧，银行保理业务量紧缩，中小企业出现融资困难的现状，商业保理的需求呈不断增长态势。政府部门在政策上给予了商业保理大力扶持。人民银行等八部委先后联合印发的《关于金融支持工业稳增长、调结构、增效益的若干意见》（2016-02）和《小微企业应收账款融资专项行动工作方案（2017—2019）》，使专门为企业应收账款服务的保理业迎来新的发展机遇。截至 2017 年 12 月 31 日，全国注册商业保理公司数量超过 8 000 家，约为 2012 年底的 100 倍。其中已开业的商业保理法人企业数量约为 1 500 家。之后国内保理业务一直稳步发展，规模逐步提升。

2020—2021 年，受疫情影响，全球保理业务近年来的连续增长态势被打破。根据国际保理商联合会（FCI）统计，2020 年全球保理业务量约合 2.73 万亿欧元，同比下降 6.5%，但对 GDP 渗透率较上年提升 0.23 个百分点。

我国经济从疫情中率先复苏。保理作为推动产业链优化升级、扶持中小微企业发展、助力实体经济转型的贸融产品，为经济复苏做出了有益的贡献。与此同时，人工智能、区块链、云计算和大数据等前沿科技在金融领域的广泛运用，传统意义上的保理业务流程多、风控难和成本高等难题也迎来破解曙光，并且我国保理行业还日益重视金融科技在保理业务中的作用，推进保理业务线上化、平台化、数字化，底层嵌入大数据纵深运用，提高企业服务效率、降低运营成本，更好地服务中小微企业。同时，面对庞大的应收账款规模和快速增长的市场空间，仅仅依靠银行保理难以满足全社会的融资需求，商业保理亦将逐渐成为中小企业不可或缺的融资渠道，在我国发挥日益重要的金融支持作用。

2000 年，中国保理市场业务占全球不到 3‰，到 2017 年占到了 15.6%，成为全球最大保理市场，之后连续四年领跑全球，这意味着中国的保理业务用了 30 多年的时间赶超了美国 100 多年的业务量。但是保理业务占中国贸易结算的比例和占 GDP 的比例还远远落后于西方发达国家。同时，保理业务作为一种贸易融资产品，与传统的银行信贷产品不同，其风险根植于贸易融资本身，生成原因既有外生因素，如自然灾害、政策不确定性、市场不确定性、社会信用机制缺失等；也有内生因素，如信息、经营、制度、运输、利益分配等不确定性。因此，商业银行须精准把握风险防控要点，通过制定完备的业务管理办法和操作规程，指导与规范前期调查、融资发放及后续管理等各业务环节，重点关注卖方自身资信和对基础交易合同的履约能力、买方的付款能力和付款意愿等，更应加强全过程动态监控和精细化管理，有效防范业务风险。（摘编自《中国保理产业发展报告（2020—2021）》；光明网，2021-11-12）

小资料 13-3　我国出口买方信贷业务流程

我国出口买方信贷业务流程如图 13-8 所示。

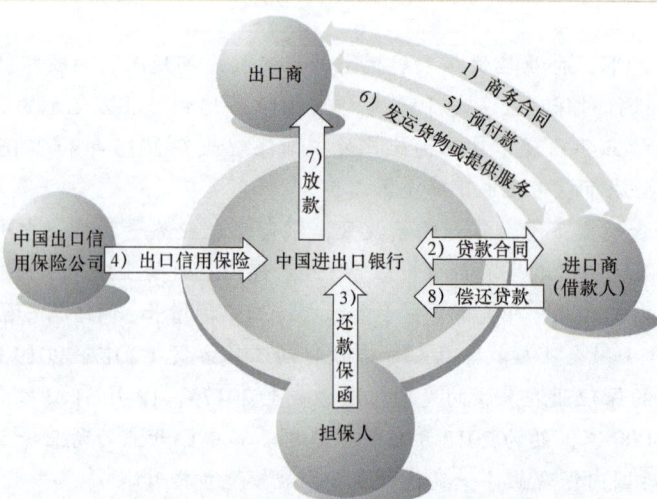

图 13-8　我国出口买方信贷业务流程图

（1）出口商和进口商双方签订商务合同，合同金额不少于 200 万美元。

（2）中国进出口银行和借款人（进口商）签订贷款协议，贷款金额不高于商务合同金额的 85%，船舶项目不高于 80%。

（3）视项目情况要求担保人提供担保。

（4）是否投保出口信用险主要根据借款人的国别风险而定。

（5）借款人预付款金额不能低于商务合同总金额的 15%，船舶项目不低于 20%。

（6）出口商根据合同规定发运货物。

（7）中国进出口银行在出口商发货后向出口商放款。

（8）借款人（进口商）根据贷款协议每半年偿还一次贷款本息及费用。

模块小结

（1）国际信贷业务是指一国借款人在国际金融市场上向外国借入货币资金的业务，它是历史上出现的较早的利用外资的形式。国际信贷业务主要涉及国际货币（资本）市场的融资、国际金融机构贷款、政府贷款以及贸易信贷等。

（2）国际金融机构的中长期贷款是一个国家在国际金融市场上筹集中长期银行信贷资本的重要渠道。国际金融机构有国际性和区域性之分，世界银行是对其成员国提供开发资金的国际性金融机构，亚洲开发银行是对亚洲和太平洋地区的发展中国家和地区提供长期性经济开发资金的区域性金融机构，两者都在国际信贷市场上发挥着重要作用。

（3）政府贷款是指一国政府利用财政资金向另一国政府提供赠予成分 25% 以上的优惠贷款。它期限长、利率低，含有一定赠予成分，规定一些附加条件，与项目相联系并受制于国与国之间的经济政治、外交关系，并受国际政治经济因素影响。

（4）贸易融资可以分为对外贸易短期信贷和中长期贸易信贷。前者包括对出口商的融资、对进口商的融资及保付代理业务；后者包括卖方信贷、买方信贷、福费廷、信用安排额度、混合信贷、签订"存款协议"等，由于这些业务追求的目标着重于扩大出口，所以国际上将对外贸易中长期贸易信贷统称为出口信贷。

（5）随着对外开放程度的不断加深，我国外汇贷款的机构和品种均有所增加，但相对于外资银行而言，我国外汇贷款业务还存在很大差距，这对我国企业的贸易融资和银行业的竞争来说都是不利的。因此，如何扩大业务范围，提高服务质量，是发展我国贸易融资业务的重要现实问题。

习　题

一、判断题

1. 货币市场和资本市场的划分是以资金的用途为标准的。　　　　　　　　（　　）
2. 保付代理又称为承购应收账款。　　　　　　　　　　　　　　　　　　（　　）
3. 对外贸易中长期信贷就是出口信贷。　　　　　　　　　　　　　　　　（　　）
4. 亚洲开发银行的总部设在我国香港。　　　　　　　　　　　　　　　　（　　）
5. 世界银行的贷款对象只限于会员国。　　　　　　　　　　　　　　　　（　　）
6. 政府贷款较之于银行贷款的最大区别在于其利率优惠但约束性强。　　　（　　）
7. 出口押汇可以为出口商货物装运前融资。　　　　　　　　　　　　　　（　　）
8. 打包贷款属于银行信用的一种。　　　　　　　　　　　　　　　　　　（　　）

二、不定项选择题

1. 卖方信贷和买方信贷的授信人是（　　　　　）。
   A. 出口商　　　　B. 进口商　　　　　　C. 出口方银行　　　　D. 进口方银行
2. 出口买方信贷是一种国际信贷形式，其主要操作方法是（　　　　）。
   A. 出口方银行向进口商提供贷款　　　　B. 出口方银行向出口商提供贷款
   C. 进口方银行向出口商提供贷款　　　　D. 进口方银行向进口商提供贷款
3. 除了支付利息以外，买（卖）方信贷的费用还包括（　　　　　）。
   A. 信贷保险费　　B. 承担费　　　　C. 管理费　　　　　　D. 代理费
4. 通过保理业务，出口商可以专心于组织生产，因为保理商可以帮助他们（　　　　）。
   A. 对进口商进行信用调查　　　　　　B. 向进口商催收账款
   C. 安排向银行或贴现所进行融资　　　D. 进行会计处理和结算
5. 世界银行集团的附属机构有（　　　　）。
   A. 国际开发协会　　　　　　　　　　B. 国际货币基金组织
   C. 亚洲开发银行　　　　　　　　　　D. 国际金融公司
6. 在（　　　　）形式下，出口商开具的汇票对出口商无追索权。
   A. 买方信贷　　　B. 卖方信贷　　　C. 福费廷　　　　　D. 混合信贷
7. 下述论断中，与保付代理的特点无关的是（　　　　）。
   A. 适用于大型机器设备贸易　　　　　B. 免除出口商信贷风险
   C. 适用于一般商品贸易　　　　　　　D. 加速出口商资金周转
8. 在当代国际贸易融资中，出口信贷中应用最为广泛的形式是（　　　　）。
   A. 买方信贷　　　B. 卖方信贷　　　C. 联合信贷　　　　D. 混合信贷

三、思考题

1. 什么是保付代理？简述其业务流程与内容。
2. 为什么买方信贷比卖方信贷应用更广泛？

3. 买方信贷的程序及贷款原则是什么？

4. 福费廷业务的概念及特点是什么？

5. 试比较买方信贷与卖方信贷的内涵及做法。

6. 试比较保付代理、买（卖）方信贷与福费廷的异同。

7. 试述我国外汇贷款的种类。

实 训 课 堂

一、案例分析

案例 1. 坚持贷款条件是防范贷款风险的首要因素

案情介绍：

某市 E 公司是由 T 市 B 公司与我国香港 G 公司合资创办的合资企业。E 公司的注册资本为 200 万美元，B 公司和 G 公司各出资 50%，主要经营石英钟、石英表、电子表、电子琴与电子系列产品。按 E 公司合同规定，产品 60% 外销。为组织出口生产，E 公司与香港 G 公司签订了元器件的进口合同和产品返销合同，并向 T 市甲银行申请外汇短期贷款 300 万美元。经过认真的调查研究，甲银行信贷部门提出了以下三点意见：

（1）合资公司向甲银行申请外汇贷款超过注册资本。

（2）合资公司注册资金未到位，E 公司合资合同中明确规定在取得合资营业执照后三个月内，B、G 公司应同时将资金或设备投入合资企业。但在筹备过程中，B 公司已同意 G 公司提出的出资设备要与合营公司购买的第一批原材料同时进来的要求，因此，合资企业未能验资。

（3）为了保障企业外汇平衡、银行贷款的安全，进口开证和出口开证应结合在一起。香港 G 公司应向 E 公司开立返销产品的信用证。

尽管合资企业曾多次积极联系，但甲银行坚持其贷款条件，由于 E 公司不够贷款条件，甲银行拒绝为其提供贷款，E 公司只得另寻他法。

在甲银行贷款失败后，E 公司转向乙银行申请外汇贷款。乙银行同意贷款 300 万美元，并按期开出了进口信用证。由于香港 G 公司未能开立返销产品的信用证，加上进口元器件质量不合格，而 G 公司老板潜逃他国，造成 E 公司直接经济损失 150 万美元，乙银行贷款形成呆账。而甲银行因坚持了贷款条件，从而避免了一笔风险贷款的发生。

案例思考题：

（1）结合案例说明企业在外汇贷款中防范风险的先决条件是什么？

（2）外汇贷款业务中开户银行要同企业建立一种什么关系？

案例 2. 利用出口信贷可减少公司的损失

某年 8 月，我国某机电设备出口公司向以色列出口一批机电产品，双方签订了贸易合同。由于合同涉及金额较大，合同规定：进口商可以分三期付款。但是，要生产出进口商需要的机电产品，首先要开发一种模具。为了履约，该公司积极投入大量资金，开发新模具。可是，当该公司将模具开发出来以后以色列进口商却不付模具开发的费用，导致该公司损失较大。其实，在机电产品和成套设备出口贸易中，国际上普遍会采用出口信贷。假设该笔交易开始就选择出口买方信贷。这样，一笔交易必须签订四个协议：商务合同、保费协议、贷款协议、担保协议。首先，出口商与进口商之间的商务合同，是买方信贷的基础。除应符合国际贸易合同的一般要求外，还必须符合贷款人和保险人的一些要求。其次，贷款人与借款人之间签订的贷款协议，对借贷双方的权利、义务关系做了界定。协议将规定提款期、还款期、利率、放款条件和法律适用等问题。再次，保险人同出口企业之间签订的保费协议，保险人承诺在借款人违约时对贷款人承担无条件见索即付的责任。协议的内容主要有出口企业的交费义务和保险人对出口企业的追索权利（企业的该笔费用可以打入商务合同，也可以由进口商在贷款协议下交纳）。最后，保险人与贷款人之间签订的担保协议，该协议主要对保险人的担保责任和贷款银行的基本义务做了规定。在担保协议下，如借款人不能按时还本付息，保险人要承担在赔偿等待期（一般是90天）结束后无条件见索即付到期本金及相应利息的责任。上述四个协议之间存在着紧密的逻辑关系。比如，商务合同的条款完善与否直接影响到贷款银行和保险人的利益，因此，贷款银行和保险人都应及早介入并参与商务合同的谈判。商务合同签订后，出口企业还要及时将商务合同提交银行和保险人批准。而贷款银行之所以同意贷款，是因为银行将贷款协议下的收款风险全部转移给了保险人。

综上所述，企业在出口大型机电产品和成套设备贸易中，采用出口信贷可以即期收汇加速资金周转，规避收汇风险、汇率风险、利率风险。

案例思考题：

若上述案例中的出口公司采用了出口买方信贷的形式，会对交易的结果有何影响？

案例3. 企业"倒戈"事件引发的思考

某年，从事电子产品出口的A公司突然做出惊人之举，凑足巨资提前还完了工商银行、交通银行19.9亿元人民币贷款，转而再向花旗银行上海分行贷回同样数额的巨款。

A公司事件的焦点集中在是否办理"无追索权应收账款转让业务"（即国际保理业务）上。据交通银行介绍，A公司曾与中资银行进行回购性应收账款债权转让业务。此种业务是A公司以应收账款作为债权抵押向银行贷款，如果应收账款到期没有收回来，A公司必须将此债权回购，损失由A公司承担。为了转移风险，A公司向中资银行申请办理无追索权应收账款转让业务，就是由银行买断其应收账款，全部承担买方的信用风险。通俗地解释，就好比银行用3 000万元买断其他企业应该支付A公司的5 000万元货款的债权。假设还款期为若干年，到期银行收回2 000万元，则赔掉1 000万元；收回4 000万元，则赚取1 000万元。而最后的赔赚都已与A公司无关，它只是提前得到变现。

相对而言，花旗银行贷款条件更优厚，提供的金融产品更齐全，服务水平更高，愿意为A公司提供无追索权的保理业务，由此引发A公司的"倒戈"及中外银行的争夺战。

案例思考题：

（1）A公司最初想以什么业务方式融入资金？该业务方式的特点是什么？

（2）A公司"倒戈"说明什么问题？谈谈你对我国保理业务的看法。

二、实训项目

1. 实地调研目前我国的外汇贷款业务。

实训方法：将学生分成小组，每组指定具体的调研项目（3～5项），自由选择调研方式，如电话咨询、实地调查、网上查询等，最后形成调研报告，并以小组为单位在课堂上向大家展示调研成果。

重点调研项目：现汇贷款、出口信贷、福费廷、保理业务、进口押汇、出口押汇、打包贷款、出口贴现等。

2. 比较中外资银行的贸易融资或外汇贷款业务，找出差别。

参 考 文 献

[1] 莫菲特，斯通西尔，艾特曼. 国际金融：原书第 5 版 [M]. 王芳，译. 北京：机械工业出版社，2020.

[2] 易纲，张磊. 国际金融 [M]. 上海：格致出版社，2008.

[3] 普格尔. 国际金融：第 17 版 [M]. 沈艳枝，译. 北京：中国人民大学出版社，2022.

[4] 科普兰. 汇率与国际金融：原书第 5 版 [M]. 刘思跃，叶永刚，等译. 北京：机械工业出版社，2011.

[5] 吴丽华. 外汇业务操作与风险管理 [M]. 厦门：厦门大学出版社，2003.

[6] 刘舒年，温晓芳. 国际金融 [M]. 5 版. 北京：中国人民大学出版社，2017.

[7] 朱箴元. 国际金融 [M]. 3 版. 北京：中国财政经济出版社，2009.

[8] 陈雨露. 国际金融 [M]. 6 版. 北京：中国人民大学出版社，2019.

[9] 杨长江，姜波克. 国际金融学 [M]. 5 版. 北京：高等教育出版社，2019.

[10] 卓骏. 国际金融实务 [M]. 北京：人民邮电出版社，2003.

[11] 刘欣，郭忠林. 国际金融基础新编 [M]. 北京：清华大学出版社，2004.

[12] 杜敏，米娜. 国际金融 [M]. 2 版. 北京：北京理工大学出版社，2020.

[13] 张晓明，刘文广. 国际贸易实务 [M]. 2 版. 北京：高等教育出版社，2014.

[14] 林孝成. 国际结算实务 [M]. 3 版. 北京：高等教育出版社，2015.

[15] 苏宗祥，徐捷. 国际结算 [M]. 7 版. 北京：中国金融出版社，2020.